HISTOIRE DE SARDAIGNE,

OU

LA SARDAIGNE

ANCIENNE ET MODERNE,

CONSIDÉRÉE DANS SES LOIS, SA TOPOGRAPHIE, SES PRODUCTIONS ET SES MŒURS.

Avec Cartes et Figures.

PAR M. MIMAUT,

ANCIEN CONSUL DE FRANCE EN SARDAIGNE.

TOME PREMIER.

Paris,

J.-J. BLAISE, LIBRAIRE,
ÉDITEUR DU VOYAGE PITTORESQUE DE LA GRÈCE,
Rue Férou, n° 24, près Saint-Sulpice.

PÉLICIER, LIBRAIRE,
Place du Palais-Royal.

1825.

IMPRIMERIE D'HIPPOLYTE TILLIARD, RUE DE LA HARPE.

HISTOIRE
DE SARDAIGNE.

IMPRIMERIE D'HIPPOLYTE TILLIARD,
Rue de la Harpe, n° 78.

HISTOIRE
DE SARDAIGNE,
OU
LA SARDAIGNE
ANCIENNE ET MODERNE,

CONSIDÉRÉE DANS SES LOIS, SA TOPOGRAPHIE,
SES PRODUCTIONS ET SES MOEURS.

Avec Cartes et Figures.

PAR M. MIMAUT,

ANCIEN CONSUL DE FRANCE EN SARDAIGNE.

*Humanæ speciem plantæ sinuosa figurat
Insula, Sardiniam veteres dixére coloni,
Dives ager frugum.*

CLAUDIANUS. De bello Gildonico.

TOME PREMIER.

Paris,

J. J. BLAISE, LIBRAIRE,
ÉDITEUR DU VOYAGE PITTORESQUE DE LA GRÈCE,
Rue Férou, n° 24, près Saint-Sulpice.

PÉLICIER, LIBRAIRE,
Place du Palais-Royal

1825.

INTRODUCTION.

CHAPITRE PREMIER.

Du peu de notions qu'on possède sur la Sardaigne, et des causes de cette ignorance ou de cet oubli.

Il en est les peuples comme des individus. Il se rencontre dans l'histoire des uns, comme dans l'existence des autres, des époques qui influent sur le reste de leur destinée. Chaque société politique, ainsi que chacun des membres qui la composent, est sujette à éprouver toutes les vicissitudes du sort. Les passions, les préjugés, les mœurs dominantes, la marche du temps, les événements impérieux, que l'homme ne peut ni prévoir ni empêcher, font passer les peuples par des alternatives de bonne et de mauvaise fortune. Il en est que des combinaisons fortuites, que les jeux du hasard ont favorisés; il est des hommes et des peuples heureux. Leur prospérité est réputée un fruit de la sagesse, une justice du Ciel; leurs vices sont loués comme des vertus; leurs actions occupent les cent voix de la Renommée. Mais il est aussi des peuples, comme des individus, qui, une fois frappés par le sort contraire, tombent dans un abîme de maux dont ils ne peuvent plus se relever. Un malheur en entraîne un autre qui l'aggrave; le découragement et la démoralisation en sont la suite nécessaire, et l'opinion, qui ne juge que sur ce qu'elle voit, sans remonter aux causes, et pour qui, chez les malheureux, tout devient ou un tort ou un crime, les flétrit irrévocablement de ses dédains ou de son oubli.

Ce triste sort, qu'éprouvèrent tant d'honnêtes gens, fut aussi celui de quelques peuples. La Sardaigne en est un déplorable exemple.

Depuis que cette île, si bien dotée par la nature, long-temps froissée entre deux colosses qui se disputaient l'empire du monde, fut tombée dans les mains du plus puissant des deux, le peuple sarde n'a plus fait que traîner une vie insignifiante et précaire. Perdu dans l'immensité des possessions de ses maîtres, ou déchiré par ceux qui se partageaient leurs dépouilles, en proie à tous les maux, portant la peine des erreurs commises par les gouvernements qui, pendant le cours de tant de siècles, l'ont successivement opprimé ou avili, il a fini par recueillir de ses contemporains de toutes les époques, en remontant jusqu'à celle de la domination romaine, au lieu d'une noble commisération, d'injustes mépris ou une humiliante indifférence.

Telle est la Sardaigne, tels furent ses rapports avec les autres nations européennes.

Il ne s'est en effet rencontré dans l'histoire moderne de la Sardaigne aucune circonstance qui appelât sur elle l'attention publique, à l'exception de celle où elle a donné son nom à un nouveau royaume, dont elle ne devait pas même être le siége. Moins heureuse, si c'est un bonheur, que les autres grandes îles de la Méditerranée, la Sicile, Malte, la Corse même, qui ont figuré avec plus d'éclat sur la scène du monde, la Sardaigne n'a joué dans les événements politiques de l'Europe, depuis que *Tiberius Gracchus* triompha d'elle au Capitole, qu'un rôle accessoire. Son existence a toujours été secondaire, dépendante ou servile ; elle ne s'est point gouvernée par ses propres moyens, et ne s'est jamais appartenue à elle-même, ce qui est la condition nécessaire pour exister en corps de nation. Aussi, n'ayant rien de ce qui fixe l'attention publique, si occupée, si distraite, et qui, comme la mode, veut de l'extraordinaire et du nouveau, elle s'est trouvée insensiblement vouée à l'oubli le plus profond. Nous avons, en France, hérité de nos pères, et nous avions affiché jusqu'à ce moment, où le goût du public est heureusement changé, une froide indifférence pour l'histoire moderne, et particulièrement pour celle des nations étrangères. C'est en France surtout que la Sardaigne, malgré sa proximité, est le plus complétement inconnue, quoiqu'elle le soit aussi, à vrai dire, de tout le reste de l'Europe, et même des Anglais, qui, malgré les relations suivies qu'ils ont eues avec ce pays pendant les guerres de la révolution, ne le connaissent pas plus qu'auparavant, et l'ont vu et jugé comme on sait que leurs voyageurs, hommes du monde, voient et jugent les pays étrangers.

Cette ignorance universelle de l'existence intérieure et des mœurs de la Sardaigne, même chez des hommes d'une instruction peu commune, passe toute croyance. J'ai entendu faire à ce sujet des questions vraiment extraordinaires, et qui touchaient de bien près au ridicule. Les Patagons nous sont mieux connus que les Sardes. Nous avons des relations satisfaisantes d'Otaïti, des îles de la Société, des Amis, et des Marquises; nous ne sommes pas étrangers à la constitution politique de Noukaïva, et les souverains des îles Sandwich nous ont donné les moyens d'étudier de près et sur eux-mêmes leurs usages et leurs mœurs; mais nous ne savons guère ni ce qui se passe, ni même ce qui s'est jamais passé dans une île en vue des côtes de l'Italie, et séparée par un détroit de quelques lieues d'une autre île qui est un département français.

L'ignorance, ou du moins la négligence des historiens au sujet de la Sardaigne, est poussée à un tel point, qu'à peine deux ou trois de ses villes sont citées, et encore avec des indications erronées, dans les écrits géographiques; et pas un seul des noms qui figurent avec quelque honneur dans ses annales n'est mentionné dans aucune de nos histoires contemporaines, ni dans aucun de ces dictionnaires biographiques où l'on ne s'est pourtant pas fait scrupule d'entasser tant de noms obscurs ou même ridicules.

Il est vrai que les Sardes eux-mêmes, par une insouciante paresse ou par le peu de culture de leur esprit, ne connaissent en général de leur pays natal que la contrée qu'ils habitent. Long-temps divisés, comme les peuples de l'Italie, en un grand nombre de petits états, ils se regardent comme étrangers les uns aux autres, et l'idée d'une vieille et antique patrie ne fait point battre leurs cœurs. Les Sardes, dit le docteur *Massala*, laissent errer sans honneur et sans sépulture les ombres de leurs ancêtres.

Ce serait peut-être ici le lieu de relever un mot que son auteur seul a pu croire heureux : c'est *que peut-être la Sardaigne n'est si peu connue, que parce qu'elle n'en vaut pas la peine.* Je ne suppose pourtant pas qu'on reproduise une observation si légère et si peu réfléchie. Comment penser, en effet, qu'il y ait beaucoup de personnes capables de regarder comme indigne d'intérêt, de recherches et d'études, une nation entière qui fait partie de la grande famille européenne, dont l'existence sociale date presque des premiers âges du monde, qui fut autrefois célèbre, qui a conservé, à travers tant d'événements et de siècles, la trace vivante de son antique origine, et la tradition des temps les plus reculés ? Personne ne voudra sérieusement proscrire de la mémoire des hommes un peuple fier, sobre et courageux, remarquable par la singularité de ses mœurs, qui a eu part aux destinées des maîtres de l'univers, soit qu'il les servît comme ami ou allié, soit que défendant contre eux sa liberté, il vît échouer les efforts de leur puissance au pied de ses montagnes. On ne saurait entièrement oublier un pays depuis long-temps fameux par l'excellence de sa position géographique, maritime et commerciale, par l'abondance de ses productions naturelles et par la prodigieuse fertilité de son sol, qui en a toujours fait un objet de convoitise et d'envie, en même temps qu'un inépuisable grenier pour les états voisins, dans les temps de disette.

Ce n'est assurément point un spectacle froid et commun que présente l'histoire de ce peuple à presque toute ses périodes. Les publicistes ne le verront pas sans un vif intérêt, après de longs déchirements intérieurs, après tous les fléaux des guerres civiles, reconstituant son état social sous les auspices d'un roi sage, recevoir de lui, en 1355, comme base de ses institutions politiques, *le gouvernement représentatif*. Ce n'est pas sans étonnement peut-être qu'on le reverra, un demi-siècle après, à une époque où le reste de l'Europe était plongé dans la grossièreté et la barbarie, où l'Angleterre était livrée aux horreurs de la rose rouge et de la rose blanche, doté par une généreuse princesse, l'honneur de sa patrie, *Eléonore d'Arborée*, d'un code des lois civiles et criminelles, qui, sous le nom de *constitutions* ou *charte* (carta), est devenu la jurisprudence de ce pays, où il est encore aujourd'hui en vigueur, et où, malgré les traces de la rouille du temps, il n'a cessé d'être, pour les magistrats et les légistes, un objet d'étonnement, d'admiration et d'étude.

Pourquoi les vicissitudes singulières de la Sardaigne et les variations de son sort ne mériteraient-elles pas de fixer l'attention des économistes et des moralistes politiques ? Il leur appartient de rechercher les causes de sa décadence, qu'ils trouveront bien moins encore dans les effets des maux de la guerre et des fléaux de la nature, réparés si vite, avec un sol fertile, par une population agricole bien gouvernée, que dans les longues et irréparables calamités d'une mauvaise administration, comme celle sous qui elle a gémi pendant des siècles, avant l'avénement de la maison de Savoie. Ils les trouveront dans l'établissement des grands fiefs, à l'époque de la conquête aragonaise, dans l'absence des grands feudataires, représentés par des tyrans subalternes, et dans l'abandon que l'exubérance des possessions de la couronne d'Espagne lui avait fait faire de celle-ci, qui n'était pour elle qu'honorifique, à l'avidité et à l'ineptie de ses vice-rois. Ils nous expliqueront comment un pays comblé de tous les dons du Ciel, qui a eu de l'opulence et de la prospérité, qui a nourri autrefois une population de *douze cent mille hommes*, active et industrieuse, compte à peine aujourd'hui 400,000 habitants sur toute sa surface, et n'est plus renommé que par son insalubrité, bien que fort exagérée, par l'absence de toute industrie et par sa pauvreté. C'est à eux de commenter ce passage de *Montesquieu*, où, après avoir établi que *les pays ne sont pas cultivés en raison de leur fertilité, mais en raison de leur liberté*, il dit *que la Sardaigne, ruinée par les Carthaginois, qui défendirent, sous peine de la vie, de cultiver les terres, n'était pas rétablie du temps d'Aristote, et ne l'est point encore aujourd'hui* [1]. C'est à eux enfin de nous dire pour quelles raisons, après tant d'alternatives diverses de bonne et de mauvaise fortune, la Sardaigne, malgré ce que le zèle de ses derniers princes a fait pour améliorer son sort, en est venue, aux temps où nous sommes, à présenter aux yeux de l'observateur ce triste spectacle : dans les villes la civilisation arriérée, la misère dans les campagnes, et dans les montagnes de l'intérieur les habitudes de la vie sauvage.

Tel est le tableau animé que nous offrent les fastes de la Sardaigne. On peut donc dire avec assurance que, s'il est toujours utile d'ajouter quel-

[1] Esprit des Lois; liv. XVIII, chap. III.

que chose à la masse des connaissances humaines, et que si toutes les parties de l'histoire, de quelque manière même qu'elles soient écrites [1], attachent le lecteur par le plaisir des rapprochements qu'il découvre et des sympathies qu'il partage, celle de la Sardaigne, tant dans ses points d'enchaînement avec les événements généraux de l'Europe que dans ses particularités nationales, n'a pas moins qu'aucune autre mérité d'être apprise, et qu'elle a droit aussi d'exciter l'intérêt et la curiosité par un grand nombre de faits, qui n'auraient besoin, pour paraître importants et instructifs, que d'être tirés de l'oubli dans lequel le hasard et l'indifférence des hommes les ont laissé tomber.

[1] *Historia, quoquo modo scripta, delectat.*
CICÉRON.

CHAPITRE II.

Des auteurs anciens et modernes, étrangers et nationaux, qui ont écrit sur la Sardaigne. — Inexactitudes, exagérations, faussetés. — Polémique acerbe entre les modernes. — Traits d'orgueil national chez les écrivains sardes.

Aux causes que j'ai indiquées de l'oubli dans lequel l'histoire de la Sardaigne s'est perdue par l'effet de sa condition politique et par la force de cette vérité maintenant démontrée, qu'il n'y a de gloire, même pour le génie et la vertu, que chez les nations civilisées, il faut en ajouter une autre qui n'y a pas moins puissamment contribué; c'est que jamais elle n'a été véritablement écrite. Parmi les compilations dont elle a été l'objet, il n'en est peut être aucune qui puisse être lue par des étrangers, et hors du pays dont elles parlent. J'en dirai tout à l'heure les raisons.

Un peuple simple et faible, qui n'offre dans ses cités qu'une civilisation ébauchée, dans ses champs et ses rochers que des mœurs primitives et presque sauvages, qui n'a ni monuments, ni arts, ni littérature, qui ne vante dans ses annales aucune époque brillante, qui n'a produit aucun de ces hommes dont l'existence influe ou pèse sur leur siècle, prêtait trop peu aux descriptions pompeuses et au jargon philosophique, pour tenter la plume des auteurs d'apparat, des écrivains coloristes, qui ne cherchent que des effets, et ne veulent que des cadres pour leurs tableaux.

On composerait une bibliothèque entière de ce qu'on a écrit sur les îles de la Méditerranée. Le plus petit îlot de l'Archipel n'a pas été passé sous silence. On a plusieurs fois décrit les îles Baléares. La Corse, qui a eu des enfants célèbres, a aussi ses historiens, qui le sont un peu moins, mais qui pourtant l'ont fait connaître; et, dernièrement encore, elle a fourni à un de ses administrateurs et à un de ses magistrats des recherches et des observations.

La chevaleresque histoire de Malte nous a été longuement racontée. Son auteur a trouvé des matériaux précieux dans un grand nombre de Mémoires, qui heureusement ne lui sont pas tous parvenus *après que ses siéges étaient faits*. Plus récemment, deux commandeurs d'un ordre illustre, MM. *de Dolomieu* et *de Boisgelin*, nous ont donné de l'île qui fut le théâtre de sa gloire, une description plus fidèle, plus vraie, plus utile que la poétique narration de *l'abbé de Vertot*.

On a publié un assez grand nombre d'ouvrages sur la Sicile. Ses fastes antiques, l'invasion des Normands, les guerres de la rivalité, les Vêpres siciliennes, des ruines imposantes, un volcan fameux ; voilà de quoi donner carrière à l'imagination. Aussi les histoires générales, les mémoires privés, les voyages pittoresques, rien n'y manque. M. *de Gourbillon* a fait, de la seule relation de sa visite à l'Etna, deux gros volumes, qui seraient encore plus attachants s'il ne faisait pas une guerre si obstinée aux voyageurs ses devanciers, et surtout à *Brydone*, qui ne peut plus lui répondre. Nous avons eu dans le cours de l'avant-dernière année, un Voyage fort instructif de M. *de Sayve* en Sicile, et depuis des *Souvenirs*, que je ne veux pas oublier, d'un homme du monde qui manie avec succès la plume et le pinceau, ouvrage piquant, auquel son aimable légèreté ne peut faire tort, et plein d'observations et de faits d'un intérêt tel, qu'il résiste même au style romantique.

La Sardaigne n'a point eu toutes ces bonnes fortunes. Disgraciée des muses comme du sort, les travaux historiques ou scientifiques qu'elle a inspirés, condamnés à l'obscurité, n'ont pas franchi les limites du pays qu'ils concernent, et jamais, à l'exception d'un ouvrage de *M. Azuni*, dont j'aurai plusieurs fois occasion de parler, la langue française, qui est l'organe de la Renommée, n'en a publié les résultats.

Les anciens historiens et géographes n'ont parlé de la Sardaigne que sur des ouï-dire, d'après des notions superficielles ou avec une extrême partialité. Il faut excepter, parmi les premiers, *Polybe*, l'un des plus judicieux écrivains de l'antiquité ; parmi les seconds, *Strabon*, toujours si remarquable par sa précision et sa bonne foi. Le peu qu'a dit ce dernier de la Sardaigne peut faire aisément croire que, dans le cours de ses voyages, il l'a réellement visitée. Tous les autres sont pleins d'inexactitudes et d'infidélités. *Pausanias* n'a fait que rassembler sans goût des fables ridicules.

C'est contre lui surtout que s'échauffe la bile du Père *Thomas Napoli*, qui, dans les fréquentes boutades que lui dicte son ardent amour de la vérité, ne se lasse pas de l'appeler charlatan et hableur.

Ce sont pourtant ces contes et ces récits fabuleux, accrédités par l'ignorance et la crédulité, qui forment à peu près le fond de toutes les histoires de la Sardaigne composées dans les temps modernes, par des écrivains étrangers et nationaux, jusqu'au milieu du siècle dernier. Le plus cité de ces ouvrages est du moine sarde *Salvator Vitale*. Ses Annales latines de la Sardaigne, publiées en 1639, sont un recueil de faits controuvés, de narrations hasardées et de folles exagérations. *Cambiagi*, *Arquer*, n'ont guère fait que copier *Vitale*, sans ajouter à la série des faits un ordre meilleur ou de nouvelles lumières. *Gazzano*, qui est aussi l'auteur d'une *Histoire de la Sardaigne*, s'est distingué de ses devanciers par plus de méthode et de jugement ; mais, outre qu'il est aussi très volumineux, il tombe comme eux dans des erreurs et des contradictions fréquentes. De tous ces historiens, le plus sincère, le plus raisonnable, le plus utile à ceux qui, après lui, ont étudié la Sardaigne, est l'évêque de Bosa, *Fara*, auteur de l'ouvrage intitulé *De rebus Sardois*, quoiqu'il ait aussi sacrifié au mauvais goût et à la crédulité du temps, et qu'il ait hasardé une foule d'assertions auxquelles on ne peut ajouter foi [1]. Son livre a d'ailleurs plus de deux siècles de date, et nous laisse, comme on voit, fort en arrière.

Quant aux écrivains étrangers qui se sont occupés de la Sardaigne, et dont aucun certainement n'a vu ce pays, ils n'ont fait que copier sans examen les historiens de l'antiquité et les auteurs italiens. Aussi, dans les traités de géographie, dans les dictionnaires géographiques, dans les recueils de voyages, ne trouve-t-on que d'éternelles répétitions de ce qu'on avait lu ailleurs, et des compilations qui ne peuvent rien apprendre. J'excepterai encore ici un

---

[1] *Fara* a laissé un ouvrage bien plus précieux, et qui a demandé des recherches immenses ; c'est sa *Corografia Sarda*, conservée manuscrite à Cagliari, et consultée par le petit nombre d'écrivains nationaux qui ont voulu parler de leur pays avec bonne foi et avec conscience.

morceau fort court, mais bien fait, sur l'île de Sardaigne, qui se trouve dans la Géographie universelle de MM. *Malte-Brun* et *Mentelle*.

Que les déchiffreurs de vieilles chroniques et les écrivains des quinzième et seizième siècles aient recueilli, sans discernement et sans choix, d'anciennes traditions et des faits hors de la nature et de la vraisemblance, on ne doit pas s'en étonner; c'était la manière du temps. On ne savait alors, et en Sardaigne surtout, que copier sans examen tout ce qu'on trouvait imprimé ou manuscrit; mais il semble qu'on doive moins d'indulgence à des auteurs modernes, qui, écrivant à une époque où l'art de la critique, ce creuset de l'histoire, était perfectionné, et où l'esprit philosophique avait porté la lumière dans toutes les parties de la littérature, sont tombés dans les mêmes erreurs que leurs devanciers, ont été dupes des mêmes méprises, et se sont livrés comme eux aux exagérations les plus choquantes et à d'extravagantes rêveries.

Ce n'est pas sans peine qu'on est forcé de faire un pareil reproche aux auteurs sardes qui ont traité l'histoire de cette île depuis une quarantaine d'années. Une cause respectable, l'amour exalté du pays natal, a pu seule égarer des hommes aussi éclairés et aussi instruits que le Père *Madao* et MM. *Cossu Purcheddu* et *Azuni*. Ces honnêtes Sardes ne sont pas les premiers écrivains que le patriotisme ait aveuglés, et à qui il ait fait commettre bien des bévues.

Quoi qu'il en soit, c'est avec beaucoup de précaution et de réserve qu'on doit faire usage de ces travaux estimables, dans lesquels on a presque toujours à désirer plus de méthode et de jugement.

Le Père *Madao*, ancien jésuite, dans un ouvrage d'ailleurs plein de savoir, intitulé *Monumenti delle Sarde antichità*, s'est trop laissé emporter par les écarts de son imagination. Il aurait cru manquer de respect à ses ancêtres de l'antiquité, s'il n'en avait pas fait un peuple autochtone.

Dans ses Notices abrégées [1], le chevalier *Cossu* a fait, sur l'histoire du moyen âge, les recherches les plus laborieuses ; mais en entreprenant ce tra-

[1] *Delle città di Cagliari e di Sassari notizie compendiose sacre e profane.*

vail difficile, il ne s'était proposé d'autre but que de répondre à une longue série de questions proposées par M. *César Orlandi* de Pérouse, auteur d'une histoire des villes de l'Italie et de ses îles [1], et il y a entassé confusément tout ce qu'il découvrait dans les archives du pays, dont les précieux restes, échappés au fléau des guerres et des incendies, étaient entièrement à sa disposition, en sa qualité de juge du tribunal suprême et de censeur général.

On a du Père *Stanislas Stefanini*, religieux des écoles pies, un éloge, en langue latine, de la Sardaigne antique, prononcé en 1773 devant l'Académie royale de Cagliari [2]. C'est un ouvrage d'un fort beau style, qui offre, tant dans le texte que dans ses savantes notes, une vaste érudition; mais le titre même de cette composition académique faisait à l'auteur un devoir de la louange sans restriction, et son sujet le portait naturellement à l'emphase et à l'hyperbole.

[1] *Delle città d'Italia e sue isole aggiacenti compendiose notizie sacre e profane.*
[2] *De veteribus Sardiniæ laudibus*, etc. *Carali*, ex typographiâ regiâ.

Ce même défaut, qu'on pourrait appeler celui de l'exagération patriotique, se retrouve dans les Notes historiques et économiques, dont l'abbé *Antonio Pucheddu* a orné son poëme didactique, en langue sarde, sur l'éducation des vers à soie.

Il existe un ouvrage français qui est un panégyrique si outré de la Sardaigne, que je ne veux l'indiquer que pour mémoire, à cause du ridicule dont il a été frappé en naissant. Il a pour titre : *La Sardaigne Paranymphe de la paix aux souverains de l'Europe.* Il a été imprimé à Boulogne-sur-Mer en 1714, et réimprimé à La Haye en 1725. Il paraît qu'il y a eu quelque temps sur le tapis, au congrès de Gertruydemberg, un projet de donner cette île à l'électeur de Bavière ou au palatin du Rhin, en échange de ses états. L'auteur anonyme, qu'on peut supposer avoir été le secrétaire de quelque ministre de l'une des puissances intéressées à faire accepter cet arrangement, cite, entre autres preuves de l'excellence de la Sardaigne, l'opinion qu'en avait l'empereur *Charles-Quint*, qui, pendant le séjour qu'il y fit, à son retour de Tunis, *fut tellement enchanté des belles qualités* de l'île et de ses habitants, et y goûta les plaisirs de la vie avec tant de satisfaction (expressions littérales), qu'il ne pouvait les quitter ni se lasser d'en parler, et qu'on croit même que, si le poids et les soins d'une aussi vaste monarchie qu'était la sienne ne l'avaient point appelé ailleurs, ce grand prince avait formé le dessein d'y faire sa résidence ordinaire, cette île lui ayant paru à peu près le point central de l'Europe et de ses états.

L'auteur, pour montrer qu'un si célèbre empereur ne s'était pas engoué mal à propos, fait de la Sardaigne, à laquelle il donne généreusement un million d'habitants, c'est-à-dire 700,000 de plus qu'elle n'avait à cette époque, une peinture poétique qui ressemble à celles des Mille et une Nuits, et la représente comme un véritable *Eldorado*.

Je ne confondrai point avec la *Paranymphe de la paix* le seul autre ouvrage français qui ait été publié sur la Sardaigne, et qui, sans être, à beaucoup près, irréprochable sous aucun des rapports que je viens d'indiquer, est du moins une production raisonnable, qui atteste les efforts d'un véritable homme de lettres pour traiter une matière qu'il avait étudiée. Cet ouvrage est l'*Essai sur la Sardaigne*, qu'a donné, en 1798, M. *Azuni*, et qu'il a fait reparaître, en 1802, plus étendu et plus développé, sous le titre d'*Histoire géographique, politique et naturelle*.

Cette première ébauche d'un sujet neuf avait été favorablement accueillie, quoiqu'elle se sentît, comme l'auteur en convient lui-même, de l'extrême précipitation avec laquelle cette notice de circonstance avait été composée. Le succès lui inspira l'idée, qu'il crut heureuse, de se parer d'un titre plus ambitieux, que l'exécution n'a pas justifié, et d'agrandir son cadre, sans avoir, malgré son zèle et sa bonne foi, des matériaux suffisants pour le remplir.

En effet, l'ouvrage de M. *Azuni* ne donne, sur la *géographie* de l'île de Sardaigne, que des notions peu satisfaisantes ou erronées. Le peu qu'il en dit fourmille de fautes et de méprises, que le Père *Napoli*, qui a écrit après lui, relève avec une dureté que je n'imiterai pas. Son *Histoire* proprement dite se borne à des recherches d'érudition sur les origines, à des conjectures plus ou moins ingénieuses, et à une sèche énumération de faits généraux et de dates. Il a parcouru, en quelques pages, l'époque si animée de la conquête aragonaise, des longues querelles des Pisans et des Génois, et, s'en tenant à la désignation nominale des quatre principautés sardes, auxquelles apparemment il n'a trouvé qu'un intérêt local, il n'a pas même appelé l'attention du lecteur sur celle d'*Arborée*, qui fournit à l'histoire de la Sardaigne des épisodes si curieux. M. *Azuni*, dans un ouvrage qu'il intitule *géographique* et *historique*, et où il ne nous apprend que bien peu de chose de la géographie du pays, ne nous apprend rien du tout de l'histoire et de l'esprit de ses institutions politiques, parmi lesquelles figure cependant, au premier rang, l'établissement du régime représentatif, dans le quatorzième siècle. Il se borne à dire que la Sardaigne avait ses cortès, divisées en trois ordres, et il ne fait que donner le titre de ses codes criminel et civil. Il est vrai de dire qu'à l'époque où l'auteur écrivait, ces matières occupaient moins qu'aujourd'hui l'attention publique, alors distraite par tant d'événements non moins rapides que prodigieux.

Si M. *Azuni* a cru devoir omettre entièrement cette époque, la plus intéressante des annales modernes de la Sardaigne, il a du moins su profiter, pour ce qui touche celles des guerres de la succession, des Mémoires laissés par le marquis de *Saint-Philippe*, seigneur sarde qui avait joué un rôle dans ces événements [1]. C'est à cette source que je puiserai moi-même, pour y trouver des faits curieux qui ne sont point assez connus.

L'extrait qu'en a tiré M. *Azuni* a fait arriver son premier essai à la dimension compétente d'un volume in-8°, grossi par sa relation, que j'aurai d'ailleurs occasion de citer, des troubles qui agi-

---

[1] *Don Vicente Bacallar-Sanna*, marquis de *San Felipe*, a écrit des mémoires très volumineux pour servir à l'histoire du règne de *Philippe V*, dont le manuscrit est conservé dans la famille *Masones y Bacallar*. On en a détaché des commentaires sur les guerres d'Espagne (*Commentarios de las guerras de España*); qu'on a imprimés à Gênes, et qu'on a traduits en français sous le titre de *Mémoires pour servir à l'histoire de Philippe V*. On a encore du marquis de *Saint-Philippe*, la *Monarchie des Hébreux*, qui a été aussi traduite en français, et qui est estimée. Il est mort en 1726, à La Haye, où il résidait comme ambassadeur d'Espagne.

tèrent la Sardaigne pendant les années 1793, 94, 95 et 96, et d'un projet de réforme dans l'administration, qui honore le patriotisme, les talents et l'ame de l'auteur, mais qui a servi seulement à faire voir que la Sardaigne aussi avait été l'objet des rêves d'un homme de bien.

Voilà ce que prévoyait sans doute M. *Azuni*, quand il disait que *toutes ses couleurs étaient dans son cœur*, et que *c'était lui seul qu'il prétendait répandre dans son ouvrage*. C'est en effet dans ces sentiments et dans ce style que l'ouvrage est écrit. Mais pourrait-on refuser de l'indulgence à un estimable et savant jurisconsulte étranger, qui voulait faire connaître sa première patrie à sa patrie adoptive, et qui, sans doute, tenait plus à passer pour un excellent citoyen sarde, que pour un bon écrivain français?

Le second volume de l'ouvrage de M. *Azuni*, consacré à l'histoire naturelle de la Sardaigne, est entièrement traduit de celle qu'a donnée *Cetti*, il y a cinquante ans, des quadrupèdes, des oiseaux, et des poissons et amphibies de cette île. Sans doute il était utile de montrer les richesses de la Sardaigne dans ces trois règnes, et d'indiquer les productions qui lui sont particulières, qui sont ses avantages propres, et qui forment sa richesse; mais embrasser toute l'histoire naturelle, et décrire une foule d'espèces qu'on retrouve partout, c'est là, il faut le dire, du temps perdu et du remplissage. Quel intérêt veut-on que le lecteur porte aux lézards, aux grenouilles, aux bécasses et aux étourneaux de la Sardaigne ? Les oies et les poules de ce pays ne diffèrent pas de celles qu'il voit tous les jours ailleurs ; les rossignols et les fauvettes n'y chantent ni mieux ni plus mal, et il n'y a rien qui se resremble, dans toutes les parties du monde, comme les moineaux, les hirondelles et les pies - grièches.

Cet ouvrage de M. *Azuni*, quoiqu'il offre, je me plais à le redire, plusieurs parties bien traitées, a été réfuté et critiqué par le Père *Napoli*, avec une sévérité monacale, qui va jusqu'à l'impolitesse. Les expressions dont il se sert envers un homme inoffensif et de mœurs douces, ancien magistrat, aussi honorable par ses talents que par ses qualités, et auteur d'un ouvrage estimé sur le droit maritime [1], rappellent le bon temps où les gens de lettres s'accablaient réciproquement d'injures, et sont dignes de figurer dans le recueil des aménités littéraires.

Cet inexorable religieux prétend qu'il y a dans l'ouvrage de M. *Azuni* autant de faussetés et de bévues que de lignes, et qu'il en a, pour sa part, découvert plus de deux cents très notables, qu'il n'a pas la patience de réfuter. Il l'accuse d'avoir déplacé le cours des rivières, d'avoir, de son autorité, mis au midi ce qui est au nord, et de s'être trompé dans la désignation des lieux, d'une centaine de milles. Ce qui prête surtout à ses mordants sarcasmes, c'est l'assertion faite sérieusement par M. *Azuni*, que les ânes de son pays marchent aussi vite qu'un cheval au trot, qu'on trouve des chevaux sauvages en grande quantité à Tavolara et à Saint-Antioche, où l'on serait en effet bien habile d'en rencontrer un seul, et que les martes, qui donnent la fourrure, sont si abondantes dans les montagnes de la Gallura, que les paysans, pour préserver

---

[1] Système universel des principes du droit maritime en Europe.

leurs vergers et leurs vignes, sont obligés de leur livrer des batailles, qui ressemblent, dit le malin critique, à celles des pygmées et des grues. Voilà ce que le P. *Napoli* appelle d'incroyables extravagances et des gasconnades à faire mal au cœur (*stomachevoli*).

L'attaque était trop rude pour que M. *Azuni* ne cherchât point à se défendre. Il l'a fait, et c'est ce qui a donné lieu, entre son adversaire et lui, à une polémique très âpre. Que pouvait-il faire de mieux, répondant à un homme qui le raille si légèrement de *prendre des vessies pour des lanternes*, que de lui prouver, s'il en avait les moyens, que lui-même était tombé dans des méprises aussi grossières que ses expressions? Il a été en effet assez heureux pour trouver de graves erreurs chez son incivil Aristarque, ce qui dans sa position était une bonne fortune. Mais, en prenant le critique en flagrant délit, il aurait dû aussi se justifier du reproche d'exagération. Il ne l'a point essayé, et n'y aurait pas réussi. C'est son défaut dominant ; c'est celui de tous les Sardes qui écrivent sur leur pays natal. L'amour de la patrie égare leur jugement, et ils portent l'orgueil national presque aussi loin que les Anglais, ce qui n'est pas peu dire. C'est chez eux la passion du pays natal dans toute la force du terme. Ils préfèrent d'abord à tout l'île favorisée du Ciel, qui est leur patrie commune, et ensuite à tout le reste de l'île le lieu qui les a vu naître ; car leur patriotisme se divise, pour ainsi dire, comme la circonscription territoriale, en deux caps, celui du midi et celui du nord, entre Cagliari et Sassari.

La prétention des deux capitales à la prééminence, vivement débattue et depuis long-temps décidée en faveur de la première, a donné le jour à de gros livres, peut-être célèbres autrefois, oubliés aujourd'hui, comme ils le méritent, dans lesquels on discutait avec autant de chaleur que d'amertume, au nom de chacune des deux villes, l'antiquité de son origine, sa supériorité physique et morale, les avantages de la position géographique, la suprématie épiscopale, le nombre des saints et des reliques [1].

[1] Le Père minorite *Vitale*, auteur des Annales latines de la Sardaigne, s'est surtout distingué par son zèle et sa

Ces anciennes animosités nationales, à qui les guerres civiles et l'occupation étrangère ont fourni des scènes plus sérieuses que les querelles littéraires des moines, se sont converties, en traversant les siècles et en se modifiant avec les temps et les mœurs, en petites vanités locales, en préventions réciproques, en jalousies de provinces, dont on a pu reconnaître l'existence à l'époque des troubles de 1793, dont on retrouve les traces dans les relations sociales de tous les jours, et enfin jusque dans l'attaque et la défense du Père *Napoli* et de M. *Azuni*. C'est un plaisir de voir les deux auteurs sardes se railler agréablement sur

fécondité comme avocat de Cagliari. L'historien *Vico* et un anonyme, mis en avant par l'archevêque de *Torrès*, avaient écrit que la ville de *Sassari*, en sa qualité d'héritière de l'ancienne *Turris Lybisonis* des Romains, qui est aujourd'hui le village le *Torre*, l'emportait en tout sur Cagliari, et qu'elle devait son origine aux Tartares, son véritable nom, suivant eux, étant Tatani. De pareils adversaires n'étaient pas faits pour effrayer le père *Vitale*, qui combattait avec *Hercule le Lybien*, fondateur de Cagliari, et qui, fort de son redoutable auxiliaire, les écrasa l'un après l'autre sous deux énormes volumes latins, dont l'un, divisé en chapitres ornés d'autant de palmes, en signe de victoire, s'appelle *le Bouclier d'or de l'excellence de Cagliari* (*Clypeus aureus excellentiæ Caralitanæ*), et l'autre *la Forteresse triomphale* (*Propugnaculum triumphale*).

le lieu de leur naissance. Le dernier, dans une description un peu emphatique de la ville de *Sassari*, où il est né, avait dit qu'elle était environnée de fortes murailles et de tours d'une grande élévation, et que la promenade était ornée d'une magnifique fontaine appelée *le Rosello*, qui égalait tout ce que Rome offre de plus beau dans ce genre. Le professeur des écoles pies prétend que *le Rosello* n'est qu'une petite fabrique assez jolie, et que ces murailles et ces tours, si vantées, n'ont guère plus d'une vingtaine de pieds d'élévation, et seraient aisément réduites en poudre par trois ou quatre coups de canon. Il trouve cette nouvelle *gasconnade* bien digne du pays; car les Sassarais, suivant lui, ont une folle passion pour leur *endroit*, qu'ils préfèrent sérieusement aux plus belles villes du monde, et *tous leurs écrivains manquent de critique et de jugement*. M. *Azuni*, en s'efforçant de relever ses murailles et ses tours, et de réhabiliter *le Rosello*, répond qu'on ne devait pas attendre moins d'impertinences d'un homme qui a reçu une éducation africaine, et d'un *tabarcain de l'île de Saint-Pierre* (cap de Cagliari).

Voilà comme les écrivains sardes se traitent entre eux dans l'état de paix ; mais toutes les dissensions et littéraires et locales disparaissent quand un géographe ou un voyageur étranger s'avise d'attaquer la patrie ; tous se réunissent alors sous le même drapeau et marchent ensemble contre l'ennemi commun. Il faut voir en pareil cas leurs exclamations, leur sainte colère, et leur courageuse défense.

Il est vrai qu'ils ont beau jeu, et que l'irréflexion et l'ignorance des étrangers, qui ont voulu parler de la Sardaigne sans la connaître, donnent une ample carrière à leurs récriminations.

Il y a peu d'années qu'une diatribe inconsidérée, lancée par un voyageur anglais, les a mis en rumeur plus que toutes les attaques précédentes. Un monsieur *Galt*, qui a publié, en 1812, à Londres, un *Voyage dans quelques îles de la Méditerranée et dans la Turquie d'Europe*, a parlé de la Sardaigne, dans un article aussi court qu'injurieux, qu'a cité *le Moniteur* du 16 septembre 1813; et quelques heures de relâche à Cagliari lui ont suffi, suivant la méthode anglaise, pour juger le pays et les hommes. Il a eu le malheur de dire que *la capitale présente l'aspect d'une ville tombant en ruines*, que *l'État n'a pas plus de* 80,000 *livres sterlings de revenus*, que *les chênes des forêts pourrissent très vite et ne sont d'aucun usage*, que *l'instruction publique est extrêmement négligée*, que *l'ancien code*, dont il ne sait pas même le nom, puisqu'il l'appelle *Costa di logo*, au lieu de *Carta de logu*, *n'est ni complet ni clair*, que *les habitants de la campagne, vêtus de cuir tanné ou enveloppés de peaux de moutons, ressemblent à de véritables sauvages, etc.* Cette fois, c'est M. *Azuni* qui a pris la parole et réfuté, *par des citations de son ouvrage*, le voyageur anglais, auquel il rend avec usure les politesses qu'il avait reçues de son compatriote *le tabarcain de Saint Pierre*. Il conclut par dire qu'il convient moins aux Anglais qu'à personne de calomnier un peuple simple, frugal, hospitalier, et qu'il voit bien qu'il n'y a qu'un moyen de leur plaire, c'est de *prendre, s'il se peut, avec leur habit mal fait, leur grossièreté, de copier cet air brusque, gauche et maussade, qui accompagne toutes leurs actions, de tordre le poignet en signe d'amitié aux personnes que l'on connaît, d'affecter le négligé jusqu'à paraître au spectacle en papillottes, de se moucher avec les doigts, et d'exhaler en pourceaux le superflu de l'air par les extrémités opposées du corps* [1].

En parcourant rapidement les ouvrages qui traitent de la Sardaigne, j'ai voulu donner une idée des notions qu'on possède jusqu'à présent sur ce pays.

[1] Observations sur un chapitre du Voyage de M. *Galt*. Gênes, 1813.

CHAPITRE III.

De l'utilité d'un nouvel ouvrage plus exact et plus complet sur la Sardaigne. — Des motifs qui ont déterminé l'auteur à l'entreprendre. — Plan de l'ouvrage.

JE crois avoir démontré que les travaux littéraires dont la Sardaigne a été l'objet, étant surannés, inexacts ou incomplets, et son état politique, physique et moral étant à peu près ignoré du reste de l'Europe, il existe une lacune dans nos connaissances historiques et géographiques. Il est utile, il est nécessaire que cette lacune soit remplie. Je n'ai ni la prétention ni l'espoir d'y avoir réussi. J'ai pourtant la conscience de n'avoir épargné ni temps ni soins pour rendre digne du public le précis dont je lui fais hommage. J'aurai atteint le but que je m'étais proposé, si j'ai été assez heureux pour offrir à une plume moins timide et plus habile des recherches toutes faites, des matériaux tout élaborés, qui serviront un jour peut-être à enrichir notre littérature historique.

Ce serai déjà un succès que j'aurais obtenu, si je déterminais mon successeur en Sardaigne, homme aussi distingué par son esprit que par la variété de ses connaissances [1], à enrichir ces observations de celles qu'il a pu faire de son côté, à compléter ces matériaux, et surtout à les mettre en œuvre lui-même.

L'exemple du savant auteur de l'Histoire des républiques italiennes du moyen âge, et de l'écrivain homme d'état à qui nous devons l'Histoire de Venise, tentera peut-être quelqu'un de leurs émules, et j'applaudirai le premier à son succès.

Cette île, dont on connaissait à peine de nom les trois ou quatre villes principales, dans l'intérieur de laquelle presque aucun étranger n'avait jamais pénétré, se trouvera désormais aussi exactement décrite sous le rapport de la topographie, de la statistique, de l'histoire naturelle, de l'état physique et moral, que peut l'être un de nos départements français.

On lirait avec avidité la relation, donnée par

[1] M. de Formont, auteur de la tragédie de *Jean de Bourgogne*.

quelque intrépide navigateur, d'une île qu'il aurait récemment découverte. La proximité de la Sardaigne serait-elle une raison pour qu'on dédaignât l'esquisse qui en est offerte à l'attention publique, à laquelle ces notions, redevenues neuves pour avoir été si long-temps négligées, avaient échappé, et pour qu'on la laissât opiniâtrément dans l'oubli? En serait-il des nations et de la géographie comme des monuments et des sites, à qui l'on n'accorde d'importance qu'à proportion de leur éloignement.

Avec quel intérêt le voyageur pénètre dans les maisons de *Pompeï*, à mesure qu'elles sortent de dessous ces monceaux de cendres qui les ont englouties! Avec quelle avidité le lecteur moins heureux, qui voit par les yeux d'autrui, dévore les récits de ces découvertes dans les relations qu'on lui en donne! On éprouve sans doute une émotion vive en visitant les temples, les théâtres, les foyers domestiques des anciens habitants d'une ville rendue après tant de siècles à la lumière; mais ces restes sont inanimés; ces témoins sont muets; partout manquent le mouvement et la vie.

La Sardaigne n'offre, il est vrai, ni édifices entièrement conservés, ni monuments précieux de l'art antique ; mais les habitants de ses montagnes, qui sont encore, à la religion près, ce qu'ils étaient du temps de leur héros *Harsicoras* et de leurs vainqueurs *Manlius Torquatus* et *Tiberius Gracchus*, qui ont fidèlement gardé les mêmes mœurs, une partie des mêmes usages, et le même vêtement que décrit *Tite-Live* et qui a excité le gaieté railleuse de *Cicéron*, voilà des monuments vivants, non moins curieux à observer que ceux qui sont l'ouvrage des hommes. Les produire au grand jour avec leur grossièreté et leur fierté natives, au milieu de la société raffinée de l'Europe moderne, c'est lui offrir peut-être un spectacle assez piquant, et digne d'appeler un instant ses regards.

Les circonstances particulières où je me suis trouvé, et le séjour que j'ai fait en Sardaigne par devoir et par état, m'ont donné l'idée et fourni les moyens d'entreprendre et d'exécuter le travail dont j'offre aujourd'hui le résultat. Outre la tâche que je me suis imposée de lire et de comparer tous les auteurs, tant anciens que modernes, qui ont parlé de la Sardaigne, de compulser des correspondances et des manuscrits, de voir et de juger par mes yeux, j'ai eu l'inappréciable avantage de connaître les hommes les plus distingués du pays par leur savoir et par leurs talents, et d'être éclairé par leurs travaux précédents, par leurs conseils et par leur expérience.

Si la géographie européenne s'enrichit, par le faible essai que je présente au public, de la description d'une contrée sur laquelle il ne lui avait été fourni jusqu'à ce jour que de vagues et imparfaites données, elle le devra aux doctes veilles d'un Sarde, aussi savant que modeste, ignoré comme sa patrie dans nos cités dédaigneuses et dans nos brillantes académies, mais que son mérite rend digne comme elle d'être plus connu. Le Père *Thomas Napoli*, religieux des écoles pies, dont je viens de parler, a publié, en 1814, pour servir de texte explicatif à la carte de la Sardaigne, qu'il avait dressée précédemment avec le célèbre *Rizzi Zannoni*, un précis de l'histoire et de la topographie de cette île. C'est un bon abrégé, qui m'a souvent servi de guide. Ses notes, non moins précieuses, m'ont aussi dirigé dans le travail que de tels matériaux pouvaient seuls me donner le courage d'en reprendre. C'est pour moi un devoir de le déclarer hautement, et de lui témoigner ma reconnaissance.

J'ai aussi des obligations, et je le publie également, au chevalier *Cossu*, au docteur *Massala* d'*Alghero* et au chevalier *Mameli de Mannelli*. Les ouvrages du premier m'ont fourni des documents rares. Le second a enrichi le recueil de ses quarante-cinq sonnets historiques, qui ne sont point sans talent poétique, de recherches et d'éclaircissements, dont j'ai profité. Le chevalier *Mameli* est auteur d'un excellent commentaire de la charte d'*Eléonore* (*Carta de Logu*), dans lequel j'ai puisé les matériaux de la notice que je donne, tant sur cette institution remarquable, qui s'est perpétuée jusqu'à nos jours, que sur l'héroïque et sage princesse qui, à une époque de barbarie, fit ce présent à ses sujets.

Je me suis fait un devoir scrupuleux de remonter aux sources et de recourir aux auteurs originaux, sans m'en rapporter aux traducteurs et aux copistes. Dans la partie historique, j'ai consulté, en les rapprochant et les comparant entre eux, pour les époques anciennes, les écrivains de l'antiquité; pour celle de la conquête des Génois, des Pisans et des Aragonais, les historiens espagnols et italiens; pour les autres époques, et notamment celle des quatre *judicats* [1], les archives, les annales, les chroniques du temps; et enfin pour celle qui se rapproche le plus de nous, les écrits contemporains, des témoins oculaires, des mémoires, des manuscrits, qui m'ont été communiqués.

Je déclare n'avoir énoncé aucun fait d'après des conjectures et des présomptions, sans avoir comparé les chroniques ou les mémoires qui en parlent, et sans avoir la certitude de pouvoir en fournir la preuve historique, ou du moins de nommer mes autorités.

Je n'ai pas voulu charger de citations le bas des pages et fatiguer l'attention du lecteur. J'aurais pu le faire. Beaucoup d'autres l'ont fait; un moindre nombre s'en est abstenu. Il est des exemples éga-

[1] J'expliquerai en son lieu cette dénomination.

lement respectables de l'une et de l'autre méthode.

Je place à la suite de cette introduction une liste des auteurs que j'ai consultés.

Je ne sais si je serai réduit à m'excuser de la forme que j'ai donnée à mon ouvrage. Il existe maintenant deux systèmes sur la nature des compositions historiques. Je n'ai pas cherché à consulter le goût le plus dominant, qui demande à l'histoire une marche dramatique et théâtrale, on veut la renfermer dans le cadre d'une action romanesque. Des exemples à bon droit célèbres justifient le succès de ce genre de composition. La nature de mon sujet ne s'y prêtait pas, et il m'a bien fallu y renoncer. Je me suis prononcé pour un autre système, qui est plus analogue au genre de travail dont j'ai eu à m'occuper en traitant un pareil sujet, système qui compte aussi un grand nombre de partisans, et qui tous les jours fait des progrès auxquels on peut promettre, dans l'intérêt de la science, les résultats les plus satisfaisants.

On voit en effet que les études frivoles font place

presque partout aux études sérieuses, et qu'un goût toujours croissant se manifeste de plus en plus pour les travaux historiques, si long-temps négligés parmi nous. Chaque jour voit éclore ou annoncer de nouvelles histoires et des mémoires nouveaux, et, soit qu'ils traitent des temps anciens ou des époques contemporaines, soit qu'ils présentent, sous une nouvelle forme, des faits déjà racontés, ou nous apprennent ce qui était oublié ou ignoré, soit qu'on les publie pour la première fois ou qu'on en donne de nouvelles éditions, le public s'en montre tous les jours plus avide, et c'est le véritable besoin des esprits éclairés du temps où nous vivons. Je n'ai pour mon compte ambitionné le suffrage que de cette classe de lecteurs, assez nombreux, il est vrai, qui, préférant à tout la vérité, se contentent du récit des événements, sans mélange de fictions, qui cherchent une instruction positive et réelle, et que n'effraient pas l'étude de l'antiquité et la gravité de l'histoire.

Le but de mon travail est de réunir une assez grande masse de faits, là où l'on avait entassé des hypothèses, des rêveries et des fables, et de jeter quelques lumières sur une partie, jusqu'ici fort obscure, de l'histoire moderne.

J'ai d'ailleurs tempéré ce que le sujet a de sérieux et d'austère par les détails d'un voyage dans un pays dont la description n'est nulle part, et par la peinture d'usages singuliers et de mœurs originales.

J'ai tâché enfin, dans cet écrit, de n'être ni trop prolixe ni trop serré; j'ai voulu n'en faire ni un tableau vaste et confus, ni un croquis sans couleur, mais rassembler dans un cadre spécial, et proportionné au sujet, des traits isolés, ou épars en des peintures sans plan et sans unité, que le temps a effacées ou que le goût réprouve.

Au milieu du déluge de livres dont le monde est inondé, il serait peut-être à désirer qu'on fît, particulièrement sur l'histoire, surchargée à elle seule de tant de milliers de volumes condamnés à l'oubli, un travail analytique, qui fût autre chose qu'une spéculation mercantile, et qui ressemblât, pour citer des exemples, à l'abrégé de *Florus* et aux excellents précis qu'a donnés M. *Royou* de l'Histoire ancienne et de celle du Bas-Empire. Là, du moins, on verrait la narration, débarrassée des détails fastidieux, des puériles niaiseries, des froides dissertations sous lesquelles elle est étouffée, ne plus offrir que les combats si intéressants des passions humaines ; les oppositions des caractères et des esprits, les variétés pittoresques des mœurs et des usages, et, dans son allure philosophique et ferme, marcher vers son but, qui est celui de plaire et d'instruire. C'est une réflexion que je hasarde en passant, et que de plus habiles appliqueront peut-être à des parties de la littérature historique plus importantes que celle dont je m'occupe ici.

J'ai adopté la division qui m'a paru la plus naturelle et la plus simple, *l'état politique*, *l'état physique*, *l'état moral*.

Dans la première partie, je fais entrer le précis des faits historiques, anciens et modernes, et de l'établissement des institutions politiques et de la législation du pays.

Les notions que je donne sur l'histoire sarde du moyen âge, et notamment sur celle des quatre *judicats*, sont entièrement neuves pour la France.

J'en dirai autant des notices, qu'on trouvera dans la première partie, sur l'établissement du gouvernement représentatif en Sardaigne, sur la constitution politique du pays, sur l'organisation et les sessions périodiques de son parlement des cortès, sur la charte *d'Eléonore*, et sur l'esprit des lois de cette princesse.

Ces sujets sont vierges, et aucun de nos écrivains n'en avait encore fait l'objet de ses travaux.

A la seconde partie, qui est le tableau de *l'état physique*, appartiennent naturellement l'exposé de la situation géographique, de la topographie et de la statistique de l'île, de ses productions naturelles, de son agriculture, de son industrie, de son commerce; des considérations sur son climat, sur ses maladies endémiques, sur ses phénomènes et particularités remarquables; enfin, des conjectures et des recherches sur la géographie comparée ancienne et moderne, sur ses antiquités et ses monuments.

Le tableau de *l'état moral*, qui forme la troisième partie, se compose d'aperçus et de recherches sur les mœurs, les usages, le caractère et la langue nationale des Sardes. J'ai donné une idée de leur grammaire, de leur littérature, des sciences qu'ils cultivent, et des établissements d'instruction publique qu'ils doivent à la munificence et aux lumières des princes de la maison de Savoie.

Il m'aurait semblé que quelque chose manquait à cet ouvrage, si je ne l'avais pas accompagné d'une carte. On ne saurait se faire une idée, si on n'avait pas occasion de le vérifier par soi-même, de l'infidélité, et, pour parler vrai, de l'absurdité des anciennes cartes de la Sardaigne. Les deux moins mauvaises, celles de *Janvier* et de *De L'isle*, n'ont sur les autres que l'avantage d'être un peu moins chargées de noms estropiés et de bévues. Le mal vient de ce qu'on n'a jamais, et bien à tort, traité cette île que comme adjacente à l'Italie, et comme une de ses dépendances. M. *Azuni* en a donné une, qu'il dit copiée d'un manuscrit du cabinet de M. le comte *Bogino*, ministre piémontais, et qui vaut mieux sans doute que les précédentes, car elle fait connaître, quoiqu'en les désignant mal, des parties de l'île dont on n'avait jamais entendu parler, mais qui est encore très incomplète, très fautive, et où se trouvent omis un grand nombre de cantons et de communes.

Il était réservé au Père *Napoli* de publier enfin, de concert avec *Rizzi-Zannoni*, une carte spéciale, dressée sur les lieux, et soigneusement exécutée, de l'île de Sardaigne. La carte que je donne est la réduction, au tiers de son format, de ce travail géographique, qui a paru en 1811, et où j'ai rectifié quelques erreurs, qui avaient échappé à ses auteurs : tant il est difficile de faire une carte géographique tout-à-fait irréprochable ! Ils avaient omis les villages de *Quartuccio* et de *Selargius*, qui sont aux portes de la capitale. C'est comme si, dans une carte des environs de Paris, on oubliait *Boulogne* et *Auteuil*.

J'y ai ajouté une autre carte, dont je prends pour moi toute la responsabilité, celle de la *Sardaigne antique*. C'est un essai de géographie comparée, où j'ai cherché à déterminer l'emplacement et le site correspondant des peuplades, des montagnes, des rivières et des villes dont parlent les écrivains anciens. *Cluvier* dans sa *Sardinia antiqua*, et plus récemment *D'Anville*, ont fait un travail analogue;

mais je pense, malgré le respect dû à ces savants, qu'ils ont été trop souvent guidés par de fausses inductions. Mon admiration pour leur vaste érudition et pour leurs ingénieuses hypothèses, ne m'empêche pas de croire que je me suis plus rapproché de la vraisemblance. Du reste, je livre cette géographie conjecturale au jugement de ceux qui aiment à s'occuper de ces matières.

J'ai joint à la seconde partie une planche de médailles antiques, et à la troisième, deux autres planches qui représentent divers costumes sardes et des scènes familières. Ces deux dessins, faits d'après nature, ont été lithographiés sous mes yeux.

Je terminerai cette introduction en faisant remarquer que j'ai subdivisé mon ouvrage en un grand nombre de chapitres, précédés d'un titre sommaire. La lecture d'un livre dont la division est méthodique et détaillée, n'en est que plus facile et plus fructueuse. Ce que j'en ai fait d'ailleurs est pour mettre parfaitement à leur aise des lecteurs dont les goûts sont très variés, et qui n'ont pas de temps à perdre. Je présume qu'il s'en trouvera beaucoup qui, prévenus qu'on va les entretenir d'objets sans intérêt pour eux, comme les détails topographiques et la géographie comparée, tourneront bien de feuillets pour en sortir au plus vite, et c'est sans doute ce qu'ils auront de mieux à faire. Quant à ceux qui auront le courage, malgré cet avertissement, de s'y aventurer, ils l'auront fait à bon escient, et n'auront rien à reprocher à l'auteur.

LISTE

Des livres imprimés qui ont été consultés pour la composition de cet ouvrage.

AUTEURS ANCIENS.

ARISTOTELIS ope a, De Mirabilibus Auscultationibus.

POLYBII Historia um libri qui supersunt. *Amstelod*., 1670, 3 vol. in-8.

TITI LIVII PATAVINI Historiarum libri a Carolo Sigonio emendati. *Aldi*, 1555, in-fol.

C. JULII CÆSARIS Comment. de bello civili.

A. HIRTIUS PANSA, sive Oppius, Comment. de bello africano.

CORNELIUS NEPOS, Vita M. P. Catonis.

M. TULLII CICERONIS Fragm. orat. pro Emilio Scauro.

EJUSDEM epistolæ ad Quintum fratrem et ad familiares.

EJUSDEM Orat. pro lege Maniliâ.

C. CRISPI SALLUSTII opera, cum notis variorum. *Amstelod.*, 1690, in-8.

Q. HORATII FLACCI opera.

C. VELLEII PATERCULI Historia romana. *Paris, Barbou*, 1777.

M. Terentius Varro, de Rebus romanis.

C. Suetonius Tranquillus, Vita Octav. Augusti.

— Géographie de Strabon, traduite par MM. Coray, de La Porte-du-Theil, et Gosselin. 1805.

Histoire universelle de Diodore de Sicile, traduite du grec par Terrasson. *Paris,* 7 vol. in-12.

Pomponius Mela, de Situ orbis, cum notis variorum. 2 vol. in-8.

M. Annæi Lucani Pharsalia. *Barbou,* 1767.

Corn. Taciti opera, cum notis variorum. 2 vol. in-8.

Silius Italicus, de Bello punico, cum notis variorum. 1717, in-4.

C. Plinii Historia naturalis. in-fol.

Lucii Annæi Flori Hist. roman. epitoma, cum notis variorum. 1 vol. in-8.

Antonini Augusti Itinerarium, cum Peutingerianâ tabulâ.

Plutarque, Vies des hommes illustres.

Claud. Ptolemei, Theatrum geographiæ veteris. *Amstelod.,* 1619, 1 vol. in-fol.

Justini in Trogi Pompei Historias epitoma.

S. Aurelius Victor, De Viris illustribus Urbis Romæ.

Dionis Cassii Histor., De Bello africano.

Appianus Alexandrinus, De Bellis civilibus.

Claud. Ælianus, Historiæ variæ. De animalium naturâ. 1556, in-fol.

Pausanias, ou Voyage historique de la Grèce, trad. par Nic. Gédoyn. *Amsterdam,* 1733, 4 vol. in-12.

Justiniani Aug. Imperat., Cod. de offic. præfect. prætor. Africæ.

Claud. Claudianus, De Bello gildonico.

Aurelius Prudentius, in Symmachum.

Procopius, De Bello vandalico et gothico.

Julii Solini Poly Histor., De Sardiniâ.

Eusebii Pamphili Chronicon.

AUTEURS DU MOYEN ÂGE, ET CONTEMPORAINS.

Eginharti vita et gesta Caroli magni.

Épitres du pape saint Grégoire. *Paris,* 1686.

Gerardus Mercator, Tabulæ geographicæ Ptolemæi.

Marius Niger, In Commentariis geographiæ.

Adrianus, Theatrum civitatum orbis.

Paulus Diaconus, Epistola de Longobardis.

Cælii Rhodigini Lectionum antiquar. 1550.

Fr. Sansovinus, In Titum Livium. (de Manlio.)

Johannis Naucleri Chronographia generalis.

Johannes Zonara, Annal.

Car. Sigonius, De regno Italiæ.

Uberto Foglietta, Annali di Pisa.

Rafaello Ronconi, Istoria pisana.

Tronci, Annali di Pisa. 1682.

Dal Borgo, Raccolta di scelti diplomi pisani.

Ortelius, Thesaurus geographicus.

Cæsaris Baronii Ann. des ecclesiastici.

Justi Lipsii variarum ectionum. 1613.

Ejusdem, de Magnitudine Romanorum.

Dionysius Bonfant, Triumpho de los Santos.

Anastasii Bibliothecar. Vitæ romanorum Pontificum

Ferrari Catalogus generalis sanctorum.

Sam. Bochart, Geographia sacra.

Joh. de Arca, de Sanctis Sardiniæ.

Mattei, Sardinia sacra.

Don Geronimo Zurita, Anales de la Coroña de Aragon. 7 vol. in-fol. 1610.

Hieronim. Blanca, Comment. rerum aragonens.

Don Antonio Perez, Obras y relaciones,

Fueros y observancias del reyño de Aragon.

Don Juan de Ferreras, Histoire générale d'Espagne, trad. par d'Hermilly. 1751.

Carillo, Relacion de la Cerdeña a la M. C. del rey Don Philippe III. 1612.

Giovanni Villani, Storie fiorentine. 8 vol. in-8, 1802.

Don Juan Mariana, Historia general de España. 10 vol. in-8.

Don Franc. de Esquivel, Relacion de la Invencion de los cuerpos santos. 1619.

Don Antonio Canales de Vega, Relacion a la M. C. del Rey Don Philippe IV. 1627.

Fara, episcopus Bosanensis, De Rebus sardoïs. 1580.

Don Francisco Vico, Historia general de la isla y reyño de Cerdeña. 1639.

Salvatoris Vitalis, Annales Sardiniæ. 1629.

Ejusdem, Clypeus aureus excellentiæ Caralitanæ. in-8. *Florentiæ*, 1641.

Ejusdem, Propugnaculum triumphale. in-8. *Mediolani*, 1643.

Sigismondo de Arquer, de Sardiniâ.

M. A. Gazzano, Storia della Sardegna.

Cambiagi, Storia di Sardegna e Corsica.

Don Gian Paolo Nurra, canonico di Cagliari, De variâ lectione adagii Βχμια Σαρδινιακόν.

Philippi Cluverii Sardinia antiqua. 1619.

Jani Gruteri Inscriptiones antiquæ totius Orbis Romani, curâ Grævii recensitæ. 4 vol. in-fol.

Jacobi Gronovii, Thesaurus antiquitatum græcarum.

Lud. Ant. Muratori, Antiquitates italicæ medii ævi. 1738.

IDEM, Rerum italicarum scriptores. 1723.

AND. MORELLI, Thesaurus Morellianus numismaticus. 1752.

HUBERTI GOLZI, Opera numismatica.

ERASMI FROELICHII, Numismata.

CAPITULARIA REGUM FRANCORUM edita à Stepk. Baluzio et P. Chiniac. 2 vol. in-fol. 1780.

PAULI JOVII Historiarum libri XLV.

MORERI, Dictionnaire historique.

ETIENNE PASQUIER, Recherches de la France

MEZERAY Abrégé de l'histoire de France.

MIDDLETON, Histoire de Cicéron, traduite par l'abbé Prévost.

DON JUAN DEXART, Commentaires des chapitres des Cortès.

DON FR. VICO, Commentaires des pragmatiques.

JÉRÔME OLIVÈS, Commentaires de la Carta de Logu.

DON LOUIS SALAZAR, Histoire de la maison de Lara.

DON GIOVANNI MAMELI DE' MANNELLI, Le Costituzioni di Eleonora o Carta de Logu illustrata, 1 vol. in-fol. in Roma, 1805.

MÉMOIRES de l'académie des Inscriptions et Belles-Lettres.

NOTICES et extraits des manuscrits de la Bibliothèque du Roi.

MÉMOIRES du marquis de SAINT-PHILIPPI, pour servir à l'Histoire du roi Philippe V.

LA SARDAIGNE paranymphe de la paix aux souverains de l'Europe. 1714.

STANISLAO STEFANINI, De veteribus Sardiniæ laudibus. *Carali, ex Typographiâ Regiâ*, 1773.

MATTEO MADAO, Monumenti delle Sarde antichità.

DON GIUSEPPE COSSU, Delle città di Cagliari e Sassari — Notizie compendiose sacre e profane.

DEL MEDESIMO, Descrizione geographica e idrographica della Sardegna.

FRANCESCO GEMELLI, Rifiorimento della Sardegna. 2 vol. in-4. *Torino*, 1776.

ANTONIO PURCHEDDU, Il Tesoro della Sardegna ne' Bachi e Gelsi. Poema sardo e italiano. *Cagliari*, 1779.

FRANCESCO CETTI, I quadrupedi, gli uccelli, gli anfibi della Sardegna. *Sassari*, 1774 — 1777.

RAIMONDO PORRU, Grammatica del dialetto sardo meridionale. *Cagliari, Stamp. Reale*, 1811.

DON GIOV. MAR. DETTORI, Il trionfo della Sardegna. 1793.

RAGIONAMENTO compilato d'ordine dei tre stamenti del regno. *Cagliari*, 1795.

DOMINIQUE AZUNI, Histoire géographique, politique et naturelle de la Sardaigne. *Paris*, 1802, 2 vol. in-8.

LE MÊME, Observations polémiques, ou Réponse au voyageur anglais Galt et au père Napoli.

CARBONI, Poëma de Sardoà intemperie. 1772.

Don Gian Andrea Massala, Sonnetti storici sulla Sardegna con note diverse.

Del Medesimo, Dissertazione sul progresso delle scienze e della letteratura in Sardegna.

Raimondo Valle, Tonni, poëma con note. *Cagliari, Stamperia Reale.* 1800. in-fol.

Tommaso Napoli, Compendiosa descrizione corografica e storica della Sardegna. *Cagliari*, 1814.

Del Medesimo, Note illustrate e diffuse dell'opera suddetta.

Del Medesimo, Vita di sant'Antioco.

Tommaso Porcacchi Le isole più Famose del Mondo. *Venezia*, 1620.

Cesare Orlandi, Delle città d'Italia, e sue isole aggiacenti compendiose notizie.

Voltaire, Essai sur l'esprit et les mœurs des nations.
— Dictionnaire philosophique.
— Mélanges.

Montesquieu, Esprit des lois.

Caroli Linnæi Systema naturæ.

Buffon, Histoire naturelle.

Sonnini, Addit. à l'histoire naturelle de Buffon.

Robertson, Histoire de Charles-Quint.

Gaillard, Histoire de la rivalité de la France et de l'Espagne.

Blackstone, Commentaires sur les lois anglaises

Mentelle et Malte-Brun, Précis de la Géographie universelle.

M. de Sismondi, Histoire des Républiques italiennes du moyen âge.

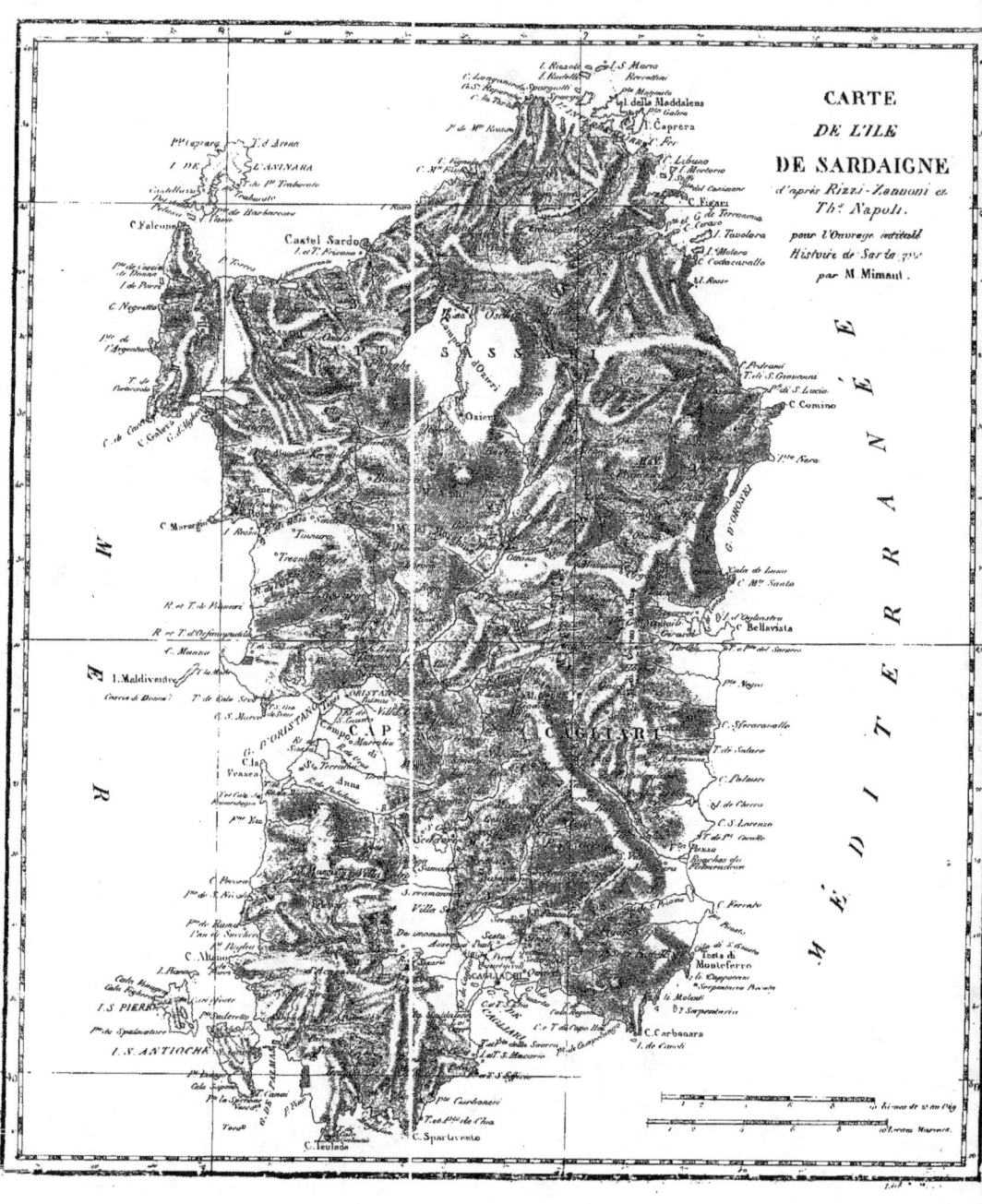

LA SARDAIGNE
ANCIENNE ET MODERNE.

PREMIÈRE PARTIE.

ÉTAT POLITIQUE.

CHAPITRE PREMIER.

De la situation géographique de la Sardaigne. — De sa forme, de son étendue, de sa circonférence et de sa superficie.

Les anciens, qui n'avaient pas poussé très loin l'art de dresser des cartes géographiques, parvenu de notre temps à un si haut degré de perfection, avaient pourtant en ce genre des ébauches grossières [1]; mais comme ils se plaisaient à tout représenter sous des figures connues, ils avaient donné à diverses contrées de la terre, des formes d'objets usuels, comme ils avaient prêté aux constellations des formes d'hommes et d'animaux. Les Indes présentaient, suivant eux, la figure d'un rhomboïde; le Péloponèse, celle d'une feuille de

---

[1] Bonamy. Mémoires de l'Académie des Inscriptions, tome 25.

platane; l'Abruzze, celle d'une feuille de chêne; la Mésopotamie, celle d'une galère; l'Italie, celle d'une jambe humaine; la Sardaigne, celle d'une sandale. C'est de là que cette île a reçu son premier nom de *Sandaliotis*. On croyait voir dans sa configuration géographique une sandale, dont la pointe était dirigée au nord vers la Corse, et le talon au sud vers la côte d'Afrique.

Tous les auteurs anciens qui ont parlé de la Sardaigne se sont trompés sur sa situation géographique et sur son étendue, à l'exception peut-être du seul *Strabon*, qu'on peut supposer y avoir abordé dans ses voyages. Les auteurs modernes étrangers qui ont répété ce qu'avaient dit les anciens, et qui ne connaissaient pas le pays plus qu'eux, sont tombés dans les mêmes erreurs. Quant aux écrivains nationaux, soit par la même raison, soit dans l'intention de donner à leur île plus de considération et d'importance, ils en ont tous exagéré l'étendue, que plusieurs ont trouvée égale ou même supérieure à celle de la Sicile, ce qui est une supposition plus que hasardée. Du reste, tous les historiens et géographes, tant anciens que modernes, qui ont parlé de la Sardaigne, ont extrêmement varié sur l'étendue qu'ils lui assignent. Je ne chercherai pas à mettre d'accord entre eux *Pausanias*, *Pline*, *Mercator*, *Vico*, *Cluvier*, *Fara*, *Vitale*, le chevalier *Cossu*, l'abbé *Madao* et le docteur *Massala*. Je ne saurais mieux faire que de m'emparer des calculs très récents et très bien faits du Père *Napoli*, qui a parcouru l'île dans tous les sens, et l'a mesurée avec la plus minutieuse exactitude ; travail de patience qui a servi de base à la confection de sa carte, dont la réduction est placée en tête de cet ouvrage.

La Sardaigne est située entre le 5e et le 8e degrés de longitude, et entre le 38e et le 42e de latitude nord.

La longueur, du sud au nord, à partir du cap Teulada jusqu'au cap Longo-Sardo, est de 146 milles géographiques, et, en y comprenant la petite île de Sainte-Marie, de 150, ce qui répond à 185 lieues marines de 75 au degré. Sa largeur varie comme ses contours. Du point le plus occidental, qui est le cap Caccia, jusqu'au cap Comino, qui est le plus oriental, on compte 84 milles géographiques, ou 105 lieues marines. La largeur moyenne est de 68 milles, ou 82 lieues.

La circonférence de la Sardaigne, tracée en ligne droite de cap en cap, y compris toutes les îles adjacentes, est de 400 milles géographiques, qui répondent à 500 lieues marines. C'est à peu de chose de près la mesure qu'en avait donné l'exact *Strabon*, en lui assignant 4,000 stades de circuit. 8 stades font 1 mille antique, qui est l'équivalent de la lieue marine.

La superficie, en y comprenant les îles adjacentes, est d'environ 9,000 milles carrés, qui contiennent 16,312,500 *starels* de terre. Le *starel* est une mesure sarde de superficie qui se compose de 125 pas sur 25, et équivaut à 500 toises carrées.

La Sardaigne a l'Espagne à l'ouest, la France au nord-ouest, les états de Gênes au nord, la Toscane au nord-nord-est, les États du Pape au nord-est, le royaume de Naples à l'est, la Sicile et Malte au sud-est, Tripoli à l'est-sud-est, Tunis au sud, et Alger au sud-ouest.

La distance des caps les plus saillants de l'île aux caps correspondants des pays riverains de la Méditerranée est calculée ainsi qu'il suit : du cap Longo-Sardo au cap Saint-Antoine, en Corse, 7 milles et demi ; du même cap au cap Lardier, près des îles d'Hières, 140 ; du cap Libano à Civita Vecchia, 110 ; à l'embouchure du Tibre, 120 ; du cap Comino à Terracine, 145 ; à la pointe la plus voisine du golfe de Pozzuoli, 180 ; du cap Carbonara à Trapani, 152 ; à Palerme, 180 ; à Malte, 282 ; du cap Teulada au cap Serrat, dans l'état de Tunis, 100 ; à la Goulette, 156 ; du cap Falcone au cap de Creus en Catalogne, 240 ; du cap Caccia à Mahon, 180 ; du cap Pecora au détroit de Gibraltar, 700 ; du cap Carbonara à l'extrémité orientale de la Méditerranée, vers Alexandrette, environ 1200.

La mer qui sépare la Sardaigne des côtes de la

Toscane s'appelle la mer Tyrrhénienne, et celle qui en baigne la partie occidentale, la mer Sarde. On donne le nom de Bouches de Bonifacio au détroit, de 8 milles de large, qui la sépare de l'île de Corse.

En examinant avec attention les côtes respectives de ces deux îles, on est tenté de se demander si, à une époque reculée, elles n'ont pas été unies et n'ont pas fait une seule et même terre. Tout autorise cette conjecture, qui se rattache à une question bien plus vaste, déjà traitée et débattue souvent, celle de savoir si, dans les premiers âges du monde, l'espace occupé par la Méditerranée n'a pas été un grand continent, qu'une irruption de l'Océan entre les colonnes d'Hercule, violemment disjointes par un tremblement de terre, a inondé subitement, en ne laissant, pour ainsi dire, surnager dans ce lac immense, que les parties les plus élevées des terrains engloutis, qui restent comme des témoins et des preuves de cette épouvantable convulsion de la nature. Quant à ce qui regarde particulièrement la Sardaigne et la Corse, si quelque chose est éminemment propre à démontrer leur antique union, c'est l'identité, par la forme et par la qualité des terres, des substances, des rochers de l'une et l'autre rive, et de la configution parfaitement correspondante des montagnes, qui atteste un ancien et affreux déchirement. Les vestiges de volcans éteints qu'on trouve à l'extrémité septentrionale de la Sardaigne, fournissent d'ailleurs tous les indices qui peuvent servir à l'explication de ce terrible phénomène.

Ces conjectures, conformes au système développé par M. de *Buffon* dans sa théorie de la terre, et auxquelles le seul aspect des lieux donne une frappante vraisemblance, s'appuient sur les observations et les recherches savantes qu'ont respectivement faites à ce sujet, *Cetti* en Sardaigne, et un minéralogiste français, M. *Besson,* dans l'île de Corse.

CHAPITRE II.

Origine présumée ou supposée. — Habitants primitifs de la Sardaigne. — Ses premiers chefs. — Traditions fabuleuses. — Notions historiques.

Tous les peuples ont aimé à croire qu'ils venaient en ligne directe de la plus haute antiquité. On ne saurait leur trouver de fondateurs ou de pères assez illustres ; ce n'est pas trop des demi-dieux et des plus sublimes héros. Les écrivains du pays, empressés à flatter un orgueil national qu'ils partagent, s'efforcent de prouver à leurs compatriotes charmés, et ils y réussissent toujours, que leur noble origine se perd dans la nuit des temps. La Sardaigne ne pouvait pas échapper à cet attrait d'une innocente vanité ; et plus son existence primitive est enveloppée de ténèbres, plus les auteurs pouvaient donner carrière à leur imagination. Ses historiens ont composé d'énormes volumes, pleins d'érudition, devant lesquels n'ont pas reculé des savants intrépides, dans un temps où l'on n'était pas effrayé des gros livres, mais qu'assurément personne ne lira plus maintenant, pour lui apprendre qu'elle a été gouvernée, presque depuis la création du monde, par une suite non interrompue de princes plus puissants et plus parfaits les uns que les autres, dont pourtant ils ne savent pas le nom. Ils ne sont pas embarrassés de remplir douze ou quinze siècles de ces dynasties imaginaires.

L'un des plus modernes parmi ces romanciers, le Père *Madao*, jésuite, prétend que la Sardaigne était habitée bien antérieurement au déluge ; et, comme il ne se contente pas d'hommes ordinaires pour ce pays de prédilection, il en fait des géants. La Providence, suivant lui, avait voulu que cette île, car il ne paraît pas douter de son existence insulaire avant le déluge, fût peuplée beaucoup plus tôt que l'Italie, la France, l'Espagne et le reste de l'Europe.

Je donnerai une idée succincte de ce qu'il y a de moins déraisonnable dans ces récits fabuleux et dans ces croyances historiques ; d'autant plus que ce tableau, tout rapide qu'il est, peut prêter à quelques observations qui ne sont pas sans intérêt pour l'histoire et pour la morale.

En laissant aux vieux historiens sardes leurs géants aborigènes, on trouve les premiers indices d'une population effective en Sardaigne, vers l'an 2300 du monde, 650 ans après le déluge, et 1700 avant l'ère chrétienne. C'est alors que des Étrusques ou Tyrrhéniens vinrent s'y établir, sous la conduite de *Phorcus*, et lui donnèrent, apparemment d'après sa forme matérielle [1], le nom de *Sandaliotis*, ou *Ichnusa*, ce qui exprime toujours la même chose, c'est-à-dire sandale ou plante du pied. Si le nom de la nouvelle colonie n'était pas fort noble, son chef était du moins un personnage très poétique. *Phorcus* n'était rien moins qu'arrière-petit-neveu de *Noë*, et fils de *Neptune*, dont la mythologie grecque a fait le dieu de la mer. *Varron* prétend que l'oncle de *Phorcus*, *Mesraïm*, fils de *Cham*, qu'on dit être l'*Osiris* des Egyptiens, lui donna la Sardaigne et la Corse, comme il avait donné l'Italie à *Lestrigon*, partageant entre eux, dans ces contrées, l'empire de la terre et de la mer.

On assigne à *Phorcus* trente-trois années bien comptées d'un règne florissant. Malheureusement il eut à se plaindre, vers la fin de ses jours, d'un voisin turbulent, *Atlas*, roi de Mauritanie, par qui il fut vaincu dans un combat naval où il perdit la vie. Il fut mis après sa mort au nombre des dieux marins. Il commandait aux phoques et aux tritons. *Virgile* parle de lui et de son armée, dans le quatrième livre de l'Enéide [2].

La tradition veut que sa fille *Méduse* lui ait succédé ; et on montre même, dans le centre de l'île, ce qu'on appelle son palais, dont il sera

---

[1] Humanæ speciem plantæ sinuosa figurat
    Insula.   CLAUDIEN.

[2] Tritonesque citi, Phorcique exercitus omnis.

question plus tard au chapitre des monuments de l'antiquité; mais on n'en sait pas plus sur la reine *Méduse* que sur son père le roi *Phorcus*.

C'est dans le courant du siècle suivant que dut avoir lieu l'expédition de *Sardus*, à la tête d'un parti de Lybiens. Cet Africain, fils de *Macéridès*, prince à qui, suivant *Pausanias*, on avait donné le surnom d'*Hercule*, se rendit maître de la Sardaigne, vécut en bonne harmonie avec les naturels du pays, qui ne lui en avaient pas disputé la possession, partagea leurs demeures grossières, qui étaient des cabanes et des cavernes, les tira de l'état sauvage où ils étaient, adoucit leurs mœurs, et leur donna les premières notions de l'agriculture.

C'est à cette époque que l'île, heureuse par les lois de *Sardus*, quitta le nom insignifiant que lui avaient donné les Étrusques, pour prendre celui de son bienfaiteur [1]. La reconnaissance des habitants ne se borna point là. Ils lui dédièrent des temples, qu'on voyait encore du temps de *Ptolémée*, ainsi que le tombeau où furent déposées ses cendres, et qui, d'après les tables de ce géographe, dut être placé au cap qu'on nomme aujourd'hui de la Frasca.

---

[1] Mox Lybici Sardus generoso sanguine fidens
    Herculis, ex sese mutavit nomina terræ.
                                        SILIUS ITALICUS.

Sardus fut mis au rang des Dieux, et sa statue, suivant l'usage, fut envoyée à Delphes. Il fut déclaré le père de la Sardaigne, *Sardus pater* [1]. On l'honora quelquefois sous le nom d'*Hercule*, qu'on donnait dans l'antiquité fabuleuse à ceux qui avaient consommé de grandes entreprises. En des siècles postérieurs, sous la domination romaine, on frappa des monnaies à son effigie, et on en orna le revers des médailles dont on décernait l'hommage aux magistrats bienfaisants [2].

On ne saurait préciser l'époque de la descente que fit dans le midi de la Sardaigne, au dire de *Pausanias*, un chef ibérien, nommé *Norax*, prétendu fils de *Mercure* et d'*Érythrée*, à la tête d'une troupe d'aventuriers venus des bords de la Bétique, lequel bâtit, à ce qu'on suppose, la ville de Nora, qui fut long-temps florissante, et dont on voit encore quelques ruines au cap Pula.

Une autre tradition fabuleuse fait débarquer en Sardaigne *Aristée*, père d'*Actéon*, qui, après la mésaventure de son fils, si sévèrement puni par *Diane* d'un mouvement de curiosité, vint s'y établir avec sa mère *Cyrène* et quelques familles grecques qui voulurent s'attacher à son sort. *Aristée* planta des arbres; il apprit aux Sardes

---

[1] On en a fait, par corruption, *Sardipiter*, *Sardopator*.

[2] Voyez plus loin, au chapitre des médailles, celles de *Sardus Pater* et d'*Actius Balbus*.

à extraire l'huile du fruit des oliviers, et leur enseigna l'art d'élever les abeilles, duquel les poëtes le regardent comme l'inventeur, et celui de faire cailler le lait de leurs brebis. Ce peuple pasteur érigea des autels à son second père, au digne successeur de *Sardus*.

CHAPITRE III.

Établissement des colonies grecques.

C'est vers l'an du monde 2300 qu'on trouve dans les anciens historiens les premiers indices de l'apparition des Grecs en Sardaigne. *Iolas*, fils d'*Iphiclès*, ayant annoncé publiquement le dessein d'y fonder une colonie, alla solennellement consulter l'oracle de Delphes, que les Grecs ne manquaient jamais d'interroger avant de commencer de grandes entreprises, et à qui des hommes habiles dictaient ses réponses. L'oracle, entrant dans les vues politiques de ceux qui le dirigeaient, encouragea cette expédition, en présagea le succès, et promit une liberté impérissable à tous ceux qui y prendraient part. *Iolas* vint aborder en Sardaigne avec les Thespiades et un assez grand nombre de familles de l'Attique. Il réunit dans des villages les populations éparses, forma de petites sociétés de ces pasteurs nomades, propagea parmi eux les arts utiles et le culte d'*Hercule*, qui passait pour le chef de sa famille, et fonda sur la côte méridionale, vers la place où est aujourd'hui Cagliari, une ville, qui porta après lui le nom de cité d'*Iolas*, comme le prouvent d'anciennes inscriptions trouvées à diverses époques. Les habitants d'une partie de l'île s'appelèrent *Ioléens* [1], et donnèrent à leurs plus belles campagnes le nom d'*Iolées*, qu'elles conservaient encore du temps de *Diodore de Sicile* [2]. On décerna à *Sardus* les honneurs de la divinité. On célébrait en sa mémoire des fêtes solennelles, et sa vénérable image ornait des temples qui lui étaient dédiés.

Les Grecs, attirés par la fertilité de la Sardaigne et par les avantages que sa situation géographique et la sûreté de ses ports offraient à leur commerce, vinrent successivement, dans l'espace de plusieurs siècles, y faire des établissements qui y obtinrent plus ou moins de prospérité, et qui furent le berceau d'un grand nombre de petites principautés ou républiques indépendantes les unes des autres, et qu'on ne vit unies à aucune époque par les liens communs d'une fédération.

On remarque particulièrement dans la nomenclature qu'en donnent les historiens de l'antiquité, des Locriens, des Rhodiens, des Milésiens, des Lesbiens, des Thraces et des Cypriotes.

---

[1] On verra plus tard la distinction à faire entre les *Iolenses* et les *Ilienses*.

[2] Un canton de la province de Cagliari porte, aujourd'hui même, le nom de *Curadoria di Iola*.

On attribue aux Grecs la fondation de deux villes, *Olbia* et *Agylé* ou *Ogryllé*.

Ces colonies grecques, uniquement occupées de leur agriculture et de leur commerce, condamnant à l'oubli ceux des anciens chefs qui n'avaient été que guerriers, divinisèrent ceux qui avaient enseigné les arts utiles à leur nouvelle patrie, comme *Sardus*, *Aristée*, *Iolas;* mais ils ne laissèrent aucun monument construit de la main des hommes. Il ne reste d'eux que le souvenir de leurs travaux agricoles, et quelques traces encore subsistantes de leurs mœurs et de leurs usages.

CHAPITRE IV.

Arrivée d'une colonie troyenne.

Après la prise de Troie, vers l'an du monde 2800, quelques navires chargés d'une partie de ses habitants, qui se dirigeaient vers le Latium, assaillis par une tempête dans la mer Tyrrhénienne [1], furent jetés sur la côte orientale de la Sardaigne. Ces malheureux fugitifs s'établirent dans les montagnes escarpées qui occupent le centre de la partie méridionale de l'île, et qu'on appelle maintenant les *Barbargie*. Ces réfugiés, sous le nom d'*Ilienses*, enfants d'*Ilion*, formèrent une peuplade, qui, ne pouvant vivre que de rapines et de pirateries, se rendit la terreur de ses voisins, et sut, pendant plusieurs siècles, défendre avec énergie sa fière indépendance contre la puissance des Carthaginois et même contre celle des Romains. Ces anciens sujets de *Priam* et d'*Hector*, à qui leurs antécédents historiques ont valu le nom

---

[1] Tyrrhenum navigat œquor.
  Virg.

de *Barbaricini*, qu'ils portent aujourd'hui, et qui conservent, malgré le mélange des races et le cours des âges, beaucoup de traits de leurs mœurs et de leur physionomie primitives, ont joué un rôle remarquable dans les annales de la Sardaigne, et nous les verrons plusieurs fois reparaître sur la scène.

Nous arrivons au moment où, dégagé de la nuit des temps, l'horizon de la Sardaigne va s'éclaircir, et où, quittant le domaine de l'imagination et de la fable, nous entrerons dans celui de l'histoire.

CHAPITRE V.

Les Carthaginois en Sardaigne.

La Sardaigne, située tout-à-fait en face et à peu de distance de la côte d'Afrique, où une colonie de Phéniciens avait fondé Carthage, ne pouvait manquer d'attirer l'attention de ce peuple marchand et guerrier. Les Carthaginois devaient ardemment convoiter un pays si voisin, si fertile, et si favorablement situé pour leur commerce. Aussi, dès que le rapide accroissement de leur puissance leur donna les moyens de porter leurs armes au dehors, une de leurs premières entreprises fut-elle de s'établir en Sardaigne. Il est même assez vraisemblable que c'est d'abord de ce côté qu'ils dirigèrent leurs efforts, avant d'avoir rien tenté sur la Sicile et sur les îles Baléares. Il est du moins certain que lors de l'expulsion des *Tarquins*, les Carthaginois possédaient déjà quelques parties de la Sardaigne, probablement les meilleures, et que, maîtres du golfe de Cagliari, ils rebâtirent, s'ils ne la fondèrent pas, comme le dit *Claudien* [1], la ville qui s'appela depuis *Cavalis*, *Caralis* ou *Calaris*. Ils bâtirent encore *Sulci*.

Les avantages que les Carthaginois avaient tirés de la possession des plus belles parties de l'île, leur inspirèrent le dessein d'en faire la conquête entière. Tel était le but de l'expédition qu'ils firent partir de la Sicile, dont ils étaient déjà maîtres, sous le commandement de *Macheos*, mais que les Sardes, réunis à leurs voisins les Corses, repoussèrent, battirent, et forcèrent à la retraite.

Quelques années après, Carthage envoya contre la Sardaigne une flotte plus nombreuse, sous les ordres d'*Asdrubal*. Cette tentative ne fut pas plus heureuse. Les insulaires, couvrant le rivage de leurs innombrables embarcations, se défendirent avec tant de vigueur et de succès, qu'*Asdrubal*, ayant perdu beaucoup de monde, et blessé lui-même, prit la fuite et se réfugia en Afrique.

La glorieuse résistance des Sardes leur valut plusieurs années de repos; mais *Asdrubal*, impatient d'accomplir les vues de son gouvernement sur ce pays et de venger son honneur, après s'être rendu maître de l'Espagne, vint se présenter inopinément devant la Sardaigne avec une flotte formidable, et opéra des débarquements sur divers

---

[1] Urbs Lybiam contra Tyrio fundata potenti
Tenditur in longum *Caralis*.
　　　　　　　　　　CLAUD. *De bello Gildonico.*

points. Les insulaires, surpris, furent obligés cette fois de céder à la force et au nombre, et abandonnèrent à leurs ennemis le littoral et les plaines. Les plus braves d'entre eux, et tous ceux qui avaient horreur du joug étranger, se retirèrent dans les plus hautes montagnes du centre de l'île, où les conquérants n'osèrent point les inquiéter.

CHAPITRE VI.

Députation des Sardes à *Alexandre-le-Grand*.

Les Carthaginois, pendant une possession de près de trois siècles, ne réussirent jamais à soumettre entièrement la Sardaigne. Ils se fortifièrent dans les principales places, et particulièrement à *Caralis* (Cagliari), leur ville de prédilection, pour se défendre contre les incursions des montagnards insulaires, qui, de ces retraites inaccessibles, venaient sans cesse porter le fer et la flamme dans leurs établissements.

Lorsque *Alexandre-le-Grand* fut de retour de son expédition des Indes, il reçut à Babylone des ambassadeurs de presque tous les peuples de l'Afrique et de l'Europe, qui, frappés du bruit de ses exploits et des prodiges de son génie, se précipitaient au-devant de sa domination, et, depuis imités par d'autres en des temps plus modernes, sollicitaient l'honneur d'être l'objet de ses *hautes pensées*.

On peut présumer, d'après ce qu'on sait du vaste plan conçu par Alexandre, et dont il ne put accomplir qu'une partie, qu'il fût entré dans ses desseins de se rendre plus ou moins aux vœux de ces peuples ; et alors l'établissement de son système aux lieux qu'envahit depuis l'empire romain, et l'exécution des grandes vues qu'on lui suppose pour le commerce et la civilisation, eussent changé la face du monde et les destinées de l'espèce humaine. Mais la mort vint mettre fin aux projets d'*Alexandre* et aux espérances des nations.

Au nombre de ces députations venues de l'Afrique, de l'Italie, de la Gaule, de l'Espagne et de la Sicile, figurait aussi, selon *Justin* et *Diodore*, celle de la Sardaigne. Le chevalier *Cossu* et quelques autres historiens prétendent que les Sardes, en s'adressant à *Alexandre*, devaient avoir pour but d'implorer sa protection et ses armes contre les Carthaginois, leurs oppresseurs. Cette conjecture n'est nullement vraisemblable. Ces derniers n'auraient sûrement pas souffert que le peuple conquis envoyât des députés en son nom, pour implorer contre eux l'appui d'un prince étranger. Il est donc raisonnable de penser, ou que la Sardaigne prit part à la mission de Babylone en qualité de province punique, à l'instar et par les ordres de Carthage, sa métropole, ou que la députation fut envoyée au nom de la peuplade indigène qui avait sauvé et maintenu son indépendance dans les montagnes de l'intérieur, et qui, peut-être même, occupait une partie de la côte orientale de l'île.

CHAPITRE VII.

Gouvernement barbare des Carthaginois en Sardaigne. — Oppression systématique.

Quoi qu'il en soit, il paraît certain que le joug de Carthage fut toujours pesant pour la Sardaigne, et que les deux peuples n'eurent jamais entre eux de relations bien sympathiques. Les Carthaginois ne trouvaient dans les Sardes, excepté ceux qui s'étaient vendus au pouvoir des conquérants, ou qui achetaient leur repos par l'obéissance, que des ennemis acharnés, toujours prêts à venger leur honneur et leur liberté. Près de trois siècles de domination n'ont été qu'une succession non interrompue de conspirations et de révoltes. Aussi le gouvernement de Carthage, certain de ces dispositions haineuses d'un peuple qu'il détestait et méprisait lui-même, ne le traita-t-il jamais que comme une possession utile à ses intérêts. C'est par un système raisonné que Carthage accabla les Sardes du poids de la tyrannie, et l'esclavage affreux qu'elle leur imposa fut le résultat d'un profond calcul. Jalouse de son commerce exclusif, elle défendait aux Sardes tout négoce direct avec les étrangers, et faisait noyer ceux de ces derniers qui étaient surpris dans l'île, trafiquant avec les gens du pays [1]. Ennemie de l'agriculture, qui aurait pu augmenter le bien-être des Sardes, que sa politique aveugle avait condamnés à la misère, elle avait eu l'inconcevable cruauté de porter la peine de mort contre ceux qui planteraient ou ensemenceraient les terres. Il n'était permis à ces infortunés de recueillir que les productions que leur donnait la nature inculte [2]. Les Carthaginois attachaient la plus haute importance au dessein d'exclure les étrangers et surtout les Romains, dont ils avaient deviné la tendance, de toutes relations avec la Sicile et la Sardaigne. Le traité qui mit un terme à la première guerre punique, et dans les négociations duquel les Carthaginois montrèrent à l'égard de la Sardaigne leur avarice et leur férocité, portait que les Romains et leurs alliés ne pourraient faire aucune affaire de commerce, de quelque genre qu'elle fût, avec cette île, et que, quand leurs navires seraient forcés d'y aborder, ils n'y achèteraient que les objets nécessaires pour les besoins de l'équipage ou pour les sacrifices, et seraient tenus de remettre à la voile au bout de cinq jours au plus tard [3].

[1] Eratosthenes in Strabon. Lib. xvii.
[2] Aristot. De Admirand. Audit.
[3] Polybe. liv. iii.

Mais le trait le plus mémorable de l'inhumanité du gouvernement carthaginois envers la Sardaigne, celui qui mit le comble à la manifestation de sa haine contre les Sardes, à celle qu'il leur inspirait, et aux maux dont il les avait accablés, ce fut la mesure qui signala les derniers temps de sa possession, et que lui suggéra la crainte des desseins de Rome sur cette île, où il était en horreur, et où le vœu presque général appelait ses ennemis. Il résolut d'en faire un désert, afin de lui ôter, par cet atroce moyen, l'attrait que pourraient avoir pour les Romains sa richesse et sa fertilité. Il fit arracher impitoyablement les vignes, les oliviers et tous les autres arbres à fruits, sans exception, et décréta la peine de mort contre ceux des habitants qui oseraient en replanter. Cet ordre barbare, exécuté avec une aussi barbare exactitude, réduisit les Sardes au désespoir, et augmenta le nombre de ceux qui s'étaient réfugiés dans les cavernes, dans les rochers, dans les montagnes de l'intérieur, y vivant de racines et de glands, mais à l'abri du pouvoir de leurs oppresseurs [1].

[1] Les historiens de l'antiquité qui nous ont parlé des Carthaginois ont écrit sous l'influence et dans l'intérêt des vainqueurs, et on ne doit pas s'étonner qu'ils se soient permis des exagérations, ou même des calomnies contre le peuple vaincu, dont la mémoire n'a pas trouvé de défenseurs. Il faut donc, sur ces matières, les lire avec défiance ; mais les traits que je viens de citer sont garantis par un si grand nombre d'autorités, parmi lesquelles il faut placer le judicieux et impartial *Polybe* lui-même, qu'il est difficile de les révoquer en doute ; et, joints à beaucoup d'autres non moins

L'aveugle cruauté du gouvernement de Carthage produisit un effet tout différent de celui qu'il s'était proposé ; car pour le bonheur de l'humanité, les calculs de la tyrannie sont presque toujours faux. Elle fit des Sardes, qui n'avaient plus de ressources que la mort, des ennemis indomptables, et appela des vengeurs empressés de recueillir les fruits d'une stupide férocité.

authentiques, ils suffisent pour faire voir que l'avare Carthage sacrifiait facilement à ses intérêts le bonheur et la vie des hommes, et que la barbarie qu'on lui a tant reprochée était systématique et réfléchie. Mais on peut admettre qu'un gouvernement ait professé par principe une lâche et froide cruauté, sans croire qu'il l'ait poussée jusqu'à s'occuper de découvrir sans cesse des raffinements dans les supplices, et à faire mettre à mort les vieillards trop âgés par leurs propres enfants.

CHAPITRE VIII.

Les Romains font la conquête de la Sardaigne. — Cette île leur est cédée par un traité de paix.

Les Romains ne tardèrent pas à voir qu'un pays aussi malheureux était pour leurs armes une proie assurée, et que la Sardaigne ne demandait que l'occasion de secouer un joug aussi accablant. Elle s'offrit bientôt à la rivale ainsi qu'à la victime de Carthage. Rome, désormais trop resserrée dans les limites de l'Italie, victorieuse d'*Hiéron*, tyran de Syracuse, maîtresse de la Sicile, tourna ses vues sur la Sardaigne, que sa politique, sa sûreté, le soin de sa grandeur, lui commandaient d'enlever à ses ennemis. Les circonstances lui étaient extrêmement favorables. Le gouvernement carthaginois en Sardaigne était tombé dans le mépris ; les liens de la discipline et de l'obéissance étaient partout relâchés ; tout annonçait une prochaine catastrophe. Des troubles sérieux éclataient à chaque instant ; la garnison de Caralis, sous prétexte d'un arriéré de solde, se révolta et massacra ses chefs. De nouvelles troupes furent envoyées de Carthage, pour réprimer les insurgés, à qui elles se réunirent, et qu'elles aidèrent à mettre en croix le général qui les commandait.

Rome ne pouvait laisser échapper une si belle occasion d'acquérir une riche province, et de s'assurer une excellente position militaire et maritime en face et à peu de distance de Carthage. L'expédition de Sardaigne fut décrétée. C'était l'an 494 de la fondation de Rome, et sous le consulat de *Lucius Cornelius Scipion* et de *Caïus Aquilius Florus*.

L'entreprise parut assez importante pour que le premier de ces deux consuls voulût se charger lui-même de la diriger. *Scipion*, après avoir fait une descente en Corse, vint débarquer près de Caralis, et, secondé par les mécontents, il attaqua et battit le général carthaginois *Hannon*, qui resta au nombre des morts, et à qui le vainqueur fit décerner des funérailles. La ville de Caralis et celle d'Olbia furent prises et saccagées dans cette expédition, qui valut aux Romains plusieurs milliers de prisonniers et à leur général les honneurs du triomphe.

La conclusion d'un traité de paix fut le fruit de cette brillante campagne. Les Carthaginois furent contraints de céder aux vainqueurs la Sardaigne et la Corse, et se virent imposer des conditions aussi humiliantes pour leur orgueil qu'affligeantes pour leur avarice. Il leur fallut payer une contribution de 2,200 talents [1].

---

[1] Cette somme correspond à peu près à celle de onze millions de notre monnaie.

CHAPITRE IX.

Établissement de la domination romaine. — Intrigues étrangères. — Soulèvement. — Lutte de l'indépendance contre la conquête.

Bien que Rome, en exécution de ce glorieux traité, eût pris possession de la Sardaigne, il se passa bien des années avant qu'elle pût s'en regarder comme la maîtresse absolue. Elle n'occupait qu'une partie du littoral, et ses armes n'avaient pas pénétré dans le centre de l'île, qu'habitaient des peuplades sauvages, formées des descendants de tant de colonies venues de Troie et de la Grèce, et de tous ceux que jetaient dans ces contrées impraticables l'amour du pillage et celui de la liberté. Les insulaires, jaloux de leur indépendance, et devenus ennemis de leurs nouveaux hôtes depuis qu'ils étaient leurs sujets, ne voulaient pas plus se soumettre au joug de Rome qu'à celui de Carthage. Cette dernière, qui pendant des siècles avait régné sur ce pays sans être jamais troublée par aucune intervention étrangère, y avait conservé d'anciennes et nombreuses relations, que même sous le nouveau régime, entretenaient soigneusement l'or et l'intrigue. Ce concours de circonstances, aggravées par les vexations inséparables d'une conquête longuement disputée, donna lieu pendant un siècle à des soulèvements continuels, à des révoltes plus ou moins complétement réprimées, mais toujours renaissantes, pendant lesquelles Romains et Sardes, alternativement vainqueurs et vaincus, inondèrent la terre de leur sang, sans obtenir ni les uns ni les autres aucun important résultat. Il serait fastidieux d'aller rechercher dans les fastes consulaires les détails de ces interminables guerres, qui pendant une longue suite d'années furent pour les Romains le sujet de sérieuses alarmes et de joies éphémères. Les conquérants furent bien souvent victimes ou de la fureur des habitants ou des fléaux naturels. Deux de leurs expéditions, l'une sous le commandement du consul *Spurius Calvilius*, l'autre sous celui de *Marcus Pomponius Matho*, furent signalées par les affreux ravages qu'exercèrent dans l'armée deux épidémies consécutives.

CHAPITRE X.

Expéditions de *Manlius Torquatus* et de *Tiberius Gracchus* contre les Sardes révoltés. — *Harsicoras* combat pour la liberté. — Sa mort tragique. — Un grand nombre de prisonniers est transporté à Rome. — Honneurs du triomphe décernés par le sénat.

Les événements de ce premier siècle de la domination romaine ne sont pourtant pas tous dénués d'intérêt. Il en est deux à qui des noms illustres et l'importance de leurs résultats ont donné de la célébrité, et qui ont tenu trop de place dans les annales de la Sardaigne pour ne pas mériter l'attention de ceux qui s'occupent de l'histoire de ce pays.

C'est, à deux époques différentes, l'expédition de *Titus Manlius Torquatus* et celle de *Tiberius Sempronius Gracchus*.

Les Carthaginois ne se consolaient pas d'avoir été contraints d'abandonner la Sardaigne. Ils attendaient toujours et s'efforçaient de faire naître des événements qui leur fournissent l'occasion de la faire rentrer sous leurs lois. Il s'en présenta une, qu'ils saisirent avec d'autant plus d'empressement, qu'elle paraissait offrir toutes les probabilités du succès.

Un guerrier courageux, nommé *Harsicoras*, chef d'un petit état situé dans l'une des parties du pays que les Romains n'avaient pu subjuguer, conçut le hardi projet de soustraire l'île entière au joug de l'étranger et de délivrer sa patrie. Carthage, qui connaissait par des messages clandestins et qui avait encouragé les desseins d'*Harsicoras*, se hâta d'envoyer à son secours une armée nombreuse, sous les ordres d'*Asdrubal Calvus*. C'était l'an de Rome 535. Les Romains, instruits de ce qui se passait, expédièrent en Sardaigne des forces imposantes, dont ils donnèrent le commandement à *Titus Manlius Torquatus*, qui, dix-huit ans auparavant, avait combattu dans cette île avec un succès éclatant, et y avait fait triompher les armes de la république. Le général romain réunit à Caralis, outre les milices du pays, sur la fidélité desquelles il croyait pouvoir compter, une armée de 22,000 hommes d'infanterie et de 1200 de cavalerie, à la tête de laquelle il marcha contre *Harsicoras*, et plaça son camp en face du sien. Le prince sarde était occupé dans les montagnes à faire de nouvelles levées. Son fils *Hiostus*, jeune homme trop impétueux, commit l'imprudence d'attaquer l'ennemi en l'absence de son père et du général carthaginois. Il fut complétement battu, et perdit beaucoup de monde. Il se retira en désordre dans les montagnes, où *Manlius* ne jugea pas à propos de le suivre. Il paraît même que ce dernier, malgré ses avantages, ne tint pas la campagne et rentra dans Caralis ; car *Tite-Live* dit qu'*Asdrubal* ayant fait sa jonction avec *Harsicoras*, leur armée combinée s'avança jusque près de cette ville, ravageant le territoire des alliés de la république, ce qui contraignit *Manlius* à sortir de nouveau de cette ville, qui était sa principale place d'armes, pour s'opposer à ces dévastations.

Après plusieurs rencontres, où les succès furent balancés, l'armée alliée des Sardes indépendants et des Carthaginois se trouva en présence de l'armée romaine. Une affaire générale s'engagea, et dura quatre heures entières. Les troupes sardopuniques se battirent avec beaucoup d'acharnement et de courage ; mais elles furent enfoncées et mises dans la plus complète déroute. 12,000 hommes restèrent sur le champ de bataille. 4,000 prisonniers et 27 drapeaux furent les trophées de cette journée. Le général en chef *Asdrubal*, ses lieutenants *Hannon* et *Magon* et le jeune *Hiostus* furent tués en combattant vaillamment à la tête de leurs soldats. *Harsicoras* vit qu'il perdait d'un seul coup son armée, ses amis, son fils et l'espoir de la liberté. Malheureux guerrier, plus malheureux père, il ne put résister à tant de calamités, et il se donna la mort.

Manlius victorieux poursuivit les débris de

l'armée vaincue, soumit les villes qui avaient été entraînées à la révolte, imposa des contributions soit en argent soit en nature, et détruisit la ville de *Cornus*, qui comptait environ 5,000 habitants, et qui semble avoir été la capitale du pays dont le chef était *Harsicoras*.

Ces désastres du parti de l'indépendance, et les exécutions militaires dont ils furent suivis, assurèrent pendant un assez grand nombre d'années aux Romains la tranquille possession de la Sardaigne. Cet état de paix ne fut troublé que par quelques tentatives sans succès que firent à plusieurs reprises les Carthaginois, et par des soulèvements partiels, qu'excitèrent les indomptables montagnards de l'intérieur.

Quarante ans après la défaite d'*Harsicoras*, en 575, des causes que n'explique pas *Tite-Live*, le flatteur des Romains, mais qu'on peut attribuer à la haine qu'avaient excitée contre eux les exactions de leurs préteurs, et à l'amour de la liberté, que rien n'avait pu éteindre dans le cœur des Sardes, firent éclater une révolte générale.

Le consul *Tiberius Sempronius Gracchus* vint débarquer avec une armée de 22,400 hommes d'infanterie et 1,200 chevaux. Les Sardes avaient si bien combiné leurs mesures, qu'il lui fallut deux campagnes pour les réduire. La première se passa en affaires de postes, dans lesquelles, malgré leur opiniâtre résistance, le consul romain leur tua beaucoup de monde et leur enleva une grande quantité d'objets d'armement. Il la termina en prenant ses quartiers d'hiver dans le petit nombre de places restées fidèles. Pendant ce temps, la révolte gagnait du terrain, et la ville de *Caralis* elle-même était entrée dans la ligue de l'indépendance ; mais la fortune ne couronna point les généreux efforts des Sardes. Complétement défaits dans plusieurs combats, ils finirent pas succomber partout, laissant un grand nombre des leurs entre les mains de l'ennemi ou sur le champ de bataille. Cette fois l'île presque entière subit le joug du vainqueur.

Tiberius Gracchus, empressé de recueillir tous les fruits de sa victoire, voulut donner un exemple capable d'effrayer ceux qui par la suite seraient tentés d'arracher aux Romains une province pour laquelle ils avaient prodigué leurs trésors et leur sang, et dont la possession leur était si précieuse. Il leva une contribution de guerre, doubla les impôts ordinaires, se fit livrer des ôtages, et fit transporter à Rome tout ce qu'il put rassembler, non-seulement de bétail et de troupeaux, mais aussi d'hommes en état de porter les armes. L'intérêt de la politique passait toujours chez les Romains avant celui de l'humanité.

Un succès si décisif excita dans Rome des transports de joie. Lorsqu'à son retour le consul victorieux obtint les honneurs du triomphe, qui lui étaient décernés, il y eut deux jours consécutifs de fêtes publiques, et on immola aux dieux quarante victimes de la première classe. Le triomphateur fit placer solennellement dans le temple de l'Aurore *(dea Matuta)*, un tableau représentant la figure de la Sardaigne et le simulacre des combats, avec une inscription portant que *l'armée de la République, après avoir délivré les alliés, rétabli les tributs, tué ou pris* 80,000 *hommes, était rentrée dans ses foyers triomphante et chargée de butin* [1].

---

[1] Le Père *Napoli* (note illustrate) refuse d'ajouter foi aux 80,000 Sardes pris ou tués. Le général romain a, suivant lui, exagéré ses succès et enflé *son bulletin*. Cela s'est vu plus d'une fois, même à Rome. Il voudrait que de ces 80,000 victimes on en retranchât au moins *cinq mille*. Ce n'était peut-être pas la peine de marchander pour si peu. Il fait, au reste, la remarque judicieuse que la Décade de *Tite-Live* où se trouve le livre LXI, d'où sont extraits les détails du triomphe, est apocryphe, et que l'authenticité en a été contestée. Le malheur est que d'autres historiens de l'antiquité ont raconté à peu près les mêmes résultats de l'expédition de Sardaigne, et qu'il est universellement connu qu'à une certaine époque, qui ne peut être que celle du triomphe de *Tiberius Gracchus*, il y avait à Rome sur la place publique une immense quantité d'esclaves sardes à vendre, d'où est même venu, à ce qu'il paraît, un dicton romain dont nous aurons occasion de parler plus loin.

CHAPITRE XI.

Les Sardes montagnards résistent à la puissance des Romains. — Ils ravagent leurs établissements. — Moyens atroces employés par les Romains pour les réduire.

Deux leçons si terribles, reçues dans l'espace de 40 années, ôtèrent désormais aux Sardes l'espoir raisonnable de tenter en rase campagne le hasard des combats, et de lutter contre une puissance colossale qui aspirait à la domination universelle. Bientôt les résultats de la troisième guerre punique et la destruction de Carthage décidèrent la grande querelle qui avait divisé le monde, et fixèrent ses destinées. Il fallut subir le sort commun et plier sous le joug de la nécessité.

Les habitants des villes, les propriétaires de la plaine, les commerçants des ports, plus façonnés à la civilisation, et plus sensibles aux jouissances de la vie, se résignèrent sans peine à un ordre de choses qui leur assurait, avec les douceurs de la paix, les avantages et les faveurs par lesquels la politique romaine savait intéresser et attacher à son gouvernement les peuples qu'elle avait conquis.

Ceux dont l'âme plus fière conservait l'amour

sacré de la liberté et ne pouvait supporter sans horreur la domination étrangère, s'exilèrent volontairement, et allèrent grossir les peuplades indépendantes qui habitaient les montagnes de l'intérieur. Là, réunis aux *Iliens*, ces descendants de l'ancienne colonie troyenne, et aux fils des compagnons d'*Iolas*, qui, sur la foi de l'oracle de Delphes, croyaient leur liberté impérissable, ils se vouèrent comme eux à la vie sauvage, et reçurent des Romains, irrités de leur indomptable opiniâtreté, le nom de *Balari* et *Barbari*, c'est-à-dire brigands et barbares, nom que ces conquérants avaient coutume de donner aux peuples assez audacieux pour repousser leur joug, et qui, traversant l'antiquité et le moyen âge, s'est converti en celui de *Barbaricini*, sous lequel on désigne encore aujourd'hui les peuplades, fort peu civilisées même par le christianisme, qui habitent en Sardaigne la *Barbargia*.

Il est vrai de dire que les montagnards firent tout pour justifier un nom qui convenait si bien à leurs habitudes et à leurs mœurs. Ils ne se tenaient pas continuellement cachés dans les forêts, dans les rochers et dans les cavernes; ils ne se contentaient pas toujours du lait des chèvres, de pain d'orge et de fruits sauvages; souvent ils s'élançaient de leurs retraites inaccessibles, comme des animaux de proie, ravageaient le territoire des colonies romaines et des villes alliées, et s'en retournaient chargés de butin. Les préteurs romains avaient beau leur opposer des troupes régulières; les terribles *Balares*, même quand l'avidité ou la vengeance les avait poussés trop avant dans leurs excursions, et qu'on les voyait au moment d'être cernés ou pris, se divisant et s'éparpillant en petites bandes, s'échappaient par mille sentiers inconnus, et impraticables pour d'autres que pour eux, et après avoir fatigué ou égaré leurs ennemis, disparaissaient pendant la nuit, jusqu'à ce que l'occasion se présentât de faire une nouvelle descente ou de tomber sur une nouvelle proie. Les premières expéditions de guerillas remontent à ce peuple et à cette époque.

Les excursions et les brigandages des *Balares* ne cessèrent de donner de l'inquiétude et de l'occupation aux Romains, qui eurent souvent à déplorer des malheurs et des pertes. *Marcus Pinarius* ne les battit qu'après avoir été d'abord repoussé et obligé d'aller chercher des renforts à Rome. Le préteur *Aurelius Orestes*, et plus tard *Quintus Metellus*, remportèrent sur eux des avantages disputés.

Un général romain, *Marcus Pomponius Menius*, imagina un moyen qu'il crut propre à détruire ces intrépides montagnards, mais qui n'obtint pas un succès aussi complet qu'il l'espérait, et qui ne servit qu'à prouver son inhumanité. Il fit venir d'Italie des chiens d'une taille énorme et d'une grande férocité, soigneusement exercés à ce nouveau genre de chasse, qu'il fit lâcher dans les montagnes, et qui, dirigés par la finesse de leur odorat, eurent sur *Pomponius* l'avantage de dévorer quelques malheureux que ses armes n'avaient pu atteindre. Un si glorieux exploit valut à ce héros les honneurs du triomphe.

C'est ainsi qu'on a vu, de notre temps, des généraux d'une grande puissance maritime faire poursuivre et déchirer les nègres, réfugiés dans les mornes, par des dogues dressés à ce service. Nos voisins ont cherché souvent leurs exemples à Carthage; ils doivent celui-ci aux Romains.

Il n'y eut pas d'excès auxquels ne se portât ce gouvernement inexorable envers un ennemi dont la longue résistance irritait son orgueil, et qui savait si bien braver sa vengeance. Ceux que le hasard livrait entre ses mains étaient ou impitoyablement massacrés, ou déportés en des provinces lointaines. Rome n'avait qu'un moyen, dit *Florus*, de dompter ces hommes opiniâtres et perfides, c'était de les effrayer par les malheurs de la guerre, et par la crainte de perdre à jamais de vue le sol de la patrie [1]. Les principes du machiavélisme politique sont bien plus anciens qu'on ne le pense.

---

[1] Ut gens contumax vilisque Martis metu et desiderio patrii soli possit domari.
FLORUS.

CHAPITRE XII.

Les Romains établissent en Sardaigne leur administration et leurs lois. — Organisation de l'île en province prétorienne.

Les Romains, convaincus de l'impossibilité d'exterminer entièrement la race de ces montagnards indépendants, se contentèrent de les tenir emprisonnés dans leurs rochers, et s'occupèrent de tirer tout le parti possible de leur conquête. Chez eux l'ouvrage commencé par la force des armes, la politique l'achevait par les institutions et les lois. Aussitôt qu'ils s'étaient vus maîtres de la plus fertile et de la meilleure partie de la Sardaigne, et dès l'époque de l'expédition de *Manlius Torquatus*, leur premier soin avait été d'y organiser l'administration publique, et de la mettre en harmonie avec le système établi chez eux et dans leurs possessions du dehors. Dix légats avaient été envoyés à *Caralis* (*Cagliari*), chef-lieu de l'autorité civile et militaire, pour régulariser la marche des affaires et mettre en ordre la législation. Le gouvernement prétorien y fut immédiatement établi, et *Caius Flaminius* y fut commissionné comme préteur.

Long-temps après, quand la Corse fut jointe au gouvernement de la Sardaigne, les deux îles réunies furent déclarées la première province prétorienne du Peuple Romain. *Marcus Valerius* est le premier qui les ait gouvernées en cette qualité. C'était le mode d'administration établi pour les temps ordinaires; mais dans les circonstances impérieuses et dans les grandes nécessités de l'état, la province de Sardaigne devenait consulaire, pour rentrer, après que la crise était passée, dans son rang de province prétorienne. C'est sous le consulat de *Marcus Attilius Regulus* qu'on voit le premier exemple de ces mutations. Cette mesure politique donnait aux ressources d'un pays riche et fertile de plus grands moyens de développement.

CHAPITRE XIII.

Des causes de l'importance que les Romains attachaient à la possession de la Sardaigne.

Le gouvernement romain était trop habile et avait des vues trop étendues pour n'avoir pas jugé d'abord tout le parti qu'il avait à tirer d'une telle province, et pour n'y point attacher une haute importance. L'expérience de huit siècles a fait voir en effet de quel prix était pour lui sa possession.

Parmi les avantages de tout genre dont la position maritime de la Sardaigne, son industrie, ses arts, son commerce, et les richesses qui en proviennent, assuraient la jouissance aux Romains, celui qu'avec raison ils estimaient le plus, c'était la prodigieuse fertilité de son sol, qu'aucun besoin, aucune nécessité ne trouva jamais en défaut. Aussi la Sardaigne une fois unie à leur empire, ils eurent moins à redouter le fléau de la famine, qui pesa si souvent sur eux, et qui eut une si grande influence sur les événements de leur histoire. Ce que racontent les auteurs de l'antiquité, historiens, géographes et poëtes, du produit miraculeux des champs de la Sardaigne, donne lieu de croire que les habitants avaient porté la pratique de l'agriculture, dont ils avaient reçu la tradition de leurs ancêtres et des colons grecs, au plus haut degré de perfection. Les Romains trouvaient toujours, et presqu'à commandement, dans les moissons de cette île, alors si florissante, des ressources aussi assurées qu'elles étaient inépuisables. Combien de fois, à toutes les époques de leur domination, la fertile Sardaigne ne fournit-elle pas ce qui était nécessaire, non-seulement à la consommation de leur immense capitale, mais simultanément à plusieurs de leurs armées !

On la voit en même temps approvisionner les troupes en Macédoine, en Italie, en Afrique, et à la moindre réquisition envoyer à Rome des quantités de grains qui surpassent tous les besoins. Sous la préture de *Titus Claudius Nero*, outre les secours de tout genre prodigués par la Sardaigne aux armées d'expédition et à la flotte romaine, qui, battue par la tempête, vint se réparer dans ses ports, on fit passer tant de grains à Rome, que les anciens magasins n'étant plus suffisants, on fut obligé, suivant *Tite-Live*, d'en construire de nouveaux. Il en fut de même sous la préture de *Lentulus*, et l'abondance fit tomber la denrée à si vil prix, que les fournisseurs furent réduits à laisser aux marins une partie de la cargaison pour le paiement du fret.

Dans les années de disette, une simple invitation de venir au secours de la métropole suffit pour mettre toute l'île en mouvement, et en un instant le mal est miraculeusement réparé.

Outre les grains que la Sardaigne fournissait par profusion aux Romains, on la voit à plusieurs époques, quand ils étaient accablés d'embarras de tout genre, et que leur trésor était épuisé, se charger de la solde et de l'entretien des troupes et de la flotte. Des villes sardes, pendant les hivers rigoureux, pourvurent seules, par leurs propres moyens, à l'habillement complet des soldats.

Il y eut peu de circonstances, où la fertilité de cette île fut d'un plus grand secours aux Romains, que dans une disette qui vint les affliger au temps de *Cicéron*. Le sénat, sur la proposition de cet orateur, chargea de la direction suprême des vivres le grand *Pompée*, qui connaissait bien les vastes ressources de cette île, que dans les années précédentes il avait défendue des incursions et du brigandage des pirates. Le nouveau chef de l'annone y envoya, muni de ses instructions et de ses pouvoirs, *Quintus Tullius*, frère de son illustre ami, et le chargea de l'approvisionnement de Rome. Cette mesure eut le plus grand succès, et tira la ville et l'armée des embarras où elles se trouvaient.

Ce n'est pas seulement dans la brillante période des prospérités de la république, que Rome sut mettre si bien à profit les richesses naturelles de la Sardaigne. Ses moissons et sa fidélité lui furent assurées jusqu'aux derniers moments d'une domination de huit cents années. Aussi à toutes les époques, depuis la conquête des Romains jusqu'aux invasions des barbares, les historiens, les géographes, les orateurs et les poëtes ont-ils célébré ses avantages et sa fertilité. *Polybe* vante l'abondance de ses productions de tout genre; *Varron*, la bonté de son sol et l'aspect de ses campagnes. *Horace*, dans une boutade philosophique, déclare qu'il ne désire pas les riches moissons de la fertile Sardaigne. *Strabon*, contemporain d'*Auguste*, fait le tableau de ses inépuisables ressources. *Valère Maxime*, qui vivait sous *Tibère*, appelle la Sicile et la Sardaigne, les nourrices de Rome; et *Lucain*, qui écrivait sous *Néron*, dit qu'elles remplissent les greniers de la capitale du monde. *Silius Italicus*, dont le poëme historique est du temps de *Domitien*, nomme la Sardaigne la favorite de Cérès. *Elien*, qui professait à Rome, sous le règne d'*Alexandre Sévère*, lui donne le nom d'excellente mère des troupeaux. Deux poëtes du Bas-Empire, *Prudence* et *Claudien*, qui brillèrent sous le règne de *Théodose* et sous celui de ses fils *Arcadius* et *Honorius*, chantent les immenses récoltes de la Sardaigne, qui font écrouler les greniers de Rome. Enfin, au cinquième siècle, *Sal-*

vianus, déplorant les pertes de l'empire, s'écrie que les Vandales, en envahissant la Sicile et la Sardaigne, ont coupé les veines de l'état.

Les Romains devaient naturellement faire le plus grand cas de cette île si féconde en ressources de tout genre, et dont les services et l'utilité ne se démentirent pas jusqu'au moment où ils la virent échapper à leur puissance expirante. Aussi attachaient-ils la plus haute importance à la possession d'une province qui, outre les avantages qu'ils tiraient de sa belle position maritime, de l'exploitation de ses mines, de la diversité de ses richesses naturelles, leur assurait chaque année, par les produits de sa florissante agriculture, une grande partie de l'approvisionnement de leurs armées et de celui d'une ville immense dont la population fut, pendant plusieurs siècles, de cinq millions d'habitants [1].

Leurs plus grands généraux et leurs premiers hommes d'état manifestèrent plus d'une fois, et surtout pendant les guerres civiles qui déchirèrent la république, l'opinion qu'ils s'en étaient formée.

[1] On lit dans *Tacite* (Annal., liv. xi), que le recensement opéré sous le règne de *Claude* présenta une population de 6,944,000 habitants. Il doit y avoir là une erreur de chiffres. La Chronique d'*Eusèbe* me paraît plus exacte. Suivant elle, le recensement fait après la bataille d'Actium porta la population de Rome à 4,164,000 habitants, et celui qu'on fit cinquante ans après, sous *Claude*, à 4,844,000. Une différence en plus de 680,000, dans l'espace d'un demi-siècle, est plus vraisemblable que celle de 2,780,000.

Jules César, entré précipitamment à Rome après sa première victoire sur *Pompée,* au lieu de perdre un temps précieux à la poursuite des vaincus, aima mieux s'occuper de s'assurer des ressources pour le reste de ses opérations et d'organiser le service des subsistances; son premier soin fut de faire occuper par ses lieutenants la Sicile et la Sardaigne.

Octave, son fils adoptif, n'y attachait pas moins de prix. Lorsqu'il fit avec *Antoine* le partage de l'empire, il exigea, pour condition absolue, que la Sardaigne entrât dans son lot; et lorsque, plus tard, la division se fut mise entre lui et son associé, il employa tous les moyens, les promesses, la corruption, la violence, pour la retenir en son pouvoir et la conserver. Devenu chef suprême de l'État, il fit de cette île, qu'il montra toujours l'intention de visiter, la troisième province romaine:

CHAPITRE XIV.

Établissements et travaux des Romains en Sardaigne.

Cette série de faits historiques, qu'on pourrait étendre bien davantage, prouve que M. *de Montesquieu* a laissé échapper une proposition erronée et qu'il n'a pas suffisamment approfondie, lorsqu'il dit, après avoir cité le passage d'*Aristote* qui parle des ravages exercés par les Carthaginois : *La Sardaigne n'était point rétablie du temps d'*Aristote; *elle ne l'est point encore aujourd'hui*[1].

C'est une question à examiner que celle de savoir si ce que dit de son état actuel l'auteur de l'*Esprit des Lois*, n'est pas fort exagéré ; mais quant aux temps qui suivirent la domination de Carthage, la longue prospérité dont elle a joui sous celle des Romains est un démenti formel à son assertion.

Bien différents de leurs devanciers, les Romains, au lieu de dévaster les champs de la Sardaigne, et de faire peser sur ses habitants paisibles le joug de

---

[1] Esprit des Lois, liv. xviii, chap. 3.

la tyrannie, y encouragèrent l'agriculture, qu'ils pratiquaient eux-mêmes avec tant de succès; et aussi faciles, aussi généreux pour ceux qui faisaient preuve de soumission et d'obéissance, qu'ils étaient sévères et même cruels pour la rébellion, ils s'efforcèrent, par leurs institutions et par des travaux d'utilité publique, grandioses comme tout ce qu'ils entreprenaient, d'améliorer et d'orner une contrée déjà si belle. Fidèles à leur sage politique, ils voulurent attacher les Sardes aux destinées de Rome, les accoutumer à identifier leurs intérêts avec ceux de la métropole, et opérer enfin une complète fusion. Les principales villes de la Sardaigne, Caralis, Sulci, Neapolis, Bosa, Nora, Olbia, Forum Trajani, furent élevées au rang de cités romaines, et leurs habitants jouirent des priviléges et des honneurs accordés aux citoyens romains. Deux colonies furent fondées, l'une à Usellis l'autre à Turris Lybisonis, et plusieurs autres villes déclarées villes alliées [1]. Des Sardes distingués furent appelés à Rome pour y remplir des emplois importants, et un assez grand nombre de familles romaines vinrent s'établir en Sardaigne. Cet amalgame des deux

---

[1] On ne sait pas positivement le nombre de villes qui avaient le titre d'*alliées*; mais il est certain qu'il en existait. Les *villes alliées* en Sardaigne, dit *Tite-Live* (liv. XXIII, chap. 16), offrirent au pro-préteur *Cornelius Mammula* la solde et le pain des troupes, que Rome était hors d'état de leur fournir.

peuples, produit par la communauté des institutions et des mœurs, les unit par les liens d'une amitié réciproque, qui ne fut que momentanément troublée par les révoltes des montagnards, par le mécontentement qu'excita, plus d'une fois, la mauvaise administration des préteurs, et par les déchirements et les fléaux de la guerre civile.

Le temps et la main des hommes ont renversé les édifices élevés par les Romains en différentes parties de l'île; mais on peut juger encore par les restes qui ont échappé à tant d'événements et de ravages, et dont l'œil étonné, malgré leur état informe, reconnaît encore les traces, de la direction que ce grand peuple donnait à ses travaux publics, et du caractère qu'il savait leur imprimer. Les Romains, voulant réunir les deux parties de l'île, celle du midi et celle du nord, par une communication facile, avaient jeté une route magnifique sur l'espace qui séparait Caralis, la grande capitale, de la colonie de Turris Lybisonis. Les ouvrages qu'a commencés, il y a une cinquantaine d'années, le gouvernement piémontais, pour rétablir cette route entre Cagliari et Sassari, font découvrir de temps en temps de beaux fragments de l'ancienne voie romaine. A Caralis s'élevait un vaste amphithéâtre, dont on retrouve encore l'enceinte et les débris. Près de Cagliari, et parmi les ruines de l'ancienne Turris, aujourd'hui Torre, et celles de *Nora*, on voit les vestiges imposants de vastes aquéducs. Les Romains avaient élevé sur les fleuves des ponts solides et hardis; ils avaient construit de somptueux édifices dans les divers lieux où coulent des eaux sulfureuses et minérales, présent de la nature qu'ils appréciaient beaucoup; ils avaient enfin établi sur une grande échelle l'exploitation des mines de la Sardaigne, fort célèbres alors, et aujourd'hui totalement abandonnées.

Nous aurons occasion de revenir sur ces restes de l'antiquité romaine, soit dans les recherches dont elles seront l'objet, soit en les visitant l'une après l'autre dans l'itinéraire de l'île. Il nous suffit en ce moment de montrer que les Romains attachaient à la possession de la Sardaigne une haute et juste importance, qu'ils employèrent tous les moyens que leur fournissait leur puissance pour améliorer son état, son agriculture et ses arts, et qu'elle était une de celles de leurs provinces qu'ils traitèrent avec le plus d'intérêt et de prédilection.

CHAPITRE XV.

Du système d'impositions. — Contributions ordinaires et extraordinaires. — Réquisitions.

La Sardaigne était régie par les Romains, sous le rapport de la perception des impôts, comme les provinces les plus favorisées. Cette île avait été, ainsi que la Sicile, assimilée aux provinces d'Italie le plus anciennement réunies, et liées avec la métropole par le plus de relations de voisinage et de fraternité. Ces provinces payaient la dîme de toutes les productions de leurs terres. On les appelait *decumanæ*. Elles étaient distinguées par-là des provinces moins bien traitées, qu'on appelait *stipendiariæ*, et qui payaient un tribut fixe (*vectigal certum*), indépendant du plus ou moins de prospérité des récoltes. Les impositions des premières s'appelaient contributions variables (*vectigal incertum*). C'était celles que payait la Sardaigne.

Ces contributions, dont le produit était évalué par estimation, étaient affermées, soit à Rome, par le ministère des consuls, soit dans l'île même, par un magistrat délégué, et les fermiers adjudicataires en versaient le prix en espèces au trésor public. Les contribuables avaient le choix de payer le fermier en nature, ou de lui compter l'équivalent en argent.

Outre cette dîme, convertie en espèces métalliques, le gouvernement romain exigeait, chaque année, de l'île de Sardaigne, une autre dîme en nature, qu'on appelait la seconde dîme (*decumanum alterum*), dont elle s'acquittait en productions de son sol, destinées aux armées ou aux magasins de l'état, et dont on lui payait la valeur à un prix réciproquement convenu.

Dans les cas extraordinaires ou dans les besoins pressants, le gouvernement faisait encore, par forme de supplément à la seconde dîme, des *réquisitions*, qui se percevaient en nature, et dont il acquittait le prix en argent [1]. Il s'est présenté plusieurs fois des circonstances, comme celle dont nous verrons tout à l'heure un exemple, où l'on punissait la rébellion, ou ce qu'on appelait ainsi, par des augmentations d'impôts ou par des amendes pécuniaires ; mais ces mesures étaient accidentelles et temporaires ; dans les temps ordinaires, le système d'impositions de la Sardaigne était celui que je viens d'indiquer.

---

[1] *Imperatum emptum*, réquisitions payées.
TITE-LIVE.

CHAPITRE XVI.

Administration des préteurs romains. — Exactions et malversations.

La richesse de la Sardaigne, la libéralité de ses habitants, la proximité de la métropole, faisaient extrêmement rechercher la préture de cette province, et on la regardait comme une des places de faveur dans le service du dehors. L'évêque *Fara* [1] a compulsé tous les historiens anciens pour composer la liste des préteurs qui l'ont régie. On y trouve les plus beaux noms du patriciat, les *Cornelius*, les *Mutius*, les *Lentulus*, les *Flaminius*, les *Claudius*, les *Fabius*; mais la Sardaigne paya souvent fort cher l'honneur d'être administrée par ces personnages historiques, dont la plupart, en sollicitant cette commission, avaient beaucoup moins en vue de faire exécuter les lois et d'assurer le bonheur du peuple qui leur était confié, que d'augmenter leur fortune et d'amasser des richesses. Les institutions politiques et financières, les vues conservatrices du gouvernement, et les

---

[1] De rebus Sardois.

garanties du régime municipal qui protégeait les villes sardes, n'étaient pas des freins suffisants contre des hommes avides, corrompus, fiers de la faveur des chefs de l'état, et qui sacrifiaient tout à leur intérêt, à leur vanité, à leurs plaisirs et aux besoins du luxe.

On peut se faire une idée de l'opulence de la Sardaigne, à ces époques, aujourd'hui bien éloignées d'elle, par le tableau des malversations, des exactions et des brigandages de ses préteurs. Les tributs ordinaires et extraordinaires n'étaient qu'une partie des charges imposées au peuple sarde. Il ne suffisait pas de prodiguer l'or à ces terribles fonctionnaires pendant leur temps d'exercice, et de satisfaire leur avarice ou leur somptuosité; il fallait encore les voir partir chargés de butin, et les mettre en état de jouir long-temps du fruit de leurs rapines. La Sardaigne a eu aussi ses *Verrès*, auxquels il n'a manqué que la célébrité du crime.

Un hasard singulier fit que le grand orateur romain, qui avait accusé avec tant d'énergie le brigand fléau de la Sicile, eut le malheur de défendre un autre préteur, non moins vil et non moins odieux, qui avait à peu près traité la Sardaigne et ses principales villes, comme *Verrès* Agrigente et Syracuse. Ce préteur était *Marcus Emilius Scaurus*, qui s'était livré à tant de cruautés et d'excès, que les villes sardes, et notamment celle de Nora, malgré leur longanimité, furent réduites à le dénoncer publiquement. Elles furent moins heureuses que les villes de Sicile, qui avaient confié l'accusation à *Cicéron;* la leur fut portée par un avocat moins célèbre, *Valerius Triarius,* auquel répondit l'accusateur de *Verrès*, prenant ici l'inverse de son autre rôle, et n'épargnant ni les railleries ni les injures à un peuple innocent qui avait eu le tort de ne pas se laisser dévorer, sans se plaindre, par un homme de l'une des plus opulentes maisons de Rome. Cette circonstance de la vie, d'ailleurs si glorieuse, de *Cicéron*, ne fait d'honneur peut-être qu'à la flexibilité de son talent.

Un autre préteur, nommé *Titus Albutius*, se rendit aussi par ses vols et son inhumanité, l'objet d'une dénonciation publique. Ce ne fut rien moins que *Jules César* qui parut cette fois comme accusateur. Il n'avait pas encore passé le Rubicon. Aussi bon plaisant qu'il était grand capitaine, il accabla l'oppresseur de la Sardaigne d'excellentes épigrammes, qui valaient bien celles que *Cicéron* lançait contre les opprimés. Ce fut la seule satisfaction qu'en tirèrent les victimes.

Il paraît au reste que cette conduite des administrateurs romains en Sardaigne était à peu près passée en usage, et qu'ils voulaient même qu'on leur sût gré du mal qu'il ne faisaient pas. Un questeur de cette province, *Caius Gracchus*, avait été déféré aux tribunaux, pour fait d'indiscipline. Ses moyens de défense peuvent faire juger de ce qu'étaient ses collègues. Il protesta qu'il n'avait pas exigé de dons forcés, qu'il n'avait pas enlevé de femmes à leurs maris, qu'il ne s'était pas livré à la crapule et à la débauche, et assura même, avec une noble fierté, qu'il était le seul qui ne se fût pas enrichi dans cette province, bien différent de tous les autres, *qui en rapportaient pleins d'or les grands vases qu'ils y avaient apportés pleins de vin*. Ces raisons parurent si bonnes, qu'il fut absous à l'unanimité.

L'impunité était l'encouragement tacite de tous ces crimes. On ne trouve qu'un seul exemple d'un préteur de Sardaigne, *Vesanus Lenas*, châtié sévèrement pour ses excès et sa rapacité. Il faut rendre justice à qui il appartient. C'est un empereur qui donna aux Sardes une satisfaction qu'ils n'avaient jamais obtenue de la république. Cet empereur était *Néron*.

CHAPITRE XVII.

Caton, dit *le Censeur*, est préteur en Sardaigne. — Il y rencontre le poète *Ennius*, et l'emmène à Rome.

Cette longue série d'avides magistrats, de pillards déhontés, fut pourtant interrompue quelquefois par d'honorables exceptions. La plus remarquable, par les souvenirs historiques qu'elle a laissés, est celle qu'offrit *Marcus Porcius Caton* dans l'exercice de sa préture en Sardaigne. Nommé à cette place importante, il s'occupa sans relâche de la réforme des abus et du soulagement des peuples, si indignement pressurés par ses prédécesseurs. Il dispensa les villes sardes des présents qu'elles étaient dans l'usage de faire au nouveau préteur, lors de son entrée, et des frais énormes qu'elles avaient à supporter pour l'entretien de la cour prétorienne. Toute cette magnificence, qui lui paraissait, avec raison, un vol fait au peuple, n'ajoutait rien, selon lui, à la majesté du gouvernement qu'il représentait, et il croyait concilier au pouvoir plus de respect et d'autorité par la modération et la simplicité des mœurs. Cette pompe et ce luxe étaient à charge à un si véritable et si vertueux républicain ; son premier soin fut de s'en débarrasser. Les courtisans, les flatteurs et les parasites furent congédiés. Il sévit contre l'usure, et chassa les usuriers.

Passionné pour l'agriculture, dont il fit une des principales occupations de sa vie, et, à l'exemple des *Serranus* et des *Cincinnatus*, aimant à cultiver la terre de ses mains, il ne pouvait manquer d'encourager, dans la province qui lui était confiée, un art si utile, pour lequel il avait tant de prédilection. Aussi la Sardaigne parvint-elle, sous son administration, au plus haut degré de prospérité. *Caton* y fit régner partout l'ordre et la justice, et la gouverna en père de famille. Il ne voulut être accompagné, dans la tournée qu'il fit pour visiter la province, qui se composait, comme on sait, des îles de Sardaigne et de Corse, que d'un seul domestique, qui portait ses vêtements et le vase sacré à l'usage des sacrifices. C'était là, dit *Plutarque*, tout l'équipage et toute la suite du préteur [1].

[1] Cette noble simplicité de *Caton* rappelle un trait à peu près pareil d'un de nos plus illustres contemporains, qui peut supporter ce rapprochement et le parallèle. Lorsque M. *Jefferson*, président de la république des États-Unis, se rendit à Washington pour y faire l'ouverture du premier congrès qui se soit tenu dans cette ville, il fit plusieurs centaines de milles à cheval, suivi d'un seul domestique, ayant derrière lui tout le bagage dans un porte-manteau. Plusieurs jours se passsèrent après son arrivée sans qu'on sût même où il était. Ce fut par hasard que quelques membres du congrès le rencontrèrent dans une petite chambre d'une auberge isolée et de médiocre apparence, où ils cherchaient eux-mêmes un logement.

Un homme si vertueux devait avoir beaucoup d'ennemis ; aussi fut-il dénoncé quarante-quatre fois. Il est vrai qu'autant de fois il fut renvoyé absous.

C'est dans sa préture de Sardaigne que *Caton* fit connaissance avec le poëte *Quintus Ennius*, né en Calabre, mais établi depuis plusieurs années dans cette île. Il prit de lui, quoique déjà avancé en âge [1], des leçons de langue grecque, et à l'expiration de ses fonctions de préteur, il le conduisit à Rome avec lui.

Ceux des Romains qui avaient déjà secoué le joug de l'ignorance, et qui commençaient à s'occuper de la culture des lettres, apprécièrent le présent que *Caton* avait fait à sa patrie. La présence d'*Ennius*, homme distingué par la vivacité de son esprit et la richesse de son imagination, donna une heureuse impulsion à la littérature romaine, dans laquelle ce poëte ingénieux s'efforça d'introduire les beautés de la langue grecque. *Ennius* est le premier des auteurs latins qui ait composé des vers héroïques. Il écrivit, pendant son séjour à Rome, les Annales de la République, et un grand nombre de tragédies, dont il ne reste que des fragments.

[1] Il avait soixante-dix ans.

CHAPITRE XVIII.

Continuation de la notice des faits historiques. — Époque des guerres civiles. — *Marius* et *Sylla*. — *César* et *Pompée*. — *Antoine* et *Octave*.

Incorporée complétement à la république romaine, organisée et administrée comme elle, la Sardaigne suivit désormais toutes les phases de sa fortune. Elle eut, pendant les troubles des guerres civiles, le sort de ses autres provinces, et fut divisée entre les partis qui la déchiraient, selon les circonstances et les hasards de la guerre. Dans les sanglantes querelles de *Marius* et de *Sylla*, *Lucius Philippus* fut envoyé en Sardaigne par ce dernier pour remplacer *Quintus Antonius*, qui y commandait au nom de *Marius*, et qui, voulant s'y opposer, périt les armes à la main. Plus tard, *Emilius Lepidus* vint pour chasser le préteur *Quintus Lutantius*, nommé par *Sylla*, et ne put y parvenir, quoiqu'il eût donné des preuves de valeur en divers combats. Il eut le même sort l'année suivante. Le parti de *Sylla* domina presque toujours en Sardaigne, et celui de *Marius* n'y fut jamais bien établi, et ne put y prendre d'ascendant.

Il en fut de même dans les guerres de *César* et de *Pompée*. La Sardaigne eut le bonheur d'être soumise dès le principe à celui qui devait finir par triompher. *Jules César*, qui, ainsi qu'on l'a vu plus haut, avait jugé tout le parti qu'il pouvait tirer de la position de cette île pour l'intérêt de sa cause, envoya *Marcus Valerius* pour la gouverner en son nom. A cette nouvelle, les habitants de Caralis, séduits par l'éclat de sa gloire, se déclarèrent pour lui avec transport, et chassèrent leur préteur *Marcus Cotta*, qui s'enfuit épouvanté. *César*, informé que l'armée navale de *Pompée*, commandée par *Varron* et *Caton*, infestait la mer d'Afrique, se rendit de sa personne dans cette province, d'où il demanda à la Sardaigne des secours d'hommes, d'armes, de vivres et d'argent, qui lui furent envoyés immédiatement, bien que dans le même moment elle fût obligée de fournir aux besoins des divisions de l'armée de *Pompée*, qui occupaient une partie de l'île. *César*, après avoir mis fin à son expédition d'Égypte, s'arrêta près d'un mois à Caralis, où il fut reçu en triomphe. C'est de là qu'irrité de la conduite des habitants de la ville de Sulci, qui avaient donné asile à la flotte ennemie, commandée par *Nasidius*, et lui avaient fourni des secours, il fulmina contre eux des peines rigoureuses. Il les frappa d'une contribution extraordinaire de 100,000 sesterces [1], exigea le versement de la huitième partie de la récolte, au lieu de la dîme, et fit confisquer et mettre en vente les biens de ceux dont il avait eu le plus à se plaindre.

Après la mort de *César*, son neveu *Octave*, qui n'attachait pas moins d'importance que lui à la possession de la Sardaigne, se la fit adjuger dans le partage qu'il fit de l'empire avec *Marc Antoine*. Quoiqu'il ne pût la défendre complétement contre les incursions des corsaires du parti adverse, qui ne cessèrent d'insulter et de ravager ses côtes, il en resta pourtant le seul maître, et la conserva. Ce fut pour la Sardaigne, au milieu de tant de désordres et de déchirements, une véritable faveur du sort, que d'avoir toujours, et presqu'exclusivement, appartenu au parti victorieux.

Après que l'établissement de l'autorité d'*Auguste* eut rendu la paix au monde, sous la domination de ses successeurs, et jusqu'à l'époque de la dissolution de l'empire, la destinée de la Sardaigne fut la même que celle des autres membres de ce grand corps politique. Livrée aux dilapidations les plus révoltantes, aux passions les plus féroces, à l'anarchie, à tous les genres de vices et de crimes, respirant quelquefois sous le

---

[1] Cette amende, qui indique dans ceux qui en furent l'objet un état d'opulence assez remarquable, peut être évaluée à environ 1,500,000 francs de notre monnaie.

règne de princes humains et sages, qui ne firent que se montrer un instant à la terre, elle fut, la plupart du temps, accablée sous le joug des plus cruels et des plus lâches tyrans qui aient souillé l'histoire des hommes.

On ne distingue dans cette longue série d'événements aucun fait digne de remarque, qui touche particulièrement à la Sardaigne, si ce n'est peut-être une expédition qui est une nouvelle preuve du mépris qu'avaient les gouvernements d'alors pour la vie des hommes. Après tant de guerres et de pillages, les montagnes de l'île, où l'autorité romaine n'avait jamais pu entièrement s'établir, devaient être, et furent en effet, l'asile d'une foule de malfaiteurs. Sous le règne de *Tibère*, le mal était arrivé à un tel point, qu'il devint nécessaire d'y envoyer des renforts de troupes pour réprimer le brigandage. Un sénatus-consulte y fit transporter à cet effet quatre mille Juifs. Cette expédition, outre son but apparent, en avait un autre qu'on n'avouait pas tout haut. Le gouvernement voulait se débarrasser du plus grand nombre possible des *hommes infestés de la superstition hébraïque*[1]. Ceux qu'on envoya en Sardaigne étaient des affranchis dans la force de l'âge. On pensa que si, employés à un service très rude, ils étaient vic-

---

[1] Quatuor milia libertini generis eâ superstitione infesta.
TACIT., Annal., lib 2.

times de l'insalubrité du climat, une telle perte n'inspirerait pas beaucoup de regrets [1]. C'est encore un exemple de haute politique offert aux âges suivants par la vénérable antiquité, de laquelle il a été imité plus d'une fois.

La Sardaigne n'eut qu'à se louer de *Tibère*. Quoique ce prince ne fût ni très reconnaissant ni très sensible de sa nature, il fut si content de sa soumission et si touché de ses malheurs, qu'il l'exempta pendant cinq ans de toute espèce d'impôts.

[1] Si ob gravitatem cœli interiissent, vile damnum.

Tacit., Annal., lib. 2.

CHAPITRE XIX.

Établissement du christianisme en Sardaigne. — Persécutions et cruautés. — État des choses jusqu'à la dissolution de l'Empire.

Si la Sardaigne, durant le cours de tant d'années de servitude et d'opprobre, n'éprouva dans sa situation économique, politique et sociale, aucune variation notable, elle fut des premières à ressentir les effets de la grande révolution morale et religieuse qui vint changer la face du monde, améliorer le sort de l'espèce humaine, et ennoblir ses destinées. L'établissement de la religion chrétienne commence pour elle un nouvel ordre de choses.

Les annalistes ne sont pas d'accord sur le nom des premiers prédicateurs de la foi chrétienne en Sardaigne, et sur l'époque où ils y ont paru. *Vico* y fait voyager à plusieurs reprises les apôtres *saint Pierre*, *saint Paul* et *saint Jacques*; d'autres attribuent la gloire de la conversion des Sardes à *saint Clément* et à *saint Boniface*, qui furent leurs premiers évêques. Quoi qu'il en soit, il est certain que la Sardaigne reçut de bonne heure les lumières de la foi, et qu'un grand nombre de ses enfants embrassèrent les nouvelles croyances avec une ferveur qui attira sur eux les plus cruelles persécutions. Elle fut à plusieurs reprises inondée du sang des martyrs, et on trouve encore à chaque pas des monuments qui attestent les maux qu'eut à souffrir dans ce pays l'Église naissante. Je parlerai dans un autre lieu de ceux à qui leurs talents, leur zèle et leur courage ont donné de l'illustration.

Les infatigables propagateurs de la foi, poursuivant lentement leur entreprise, sans reculer jamais devant les obstacles, étaient parvenus, sous le règne de *Dioclétien*, à ranger sous leurs bannières presque toute la population de l'île. C'est alors qu'éclata une des plus furieuses persécutions dont les chrétiens aient eu à souffrir. Le gouvernement crut pouvoir éteindre les nouvelles doctrines dans le sang de ceux qui les professaient, et qu'il faisait couler par torrents; mais il n'avait plus les moyens d'arrêter ce vaste incendie. L'enthousiasme des peuples, accru par les persécutions des tyrans et par le mépris qu'ils inspiraient, était une puissance à qui rien ne pouvait plus résister. On voyait chaque jour les généraux, qui devaient les réprimer, céder eux-mêmes à l'entraînement universel. En l'an 303, *Dioclétien* envoya en Sardaigne un de ses généraux, nommé *Effisius*, avec un nombreux corps de troupes, pour réduire les chrétiens. A peine arrivé dans cette île, ce chef est converti lui-même par ceux qu'il venait combattre, et celui qui, peu de temps auparavant, avait sacrifié à Jupiter, aujourd'hui la croix à la main, marche contre les barbares de l'intérieur, toujours indépendants, et toujours indomptables pour les généraux des empereurs, comme ils l'avaient été pour ceux de la république. *Effisius* les battit, et sévit contre eux ; mais il ne put les amener ni à l'obéissance ni au christianisme, et il fut obligé de les laisser avec leurs idoles et leur liberté. La gloire de cette conversion était réservée plus tard aux efforts d'un autre empereur, et surtout à ceux du pape *saint Grégoire*. Quant à lui, l'ardeur de son prosélytisme le fit bientôt livrer aux bourreaux, et il reçut la mort avec intrépidité. Il est aujourd'hui, sous le nom de *saint Effisio*, vénéré par la Sardaigne comme un martyr national, et invoqué comme son protecteur et l'un de ses patrons.

Les chefs de la primitive Église et leurs coopérateurs joignaient à une austère piété et à la ferveur du zèle et de la foi, une habileté profonde. Marchant à leur but avec persévérance, ils surent merveilleusement profiter de tous les avantages qui leur étaient offerts, savoir : l'état général des mœurs, la tendance du siècle vers un autre ordre de choses, les excès du despotisme, les consolations d'une religion amie du pauvre et soutien de l'opprimé, l'amour de la nouveauté, et l'exaltation des peuples sans cesse excitée par une foule de prodiges et d'actions surnaturelles. Ils comprirent que la domination de la société finit toujours, comme l'a dit un écrivain contemporain, par appartenir à ceux qui se chargent d'en diriger la *spiritualité*. Ils élevèrent les efforts et les succès de la conversion jusqu'aux maîtres des nations et aux vainqueurs de la terre. Un triomphe complet couronna enfin leurs travaux, et la foi chrétienne devint la religion, non-seulement des chefs de l'empire, mais des conquérants barbares qui venaient envahir ses provinces.

Malheureusement, les premiers propagateurs de la foi ne purent inspirer à de pareils néophytes l'uniformité de croyance et l'unité de doctrine, dont eux-mêmes ne donnaient pas l'exemple. Des hérésies multipliées, attaquées et défendues les armes à la main, produisirent d'affreux déchirements, et ne firent pas répandre moins de sang que la longue lutte du christianisme et de l'idolâtrie. Tous ces barbares, qui n'entendaient certainement pas très bien les beautés de la morale qu'on venait de leur prêcher, se jetant dans les disputes théologiques et dans les subtilités de la controverse, crurent comprendre les diverses manières dont on expliquait les mystères de la

Sainte Trinité, et à peine convertis, ils étaient persécuteurs. Comme leur manière de discuter, dit l'écrivain que j'ai déjà cité [1], se ressentait beaucoup de la violence de leurs habitudes, ils firent un grand nombre de véritables martyrs; et, ayant embrassé le sentiment des *Ariens*, qui eut, à ce qu'il paraît, beaucoup d'attraits pour eux, ils livraient au supplice tous ceux qui repoussaient cette doctrine, ou qui n'en admiraient même pas assez l'excellence et la clarté.

Les Vandales, *Ariens* très exaltés, exilèrent de la province d'Afrique, quand ils en furent maîtres, et firent déporter en Sardaigne, à plusieurs reprises, 500 évêques et une foule de non conformistes, qu'ils trouvaient trop heureux qu'on leur fît grâce de la vie.

Quand cette vaste révolution eut été consommée, la Sardaigne, privée par sa position insulaire, et par l'effet de la nouvelle direction des affaires générales, du triste avantage d'être le théâtre d'événements importants et décisifs, ne fit plus, dans une existence obscure, que ressentir par intervalles les contre-coups des commotions politiques et religieuses qui agitaient la résidence des souverains. Lorsque les états qui formaient l'immense domination romaine furent partagés en deux empires,

---

[1] M. Fiévée.

celui d'Occident et celui d'Orient, elle appartint à ce dernier. C'est à l'époque de ce partage qu'elle cessa d'avoir son administration locale, et fut mise dans les attributions du préfet de la province d'Afrique; qui la faisait gouverner par un lieutenant. Cette condition subalterne devait rendre moins immédiats et moins suivis les soins de l'administration supérieure. Aussi fut-elle bien souvent oubliée, dédaignée, et livrée au caprice et à l'arbitraire des chefs en sous ordre qu'on lui imposait.

CHAPITRE XX.

Descente des Vandales. — Ils prennent la Sardaigne, la perdent, s'en emparent de nouveau, et en sont définitivement chassés.

La Sardaigne, soumise pendant près de huit siècles à l'empire qu'avaient fondé les Romains, avait passé avec eux par toutes les alternatives de la bonne et de la mauvaise fortune. Un nouvel ordre de choses et de nouvelles destinées se préparaient, et le monde les attendait en silence. Les symptômes d'une prochaine dissolution étaient partout, et tout annonçait la ruine imminente du colosse qui avait dominé l'univers. Des nuées de barbares s'étaient précipitées sur lui et déchiraient ses membres dispersés. L'empereur *Valentinien III* venait de mourir. *Genseric*, roi des Vandales, s'était rendu maître de la presque totalité de l'Afrique. Carthage tomba en son pouvoir l'an 438. Il y établit le siége de sa puissance, et de là dirigea une expédition contre la Sardaigne, où ses troupes débarquèrent, et qui était si mal défendue qu'elles n'eurent pas de peine à s'en emparer. *Marcellin*, fils d'*Aetius*, la reprit sur eux en 468, et la fit rentrer sous les lois de l'empereur *Léon I*ᵉʳ. Les Vandales ne renoncèrent pas si facilement à une pareille conquête. Quelques années après, la trouvant dépourvue de troupes, ils la subjuguèrent une seconde fois, et la déclarèrent la septième province de leur royaume. Ils ne furent plus troublés dans leur possession jusqu'à l'année 533, qu'ils la perdirent pour jamais. *Gélimer*, leur dernier roi, avait donné le gouvernement de la Sardaigne à l'un de ses chefs, nommé *Goda*, qui s'était révolté contre son maître et commandait en son propre nom. *Zazon*, frère de ce prince, se rendit en Sardaigne avec cinq mille hommes de troupes pour punir le rebelle, qu'il prit vivant, et dont il envoya la tête au roi, comme trophée de sa victoire. Mais *Gélimer*, menacé lui-même par l'armée de *Bélisaire*, sous les exploits duquel il succomba plus tard [1], fut obligé de rappeler de Sardaigne les troupes qu'il y avait envoyées. *Cyrille*, général de *Justinien*, prit Cagliari, et soumit d'autant plus facilement tout le reste de l'île, que les Sardes, opprimés par les Vandales, qui professaient l'arianisme, dont leur orthodoxie les avait rendus les

---

[1] *Gélimer*, vaincu et fait prisonnier par *Bélisaire*, finit en philosophe et en héros. Que veux-tu de moi, lui demanda généreusement le vainqueur? — *Rien*, répondit le fier barbare, *rien qu'une éponge pour laver mes blessures, et une lyre pour chanter mes malheurs.*

plus ardents ennemis, saisirent l'occasion de secouer leur joug, et reçurent à bras ouverts l'armée impériale.

La domination des Vandales en Sardaigne dura soixante-dix-huit ans.

On fait remonter à cette époque un usage qui s'est établi généralement depuis en Sardaigne, et qui a été fatal à son agriculture, celui des biens communaux.

CHAPITRE XXI.

Irruptions des Goths et des Lombards. — Conversion des montagnards de l'intérieur à la religion chrétienne.

Les barbares du nord avaient appris les chemins qui les conduisaient au cœur des plus belles provinces du midi de l'Europe, et où ils trouvaient l'abondance que leur refusait la nature dans leurs climats glacés. La Sardaigne partagea le sort des plus riches contrées de cette partie du monde. Mal gardée par ses maîtres, dont la vigilance ne pouvait suffire à tant d'attaques multipliées, elle devint la proie des barbares, qui se succédaient et se renouvelaient sans cesse.

A peine était-elle délivrée de l'occupation des Vandales, que les Goths, accourus du fond de la Germanie, vinrent lui imposer un joug encore plus oppressif et plus cruel. Dix-huit ans après l'expulsion des Vandales, *Totila*, roi des Goths, profitant de l'absence de *Bélisaire*, battit les Grecs en Italie, et s'empara de la Sardaigne. C'était en 547. L'eunuque *Narsès*, qui avait remplacé *Bélisaire*, défit complétement, dans les années 552 et 553, les barbares commandés par *Teïas*, leur dernier roi, et les expulsa entièrement de l'Italie et des îles adjacentes. La Sardaigne rentra alors au pouvoir des empereurs d'Orient.

Les annales du temps parlent d'une expédition des Lombards; mais il paraît que ce ne fut qu'un simple débarquement, opéré après de nombreuses tentatives sur les divers points des côtes de l'île, et qu'ils bornèrent leurs exploits à ravager et dévaster quelques cantons. *Paul Diacre*, leur historien, ne dit pas qu'ils en aient jamais été entièrement les maîtres.

Dès que l'empereur *Justinien* se vit rentré dans la paisible possession de la Sardaigne, il s'occupa de réparer les maux que lui avaient faits les invasions consécutives de ces nuées de barbares, qui avaient passé sur elle comme des ouragans, et l'avaient couverte de ruines. Il réforma son administration. Un président, subordonné au préfet du prétoire d'Afrique, était chargé du soin des affaires civiles [1], un général de celui des affaires militaires. Il voulut que ce dernier portât particulièrement son attention sur les peuplades des montagnes de l'intérieur, toujours indépendantes

---

[1] Sept provinces dépendaient de la préfecture prétorienne d'Afrique; savoir : Carthage, Byzantium et Tripolis, qui avaient des directeurs consulaires (*rectores consulares*); la Numidie, les deux Mauritanies et la Sardaigne, qui avaient des présidents (*præsides*). *Justiniani imp. Cod. lib* 1. *De offic. præfect. prætor. Africæ.*

et indomptées, dont les rapines et les brigandages compromettaient sans cesse la tranquillité de l'île, et insultaient à l'autorité. Il ne put cependant les soumettre entièrement. *Maurice* et *Théodose* furent plus heureux. Ils chargèrent de cette expédition, tant de fois renouvelée, et si souvent malheureuse, un de leurs généraux, nommé *Zabarda*, qui, à la tête d'un corps d'armée imposant, et assisté d'évêques et de missionnaires, que lui avait envoyés le pape *saint Grégoire*, les réduisit, moins par la force des armes, que par la prédication évangélique. Le chef de ces montagnards, nommé *Hospes*, embrassa la religion chrétienne, et son exemple entraîna celui de tout son peuple, livré jusqu'alors aux pratiques de la plus grossière idolâtrie. La conversion de cette petite peuplade fut un grand sujet de joie pour l'Église. On peut s'en convaincre en lisant, dans le recueil des lettres du pape *saint Grégoire*, celles qu'il écrivit aux évêques sardes, au préfet d'Afrique, et à l'impératrice *Constance*, pour les féliciter de cet événement.

CHAPITRE XXII.

Premières incursions des Maures ou Sarrasins. — Les Sardes soutiennent contre eux une lutte opiniâtre. — Ils se donnent, pour s'assurer un défenseur, à l'empereur *Louis-le-Débonnaire*, qui ne leur est pas d'un grand secours. — Malheurs toujours croissants. — Émigrations. — Le pape *Léon IV* déploie un grand caractère. — Défaites multipliées des Maures.

Le rétablissement momentané de la tranquillité publique et le triomphe paisible de la foi chrétienne ne tardèrent pas à être troublés. Au commencement du huitième siècle, les empereurs d'Orient, qui se renversaient les uns les autres et se succédaient avec une effrayante rapidité, incapables de diriger leur attention sur les provinces éloignées du siége de leur empire, et bien moins encore de donner des secours d'hommes ou d'argent à l'Italie et aux îles adjacentes, laissèrent ces belles provinces ouvertes aux incursions des Maures, qui déjà menaçaient d'envahir le reste de l'Europe entière. Ils se présentèrent pour la première fois en Sardaigne dans l'année 720, après avoir ravagé plusieurs pays riverains de la Méditerranée; et ayant effectué un débarquement, ils s'emparèrent de la ville de Cagliari, et mirent tout à feu et à sang. Il paraît néanmoins qu'à cette première époque de leurs expéditions, ils ne purent s'y établir solidement. Les Sardes, aidés des Corses, leurs voisins, et du peu de troupes que les empereurs entretenaient dans l'île pour les garnisons des places, mirent en usage la vieille tactique, qui leur avait si long-temps réussi avec les Carthaginois, les Romains et les Vandales, et les harcelant sans relâche, les attaquèrent en détail, de manière à diminuer tous les jours leurs moyens et leurs forces, qu'ils étaient contraints de tirer de pays éloignés. *Luitprand*, roi des Lombards, et chrétien très zélé, qui avait racheté à grand prix des mains des Sarrasins et fait transporter à Pavie les reliques de *saint Augustin*, apportées par *saint Fulgence*, au temps de la persécution des Vandales, envoya aux Sardes, quelques années après, des secours effectifs contre leurs nouveaux conquérants, secours qui en 739 les aidèrent à les chasser de presque toute l'île.

Ces intrépides aventuriers mettaient dans l'exécution de leurs plans d'invasion une constance infatigable, et à l'épreuve de tous les revers. Les nombreuses défaites essuyées par eux ne lassèrent point l'incroyable persévérance avec laquelle ils poursuivaient le dessein arrêté d'achever et de consolider leur établissement en Sardaigne. Trois siècles consécutifs furent témoins des efforts qu'ils renouvelaient sans cesse pour y fonder leur domination. Il serait fastidieux d'énumérer toutes leurs expéditions, plus ou moins heureuses, dans le cours du huitième, du neuvième et du dixième siècles. Il faut se borner à indiquer les faits principaux. Les années 806, 809, 812, 813 et 815 furent marquées pour eux par de grands revers. Tantôt les Sardes les forcent à se rembarquer précipitamment, après en avoir tué un grand nombre et *jusqu'à satiété*, dit *Fara*[1]. Une autre fois cent de leurs vaisseaux sont submergés par une affreuse tempête, en vue des côtes de l'île; ce qu'on ne manqua pas d'attribuer à un miracle et à la protection des saints.

Les Sardes, fatigués pourtant d'une lutte si opiniâtre, et craignant de succomber à la fin, malgré leur courageuse résistance, sous les efforts si souvent renouvelés de ces terribles ennemis, envoyèrent, en 815, des ambassadeurs à *Louis-le-Débonnaire*, empereur et roi de France, pour le prier de mettre leur pays au nombre des provinces de son empire, et lui demander la protection et les secours qu'ils attendaient vainement de leurs souverains légitimes, les empereurs d'Orient, et

---

[1] Dans un de ces combats, dont on ne peut pas bien déterminer l'époque, les Sardes vainqueurs trouvèrent, parmi les cadavres de leurs ennemis, quatre chefs sarrasins. C'est depuis lors que *quatre têtes de rois maures* composent les armoiries de la Sardaigne.

que l'éloignement et le manque total de forces maritimes les empêchaient d'obtenir. Cette soumission spontanée fut agréée, et depuis ce moment, sans aucune réclamation sérieuse de la part des empereurs d'Orient, la Sardaigne fut considérée comme étant sous la dépendance de ceux d'Occident.

Louis-le-Débonnaire, voulant donner au moins quelques preuves d'intérêt à ses nouveaux sujets, envoya, en 820, à leur secours *Bonifazio*, comte de Lucques, et le chargea du commandement d'une petite escadre, avec l'ordre de purger les eaux de la Sardaigne des pirates sarrasins qui les infestaient. Il y réussit assez bien, et les défit dans un combat naval à la hauteur de Tunis. C'est là que se bornèrent ses exploits. Dès ce moment, il s'occupa beaucoup moins du devoir qui lui était imposé de défendre la Sardaigne et la Corse, dont l'empereur lui avait donné le gouvernement, que du soin de les ériger pour son compte en une principauté indépendante.

Ce souverain éphémère n'était pas de force à décourager les Sarrasins, qui reparurent bientôt plus audacieux que jamais. Au milieu du neuvième siècle, ils étaient maîtres de la Corse et d'une grande partie de la Sardaigne. Beaucoup d'habitants de la plaine et des villes se déterminèrent à quitter un pays que ses protecteurs naturels abandonnaient à lui-même ; il y eut à cette époque une émigration considérable. Les montagnards surent encore conserver dans les cavernes et les rochers, à l'exemple de leurs aïeux, leur antique indépendance. Les réfugiés furent accueillis avec humanité dans l'État romain par le pape *Léon IV*, qui leur assigna pour asile la ville d'Ostia, qu'il fit environner d'une enceinte de murailles.

Tous les Sardes cependant n'avaient point désespéré de la patrie. Ceux qui, doués d'une ame plus forte, n'avaient pas cru devoir chercher leur salut dans la fuite, se liguèrent contre l'ennemi commun, combinèrent leurs moyens de résistance et d'attaque, et se vengèrent souvent, sur leurs farouches vainqueurs, de l'état de souffrance et de misère où ils les avaient réduits.

C'est à cette époque que les Sardes, résolus à chercher leurs ressources en eux-mêmes, se donnèrent pour chefs, par la voie de l'élection, les plus forts et les plus braves, ou se soumirent volontairement à ceux qui avaient osé s'emparer de l'autorité.

Le pape *Léon IV*, qui avait si généreusement accueilli les réfugiés, menacé lui-même par les Sarrasins, dont les côtes de l'État romain étaient infestées, écrivit à un de ces chefs, qu'il ne nomme pas, mais probablement un des plus puissants, pour implorer des secours, et le supplier de lui envoyer tout ce dont sa munificence pourrait disposer, des armes, des hommes, des jeunes gens et même des enfants [1], pourvu qu'ils fussent bien déterminés ; ce qui prouve en même temps que le danger était pressant pour le Saint Père, et que la situation de la Sardaigne était un peu meilleure, puisqu'un autre état demandait sa protection.

Les dangers que courait l'État Romain ne se bornaient pas aux insultes des pirates. Une armée, venue de la Sicile, avait mis le siége devant Rome ; les troupes que l'empereur *Lothaire* avait envoyées à son secours avaient été battues. Le pape *Léon IV* déploya, dans ce péril imminent, un grand caractère. Il avait élevé des remparts et des tours, et fait tendre des chaînes sur le Tibre. Ce pontife, né à Rome, et vraiment romain, prenant une autorité qu'avaient abandonnée les généraux de l'empereur, se montra digne, dit *Voltaire*, en défendant Rome, d'y commander en souverain. A la tête des milices qu'il avait reçues de Naples et de Gaëte, ainsi que de l'île de Sardaigne, il se porta de sa personne à la rencontre des Sarrasins au moment de leur descente. Ces barbares furent reçus avec intrépidité, et la tempête ayant dissipé une partie de leurs vaisseaux, ceux qui échappèrent au naufrage furent mis à la chaîne. Le pape rendit

---

[1] Sive adultos ac juvenes, sive pueros armatos.

sa victoire utile en faisant travailler aux fortifications de Rome et à ses embellissements les mêmes bras qui devaient les détruire. Le courage des premiers âges de la république, ajoute *Voltaire*, qui fait admirer avec raison l'énergie de *Léon IV*, revivait en lui dans un temps de lâcheté et de corruption, tel qu'un des beaux monuments de l'ancienne Rome, qu'on trouve quelquefois dans les ruines de la nouvelle.

Les empereurs, qui voulaient du moins faire acte de suzeraineté, envoyaient de temps à autre en Sardaigne des comtes et des ducs, chargés de combattre les Infidèles, quand ils les rencontreraient, et de faire respecter leur autorité, quand ils le pourraient. La mission de ces chefs impériaux devait être temporaire; mais plusieurs d'entre eux trouvèrent moyen de se perpétuer dans leur commandement, et quelquefois même de le rendre héréditaire. Tel fut l'état de la Sardaigne pendant la dernière moitié du neuvième siècle et la presque totalité du dixième. L'île était divisée en un grand nombre de petits états, presque toujours guerroyant entre eux comme les peuplades nègres, dont les uns étaient gouvernés par des chefs, tantôt librement élus, tantôt usurpateurs du pouvoir, et les autres par les envoyés de l'empereur, qui la plupart oubliaient leurs instructions dès qu'ils avaient mis le pied dans l'île, tandis que les Sarrasins en occupaient divers points importants, qu'ils conservaient comme des places d'armes, destinées à favoriser l'exécution de leur ancien projet d'envahissement. Ces derniers parurent du reste, sans les abandonner entièrement, les avoir ajournés pendant plus d'un siècle. Ils n'entreprirent, en effet, dans cet espace de temps, qu'une seule expédition remarquable contre la Sardaigne. Ce fut en 955. Leur flotte équipée dans la Ligurie, dont ils venaient de se rendre maîtres, fut détruite au moment où elle allait faire un débarquement.

CHAPITRE XXIII.

Des prétendus droits acquis aux Papes sur la Sardaigne, par les donations des Empereurs.—De quelle manière ils les ont exercés.—Quand ils ont commencé à les faire valoir.

Plusieurs historiens, et particulièrement les écrivains sardes, font remonter à cette époque, et même jusqu'au milieu du huitième siècle, les prétentions que les papes élevèrent à plusieurs reprises sur le domaine temporel de la Sardaigne.

L'obscurité qui enveloppe le moyen âge, la crédulité, le défaut de critique des annalistes, ont jeté la confusion dans le récit des faits, et donné lieu à beaucoup d'anachronismes et d'erreurs.

Les droits du saint siége sur la Sardaigne ont été regardés comme primitivement fondés sur la prétendue donation faite de l'Italie et des îles adjacentes, par l'empereur *Constantin*, au pape *saint Sylvestre*, et renouvelée en 755 par *Pépin*. Personne ne croit plus à cette donation, qui pourtant a été considérée presque comme un article de foi pendant plus de huit siècles, et dont aujourd'hui l'impossibilité et la fausseté sont bien démontrées.

Un titre plus solide, a-t-on dit, est celui qui fut conféré au saint siége dans la personne du pape *Adrien* par *Charlemagne*, en 774, et où étaient expressément spécifiées les îles de Sicile, de Sardaigne et de Corse, donation qu'on prétend avoir été confirmée en 817 par *Louis-le-Débonnaire*, en faveur du pape *Pascal*, et en 962 par l'empereur *Othon III*, sous le pontificat de *Jean XII*.

On ne trouve et on n'invoque d'autre témoignage en faveur de l'existence de cette donation, que celui du bibliothécaire *Anastase*, qui écrivait cent quarante ans après. Cet *Anastase* dit que la charte de la donation était dans les archives de Rome, où personne ne l'a jamais vue, ni lui non plus. Combien, dans ces tristes temps, n'a-t-on pas fabriqué de faux titres et commis de pieuses fraudes! On n'a pourtant point poussé l'audace jusqu'à contrefaire cette donation imaginaire. C'est une supposition qui révoltait trop la raison. Comment croire en effet que *Pépin* et *Charlemagne* eussent donné au pape des états qui appartenaient aux empereurs grecs, souverains légitimes et reconnus? Ces princes ne pouvaient pas raisonnablement disposer de ce qui n'était pas à eux. Il faut remarquer, au reste, que le secrétaire de *Charlemagne*, *Eginhard*, qui fait une longue énumération de ses dons pieux, ne dit pas un mot de cette donation.

Celle de *Louis-le-Débonnaire* n'est pas plus vraisemblable; la date de 817, qu'on lui attribue, en est la preuve. On vient de voir que la Sardaigne, dans l'espoir d'acquérir un appui contre les incursions des Maures, qui occupaient une partie de son territoire, désertée par ses anciens maîtres, s'était spontanément donnée à ce prince en 815. On ne peut pas supposer que, deux ans après, il ait transmis au pape, qui n'en pouvait tirer aucun parti, une belle province dont il avait agréé la soumission, et de la possession de laquelle il avait paru s'honorer. Cela est d'autant moins probable, que les papes, dépourvus à cette époque de puissance temporelle, placés dans une situation précaire, et resserrés entre les Lombards et les Maures, étaient hors d'état de protéger des provinces maritimes; tandis qu'au contraire on voit les empereurs envoyer constamment en Sardaigne, jusqu'à la fin du dixième siècle, depuis la mission du comte de *Lucques,* en 820, des comtes et des ducs, chargés de la gouverner en leur nom; ce qu'ils n'auraient certainement pas fait s'il avait existé en faveur du saint siége une donation authentique et réelle.

Les historiens sardes, pour montrer l'ancienneté des prétentions du saint siége à la possession temporelle de la Sardaigne, sur laquelle, suivant eux, il aurait exercé, dès le commencement du neuvième siècle, des droits de souveraineté, s'appuient de la lettre du pape *Léon IV* à un prince sarde pour lui demander des secours. En supposant que la lettre de *Léon IV* ne soit pas apocryphe, comme plus d'un critique l'a pensé, elle prouverait, par la nature même des expressions qui y sont employées, précisément le contraire de la proposition. Le langage du pape est humble et suppliant. Il dit, en s'adressant au chef insulaire, qu'il *conjure son altesse de daigner lui envoyer les secours qu'il implore de sa munificence* [1]. Ce n'est pas là le ton d'un souverain envers son sujet, ni même d'un suzerain envers son vassal. Les souverains commandent et ne supplient point. Le titre d'*altesse*, que donne le pape au prince dont il implore les secours, est une nouvelle preuve qu'il ne parlait pas comme un maître à l'un de ses lieutenants. On ne donnait alors le titre d'*altesse*, celui de *majesté* étant de beaucoup postérieur, qu'aux empereurs, aux rois et aux princes souverains. C'est de ce titre (*celsitudo* ou *magnitudo*), que sont seulement gratifiés, dans les diplômes des siècles barbares, les personnages de ce rang.

On ne serait pas plus fondé à citer, comme preuve de l'exercice du droit de souveraineté des papes en Sardaigne, l'envoi fait dans cette île, en 865, au rapport du bibliothécaire *Anastase*, par le pape *Nicolas I*er, de légats du saint siége, pour réformer

---

[1] Celsitudinem vestram duximus obsecrandam ut nobis, quantum vestra præviderit magnificentia, mandare dignemini, etc.

les abus, et concilier les différends du peuple et de ses chefs. Ces derniers étaient les comtes et les ducs qui gouvernaient quelques parties de l'île au nom des empereurs, ou ceux qui, dans quelques autres, non soumises aux Maures, s'étaient emparés de l'autorité ou avaient été élus par le peuple. Ces missions n'avaient pas pour but de réformer les abus de l'administration, dans lesquels les papes n'avaient rien à voir; ce n'était que des actes de l'autorité spirituelle exercés par les chefs de l'Église, dans la vue de ramener à la pratique des vertus évangéliques les chrétiens de tous les pays, qui composaient leur troupeau. C'est ce qui s'est renouvelé à diverses époques de l'histoire des papes, et même dans les temps où nous vivons. Ce patronage moral et religieux a souvent amélioré la condition des hommes dans ces siècles affreux, où ils gémissaient sous la plus dure oppression, et où ils étaient accablés de toutes les misères et de toutes les calamités.

C'était leur autorité paternelle, qui seule pouvait alors donner des consolations à l'humanité, dont on ne saurait oublier qu'ils étaient constamment les bienfaiteurs, tant qu'ils ne furent investis que du pouvoir spirituel. La malheureuse Sardaigne avait déjà ressenti les effets des intercessions du chef de l'Église auprès de ses cruels maîtres, à des époques plus reculées, où, accablée de toutes les vexations et de toutes les horreurs de la tyrannie, elle leur eut l'obligation d'y voir mettre un terme ou apporter du moins des adoucissements. Ce fut particulièrement sous l'empire de *Phocas* et d'*Héraclius*, alors que la cupidité et la barbarie des commandants impériaux parvint à un tel point, que, non contents de dépouiller les églises, et de voler aux habitants tout ce qu'ils possédaient, ils leur enlevèrent, pour les vendre, jusqu'à leurs femmes et à leurs enfants. Cette autorité protectrice des chefs de la religion auprès des maîtres de la terre, devint moins souvent profitable au peuple, lorsqu'eux-mêmes, plus tard, s'érigèrent en puissance temporelle.

Quant à la Sardaigne, il paraît bien certain qu'aucun pape ne put songer à y exercer les droits de souveraineté avant le pontificat de *Jean XVIII*, qui, le premier, annonça sur cette île des prétentions réelles, lorsqu'au commencement du onzième siècle il en promit l'investiture, comme fief du saint siége, à celui des princes chrétiens qui la délivrerait du joug des Infidèles. Ces prétentions, une fois établies, furent soutenues après lui par ses successeurs, et son exemple trouva des imitateurs zélés dans *Benoît VIII*, *Grégoire VII*, et *Boniface VIII*.

CHAPITRE XXIV.

Les Maures s'établissent en Sardaigne. — Un de leurs émirs prend le titre de roi. — Croisades prêchées contre le roi maure *Musat*. — Expéditions des Pisans et des Génois. — Alternatives de succès et de revers. — Bataille décisive perdue par le roi *Musat*. — Fin de la domination des Maures.

Les Maures, sentant de plus en plus le prix de la Sardaigne, dont la possession se coordonnait avec toutes leurs autres conquêtes, songèrent, vers le milieu du dixième siècle, à y fonder un établissement solide et permanent. Les circonstances leur étaient favorables. Les chefs ou princes qui commandaient dans les autres parties de l'île s'étaient insensiblement affaiblis. Ces brillants aventuriers n'eurent pas de peine à établir leur domination sur des contrées fatiguées du joug de tant de petits tyrans, qui ne savaient plus même les défendre. C'est depuis l'an 970 jusqu'à l'an 1000, qu'on les voit déployer le plus de moyens et d'efforts pour étendre leur empire dans cette île et le fonder sur des bases plus larges. Un prince maure, nommé *Moezz-Ledin-Allah*, quatrième calife fatimite d'Afrique, vint en Sardaigne, où il passa une année entière; et s'étant rendu en Égypte, dont ses lieutenants avaient fait la conquête, pour y porter le siége de son empire, il laissa dans cette île des émirs, chargés de la gouverner en son nom. Le plus entreprenant, *Musat*[1], se déclara chef suprême et prit le titre de roi. En l'an 1000, il s'empara de la ville de Cagliari malgré une vive résistance. Maître du pays, son premier soin fut d'y créer une colonie de corsaires, sur le même plan qu'ont suivi depuis avec tant de succès, pour le malheur de l'humanité, les régences barbaresques. Les vastes côtes de la Sardaigne devinrent des nids de pirates, d'où ces barbares s'élançaient pour faire main basse sur tous ceux qui osaient se hasarder en pleine mer, et portaient la désolation et le ravage dans toute la Méditerranée, et plus particulièrement sur les rives toscanes et romaines. Les Maures, instruits que les Pisans étaient engagés dans une expédition chevaleresque en Calabre, et qu'ils avaient laissé leur ville presque sans défense, partirent de Cagliari avec une division de galères, qui pénétra dans l'embouchure de l'Arno, et remonta le fleuve jusqu'au milieu de la ville, dont ils se fussent emparés sans le courage d'une femme qui fit sonner le

[1] Les écrivains latins modernes, qui ont fait de la langue de *Tite-Live* un jargon barbare, et ont estropié tous les noms, appellent ce prince maure *Musetus*. Je pense qu'il faut l'appeler *Musat*, d'après les Arabes, qui ont dû savoir un peu mieux son nom.

tocsin du palais, réveilla l'énergie de ses concitoyens effrayés, et enhardit par son exemple les milices républicaines.

Le pape *Jean XVIII*, voyant les maux que l'installation de ces pirates au milieu de la Méditerranée, leur esprit audacieux, et leur soif de pillage, allaient causer à la chrétienté, publia un bref, qui avait pour but d'inviter les puissances catholiques à délivrer l'île de Sardaigne du joug des Musulmans, et qui en promettait l'investiture à l'heureux guerrier qui accomplirait cette glorieuse entreprise. C'est le premier acte de ce genre, relativement à la Sardaigne, que l'histoire ait recueilli. Il est de l'année 1004.

Les Pisans, brûlants du désir de tirer vengeance du roi maure, vinrent mettre le siége devant Cagliari, où il s'était renfermé; mais cette expédition n'eut aucun succès. Les divisions qui régnaient entre eux et leurs voisins de la ville de Lucques, par lesquels leur propre territoire avait été insulté, les engagèrent d'ailleurs à se rembarquer promptement, pour s'occuper chez eux d'affaires plus intéressantes qu'une vaine ardeur de représailles. Le roi *Musat,* plus affermi que jamais dans la possession de la Sardaigne, put dès lors se livrer impunément à tous les excès de la tyrannie et du brigandage, et commit, au dire des annalistes de Pise, beaucoup d'horreurs, qui auraient suffi pour le rendre fort odieux, quand même il ne les eût pas portées jusqu'au point de faire mettre en croix un grand nombre de personnes, comme on le faisait croire aux chrétiens contemporains pour les animer davantage contre lui.

Les Pisans furent plus heureux dans deux autres expéditions qu'ils entreprirent contre les Maures de Sardaigne, à la tête de 18,000 hommes de débarquement. Ils parvinrent à les chasser. *Musat*, que ces revers n'avaient pas découragé, reparut de nouveau en 1016 devant Cagliari, qu'il attaqua par terre et par mer, et s'en étant encore rendu maître, il fit passer au fil de l'épée tous les Pisans qui tombèrent entre ses mains.

Le pape *Benoît VIII*, effrayé à son tour des dangers dont l'établissement des Maures en Sardaigne menaçait l'Italie entière, fit prêcher une croisade contre eux dans les états de Pise. Le cardinal d'*Ostia*, qu'il envoya aux Pisans en qualité de légat, les excita de nouveau à la guerre, et les détermina encore à tenter une expédition, qui n'eut pas moins de succès que les deux précédentes ; mais *Musat* revint à la charge, et on le voit de nouveau, en 1021, maître de la presque totalité du royaume.

Les circonstances devenant de plus en plus impérieuses, le pape *Benoît VIII* conçut l'idée d'une ligue entre les Pisans et les Génois, et ayant réussi à leur faire contracter un traité d'alliance, il parvint à réunir contre l'ennemi commun les troupes des deux républiques. La flotte la plus puissante que la rive toscane eût vue depuis long-temps s'avança vers la côte méridionale de la Sardaigne, où *Musat* ne put empêcher le débarquement de l'armée alliée, qui, grossie des chrétiens restés dans l'île, battit complétement ses troupes, et l'obligea encore une fois d'abandonner sa conquête. C'est l'an 1022 qui vit cette brillante expédition.

Les Pisans et les Génois, qui avaient été si heureusement unis quand ils marchaient au même but, se divisèrent après la victoire. La discorde s'établit entre eux pour le partage des dépouilles. La défaite des Maures, qui devait être un sujet de joie pour la Sardaigne délivrée, et de sécurité pour l'Italie entière, fut le prélude des dissensions qui allaient les ensanglanter pendant des siècles entiers, et signaler une longue série de destructions et de ravages. Les deux républiques avaient fait un traité éventuel pour le règlement de leurs intérêts, dans le cas, qui vint en effet à se réaliser, de la réussite complète de l'expédition. Les Génois devaient avoir pour leur part l'or, l'argent, les richesses de tout genre, en un mot tout le butin à faire sur un ennemi qui l'avait recueilli lui-même sur les chrétiens, et avait amoncelé en Sardaigne le fruit de ses longues rapines. Les Pisans devaient rester maîtres et souverains de l'île entière, à la condition cependant, que, chaque fois qu'elle serait attaquée par l'ennemi étranger, les Génois, leurs alliés, devraient lui fournir des secours. Avec quelque rigueur et quelque avidité que les Génois exécutassent la partie du traité qui avait pour objet l'enlèvement des trésors, ils ne tardèrent pourtant pas à s'apercevoir qu'ils avaient fait un marché de dupes. Il ne restait, il est vrai, aux Pisans que le sol dépouillé; mais ils prenaient possession d'un beau pays, dont leur habile politique saurait tirer de grands avantages. Les Génois, après avoir savouré le plaisir passager de contempler tant de richesses, voulurent se dédire du traité dont ils avaient signé les conditions, et les Pisans furent forcés de recourir aux armes pour le faire exécuter [1].

Le roi *Musat*, toujours ardent, toujours infatigable, habile à tirer parti de ces dissensions, qui lui rouvraient les portes de la Sardaigne, se présentait chaque année avec une flotte nouvelle, insultait les côtes, et par des attaques partielles fatiguait et épuisait les garnisons pisanes.

[1] Les historiens génois, pour disculper leurs ancêtres d'un trait de cupidité si impolitique, prennent le parti de nier l'existence du traité; mais comme il est incontestable qu'il a été exécuté dans sa forme et teneur, que les Génois n'ont jamais réclamé contre les droits exercés par leurs anciens alliés sur la souveraineté du pays conquis, et que leur repentir d'avoir fait un traité ridicule ne s'est manifesté que par des prétextes et des interprétations, il en résulte que c'est un fait historique bien constaté.

Le gouvernement de la république, voulant mettre fin à une lutte qui recommençait sans cesse, et abattre un ennemi acharné que rien ne pouvait lasser, résolut de porter chez lui le théâtre de la guerre, au lieu de l'attendre toujours dans l'état de défensive, ce qui donnait à ce dernier l'avantage qu'ont les assaillants, de choisir le moment et le point d'attaque. La flotte pisane parcourut la côte d'Afrique, prit Bona, détruisit un grand nombre d'établissements des Maures, et força leur roi *Musat* à demander la paix, qu'il eut le chagrin non-seulement de se voir imposer à des conditions dures, mais d'être obligé d'observer pendant un grand nombre d'années, à cause de l'anéantissement de sa marine.

Les Pisans et les Génois, que la politique, et l'avarice avaient désunis après leur premier triomphe sur l'ennemi commun, s'étaient rapprochés quand un commun danger les avait de nouveau menacés, et la médiation de l'empereur et du pape avait arrangé leurs différends, en attendant que les mêmes passions ramenassent avec la discorde les mêmes excès; ce qui ne devait pas tarder longtemps.

Ils durent se féliciter de se trouver à peu près en bonne intelligence quand le roi *Musat*, qu'ils croyaient avoir anéanti, reparut sur la scène du monde, plus redoutable que jamais. Cet intrépide

Musulman voulut terminer sa carrière par un coup d'éclat imprévu. Pendant que les maîtres de la Sardaigne jouissaient avec confiance des fruits de leur conquête et des douceurs de la paix, il était allé demander des secours aux Maures d'Espagne ; et réunissant ceux qu'il en avait obtenus à ce qui lui restait de son ancienne puissance maritime, il se présenta en Sardaigne avec une flotte formidable, surprit les garnisons pisanes, écrasa tout ce qu'on put lui opposer de troupes, et, à l'exception de Cagliari, qui se défendit et ne se rendit pas, il soumit de nouveau l'île entière.

La nouvelle de la perte de la Sardaigne fut un coup de foudre pour la république de Pise. La florissante jeunesse qui composait les garnisons sardes avait misérablement péri, la désolation était dans toutes les familles, et tout le monde était frappé de découragement en voyant échapper en un instant une possession à laquelle on avait attaché tant de prix. Mais l'exemple de la noblesse et le sentiment de l'honneur national relevèrent les esprits abattus. On se prépara avec ardeur à une nouvelle expédition. C'était une conquête à recommencer. Les pieuses exhortations du pape *Léon IX* firent considérer cette guerre nécessaire comme une croisade entreprise dans l'intérêt de la religion. Aucun sacrifice, après tant d'autres déjà faits, ne sembla coûter. Tous les feudataires de l'État donnèrent à l'envi de l'argent et des hommes. Le comte de *Mutica* et le marquis *Malaspina*, souverain de la Lunigiane, voulurent marcher en personne. La république de Gênes fournit des vaisseaux. On eut le bon esprit de confier la direction de cette guerre sacrée à un homme qui avait d'autres titres de recommandation que le nom de ses ancêtres. On choisit un plébéien, nommé *Gualduccio*, renommé pour ses talents militaires. La flotte combinée fit voile vers la côte méridionale de la Sardaigne, et *Gualduccio* opéra son débarquement sous les murs mêmes de Cagliari, en présence de l'ennemi, qui l'attendait fièrement, rangé en bataille. Le combat s'engagea sur le rivage, et le choc fut terrible. Le roi *Musat*, en personne à la tête de ses troupes, fit, malgré son grand âge, des prodiges de valeur; mais les Maures, en butte à la fois aux efforts des Pisans, aux traits lancés de la flotte, qui bordait le rivage, et aux sorties de la garnison du château de Cagliari et des habitants, furent partout culbutés et prirent la fuite. Leur roi *Musat*, atteint de deux blessures, tomba de cheval et fut fait prisonnier. On le conduisit à Pise, où il mourut dans les fers.

Ainsi périt, à plus de 80 ans, dans l'obscurité d'un cachot, un homme d'un haut caractère, d'une étonnante persévérance, qui par sa seule audace élevé au rang suprême, avait, pendant plus d'un

demi-siècle, rempli une partie de l'Europe du bruit de ses exploits et de la terreur de son nom. La captivité de ce courageux vieillard eût passé, en des temps plus doux, pour une des inutiles rigueurs de la haute politique; mais, en considérant les passions et les mœurs de l'époque, on peut louer comme un trait d'humanité, dans le gouvernement de Pise, d'avoir refusé aux zélateurs contemporains le plaisir de le voir expirer dans les supplices. Ses poëtes lauréats ne manquèrent sûrement pas de célébrer sa clémence.

La catastrophe du roi *Musat* fut le dernier coup porté à la puissance des Maures en Sardaigne. Ils l'avaient continuellement menacée, attaquée, envahie, et l'avaient à plusieurs reprises occupée ou en partie ou en totalité, pendant l'espace de 250 ans, depuis leurs premières descentes, de 800 à 807, jusqu'à la bataille décisive gagnée par les alliés en 1050. C'est seulement de cette année que date leur ruine entière dans cette île, et leur expulsion définitive.

CHAPITRE XXV.

Les Pisans donnent des fiefs aux principaux chefs et aux Génois, et se réservent la souveraineté du reste de l'île. — Ils établissent ou confirment la division en quatre principautés ou *judicats*, qu'ils donnent à régir à autant de princes ou *juges*. — De l'autorité des *juges*, et de l'origine de ce titre.

Les Pisans, rentrés dans la paisible possession de leur ancienne conquête, eurent à s'occuper sans délai du soin de dédommager et de récompenser ceux qui les avaient aidés à la reprendre, les grands seigneurs du continent qui avaient pris part à l'expédition, et surtout les Génois, qui ne se contentèrent pas cette fois de la dépouille des vaincus, et voulurent se faire payer généreusement de leurs services. Pise donna des fiefs aux principaux confédérés, et concéda aux Génois des possessions importantes à Alghero et au cap septentrional, se réservant pour elle la suzeraineté sur ces grands vassaux et la souveraineté immédiate sur le reste de l'île.

Ce fut précisément cet arrangement, conçu dans l'idée de satisfaire toutes les avidités et de conserver la bonne harmonie, qui donna lieu aux plus épouvantables dissensions. Le contact et le voisinage, dont on n'avait pas assez prévu les inévitables effets, devinrent, peu d'années après, la cause des longues guerres qui désolèrent la Sardaigne.

Nous la retrouverons assez tôt, en reprenant le fil des événements, inondée de sang et couverte de ruines, au milieu des querelles de ses cruels maîtres.

Cependant, *la Seigneurie de Pise*, après avoir assouvi autant qu'elle avait pu l'ambition et la cupidité de ces amis, qui ne devaient pas lui rester long-temps fidèles, sentit qu'il fallait bien aussi à la fin s'occuper du peuple, et que, pour conserver sa conquête et en tirer parti, il était nécessaire de lui donner une organisation politique et administrative qui eût quelque caractère de permanence. *Gualduccio* ne partagea point l'île entre les confédérés, comme l'avance M. *de Sismondi*[1]; mais il la divisa, après la donation des fiefs, en quatre provinces, celle de *Cagliari*, celle de *Gallura*, celle d'*Arborée* (*Oristano*), et celle de *Torrès* (ou de *Logudoro*). Il est même probable que le gouvernement de Pise, d'après les intentions duquel agissait *Gualduccio*, ne fit que remettre en vigueur la circonscription provinciale établie après la conquête de 1022; mais la trace de cette première

---

[1] Histoire des Républiques Italiennes du moyen âge.

institution, quoiqu'on ne puisse douter de son existence, s'est perdue dans l'agitation et les troubles de ces années tumultueuses, et ce n'est qu'à partir de 1050, qu'on voit figurer dans l'histoire du pays, avec leurs divisions territoriales et les variations de leur destinée respective, ces principautés, dont la durée sous cette forme fut, pour trois d'entre elles, de près de trois siècles, et pour une autre de près de 500 ans.

Les chefs de ces quatre provinces furent primitivement des gouverneurs que Pise leur donna, et que leur ambition, favorisée par le désordre et l'anarchie, porta bientôt à secouer le joug de l'obéissance, et à s'ériger en princes indépendants, ou du moins à se mettre en position de ne plus prêter que foi et hommage, comme grands feudataires, à la république souveraine.

Ces petits princes, dont quelques-uns contractèrent par la suite des alliances royales, prirent le titre de *juges*, déjà consacré en Sardaigne, dès les premiers temps du moyen âge, et les provinces qu'ils gouvernaient, ou plutôt sur lesquelles ils régnaient, s'appelèrent des *judicats* [1].

Le premier de ces judicats était celui de *Cagliari*. Il se composait de la presque totalité de la partie méridionale de l'île. L'avantage qu'il avait

[1] Je suis obligé de franciser le mot italien *giudicato*, celui de *judicature* ayant une autre acception dans notre langue.

d'être baigné par trois mers, à l'est, au midi et à l'ouest, de présenter au commerce un grand nombre de golfes, de ports et de rades, et de posséder l'antique capitale et la première forteresse du pays, lui assurait à tous les titres la primauté. Le judicat de *Cagliari* avait dix-sept cantons.

Le judicat d'*Arborée*, dont la capitale était *Oristano*, confinait au midi avec celui de *Cagliari*. Il était borné à l'ouest par la mer. On y comptait quinze cantons.

Le judicat de *Torrès* ou de *Logudoro*, dont la capitale était *Torrès*, maintenant *Porto-Torre*, avait pour limites, au midi celui d'*Arborée*, à l'est la *Gallura*, et la mer à l'ouest. Il se composait de vingt cantons.

On regardait comme le second judicat par rang d'institution celui de la *Gallura*, qui n'était que le quatrième par son importance. Le chef-lieu était *Ampurias*, ville aujourd'hui détruite. Confinant dans quelques-unes de ses parties avec le *Logudoro*, l'*Arborée* et l'*Ogliastra*, il était dans tout le reste de son étendue baigné par la mer. Il comprenait, outre les îles adjacentes et les intermédiaires, qui se trouvent à l'entrée du détroit de Bonifacio, dix cantons dans la Gallura proprement dite, et quatre dans la Gallura orientale.

On a beaucoup recherché l'étymologie historique du titre de *juges*, que reçurent des Pisans les chefs des quatre provinces sardes, ou plutôt que ces derniers prirent eux-mêmes, et qu'ils ne regardaient pas, ainsi que le prouvent mille circonstances de leur histoire, comme inférieur à celui de roi. Ceux qui ont été dirigés dans ces recherches par les lumières de la critique, auraient pu en trouver l'origine, sans faire des frais d'imagination pour remonter plus haut, dans les institutions et les usages des Vandales et des Goths. C'est une des traces du passage de ces peuples en Sardaigne. Leurs princes, pénétrés de ce principe que la justice émane du chef de l'État, s'honoraient par prédilection du titre qui caractérisait la possession d'une si noble prérogative. Cette idée était moins barbare que leurs noms et que leurs mœurs. On voit en effet, dans un grand nombre de diplômes du temps, qu'ils prenaient indifféremment le titre de rois ou celui de juges, et quelquefois tous les deux ensemble. Les généraux, les commandants, les comtes, les ducs, envoyés par les empereurs pour gouverner les parties de la Sardaigne qui n'étaient pas occupées par les Maures, et ceux d'entre les nationaux qui, dans quelques coins de leur île, avaient pu s'emparer de l'autorité, s'étaient parés de ce titre depuis long-temps vénéré [1].

---

[1] Il pourrait bien se faire aussi que les premiers commissaires envoyés par l'empereur eussent reçu du maître lui-même le titre et la qualité de juge dans le sens absolu. *Charlemagne* et ses successeurs expédiaient souvent

Les légats envoyés en 865, au rapport du bibliothécaire *Anastase*; par le pape *Nicolas I*er, pour réformer les abus introduits dans les mœurs et dans les pratiques de la religion, étaient adressés aux *juges du pays*. Il ne s'agissait sûrement pas des juges subalternes qui jugeaient les procès, mais bien des chefs politiques. Les Pisans, ayant trouvé cette qualification passée en habitude chez les Sardes, à l'époque de leur organisation de 1022, la donnèrent ou la laissèrent prendre aux gouverneurs de provinces institués par eux, et la confirmèrent à leurs successeurs, lorsque, vingt-huit ans plus tard, ils reprirent possession de la Sardaigne, et rétablirent leur ancienne division territoriale. C'étiat le titre qu'ils leur donnaient.

dans les provinces où il éclatait une révolte, des comtes d'empire qui réunissaient à l'autorité du général des fonctions judiciaires. Leur manière de procéder en pareil cas avait de l'analogie avec l'institution prévôtale de nos temps modernes. C'est ainsi que *Charlemagne*, pour faire exécuter les mesures plus que sévères que prescrivait contre les Saxons rebelles le capitulaire *de partibus Sassoniæ*, envoya sur les lieux le comte-juge *Trauttmann*.

CHAPITRE XXVI.

Que la division en quatre principautés et l'organisation régulière ne sont pas antérieures à l'établissement des Pisans. — Que les dynasties et maisons régnantes dont on veut faire précéder les juges pisans sont purement imaginaires. — Qu'il n'y a jamais eu de roi du nom de *Béranger*, qui ait régné spécialement sur la Sardaigne et la Corse réunies.

Une des faiblesses de la vanité nationale dans les historiens sardes est de vouloir faire remonter la division de leur île en quatre petits royaumes, et l'existence de chefs ou princes indépendants, bien plus haut que la conquête de 1050, et même que celle de 1022. Il faut qu'ils aient attaché à ce fait prétendu beaucoup d'importance et de gloire, pour chercher à l'établir malgré l'évidence et le sens commun. Mais comme plusieurs d'entre eux avaient rêvé des dynasties antédiluviennes, on ne doit pas s'étonner que d'autres aient cru découvrir, au milieu des ténèbres du moyen âge, d'illustres potentats, qui n'ont jamais existé que dans leur imagination.

Quelques-uns, expliquant le titre de *tétrarques*, qui fut donné, dès les premiers temps de l'empire romain, aux gouverneurs de certaines provinces éloignées, comme la Judée, prétendent que le système des Romains étant de diviser ces provinces en quatre parties égales, ce qui n'est nullement prouvé, c'était le titre qu'ils donnaient aux gouverneurs de chacune de ces quatre parties, et par conséquent aux chefs des provinces sardes. Ils soutiennent même que ce titre avait survécu à l'empire, et s'était conservé jusqu'au milieu du douzième siècle, quoiqu'on ne le retrouve dans aucun écrit contemporain. Ils ne citent en effet d'autre autorité qu'une expression de la lettre adressée, en 1150, à *Januarius* ou *Gonarius*, juge de Torrès, par *saint Bernard*, pour l'engager à abdiquer et à venir se faire moine à Clairvaux ; lettre dans laquelle il l'appelle *dominus tetrarchalis*, ce qui ne voulait dire autre chose, dans ce mauvais latin, que seigneur, prince, ou chef suprême, et ne constitue nullement en faveur du juge *Gonarius* la qualité de *tétrarque* effectif.

L'historien *Gazano* a fait une bien plus belle découverte. Il a trouvé dans la poussière des archives, un diplôme, daté de l'an 900, où un certain *Berlingerius* s'intitule *roi, par la grâce de Dieu, souverain de la Sardaigne et de la Corse*[1]. Il en conclut, sans plus d'examen, qu'en 900 la Sardaigne et la Corse réunies formaient un état consi-

---

[1] *Ego Berlingerius, rex Dei gratiá, et dominus de Sardiniá et Corsicá.*

dérable, puisqu'elles avaient un roi particulier. Les historiens compatriotes, fiers apparemment de compter un roi de Sardaigne à la fin du neuvième siècle, ont adopté cette version, sans prendre la peine de chercher s'il y avait quelques traces de l'existence de ce prétendu *Berlingerius*, où était sa résidence, quels avaient été ses moyens d'élévation au trône, et quel rôle enfin il a pu jouer. C'est qu'effectivement ils eussent fait de vaines recherches. Le savant *Muratori*, dont la vaste érudition et les immenses travaux méritent toute confiance, déclare qu'il n'a pu découvrir nulle part le roi sarde *Berlingerius*. Ces écrivains étaient trop préoccupés pour s'apercevoir que *Berlingerius* ou *Berangarius*, ce qui est le même nom dans les diplômes du temps, n'était autre que le fameux *Béranger*, qui fut élu roi d'Italie en 888, et qui, couronné empereur en 916, mourut en l'année 924. Depuis que la Sardaigne s'était donnée spontanément, en 815, à l'empereur *Louis-le-Débonnaire*, cette île et la Corse étaient incorporées à l'empire d'Occident, comme annexes du royaume d'Italie, qui en faisait une des parties principales. Les empereurs s'intitulaient aussi rois d'Italie, quand toutes les parties de l'empire étaient réunies sous leurs lois. Lorsque les rois d'Italie n'étaient pas empereurs, et que cette partie en était détachée, ils réduisaient souvent le protocole de leurs titres à celui de *roi*, se contentant de rappeler, dans les édits et ordonnances qu'ils rendaient, leurs droits de souveraineté sur les pays de leur dépendance que concernaient ces ordonnances et ces édits. C'est ce qu'on voit dans un grand nombre de diplômes du temps, et notamment dans celui dont il est question : *Nous, Béranger, Roi par la grâce de Dieu, souverain de la Sardaigne et de la Corse.*

Pendant que *Gazano* était à la recherche des rois, il n'était pas homme à s'arrêter en si beau chemin. A peine a-t-il créé et mis au monde le roi *Berlingerius*, qu'une vieille charte lui en révèle un autre, nommé *Simone*, qui régnait sur la Corse en 930. La vieille charte ne parle, il est vrai, que de la Corse; mais il en conclut que puisque *Simone* y était maître absolu, son empire devait s'étendre plus loin, et partant de ce raisonnement, il le couronne, de son autorité privée, roi de Sardaigne. Le roi *Simone* et le roi *Berlingerius* sont évidemment de la même fabrique.

Nous n'en serons pas quittes encore pour ces deux majestés imaginaires. Il se trouvera d'autres vieux diplômes à exploiter. On en a déterré deux en effet dans les annales des Camaldules, l'un du 24 février 1019, où un certain *Guillaume*, marquis de Massa et comte de Caprara, s'intitule roi et juge de Cagliari, et un autre de 1021, où les mêmes titres sont donnés à un prince *Hugues*. On en a tiré cette conséquence, que l'institution des juges, vice-rois ou rois, était antérieure au premier établissement des Pisans, qui ne date que de 1022. Il est difficile de concevoir comment il aurait pu exister en Sardaigne des princes indépendants ou des rois pendant l'occupation des Maures, et précisément à l'époque où *Musat* était parvenu au plus haut degré de sa puissance. En supposant que les deux juges, *Guillaume* et *Hugues*, aient été détrônés par le conquérant sarrasin, et que ces actes de la royauté aient émané d'eux dans l'exil, il est vraisemblable qu'après l'expulsion des Maures, ils eussent demandé aux Pisans, qui servaient la même cause et le même dieu, d'être rétablis dans leur autorité légitime, ou qu'ils auraient du moins réclamé, soit leurs biens allodiaux, soit une indemnité. Or, on ne trouve dans les annalistes de Pise, qui sont entrés en beaucoup de détails sur les événements de cette époque, aucune trace d'aucune démarche de ce genre. Un peu d'attention et de bonne foi eût mené facilement à la solution de cette difficulté. Tout s'explique par la confusion des chiffres dans la date des deux diplômes. Si on substitue un *deux* au *zéro*, qui s'y est introduit peut-être par erreur de copie, on trouvera effectivement, en 1219, *Guillaume*, marquis de *Massa* et comte de *Caprara*, juge de Cagliari, et en 1221, *Pierre*, son gendre, qu'on croit avoir aussi porté le nom de *Hugues*, y exerçant la même autorité. Voilà bien des suppositions et des conjectures détruites par le rétablissement d'une date, qui ne présente qu'une légère différence de deux cents ans.

Il y aurait tant d'erreurs à relever dans les écrivains qui ont parlé de la Sardaigne, si on ne voulait faire grâce à aucune, qu'il faut bien se résigner à ne pas trop regarder avec eux à quelques siècles de plus ou de moins.

CHAPITRE XXVII.

Les premiers juges étaient des nobles pisans. — Ils prennent rang parmi les princes souverains. — Du système de succession dans les maisons régnantes des juges. — De la forme de gouvernement. — Le mode de l'élection populaire plusieurs fois pratiqué. — De la durée des judicats.

Après avoir démontré que la division de la Sardaigne en quatre judicats et l'établissement des juges ne datent pas d'une époque antérieure à celle des Pisans, il ne reste plus qu'à rechercher quels étaient les premiers juges qui furent nommés par eux; s'ils étaient Sardes ou Pisans, et à quelles familles ils appartenaient.

La Sardaigne avait été trop long-temps opprimée sous le joug des Maures, pour qu'en sortant des fers d'une longue et dégradante servitude, elle pût offrir à des guerriers, ses libérateurs moins que ses conquérants, des hommes en état, par leurs talents ou leur énergie, de la gouverner dans l'intérêt de leur ambition et de leur politique. Les Pisans d'ailleurs en auraient trouvé, qu'ils n'en auraient pas voulu. Aussi fixèrent-ils leur choix sur quatre nobles, leurs compatriotes, déjà illustrés par leurs services et par leur rang. Le fait est indubitable; mais en même temps, ce qui paraît incompréhensible, c'est que les annales de cette époque ne fournissent aucune donnée certaine sur le nom de famille, non-seulement des premiers juges qui furent établis en 1022, et du gouvernement desquels on ne trouve nulle trace quelconque, mais même de ceux dont l'institution fut le premier résultat de la restauration de 1050.

A peine les juges furent-ils entrés dans l'exercice de leur autorité, que, renonçant à l'usage de leur nom de famille, désormais au-dessous de leur nouvelle dignité, quelque honorable d'ailleurs qu'il pût être, et comme pour embrouiller à plaisir les fastes contemporains, ils ne gardèrent que leur prénom, en y joignant le nom de l'état ou de la province qui leur obéissait, à l'instar des princes souverains. Tout ce qu'on sait, c'est que le premier juge de Cagliari dont il soit fait mention après l'année 1050, puisqu'on n'en connaît aucun antérieurement, s'appelait *Torquitore* ou *Torgodore;* celui d'Arborée, *Mariano;* celui de Logudoro ou Torre, *Gonario* ou *Comida;* celui de Gallura *Constantino,* d'autres disent *Manfredi.*

Parmi les familles pisanes qui fournirent à la Sardaigne ses premiers juges, quelques annalistes désignent les *Visconti,* les *Uberti,* les *Zardi,* etc.[1];

[1] L'auteur de l'Histoire des républiques italiennes du moyen âge y joint les *Gherardesca,* ainsi que les *Sismondi,* dont il s'honore de porter le nom;

mais il n'y a dans ces conjectures, qui ne reposent sur rien, que du vague et de l'arbitraire. Les notions qu'on a sur cette partie de l'histoire sarde sont généralement si confuses et si obscures, qu'on ne sait même pas si les princes-juges nommés en 1050 étaient les mêmes que Pise avait établis en 1022, ou si de nouvelles circonstances personnelles ne donnèrent pas lieu à des nominations nouvelles.

Quoi qu'il en soit, les juges sardes ne tardèrent pas à prendre rang parmi les princes souverains, et ils étaient reconnus en cette qualité dans les relations qu'eurent avec eux les autres princes européens. On en voit un exemple, parmi beaucoup d'autres, dans la lettre qu'écrivit, en 1073,

---

mais il y a évidemment ici erreur ou anachronisme. Les *Gherardesca* ne commencèrent à jouer un rôle actif dans l'histoire du judicat de Cagliari que vers 1270, époque où les Pisans l'ayant démembré, leur en donnèrent le tiers. Quant aux *Sismondi*, ils n'eurent jamais qu'un domaine inféodé dans le district de l'*Ogliastra*, que M. *de Sismondi* nomme à tort l'*Oleastro*. Je me permettrai, puisque l'occasion s'en présente, de faire remarquer à ce savant historien qu'il a écrit avec inattention quelques noms de lieux de l'île de Sardaigne. Il fait une ville d'*Arborée*, qui n'est point un nom de ville, car il n'y en a jamais eu de ce nom; c'est celui de la principauté dont le chef-lieu était *Oristano*, qu'il appelle *Oriteto*. Il fait de l'île *Molara*, la *Meloria*, et cite deux villes, *Acqua-Fredda* et *Giojosa-Guardia*, qu'on ne trouve nulle part. *Alghero* est chez lui *Algarie*, et le château de *Cagliari*, que les Espagnols appelaient *Castro*, est transformé en une ville qu'il distingue, sous ce nom, de la capitale elle-même. Ce sont des taches, mais qui ne sont pas assez multipliées pour déparer une vaste composition historique, pleine d'érudition et d'intérêt; et il ne faut que les indiquer à l'auteur, pour qu'elles disparaissent dans les éditions subséquentes de son grand et utile ouvrage.

le pape *Grégoire VII* aux quatre juges de Sardaigne, qu'il désigne ainsi : *Orzocco de Cagliari, Orzocco d'Arborée, Mariano de Torri,* et *Constantino de Gallura,* pour les prier de conserver au saint siége l'attachement qu'ils lui avaient toujours montré, eux et leurs illustres ancêtres.

Dans les temps postérieurs, les princes sardes, notamment ceux d'Arborée, traités sur le pied de l'égalité par les maisons souveraines du continent, s'unirent à elles par les liens du sang, et figurèrent avec distinction sur la scène du monde ; mais leur origine véritable se perd dans les plus épaisses ténèbres.

Cette même obscurité s'étend sur ce qui regarde le système d'hérédité et le mode de succession des judicats de la Sardaigne. Il ne paraît pas qu'il y ait jamais eu, dans aucune de ces petites monarchies, aucun ordre de succession établi par des règles fixes et permanentes. Souvent les alliances, la conquête, l'usurpation, la prépotence de la métropole, l'intervertirent. Ordinairement néanmoins, les fils succédaient à leurs pères, mais c'était plutôt par l'effet de la marche naturelle de choses, que par l'empire d'une législation qui eût fondé la successibilité au trône sur le principe de la primogéniture en ligne directe. Plus d'une fois les princes-juges régnants disposèrent du pouvoir par testament, et désignèrent arbitrairement leurs successeurs, sans paraître s'astreindre à aucune règle préexistante. Le mode suivant lequel la succession était transmise, particulièrement dans le judicat d'Arborée, se rapproche beaucoup de ce qui se pratique aujourd'hui dans la régence de Tunis. Après la mort du prince, le pouvoir, sans sortir de sa famille, appartenait à celui de ses parents qu'il avait désigné pour son successeur, ou, quand il ne l'avait pas fait, au plus entreprenant d'entre eux, quelquefois aussi à celui que le peuple d'Oristano aimait le plus ou jugeait le plus capable, et à l'élévation duquel il procédait alors par la voie de l'élection. Les femmes, en pareil cas, n'étaient pas condamnées à l'exclusion, et il y en eut qui exercèrent l'autorité souveraine.

Dans ces temps de désordre, d'ignorance et d'anarchie, aucune mesure de prévoyance n'avait fixé les droits respectifs du prince et du peuple, ni les limites de l'autorité. Les juges, dans la dépendance où ils étaient, tantôt de la république de Pise, tantôt de la république de Gênes, qui les élevaient ou les renversaient à volonté, agents ou victimes des partis sanguinaires qui déchiraient alors l'Italie et par conséquent la Sardaigne, usaient de leur autorité suivant les nécessités du moment et la direction de leur caractère. On doit bien penser qu'un pouvoir si précaire se faisait de lui-même, quand il pouvait se servir de ses propres forces, pouvoir monarchique absolu. On voit cependant à plusieurs époques l'autorité des juges tempérée par l'intervention de l'aristocratie locale, et même quelquefois par des formes démocratiques, telles que l'élection populaire.

On trouve dans l'histoire particulière du judicat d'Arborée un exemple remarquable d'une espèce d'appel au peuple, en une circonstance qui intéressait la chose publique. C'est *Hugues IV d'Arborée*, qui fait assembler le peuple d'Oristano sous les fenêtres de son palais, pour lui faire rendre compte de la conduite d'un allié perfide dont il avait à se plaindre, et le rendre juge entre le *duc d'Anjou* et lui.

Quant à l'élection populaire, il n'y a aucun doute qu'elle n'ait eu lieu plusieurs fois dans chacun des quatre judicats. Les annales du temps en offrent plusieurs exemples.

On lit dans les *condaghe*[1] de diverses églises de la province de Torrès, et notamment dans celui de San Gavino, qu'à diverses époques des juges furent élus par le peuple.

[1] Ces *condaghe*, *codaghe* ou *codaghès*, car on écrit ces trois noms, étaient des espèces de registres manuscrits où se trouvaient relatés, en forme d'annales, tous les événements qui avaient rapport à la fondation, à la consécration et à l'histoire des églises auxquelles ils appartenaient. On en a conservé plusieurs dans la province de Logudoro, écrits en dialecte sarde de la province. Ce sont des monuments assez précieux, et auxquels on aurait pu recourir avec fruit, s'ils avaient été consultés avec un peu de discernement et de critique, double qualité qui a manqué à presque tous les écrivains sardes. Sans ces précautions, ils ne sont propres qu'à induire en erreur, étant remplis de fables, de contradictions et d'anachronismes.

Benedetta, fille de *Guillaume*, écrit au pape *Honoré III*, qu'elle vient d'être élevée, par la voie de l'élection, au rang de princesse-juge de Cagliari. Elle lui demande dans cette lettre, une dispense pour épouser son parent *Pierre*, gentilhomme, fils d'un autre *Pierre*, juge d'Arborée.

La princesse *Eléonore d'Arborée*, celle qui fut la législatrice de la Sardaigne, et à qui cette île doit les codes de lois qui ont immortalisé son nom dans le pays, et qui la régissent encore aujourd'hui, fut elle-même, après la mort de son frère, revêtue de l'autorité souveraine par les suffrages du peuple.

L'histoire du judicat d'Arborée fait mention de deux autres élections populaires, celle de *Guillaume III*, vicomte de *Narbonne-Lara*, après la mort de *Mariano V*, fils d'*Eléonore*, et celle de *Léonard Cubello d'Alagon*.

Quoi qu'il en soit, et quel qu'ait été, d'après les variations des circonstances et de l'esprit du temps, le mode de transmission de l'autorité dans les quatre maisons régnantes en Sardaigne, il paraît qu'elle s'est conservée dans les mêmes familles pendant un assez long espace de temps, et notamment dans celle d'Arborée, qu'on retrouve toujours puissante, et exerçant sur le reste de l'île une influence assez étendue, jusqu'au moment où les Arragonais firent disparaître les anciennes limites politiques des quatre judicats, et réunirent tout sous leurs lois.

La maison d'Arborée, particulièrement, acquit, par ses alliances et par la considération dont elle jouissait, une haute illustration. Un des princes de cette maison, *Barisone*, prit le titre de *Roi de Sardaigne*, qu'il avait reçu de l'empereur. Il est vrai qu'il n'en exerça jamais l'autorité, et qu'il mourut monarque *in partibus*.

La dynastie de Logudoro eut aussi un prétendu roi de Sardaigne, *Enzius*, bâtard de l'empereur *Frédéric II*, et mari de l'héritière légitime, *Adelasia*, que son père fit couronner, mais qui ne fut pas plus heureux que *Barisone*, et mourut en prison.

Le judicat de Cagliari dura dans son intégrité, avec une série non interrompue de treize juges, depuis 1050 jusqu'à 1270, époque où les Pisans le divisèrent en trois parties, auxquelles ils donnèrent des chefs particuliers.

Le second judicat, celui de Gallura, n'eut que quatorze princes effectifs, et finit d'exister comme état distinct, vers la fin du treizième siècle. Les juges postérieurs à cette époque ne portèrent qu'un vain titre, et ne résidèrent même pas dans leur principauté, divisée en plusieurs fiefs. La durée de ce judicat ne fut que de deux cent cinquante ans environ.

Celui d'Arborée, qui a joué le plus grand rôle historique, a compté vingt-sept juges ou princes souverains, jusqu'à l'époque où il fut déchu de ses droits d'état indépendant, et où, réduit à de plus étroites proportions, il devint, en 1428, marquisat d'Oristano.

Le judicat de Torrès ou Logudoro, est celui de tous qui eut la moins longue existence. On ne lui connaît que douze princes authentiques, et sa durée, sous cette forme primitive, ne fut que de deux cent quarante ans. Les Génois, qui, de bonne heure, s'étaient établis en force dans cette province, en avaient fait, pendant le cours de leurs longues guerres avec les Pisans, leur place d'armes en Sardaigne. Le Logudoro devint la proie des grandes familles Génoises, des *Doria*, des *Malaspina*, qui se le partagèrent et en firent le champ de bataille de leurs discordes et le théâtre de leurs exploits, de leurs crimes et de leur cupidité.

L'histoire particulière de chacun des quatre judicats de la Sardaigne, se mêlant sans cesse, durant le cours des événements, à l'histoire générale du pays, j'indiquerai les faits les plus importants, à mesure qu'ils se présenteront par ordre chronologique, dans le précis rapide que je vais donner des dissensions de Gênes et de Pise, des guerres que se firent entre eux les princes sardes, ou qu'ils soutinrent contre les ennemis du dehors, et des excès de tout genre produits par l'ambition et l'avidité, par les prétentions du saint siège et des empereurs, par le mépris de l'humanité qui signala cette époque désastreuse, et par la rage frénétique de l'esprit de parti, qui avait mis l'Europe en feu.

CHAPITRE XXVIII.

Guerres de voisinage et de rivalité entre les républiques de Pise et de Gênes. — L'esprit de parti les prolonge. — Les divisions des Guelfes et des Gibelins les rendent plus cruelles et plus opiniâtres. — Les juges de Sardaigne se font la guerre entre eux, et prennent les armes, tantôt contre les Pisans, tantôt contre les Génois. — Ces deux peuples choisissent la Sardaigne pour le principal théâtre de leurs guerres. — Paix éphémères. — Dispositions hostiles permanentes. — Événements de 1050 à 1150.

L'organisation politique de la Sardaigne, opérée par *Gualduccio*, général en chef de l'armée alliée, ne fut complétement achevée qu'en 1052. La république de Pise entra en possession de sa brillante conquête, et les quatre princes, ses grands feudataires, ainsi que ses alliés les Génois et les chefs de l'expédition, noblement récompensés par elle, jouirent avec reconnaissance et avec joie du fruit de leurs travaux et de sa munificence. Cette harmonie et cette bonne intelligence des libérateurs ne furent pas sérieusement troublées pendant l'espace de douze à quinze ans. Mais les malheureux Sardes virent arriver trop promptement le terme de ce court moment de repos. Ce fut en 1066 que parut la première étincelle du vaste incendie qui dévora leur patrie pendant près de trois siècles. Des querelles de voisinage éclatèrent, et pendant ce long espace de temps, à quelques intervalles près, les fureurs des partis, les prétentions des papes et des empereurs, et les interminables guerres des Guelfes et des Gibelins firent couler le sang à grands flots, et couvrirent la Sardaigne de destructions et de ruines. L'art de la guerre consistait alors à se faire tout le mal qu'on pouvait inventer, et à se défaire, par tous les moyens, du plus grand nombre possible de ses ennemis. Les plus usités de ces moyens étaient d'égorger les prisonniers, de brûler les moissons et les villages, de massacrer les habitants désarmés, sans distinction d'âge ni de sexe, de briser la tête des enfants contre la pierre. On remplirait des volumes s'il fallait rapporter tous les traits de rage et de stupide férocité qui signalèrent cette époque désastreuse. Ce serait se condamner à faire le relevé d'un registre de boucherie.

On peut se figurer quelle fut la déplorable condition du peuple, pendant qu'il se faisait égorger pour les vanités et l'ambition de ses maîtres. Son triste sort n'a pas touché les auteurs des chroniques du temps, parmi lesquels il est pourtant des prélats, et il ne leur arrache pas même l'expression d'un sentiment de pitié. Rien ne caractérise mieux l'esprit de ce siècle.

Pendant la longue durée de ces sanglantes divisions, les princes-juges prirent parti tantôt pour les uns, tantôt pour les autres, suivant qu'ils étaient dirigés par leur opinion personnelle, ou entraînés par les circonstances, ou poussés soit par la crainte soit par l'espoir. Les liens réciproques de la métropole et des feudataires furent mille fois rompus. Il y avait peu de temps que ces petits princes avaient été imposés aux Sardes, et déjà ils avaient oublié leur origine, et Pise n'était plus la patrie commune. Il ne pouvait, en effet, s'offrir à eux d'occasion plus belle de satisfaire leurs passions et de secouer le joug de la dépendance.

Les juges des quatre provinces sardes ne cessèrent, pendant que tout était en armes dans l'Allemagne, dans l'Italie et dans leur île, pour les Guelfes et pour les Gibelins, de se faire entre eux une guerre acharnée, et de chercher à renverser l'autorité de la métropole, quand les circonstances et leurs engagements politiques ou religieux les avaient rangés sous les bannières d'un parti différent. On sait que la faction Guelfe était favorable au pape, et que les Gibelins étaient partisans de l'empereur. Ces querelles de parti avaient établi des divisions dans les villes, dans les campagnes, dans toutes les classes de la société, dans l'intérieur même des familles. Nous avons vu, en des temps qui ne sont point encore éloignés de nous, de funestes exemples de ces aberrations de l'esprit humain, qu'autrefois nous aurions révoquées en doute. Les partis armés ne mettaient fin à leurs excès que quand l'un des deux avait écrasé l'autre, pour recommencer ailleurs, et quelquefois avec des chances contraires. Notre expérience nous a encore appris comment les choses se passent en pareille occasion. Quand le parti Guelfe triomphait dans une province ou dans une ville, les Gibelins en étaient immédiatement expulsés. Il en était de même dans le cas opposé. Les exilés s'appelaient *fuorusciti*, émigrés ou bannis. Le premier soin de ces proscrits était de se réunir à ceux de leur parti, soit dans les contrées qu'ils avaient choisies pour leur lieu d'exil, soit dans celles où ils étaient encore les maîtres, et de là, réunis, ils allaient attaquer à main armée leur propre patrie, qui les avait chassés. Quand un des princes-juges de Sardaigne appartenait au parti Guelfe, ou qu'il croyait avoir à se plaindre des Pisans, toujours ardents Gibelins, il s'alliait avec les Génois, qui, en leur qualité de Guelfes prononcés, accueillaient avec transport tous ceux qui leur paraissaient disposés à faire la guerre aux Pisans, devenus leurs mortels ennemis à double titre, comme Gibelins et comme leurs rivaux.

Le second juge de la dynastie de Cagliari, *Orzocco*, qui régna jusqu'en 1082 à peu près, se trouva un moment, par les instigations et avec les secours des Génois, assez fort pour expulser les Pisans. Ceux-ci, quelques années après, parvinrent à chasser à leur tour les Génois, leurs ennemis, du judicat de Cagliari. Le juge *Turpino*, qui régnait en 1104, quoique tout-à-fait indépendant de la métropole suzeraine, vivait cependant en bonne intelligence avec elle. Il existe un document de cette année, où l'on voit qu'il fit des présents, parmi lesquels se trouvait une assez grande quantité de sel, au peuple de Pise, *son cher ami*. *Turpino* joignit sa petite marine à celle de la république, pour l'aider dans une expédition contre les Maures des îles Baléares.

Cette heureuse harmonie ne dura pas long-temps. Le juge *Mariano*, successeur et probablement fils de *Turpino*, gagné par les Génois, se brouilla avec les Pisans, qui en 1112 vinrent attaquer Cagliari et réussirent à s'en emparer. Les Génois fournirent vingt-deux galères à *Mariano*, qui rentra bientôt triomphant dans sa capitale. Les Génois, qui se faisaient tout payer, quelque peu que ce fût, firent signer au prince rétabli par eux l'obligation de leur compter chaque année une livre d'or. Mais c'était moins le prix de leurs services, qu'une redevance féodale et un acte de vasselage.

Une circonstance particulière, qui appartient à cette époque de l'histoire sarde, vint accroître, l'animosité de la lutte des partis, et augmenter les déchirements qui résultaient de tant de haines et de rivalités nationales. Le pape *Gélase II*, persécuté par *Henri V*, et forcé de quitter Rome pour se réfugier en France, où un asile lui était offert, fit quelque séjour à Pise. Touché du bon accueil que lui avait fait la république, le pontife romain voulut, par un acte dépendant de son autorité spirituelle, lui en témoigner sa reconnaissance. La question de savoir de quelle église seraient suffragants les évêques de Corse était depuis long-temps en litige. Il les déclara suffragants de l'église métropolitaine de Pise. Cette décision fut un sujet de joie pour les Pisans et de jalousie pour les Génois. La guerre recommença immédiatement, et avec plus de fureur que jamais, entre les deux républiques. Les Génois armèrent une escadre de quatre-vingts galères et autres petits bâtiments, chargés de troupes de débarquemement, et firent contre Cagliari une expédition couronnée de succès. Il s'ensuivit une trêve, que, peu de temps après, les Pisans rompirent les premiers. Les hostilités, et l'on sait de quelle nature elles étaient alors, durèrent cette fois quatorze ans sans interruption. La paix ne fut rétablie qu'en 1133, par la médiation du pape *Innocent II*, qui, pendant le cours des persécutions dirigées contre lui par l'antipape *Anaclet*, ayant reçu des secours de l'une et l'autre république, eut à cœur de mettre un terme aux dissensions qui les divisaient, et de les réconcilier. Il y réussit momentanément par l'effet d'un arrangement dont il était, plus que personne, à portée de fournir les bases. Comme la nouvelle dignité accordée par le pape *Gélase* à l'archevêque de Pise avait été une des principales causes, ou du moins un des prétextes apparents de la guerre, *Innocent II*, par forme de transaction, et dans la vue d'ôter aux Génois un motif de jalousie, éleva au rang d'archevêché l'église de Gênes, désormais soustraite au métropolitain de Milan, et lui soumit une partie des évêchés de l'île de Corse, laissant l'autre partie et tous ceux de la Sardaigne à l'église de Pise.

Il y avait trop de venin dans les cœurs de ces farouches rivaux, pour que la paix, qui était l'ouvrage du pape *Innocent II*, fût de longue durée. Les traités ne tardèrent pas à être encore déchirés, et de toutes parts on reprit les armes. On trouve dans les chroniques du temps une nouvelle convention entre les Pisans et les Génois, qui prouve que de nouvelles guerres avaient éclaté, et qu'on n'avait pas la volonté bien déterminée d'y mettre un terme. Les Génois promettent, par cette convention, de ne plus attaquer les Pisans dans aucun pays de leur domination; mais ils en exceptent expressément l'île de Sardaigne, pour laquelle ils ne s'engagent à rien envers les Pisans, se réservant de *leur nuire dans ce pays, s'ils le trouvent bon* [1]. La république de Gênes, dans ses éternels démêlés avec celle de Pise, avait choisi cette île, comme on voit, pour son champ de bataille de prédilection. C'est dans ces dispositions d'esprit de part et d'autre que Gênes et Pise atteignirent le milieu du douzième siècle.

[1] Hæc omnia observabimus, excepto de Sardiniâ, de quâ Pisanis nullo modo hoc sacramento tenebimur, quin nos possimus adjuvare et eis nocere, si voluerimus. 15 maii 1150.

CHAPITRE XXIX.

Le saint siége, en vertu des donations des empereurs, annonce ses prétentions à la souveraineté de la Sardaigne. — Il en donne l'investiture féodale. — L'empereur *Frédéric Barberousse* refuse de reconnaître ce prétendu droit des papes, et veut lui-même faire rentrer l'île sous la domination impériale. — Il vend pour de l'argent le titre de roi de Sardaigne à *Barisone*, juge d'Arborée. — Il oublie son marché, et vend la Sardaigne une autre fois. — Intrigues et guerres auxquelles ces événements donnent lieu. — *Barisone* ne peut réussir à prendre possession de ses états. — Les Génois, ses protecteurs et ses créanciers, le gardent pendant huit ans prisonnier pour dettes. — De 1150 à 1174.

Les papes, qui auraient dû, comme chefs de la religion, s'efforcer d'arrêter l'effusion du sang humain, et qui pouvaient être les conciliateurs naturels de ces longs et tristes débats, ne faisaient plus que les aigrir et les envenimer, depuis qu'ils y intervenaient comme princes temporels, et que l'ambition et les prétentions exagérées du saint siége avaient armé pour sa cause et pour ses intérêts un parti dont il était l'ame, et qui ne se battait pas avec moins de fureur que celui qui lui était opposé. La politique de la cour de Rome avait en effet compliqué toutes les questions, et c'est pour elle et par elle que tous les maux avaient fondu sur la partie la plus civilisée de l'Europe. C'était la querelle des investitures qui avait mis les armes aux mains du parti des Guelfes, et ensanglanté l'Italie et ses dépendances. L'île de Sardaigne faisait partie des pays dont la cour de Rome soutenait que la concession lui avait été faite par les donations des empereurs. Elle s'appuyait de ces donations fictives, dont l'existence n'a jamais été prouvée, pour prétendre à l'exercice du droit de souveraineté sur cette île, et du droit, qui en était la conséquence, d'en donner l'investiture à qui bon lui semblerait. Cette prétention à la souveraineté réelle, qui ne pouvait être mise en avant sans ridicule, et qui ne le fut point en effet, comme je l'ai montré, tant que le saint siége n'eut qu'une existence dépendante et précaire, fut hardiment manifestée lorsqu'il eut acquis la consistance politique qui jusqu'alors lui avait manqué. Le premier acte ostensible de ce genre remonte à l'année 1004 et au pontificat de *Jean XVIII*, qui, dans la bulle où il invitait les puissances chrétiennes à s'armer contre les Maures, conquérants et maîtres de la Sardaigne, promettait à ses libérateurs de leur en donner l'investiture, comme fief du saint siége. *Benoît VIII* fit valoir les mêmes motifs, et renouvela les mêmes promesses, par l'organe de son légat, l'évêque d'Ostia, lorsqu'en 1020 il excita les Pisans à entreprendre sur la Sardaigne l'expédition qui fut couronnée de tant de succès. La république de Pise reconnut sans difficulté cette prétention, dont elle ne discuta point les titres, et qui, en cas de succès, ne devait lui coûter qu'un vain hommage. Sa condescendance en fit dès ce moment, pour Rome, un droit acquis, alternativement reconnu ou contesté par la suite, selon les circonstances et les localités, de ceux sur lesquels il voulait s'exercer, et suivant les opinions de parti auxquelles ils appartenaient. Quant à la cour de Rome, elle se conduisit désormais d'après ce principe, et le suivit imperturbablement sans jamais en dévier d'une ligne. Elle distribuait en conséquence les investitures partielles des divers états de la Sardaigne, tantôt aux Pisans, tantôt aux Génois, tantôt aux juges, selon qu'elle y avait plus ou moins d'intérêt, ou qu'elle avait l'espoir de consolider son droit prétendu et de grossir les revenus qu'elle en tirait.

L'empereur *Frédéric Barberousse*, qui était tourmenté du désir de reconquérir les anciennes limites de l'empire romain, avait réussi à soumettre l'Italie entière au joug impérial; mais il n'avait point encore rétabli sa domination sur la Sardaigne. Il déclara en 1158, sous le pontificat d'*Adrien IV*, par qui pourtant il s'était fait couronner dans Saint-Pierre, qu'il ne reconnaissait point les donations attribuées à ses prédécesseurs, ni par conséquent les droits de souveraineté du saint siége sur cette île; et, pour prouver que telle était sa ferme résolution, il y envoya des commissaires pour percevoir les contributions, qu'il disait lui être dues en qualité de souverain légitime. Gênes ayant hasardé de faire quelques difficultés, l'empereur, pour première leçon, lui fit payer une amende de mille marcs d'argent. Les Pisans et les Génois n'eurent rien à répliquer, pour leur compte, à un prince si tranchant et qui parlait si haut. Le pape *Adrien* envoya deux légats à l'empereur pour réclamer de lui un argent qui, disait-il, ne lui appartenait pas. Mais *Frédéric* n'était pas un homme de qui on pût obtenir aisément des restitutions, et le Saint Père prit sagement le parti de laisser passer l'orage [1].

L'empereur vint à la fin de l'année 1163 visiter ses états d'Italie. De nouvelles discordes avaient éclaté entre les deux républiques de Pise et de Gênes, et la Sardaigne était redevenue le théâtre de la guerre. Les deux parties belligérantes convinrent, on ne sait d'après quelles suggestions, de recourir à la médiation de l'empereur, qui en pro-

[1] « Ce pape (*Adrien IV*) est, dit M. *De Voltaire*, un des grands exemples de ce que peuvent le mérite personnel et la fortune. Né Anglais, fils d'un mendiant, long-temps mendiant lui-même, errant de pays en pays avant de pouvoir être reçu valet chez des moines en Dauphiné, enfin porté au comble de la grandeur, il avait d'autant plus d'élévation dans l'esprit qu'il était parvenu d'un état plus abject. Lorsqu'il couronna l'orgueilleux *Barberousse*, il imposa pour cérémonial à l'empereur de lui baiser les pieds, de lui tenir l'étrier, et de conduire sa haquenée blanche l'espace de neuf pas romains. (Annal. de l'Empire, 1155.)

mettant d'interposer ses bons offices, ce qu'il ne fit pas, trouva dans cette circonstance une occasion favorable pour l'exécution de son plan. Un incident d'une nature singulière vint encore y concourir, et occupa pendant quelque temps son attention.

L'un des quatre judicats de la Sardaigne, celui d'Arborée, qui déjà tendait à cet état de puissance et de prospérité auquel il parvint depuis, et que lui promettaient la richesse et la fertilité de son sol, était gouverné par *Barisone*, le neuvième juge de cette dynastie, homme ambitieux et remuant, qui avait formé le projet de se faire roi de l'île entière. *Barisone*, qui méditait depuis long-temps ce dessein, avait traité avec les Génois, et il venait de passer à Gênes au moment où l'empereur visitait l'Italie. Le prince sarde se présenta devant lui à Fano, et lui offrit, à la condition d'être déclaré et reconnu par lui roi de Sardaigne, de lui faire hommage du nouveau royaume et de lui verser comptant une somme de 4000 marcs d'argent, somme très considérable pour le temps et surtout pour un petit prince barbare. Le gouvernement génois, avec qui *Barisone* avait pris antérieurement des engagements, et qui se flattait de tenir cet ambitieux sous sa dépendance et de l'attacher à ses intérêts par la reconnaissance ou par le lien plus puissant de la nécessité, avait envoyé à la suite du

juge d'Arborée ses deux consuls, chargés de répondre de la conduite de leur allié, et de promettre à l'empereur l'assistance d'une flotte, pour le mettre en possession de ce nouveau royaume. *Frédéric* n'accueillit point mal une proposition qui ne flattait pas moins sa vanité que celle du juge sarde. Dès qu'elle fut connue des consuls pisans, qui se trouvaient alors près de la personne de l'empereur, ils réclamèrent vivement contre la concession qu'il paraissait disposé à faire. Ils représentaient que leur république était souveraine de la Sardaigne, et que *Barisone*, qui affichait la ridicule prétention de régner sur un pays qui ne lui appartenait pas, était un vassal félon, révolté contre son légitime suzerain. « Que prétendez-vous, leur
» dit *Frédéric ?* Je ne reconnais pas la Sardaigne
» comme votre propriété. Un roi est-il un homme
» à vous ? Si je lui en défère le titre et l'autorité,
» je le fais dans l'intérêt de ma puissance et de ma
» gloire, et parce que telle est ma volonté. J'en ai
» le droit, et j'en userai, s'il me plaît. »

Les consuls génois, fidèles à leurs instructions, qui avaient pour objet d'arracher à tout prix la Sardaigne aux Pisans, profitèrent de ces bonnes dispositions de l'empereur, et appuyèrent avec tant de chaleur l'offre de *Barisone*, que *Frédéric*, qui était fort sensible à l'appât de l'argent et s'occupait de former un trésor, s'empressa d'accepter¹. Il fit dresser par les notaires impériaux un diplôme par lequel il déclarait le juge d'Arborée roi de toute la Sardaigne; mais il ordonnait en même temps, pour condition absolue, que la somme promise serait payée comptant. Cette exigence de l'empereur, à laquelle *Barisone* ne s'attendait pas, ne laissa pas de le mettre dans un assez grand embarras. Avant de quitter sa principauté insulaire, il passait dans sa petite cour d'Oristano pour un prince fort riche, parce que ses revenus étaient supérieurs à ses besoins ; mais depuis qu'il s'était fait postulant de couronnes et roi à la suite dans les cours d'Italie, il avait vu promptement ses ressources épuisées, et il était sans aucun moyen de payer le prix de son marché. Il comptait bien, à la vérité, à son retour triomphant dans ses états, faire payer aux peuples de l'île l'honneur d'obéir à un seul et même souverain, et mettre en usage sur eux l'art qu'il avait appris en des pays plus civilisés, d'augmenter et de multiplier les contributions. Il fallait pour cela qu'il se rendît en Sardaigne pour presser ses sujets de concourir aux dépenses du

¹ M. *De Voltaire* dit (Annales de l'Empire) qu'*un des quatre baillis de la Sardaigne, qui s'était enrichi, vint demander à* Frédéric *le titre de roi, et que l'empereur le lui donna.* L'empereur ne le donna pas, mais le vendit très bien. Quant à la dénomination de *baillis*, que *Voltaire* donne aux chefs politiques de la Sardaigne, il paraît que c'est le titre de *juges* qui l'a induit en erreur. Il les a pris pour de grands officiers de judicature. C'est du reste la seule fois qu'il soit question, dans cet auteur, de l'île de Sardaigne.

trône ; et il en fit en effet la demande à l'auguste vendeur. Mais *Frédéric*, qui était toujours si pressé en matière d'argent, qu'il venait de tripler d'un seul trait de plume tous les impôts de ses états d'Italie pour en emporter le produit en Allemagne, et qui d'ailleurs avait peu de confiance dans l'autre partie contractante, ne voulut accorder aucun délai, et déclara qu'il ne lui permettrait pas de s'éloigner de sa cour avant qu'il se fût acquitté jusqu'au dernier ducat, et eût entièrement soldé son compte.

Les consuls génois virent bien qu'il n'y avait pas moyen de tromper un pareil créancier, et comme leur principal but était d'enlever la Sardaigne aux Pisans, ils jugèrent qu'il fallait se résigner à prêter au juge *Barisone* les 4000 marcs auxquels l'empereur tenait si fort, et ils les lui avancèrent sur sa parole d'honneur. L'empereur *Frédéric* ne vit plus dès lors de difficultés à la reconnaissance du roi de Sardaigne, et permit qu'il fût solennellement couronné à Pavie.

Cependant les Génois, résolus à tirer tout le parti possible de ce singulier contrat, firent les frais d'un armement considérable pour conduire et installer le nouveau roi dans ses états. Les chefs de l'expédition, arrivés devant Oristano, capitale du judicat d'Arborée, s'aperçurent avec inquiétude que les propres sujets de *Barisone*, loin d'être fiers de sa nouvelle dignité et de l'accueillir avec enthousiasme, comme on le leur avait fait espérer, montraient une extrême indifférence, et paraissaient même assez peu disposés à le recevoir. Ils pensèrent avec raison que cette entreprise présenterait beaucoup de difficultés et entraînerait de grands frais, et, comme ils n'avaient d'autre caution que sa personne et sa parole, caution qui ne leur semblait pas suffisante, ils ne voulurent point le relâcher, ni lui permettre de débarquer dans son île. Après être restés quelque temps avec lui devant Oristano, attendant toujours une occasion qui ne se présenta jamais, et le soupçonnant d'ailleurs de chercher à entretenir des intelligences avec les Pisans, ils le ramenèrent à Gênes, où ce malheureux prince, qui n'avait pas su se contenter de sa modique fortune, demeura pendant plusieurs années prisonnier pour dettes.

L'empereur *Frédéric* oublia promptement un roi qu'il avait fait à prix d'argent, et qui ne savait pas mieux faire valoir les droits qu'il avait achetés. Il donna l'investiture du royaume au duc *Guelfe*, son oncle; mais celui-ci ne fut pas plus avancé avec son nouveau titre, que le roi captif *Barisone*, et on ne voit pas qu'il ait rien entrepris pour entrer en possession [1].

[1] Le duc *Guelfe* conserva jusqu'à sa mort le titre honorifique de roi de Sardaigne. Il le portait en 1185, lorsqu'il commandait les troupes de l'em-

Les Pisans, plus habiles, et s'apercevant du parti qu'on pouvait tirer, avec de l'argent, d'un empereur qui vendait les états, vinrent l'année suivante (1165) mettre une enchère sur la Sardaigne, et en offrirent à *Frédéric* 13,000 marcs. Un si beau marché ne pouvait manquer d'être accepté. Aussi l'empereur, après en avoir touché le prix, accorda, par un diplôme daté de Francfort, le 15 mai 1165, à la république de Pise, l'investiture du royaume de Sardaigne, comme fief de l'empire, révoquant toutes les donations quelconques faites jusqu'à ce jour.

Cette intrigue des Pisans fut pour leurs éternels rivaux un grave sujet de mécontentement et de colère. Le contre-coup de toutes ces menées politiques se fit sentir en Sardaigne ; les folies de l'ambition et les spéculations de l'avarice furent encore payées du sang de ses habitants. Les guerres intérieures de l'île continuèrent avec plus d'acharnement que jamais. Les juges prirent parti les uns pour les Pisans, les autres pour les Génois ; et dans l'impossibilité de suivre les variations de leur politique et de leurs passions, on voit seulement qu'ils se mi-

pereur, son neveu, qui faisait la guerre au pape *Lucius III*. Cette circonstance a fait tomber M. *De Voltaire* dans une forte méprise. Il s'est imaginé que ce roi de Sardaigne était *le fils du bailli qui avait acheté le titre de roi*. Ce sont ses expressions. *Pierre II d'Arborée*, fils de *Barisone*, occupé en 1185, à défendre tant bien que mal sa petite principauté contre son turbulent voisin de Cagliari, n'était guère en état de commander l'armée impériale en Italie.

rent plus que jamais à se déchirer entre eux, sans savoir très bien ni pour qui ni pour quoi.

Les Génois, cependant, ne voulurent pas négliger la voie des négociations. Quoiqu'ils eussent appris par expérience qu'on ne pouvait pas compter beaucoup sur la constance de l'empereur *Frédéric*, ils lui députèrent à Lodi, l'année suivante, en 1166, quand il revint en Italie, des envoyés chargés de lui faire sentir l'injustice de la concession que lui avaient extorquée leurs rivaux. Ces envoyés, réunis dans une espèce de congrès à ceux des Pisans, parlèrent avec tant d'éloquence, que l'empereur, qui avait peu de mémoire, toujours disposé à donner raison au dernier qui parlait, et surtout à celui qui payait le mieux, se leva et dit : « Cela est juste ; je me rappelle nos conventions ; » je ne chasse pas les Génois de l'île ; je ne veux » ôter ni aux Pisans ni aux Génois ce qui est à eux, » ni à *Barisone* ce qui lui appartient ; il faut examiner les choses et s'entendre. »

On ne sait pas ce que coûta une si belle décision ; mais ce qui est certain, c'est que personne n'en fut content. On se sépara plus ennemis qu'avant de se voir, et quoique l'empereur eût recommandé de s'entendre, on s'entendit moins qu'auparavant. Les Pisans s'étaient assurés de la fidélité des juges de Gallura et de Logudoro, auxquels ils avaient fourni des secours d'hommes et d'argent. Celui de

Cagliari tenait aussi pour eux. Ces trois juges avaient envahi la province d'Arborée, et dévasté les domaines de *Barisone*, qui s'était livré aux Génois, et à qui ils ne pardonnaient pas d'avoir voulu être leur roi. Les Génois, de leur côté, traitaient de même les états de ces trois princes, quand ils en trouvaient l'occasion ; et ils saccagèrent complétement la ville de Torrès. *Barisone*, encouragé peut-être par les paroles impériales prononcées au congrès de Lódi, trouva enfin les 4,000 marcs qu'on lui avait si infructueusement prêtés, et rentra dans ses états d'Arborée, après avoir été huit ans privé de sa liberté chez ses protecteurs et ses amis. Toutes ses possessions étaient détruites et ruinées, et loin d'avoir soumis ses égaux à l'obéissance, il avait perdu son ancien patrimoine. Dégoûté de l'apprentissage de la royauté, qui lui avait valu la perte de son repos et de sa liberté, il ne songea plus à reculer les limites de ses petits états, sur lesquels il régnait encore en 1182, content du vain titre que l'avarice avait vendu à l'ambition.

CHAPITRE XXX.

Vaines tentatives de médiation de la part de *Frédéric Barberousse*. — Le saint siége renouvelle ses prétentions sur la Sardaigne. — L'héritière de Gallura et de Logudoro épouse un parent du pape. — La politique de la cour de Rome occasione de nouveaux désastres. — Le juge de Cagliari est chassé par les Pisans. — Le nouveau juge fait prisonnier celui d'Arborée. — *Ubaldo Visconti* réunit les judicats de Gallura et de Logudoro. — Sa veuve épouse *Enzio*, fils naturel de l'empereur *Frédéric II*, qui le nomme roi de Sardaigne. — *Enzio* meurt prisonnier à Bologne. — De 1174 à 1240.

La folle tentative de *Barisone*, et la part qu'avait prise aux affaires de la Sardaigne, malheureusement pour elle, l'empereur *Frédéric*, n'avaient fait, après tant d'espérances trompées, qu'ajouter aux guerres que se faisaient entre eux les juges et les deux peuples rivaux, un degré d'acharnement de plus, et rendre la situation du pays de plus en plus déplorable. Les Pisans et les Génois continuèrent de se chercher sur les mers, de se brûler des vaisseaux, de se faire des prisonniers, et de ravager leurs possessions respectives, tant en Sardaigne que sur le continent. On recommença pourtant de nouveau à entrer en pourparlers, et à proposer de part et d'autre des négociations, en l'année 1175. L'empereur était à Pavie; il parut avoir à cœur de pacifier l'Italie, de concilier les différends qui, depuis si long-temps, divisaient les deux républiques de Pise et de Gênes, et de les amener à un accommodement relativement aux affaires de la Sardaigne, qui étaient la principale cause de leur désunion et de leurs querelles. Il ordonna que l'île serait divisée en deux portions égales, dont l'une appartiendrait aux Pisans, et l'autre aux Génois. Ce parti moyen, qui était peut-être le seul qui fût propre à arranger les choses, si on eût été de bonne foi de part et d'autre, ne pouvait être mis à exécution qu'au moyen d'un corps d'armée respectable, qui aurait appuyé cette sentence arbitrale. Comme l'empereur n'avait en ce moment ni le pouvoir ni la volonté d'en faire les frais, tout resta encore sur le même pied.

Pendant ce temps, le saint siége, fidèle à sa politique, qui ne lui permettait pas de renoncer un instant aux prétentions qu'il avait une fois annoncées sur la souveraineté de la Sardaigne, venait de reprendre le rôle que le ton hautain et le caractère de *Barberousse* lui avaient fait suspendre. Habile à profiter du désordre et de l'anarchie, où la guerre, qui divisait entre eux les Pisans, les Génois et les juges, avait mis la Sardaigne, la cour de Rome travaillait à se gagner ces petits princes, et à les détacher de leurs alliances antécédentes, en leur promettant sa protection et des avantages, en retour desquels sa prévoyance leur faisait contracter envers elle des obligations et des devoirs. *Grégoire VIII,* qui avait de l'étendue dans les vues, et qui avait conçu le projet de concilier les parties belligérantes au profit de la politique romaine, était au moment d'atteindre son but, lorsqu'il mourut, en 1187, dans la ville de Pise, où il s'était rendu pour traiter en personne cette grande affaire. Un de ses successeurs, *Innocent III,* se trouva en position de demander hautement aux Pisans de renoncer aux titres et aux droits qu'ils avaient sur l'île de Sardaigne, et pour y établir plus solidement les siens, il fit épouser à l'un de ses parents l'héritière du judicat de Gallura.

Cette prétention du pape excita l'indignation de la noblesse pisane, qui s'était accoutumée à regarder la Sardaigne comme son légitime patrimoine. Deux jeunes gentilshommes, *Lamberto* et *Ubaldo*, de la famille *Visconti* de Pise, laquelle n'avait rien de commun avec les *Visconti* de Milan, armèrent à leurs frais quelques galères, et, débarqués en Sardaigne, ils portèrent la guerre dans les domaines des princes sardes qui s'étaient déclarés feudataires du saint siége, envahirent tout le judicat de Cagliari, dont ils occupèrent la capitale, et s'établirent avec succès dans la partie septentrionale de l'île. Le pape n'eut d'autres armes, pour s'opposer à ces hardis aventuriers, que les foudres du Vatican. *Lamberto* mourut. *Ubaldo*, resté seul, offrit d'épouser la princesse *Adelasia*, devenue veuve, et héritière des judicats de Gallura et de Logudoro, dont il avait presque entièrement achevé la conquête. *Grégoire IX*, qui occupait alors le saint siége, était de la même famille que le feu pape *Innocent III*, et parent comme lui d'*Adelasia*. Il approuva ce mariage, qui affermissait les droits de l'Église sur une partie considérable de la Sardaigne. *Ubaldo* fut absous de l'excommunication dont il avait été frappé, à condition qu'il reconnaîtrait la souveraineté du pape et abjurerait celle de Pise. Dès que ce traité y fut connu, la plus vive indignation éclata. Les comtes de la *Gherardesca* furent les premiers à déclarer que la république, lésée dans ses plus chers intérêts, devait tirer vengeance de la défection d'*Ubaldo*. D'un autre côté, la nombreuse et puissante famille des *Visconti* se crut obligée de soutenir son chef; et comme ce chef était entré dans l'alliance du pape, elle embrassa tout entière le parti du saint siége, tandis que les *Gherardesca* s'attachèrent plus fortement à celui de l'empire. L'opposition entre le titre de comtes *(conti)* et le nom de *visconti* (vicomtes), qui distinguaient ces deux familles rivales, passa aux deux factions. Dès ce moment à Pise les Gibelins furent appelés le parti des *Conti*, et les Guelfes celui des *Visconti*, et sous ces deux nouvelles dénominations ils se firent la guerre, en Italie et en Sardaigne, avec autant d'opiniâtreté que de fureur.

La division de l'île en plusieurs petits états, la diversité des intérêts de tous ces princes, la versatilité de leur politique, le mélange des familles par les alliances, et la complication des événements de cette partie des annales sardes, en font un véritable chaos, et la rendent peut-être le point le plus obscur de l'histoire italienne du moyen âge. C'est un labyrinthe, dont les chroniqueurs et les généalogistes, loin d'y porter la lumière, n'ont fait qu'épaissir l'obscurité, et où l'on est à chaque pas en danger de perdre le fil conducteur. Aussi est-il impossible de présenter un tableau synoptique des événements et des faits. Il faut se résoudre à en suivre les séries partielles pour chaque contrée, en les rattachant, autant que possible, aux faits généraux. Ainsi, après avoir offert le précis des événements les plus remarquables du nord de l'île, il va être nécessaire de rétrograder d'un demi-siècle, pour parcourir ceux qui sont particuliers au cap méridional.

Je laisserai donc *Adelasia* mariée, en 1238, à *Ubaldo Visconti*, devenu, par droit de conquête et par droit d'alliance, juge de Gallura et de Logudoro, pour aller retrouver à Cagliari, en 1174, le juge *Pierre I*ᵉʳ, après avoir couronné chemin faisant le roi *Barisone*, et l'avoir rétabli dans sa petite principauté d'Arborée.

La dynastie des juges de Cagliari avait vécu en assez bonne intelligence avec la république de Pise depuis son établissement, à l'exception du second de ces princes, nommé *Orzocco*, qui s'était brouillé avec les Pisans, et les avait momentanément chassés de ses domaines. Un nouvel orage éclata vers l'an 1174 entre les Pisans et leur grand vassal de Cagliari. *Pierre I*ᵉʳ régnait alors sur ce judicat. C'était le fils aîné de *Gonario*, juge de Logudoro, et il avait succédé au juge de Cagliari, *Constantin II*, qui était mort sans enfant mâle, et dont il avait épousé la fille unique. *Pierre*, gagné par les intrigues et les promesses des Génois, avait fait un traité d'alliance avec eux, et leur avait fait hommage de ses états. Les Pisans irrités expédièrent contre lui, avec un assez bon nombre de troupes, *Guillaume*, marquis de *Massa* et comte de *Caprara*, qui le battit et le fit prisonnier. *Pierre*, à que les Génois, à ce qu'il paraît, n'avaient pas laissé manquer d'argent, acheta sa rançon du vainqueur, et obtint la permission de se retirer dans le judicat de Logudoro, où régnait sa famille. *Guillaume* se déclara et se fit reconnaître juge de Cagliari. Ce prince, qui désirait vivement de s'agrandir aux dépens de ses voisins, avait porté la guerre, en 1190, dans les états d'Arborée, que gouvernait alors *Pierre*, fils de *Barisone*. Le juge d'Arborée avait voulu rehausser sa dignité par le titre de roi, qu'avait porté son père, et qui, dans la situation où il était, ne faisait plus que rappeler les malheurs de ce dernier, et surtout ses ridicules. La fortune avait abandonné la famille de *Barisone*. *Pierre* fut battu, fait prisonnier, et jeté dans un cachot avec son fils.

Cependant les Génois, qui se voyaient trompés dans l'espoir qu'ils avaient conçu d'établir leur souveraineté sur le judicat de Cagliari, dirigèrent plusieurs expéditions maritimes contre sa capitale, depuis le moment où *Guillaume* s'en était emparé. Ils s'y établirent enfin eux-mêmes en 1199, après un combat naval qui eut lieu dans le port de Cagliari, et où les Pisans furent défaits. Ils ne purent néanmoins s'y maintenir long-temps. Ils en furent expulsés, ainsi que le juge détrôné *Pierre Ier*, qu'ils avaient momentanément rappelé, et *Guillaume* en resta paisible possesseur jusqu'à l'époque de sa mort.

La bonne intelligence était si bien rétablie entre le juge de Cagliari et la maison d'Arborée, que *Guillaume*, avant de mourir, avait donné en mariage sa fille unique et son héritière, *Benedetta*, au fils de son ancien prisonnier, et son prisonnier lui-même, *Pierre d'Arborée*, qui devint, par cette alliance, prince-juge de Cagliari. Peu de temps après l'avénement de ce dernier, la république de Pise, qui avait peu de confiance dans la fidélité des juges de Cagliari, et à qui l'expérience avait appris qu'elle n'en devait pas avoir du tout, envoya, sous le commandement d'un de ses consuls, un corps d'armée respectable, qui exigea le renouvellement solennel du serment et de l'hommage de son feudataire. Les Pisans se firent céder une hauteur qui dominait la ville, où ils bâtirent le château qu'on y voit aujourd'hui, et auquel ils donnèrent le nom de *Castro*. C'est peu de temps après, probablement de 1222 à 1224, que *Lamberto* et *Ubaldo Visconti* firent une irruption, les armes à la main, dans le judicat de Cagliari, et portant partout le ravage, maîtres de la capitale et de la plus grande partie de la province, réduisirent à la fuite et à l'exil le juge *Pierre II*, sa femme *Benedetta*, et leurs fils *Guillaume*, qui ne commencèrent à respirer que lorsque, plusieurs années après, *Ubaldo*, survivant à son frère, devint par son mariage juge de Gallura et de Logudoro, et borna ses soins à consolider son établissement dans ces deux provinces.

Ubaldo ne jouit pas long-temps du fruit de cette alliance politique. Il mourut en 1239, et *Adelasia*, restée veuve pour la seconde fois, fit donation de ses états au saint siége, entre les mains du légat qu'il entretenait près d'elle. Le pape *Grégoire IX*, alors régnant, qui ne voulait qu'acquérir un nouveau titre à la souveraineté de la Sardaigne, les rendit sur-le-champ à cette princesse, à condition qu'elle s'obligerait à payer annuellement au trésor du pape quatre livres d'argent, et que, si elle venait à mourir sans enfant, la partie de l'île dont cet acte était l'objet resterait dévolue à la chambre apostolique.

La cour de Rome ne négligeait aucune occasion, de quelque genre qu'elle fût, de faire valoir ses prétentions, et d'établir ses droits, et elle y réussissait assez bien, quand les circonstances ne lui faisaient pas éprouver une trop forte opposition de la part de la république de Pise, ou de celle de la cour impériale. Il en fut ainsi après la mort d'*Ubaldo*. L'empereur *Frédéric II*, qui désirait, comme son prédécesseur *Barberousse*, faire rentrer la Sardaigne sous sa domination, ne fut pas détourné de son plan par la donation faite de la Gallura et du Logudoro, et ne se laissa point effrayer par la crainte d'une excommunication, comme celle qu'avait lancée le pape *Innocent III* contre l'empereur *Othon IV*. Le veuvage et la vanité d'*Adelasia* lui fournirent un moyen d'arriver à son but. Il lui proposa pour mari et lui fit en effet épouser un de ses fils naturels, *Enzo* ou *Enzio*, auquel il donna le titre de roi de Sardaigne. L'empereur, qui voulait ménager la république de Pise, sur laquelle il exerçait un haut patronage, et dont la fidélité lui était assurée, ne voulut pas que ces nouveaux arrangements préjudiciassent à ses droits, qu'il reconnut. *Enzio* ne jouit tout au plus que d'un vain titre hors des provinces sardes qui lui appartenaient par son mariage, et les juges de Cagliari et d'Arborée lui prêtèrent simplement hommage, en continuant de gouverner immédiatement leurs états, qui formaient plus de la moitié de l'île. Les chroniques du temps disent que la belle-fille de l'empereur n'eut pas beaucoup à s'applaudir du motif qui l'avait fait convoler à ses troisièmes noces, et que le roi *Enzio* ne se fit guère remarquer que par sa tyrannie et sa brutalité. Si cette princesse fut aussi malheureuse qu'on le dit, elle n'eut pas du moins beaucoup de temps à en souffrir. *Enzio* fit un assez court séjour en Sardaigne. Rappelé par son père, il fut nommé vicaire impérial de la Lombardie, et mis à la tête d'un corps de troupes allemandes, avec lequel il commença une campagne qui ne fut pas brillante pour lui. Ayant livré un combat aux Bolonais, à qui il faisait la guerre, il tomba entre leurs mains, et conduit à Bologne, il y mourut prisonnier la même année, sans que son père ait pu obtenir sa délivrance à aucun prix.

Il n'est plus question d'*Adelasia* depuis son troisième mariage. En partant pour le continent, *Enzio*, qui avait, à ce qu'il paraît, peu de considération pour elle, nomma vice-roi des états qu'elle lui avait donnés en dot, *Michel Zanche*, mari de sa mère *Bianca*, marquis de Montferrat, homme ambitieux et entreprenant, qui ne manqua pas, à la nouvelle de la catastrophe de Bologne, de se déclarer juge et prince souverain de Gallura et de Logudoro.

CHAPITRE XXXI.

Élévation de la maison de *Caprara*. — Le comte *Guillaume*, devenu juge d'Arborée, succède à *Chiano*, juge de Cagliari. — *Chiano* se vend aux Génois. — Les Pisans dirigent une expédition contre lui. — Il est pris et décapité. — La république de Pise est arrivée au plus haut degré de puissance et de richesse où elle ait jamais atteint. — La prospérité l'aveugle. — Elle recommence la lutte avec Gênes. — Elle perd une bataille navale décisive. — Onze mille *Régulus* pisans. — Décadence progressive de la puissance pisane. — De 1240 à 1295.

La maison de *Caprara*, établie en Sardaigne depuis le commencement du douzième siècle, s'était successivement élevée à un haut degré de puissance. La république de Pise, dont cette famille avait toujours servi la politique et les intérêts avec dévouement et fidélité, avait favorisé ses vues d'agrandissement. C'était par ses instructions et avec les moyens qu'elle lui avait fournis, qu'un de ses plus illustres membres, le comte *Guillaume*, avait, en 1180, détrôné le juge *Pierre* de Cagliari, et s'était mis à sa place. Les *Caprara* trouvèrent une nouvelle occasion de montrer à la seigneurie leur attachement et leur reconnaissance. Le pape *Grégoire IX*, qui ne perdait pas de vue la souveraineté de l'île, en déclara déchue la république de Pise. Comme il n'avait pas de moyens de s'en emparer par lui-même, ce fut naturellement aux Génois, sur lesquels on pouvait toujours compter quand il s'agissait de nuire aux Pisans, qu'il confia l'exécution de la bulle de déchéance. Les secours d'hommes et d'argent que fournit à la seigneurie un nouveau *Guillaume*, comte de *Caprara*, l'aidèrent à triompher complétement des efforts d'une expédition génoise dirigée contre la partie méridionale de l'île. Les Pisans, pour récompenser le zèle du comte *Guillaume*, le déclarèrent, en 1240, juge d'Arborée, et seigneur d'un tiers du judicat de Cagliari.

Le juge régnant *Chiano*[1], dépossédé d'une partie de ses états, et harcelé sans cesse par les attaques et les avanies d'un voisin qui en convoitait le reste, prit la résolution désespérée, pour échapper à sa ruine imminente, de se jeter entre les bras des Génois, et de faire avec eux, en 1256, un traité d'alliance, dont le 1er article était qu'il leur reconnaissait le droit de souveraineté, et le second qu'il leur livrerait pour sûreté le château de Cagliari (Castro), et celui de Santa-Ila, nommé alors Gilia. Le malheureux *Chiano* n'attendit pas long-temps le châtiment de sa trahison. Les Pisans, débarqués en force, l'écrasèrent, le firent prisonnier,

---

[1] *Giano* ou *Giovanni* (Jean).

et l'ayant jugé militairement, lui firent trancher la tête.

Le château de Cagliari se rendit aux vainqueurs; mais celui de Gilia, secouru à temps par les Génois, se trouva en état de résister jusqu'au moment où les parties belligérantes convinrent de prendre pour arbitre, en ce qui concernait cette place seulement, le pape *Alexandre IV*, et de la donner en dépôt à un détachement de troupes pontificales, qui en prit en effet possession en 1258. On ne sait pas bien en faveur de qui se prononça l'arbitrage; mais on a des raisons de croire que la place fut remise aux Pisans.

Cette époque est peut-être, de tout l'espace de temps que dura la longue querelle, qu'on pourrait appeler une guerre civile, entre les Génois et les Pisans, celle où ces derniers jouirent le plus paisiblement de leurs possessions en Sardaigne, et parvinrent à l'apogée de leur puissance et de leur gloire. Leur prépondérance dans l'île était incontestablement établie. Les *Caprara*, les *Gherardesca*, étaient les feudataires soumis et les dévoués serviteurs de la république; les juges d'Arborée et de Gallura, ses vassaux, ne reconnaissaient plus d'autre souverain; celui de Cagliari, *Guillaume*, surnommé *Cipolla* [1], était fier de la pro-

---

[1] *Cipolla* veut dire *ognon*, surnom qui avait été donné probablement à *Guillaume* à cause d'un de ses mets de prédilection. Ce qui prouve la

tection et de la bienveillance de ses illustres patrons ; Pise s'enrichissait tous les jours par le commerce du Levant, et les entreprises multipliées de sa marine, en entretenant le mouvement et l'activité, lui donnaient la prospérité et l'abondance; elle importait dans l'occident de l'Europe une grande partie des délicatesses de l'Asie, que ne fournissaient pas encore les fabriques indigènes ; elle jouissait enfin des avantages et des douceurs de la liberté, tandis que les fléaux issus de la féodalité répandaient partout ailleurs la servitude et la misère. Mais quelque chose empoisonnait ces faveurs de la fortune ; c'était le chagrin de les partager avec une rivale, et de ne pas jouir exclusivement du produit des arts et des fruits de l'industrie. Gênes n'avait pas moins prospéré par sa marine et son commerce, et ce nouveau motif de jalousie entre les deux villes n'avait fait qu'aigrir les haines politiques qui les déchiraient depuis si long-temps. Une trève avait pendant plusieurs années suspendu les hostilités ; mais quoique l'une et l'autre nation fussent alors gouvernées par le parti Gibelin (1281), des indices multipliés annonçaient une prochaine explosion. Les Pisans surent moins bien se contenir, et ils furent les premiers à saisir un léger prétexte qui se présenta, pour

---

simplicité des mœurs insulaires de ce temps, c'est qu'un pareil sobriquet n'était pas du tout ridicule.

prendre les armes. Ils ne devaient pas tarder à porter la peine de leur imprudente agression.

Les Pisans et les Génois se mesurèrent sur mer, avec des alternatives à peu près égales de bons et de mauvais succès, pendant les années 1282 et 1283. Enfin, le 6 août 1284 vit terminer la lutte. Un combat naval s'engagea sur la côte orientale de la Sardaigne, près des îles Molara et Tavolara. L'affaire fut générale. On se battit de part et d'autre avec un extrême acharnement. La défaite des Pisans fut complète et leur marine anéantie. 28 galères furent prises par les Génois, et 7 coulées à fond. On estima leur perte à 5,000 morts et 11,000 prisonniers.

Dans ces graves circonstances, la seigneurie de Pise ne crut pouvoir mieux faire que de nommer dictateur, sous le titre de capitaine-général, le comte *Ugolino della Gherardesca*. C'était un homme adroit et fin et un habile politique, dont le premier soin, que suivit un heureux succès, fut de dissoudre la ligue formée contre sa patrie.

Le comte *Ugolino* commença une négociation avec les Génois, et offrit de leur céder Castro (le château de Cagliari) pour la rançon des prisonniers. Cet incident donna lieu à un mouvement digne des plus beaux temps de l'antiquité : un trait d'héroïsme analogue a immortalisé jadis un individu; cette fois il est commun à 11,000 hommes, souf-

frant en pays ennemi toutes les misères de la captivité. Les prisonniers pisans furent indignés d'apprendre à Gênes la négociation dont ils étaient l'objet. Ils obtinrent de leurs vainqueurs la permission d'envoyer des commissaires à Pise, pour y manifester leurs sentiments. Introduits dans le conseil, les envoyés déclarèrent : « que les prison-
» niers ne consentiraient jamais à une capitulation
» aussi honteuse ; qu'ils aimaient mieux mourir
» dans la captivité, que de souffrir qu'on abandon-
» nât lâchement une forteresse bâtie par leurs an-
» cêtres et défendue au prix de tant de sang et de
» travaux ; que si les conseils de la république
» étaient capables de persévérer dans une réso-
» lution aussi insensée, aussi criminelle, les pri-
» sonniers ne voulaient pas leur cacher qu'à
» peine rendus à la liberté, ils tourneraient leurs
» armes contre des magistrats ou pusillanimes
» ou traîtres, et qu'ils les puniraient d'avoir sacrifié
» la patrie et l'honneur à de vaines et éphémères
» jouissances ».

Cette énergique et magnanime harangue produisit une telle impression, que le projet de traité fut abandonné, et que les négociations furent rompues.

Cependant les Génois furent attentifs à tirer tout le parti possible de leur victoire. Ils imposèrent à leurs rivaux vaincus, privés de leurs meilleures troupes et réduits à demander la paix, les conditions les plus dures. Les Pisans furent contraints de leur livrer Sassari, où Gênes, depuis lors, envoya tous les ans un podestat, et de leur céder toute la province de Logudoro, où s'établirent de puissantes familles patriciennes, entre autres les *Doria*, les *Malaspina*, qui la divisèrent en plusieurs petites principautés, défendues par des châteaux forts, qu'ils multiplièrent sur tous les points, et s'y établirent en maîtres, vivant de rapines, et faisant continuellement la guerre, tantôt liguées ensemble contre un ennemi commun, tantôt les uns contre les autres. Tel était l'esprit de la féodalité ; tel était alors le sort des hommes.

Après un si grand revers de fortune, il ne restait plus en Sardaigne aux Pisans, que le judicat ou la province de Cagliari, dont ils pussent se regarder comme réellement maîtres. Encore, en 1286, *Mariano*, juge d'Arborée, vint-il y porter la guerre ; et, après un long blocus, il s'empara du château de Cagliari, qu'il ne remit que l'année suivante, après s'être fait rembourser les frais de l'expédition.

Les Pisans, instruits par l'exemple de *Chiano*, jugèrent qu'il était imprudent de laisser une province, la seule qu'ils eussent entièrement conservée, entre les mains d'un chef unique, qui pouvait se vendre et les trahir ; et, afin de diminuer les chances de la perfidie d'un seul, ils la divisèrent en trois parties, qu'ils donnèrent aux trois seigneurs qui leur avaient montré le plus de fidélité et de dévouement, le comte de *Donartico*, de la maison de la *Gherardesca* [1], *Guillaume*, marquis de *Massa*, comte de *Caprara*, et *Chiano*, de cette famille *Visconti* qui avait conquis et gouverné la Gallura.

Les Génois, non contents de l'humiliation de leurs rivaux, essayèrent encore de les troubler dans la possession de la seule province qui eût échappé au vainqueur. Ils eurent le courage de produire, comme un titre légitime, le testament du juge de Cagliari, *Chiano*, mort sur l'échafaud pour eux, et qui, par reconnaissance, avait légué le château à ses bienfaiteurs. Toutes les raisons sont bonnes contre les malheureux. Pise fut réduite, en 1288, à en signer l'acte de restitution, comme si elle l'eût usurpé. Il est vrai qu'elle se promettait bien de ne pas tenir ce traité, et elle fut assez heureuse ou assez adroite pour être impunément de mauvaise foi. Loin de livrer le château aux Génois, les Pisans s'y fortifièrent de plus en plus, et y élevèrent, en 1295, les trois grosses tours qu'on y voit encore aujourd'hui, ainsi que plusieurs bastions. Ils ne savaient pas alors qu'ils ne travaillaient

[1] C'est cette même maison qui est devenue si célèbre par le terrible épisode du DANTE *(il conte Ugolino della Gherardesca)*.

ni pour eux ni même pour leurs rivaux, mais pour une troisième puissance, qui paraîtrait tout à coup sur la scène, pour en profiter.

L'astre de la république de Pise pâlissait de jour en jour. La perte de la bataille navale de *Molara* avait marqué l'époque de sa décadence. Cette irréparable défaite avait eu sur ses destinées maritimes la même influence qu'eurent depuis, dans de plus grandes proportions, sur celles de deux autres puissances, les batailles de Lepante et de la Hogue. Pise, désormais épuisée par les combats qu'elle avait soutenus sur le continent en faveur du parti Gibelin, qu'elle avait épousé avec une ardeur extrême, et qu'elle avait opiniâtrement servi par des efforts souvent au-dessus de sa puissance et de ses richesses, consternée, découragée après cette catastrophe, avait renoncé à lutter contre Gênes. Le sentiment de la rivalité nationale cédait tellement à un ascendant supérieur, qu'elle ne fit aucune tentative pour profiter des discordes civiles auxquelles son ancienne ennemie était en proie. Elle laissa, dès ce moment, dépérir sa marine; et ses possessions lointaines furent peu à peu abandonnées. La république, se sentant désormais incapable de protéger ses établissements et sa navigation contre les corsaires musulmans, oublia totalement ses comptoirs de Syrie, qui avaient été si florissants; elle perdit toute son

influence à Constantinople, et la domination de
l'Archipel lui fut ravie. Elle s'interdit le commerce
du royaume de Naples, d'où la maison d'Anjou
l'écartait par haine pour le parti Gibelin, et il lui
fallut renoncer à l'espoir de soutenir avec avantage, en Sicile, la concurrence des Siciliens eux-
mêmes et celle des Catalans, qui jouissaient de
toutes les faveurs du prince. Elle n'avait conservé
en Afrique que des relations mal affermies, et ses
possessions dans l'île de Sardaigne avaient été réduites à une seule province, que les guerres con-
tinentales dans lesquelles on l'avait engagée ne
lui permettaient plus de défendre avec succès, et
qui allait lui être enlevée par un monarque plus
puissant, jusqu'alors considéré par elle comme son
allié.

CHAPITRE XXXII.

Le pape *Boniface VIII* donne une nouvelle extension au principe établi par *Grégoire VII*, que tous les trônes relèvent de la cour de Rome. — Il en fait une application spéciale à la Sardaigne. — Plusieurs souverains en sollicitent l'investiture. — *Jacques II*, roi d'Aragon, l'obtient à des conditions honteuses. — Il manque des moyens d'en prendre possession. — Le juge d'Arborée appelle les Aragonais. — Une armée d'invasion est expédiée des côtes de la Catalogne. — Prise d'Iglesias. — Bataille de Lucocisterna. — Paix de dix-huit mois. — Bataille navale décisive. — Capitulation de Cagliari. — Traité de paix définitif. — La république de Pise cède la Sardaigne au roi d'Aragon. — De 1295 à 1326.

La cour de Rome, au milieu de ces événements, auxquels jamais elle n'avait cessé de prendre part, soit par une intervention directe, soit par des menées sourdes et par les ruses de la politique, saisissait toutes les occasions qui pouvaient s'offrir d'exercer sur l'île de Sardaigne son prétendu droit de suzeraineté domaniale et d'investiture. Il n'était pas vraisemblable qu'elle renonçât à ce droit sur un pays qu'elle déclarait lui appartenir légitimement par les donations des empereurs, quand elle avait été jusqu'à vouloir l'étendre à tous les états qui composaient la société humaine.

Le véritable fondateur de cette doctrine politique du saint siége est le fameux *Hildebrand*, connu sous le nom de *Grégoire VII*, qui fut de son vivant le fléau des rois, et n'en fut pas moins décoré, après sa mort, de l'auréole sacrée. Cet ancien moine de Cluni, élevé sur le trône de saint Pierre, annonçait et professait hautement que de ce trône dépendaient tous les autres, et que tous les royaumes de la terre relevaient du saint siége, dont ils étaient des fiefs. Il promettait des couronnes aux princes qui lui seraient le plus soumis, et pour s'assurer de leur obéissance, il envoyait dans leurs états des légats, qui y tenaient des conciles et faisaient exécuter ses ordres suprêmes. Ennemi déclaré de la puissance royale et de toute autorité séculière, *Grégoire* écrivait qu'il était le dispensateur des trônes, et que son devoir était d'abaisser les rois. Son dessein avoué était de mettre tous les souverains sous le joug de la papauté. Plusieurs de ses circulaires portent que les évêques sont au-dessus des rois et doivent les juger. Irrité contre *Philippe I*^{er}, qui avait rançonné quelques marchands italiens, il dit dans une de ses *Pastorales* aux évêques de France : « Votre roi est un tyran, qui » passe sa vie dans l'infamie et dans le crime. » Il écrivait à *Salomon*, roi de Hongrie : « Sachez que » votre royaume appartient à l'Eglise. » Il déclare dans sa 16ᵉ épître, à propos de l'Espagne, dont il se regardait comme seigneur souverain, *qu'il vaut mieux que l'Espagne appartienne aux Sarrasins, que de ne pas rendre hommage au saint siége.* Il ordonnait à ses légats en France d'exiger en tribut un denier d'argent par an pour chaque maison. Ce fougueux pontife excommuniait et déposait les rois et les souverains. Artisan de troubles, de révolutions et de révoltes, sa main alluma plusieurs fois le feu de la guerre civile. L'empereur *Henri IV*, proscrit par lui, alla le trouver, dans l'attitude de pénitent, au château de *Canossa*, où il était enfermé avec la comtesse *Mathilde d'Est*, qui avait fait donation de ses états au saint siége, et n'obtint son absolution et l'honneur de baiser ses pieds, qu'après avoir jeûné trois jours, et être demeuré plusieurs heures dans la cour, au cœur de l'hiver, pieds nus, et revêtu d'un cilice. Ce n'est que plusieurs années après que *Henri*, résolu à tirer vengeance de tant d'outrages, alla s'emparer de Rome, et assiégea dans le château Saint-Ange ce pape audacieux, bravant encore de là et excommuniant son vainqueur, pendant que sa capitale était ravagée par les Allemands, qui l'avaient prise d'assaut, et par les Napolitains, sous les ordres de *Robert Guiscard*, qui prétendaient être venus pour la délivrer. Tous les portraits, ou flatteurs ou odieux, qu'on a faits de *Grégoire VII*, dit *Voltaire*, se trouvent dans le tableau d'un peintre napolitain qui le représente *tenant une houlette dans une main et un fouet dans l'autre, foulant des sceptres à ses pieds, et ayant à côté de lui les filets et les poissons de saint Pierre.*

Un pape qui voulait établir sa suprématie sur tous les trônes du monde, et qui prétendait à la domination universelle, n'était pas homme à abandonner ses droits sur l'île de Sardaigne, qu'on regardait comme spécialement dévolue au saint siége par des donations, dont on ne montrait pas, il est vrai, les originaux, mais dont on ne pouvait nier l'existence sous peine d'accusation d'hérésie. On voit, dans le recueil de ses lettres, qu'il s'était mis en correspondance avec les princes-juges du pays, à qui ce titre est pour la première fois donné officiellement par lui, comme je l'ai dit plus haut, et qu'il y prenait le langage et le ton d'un suzerain parlant à ses vassaux. Il n'est pas même question dans ces lettres de la république de Pise, qui avait cependant des droits de suzeraineté un peu plus réels. Dans celle qu'il adresse, en date du mois d'octobre, à *Orzocco*, juge de Cagliari, il l'informe que *beaucoup de princes l'ont prié de les mettre en possession des états qui composent ce judicat, en lui faisant les propositions les plus avantageuses; mais il lui promet de ne les concéder à personne, s'il continue de donner l'exemple de la soumission et de la fidélité aux engagements qu'il a* pris de défendre les droits temporels et spirituels du saint siége.

Le droit d'investiture de la Sardaigne, que s'arrogeait la cour de Rome, s'était établi, par l'effet de la succession des temps et de son infatigable opiniâtreté, comme un principe incontestable, auquel personne ne songeait plus à apporter la moindre résistance. Les princes à qui leur ambition suggérait l'idée de manifester des vues sur la Sardaigne s'adressaient au pape, et sollicitaient de lui l'investiture. Il se trouva même que plusieurs en firent la demande en même temps. *Charles d'Anjou*, roi de Sicile, frère de *saint Louis* [1] ; *Henri*, fils de *Ferdinand III*, frère de *Frédéric*, roi de Castille ; *Jacques I*ᵉʳ, roi d'Aragon, s'adressèrent simultanément, en 1268, au pape *Clément IV*, pour obtenir l'investiture de la Sardaigne, sans pouvoir y réussir ni les uns ni les autres.

Le pape *Grégoire X* avait cru se débarrasser des Pisans en faisant insurger leurs vassaux contre eux, et en excommuniant la république tout entière, et la déclarant déchue de la domination de l'île ; mais Pise n'avait pas encore reçu alors (en 1280) le coup mortel qui décida depuis de sa destinée ; elle brava les bulles du pape, réprima la rébellion, et récompensa les services de *Verna-*

[1] *Charles d'Anjou* est connu par des poésies pleines de grâces et de naïveté, et par l'assassinat juridique du malheureux *Conradin*. Cette action du roi de Sicile fait un peu de tort aux chansons du troubadour.

galla, qui l'avait défendue et vengée, en lui donnant le Logudoro.

En 1295, les choses avaient changé de face. Pise, affaiblie et en décadence progressive depuis la catastrophe de 1284, avait perdu son influence et son autorité en Sardaigne, où elle ne conservait qu'avec beaucoup de peine la province de Cagliari. Celle d'Arborée était indépendante, et le reste de l'île était divisé en petites principautés, dont les limites éprouvaient de continuelles mutations. Cet état de morcellement et d'anarchie avait donné l'éveil à l'ambition des étrangers, qui trouvaient un appât dans la facilité présumée de la conquête. *Boniface VIII* venait de monter sur le trône pontifical, après avoir forcé à l'abdication son prédécesseur *Célestin V,* qu'il fit ensuite emprisonner. Ce pape, digne successeur de *Grégoire VII,* professait les mêmes principes politiques, et affectait comme lui d'être le suprême dispensateur des trônes. La conduite de *Boniface* dans ses démêlés avec le roi de France, *Philippe-le-Bel,* peut donner une idée de son caractère et de sa morale. Il met le royaume de France en interdit, en fait don à *Albert,* roi des Romains, soulève contre le roi *Philippe* son frère, *Charles de Valois,* et lance consécutivement deux bulles, dans lesquelles il déclare que *Dieu l'a établi sur les rois et les royaumes,* et soumet en conséquence la puissance tempo-

relle à la puissance spirituelle. Il disait, dans une autre bulle inédite, que la mort l'empêcha de publier, qu'il avait eu *le pouvoir de gouverner les rois avec la verge de fer, et de les briser comme des vases de terre.*

Le pape *Boniface VIII*, ayant formé le projet de soumettre à l'obéissance le royaume de Sicile, sur lequel il ne croyait pas avoir moins de droits que sur la Sardaigne, et de déposséder *Frédéric*, qui occupait ce trône, imagina de faire le sacrifice d'une des deux îles pour s'assurer de l'autre, et en conséquence de ce plan, il offrit à *Jacques II*, roi d'Aragon, l'investiture de la Sardaigne, à la condition de donner au saint siége l'appui de ses armes contre *Frédéric*, son propre frère. *Jacques* ayant signé ce glorieux traité, le pape se hâta de l'en récompenser, en ajoutant à la bulle d'investiture les titres de gonfalonier de l'Église et de capitaine-général de l'armée destinée à la conquête de la Terre-Sainte.

Le roi *Jacques* ne put exercer aucune de ces charges, et bien moins encore prendre possession du royaume dont il était destiné à rester long-temps le souverain honoraire. Il ne voulut pourtant pas perdre ses droits acquis. La première donation, qui datait de 1297, fut renouvelée en 1304, par *Benoît IX*, successeur de *Boniface*, en faveur du roi d'Aragon, qui lui-même avait renouvelé son serment, et envoyé des ambassadeurs au pontife pour lui prêter foi et hommage. *Jacques*, quoique la cour de Rome lui eût accordé la dîme ecclésiastique pendant trois ans dans ses états d'Espagne, pour fournir aux frais de l'expédition, ne se trouva cependant point en mesure de la tenter. La formalité de l'investiture et de la prestation de l'hommage et du serment ayant été encore renouvelée en 1306, sous le pontificat de *Clément V*, une flotte aragonaise fut enfin dirigée, en 1307, vers la Sardaigne; mais cette tentative n'obtint aucun succès.

Cependant les Pisans et les Génois, qui se voyaient également menacés dans leurs domaines de Sardaigne par ce nouveau prétendant, conclurent une trêve de vingt-cinq ans, par laquelle était conservé l'état de possession actuel. La république de Pise, en son particulier, entretenait des négociations pour écarter l'orage, pendant que, pour faire diversion d'un autre côté, elle fournissait tout ce qu'elle pouvait de secours aux princes aragonais de Sicile. Quoique réduite par le fait à la province de Cagliari, elle affectait toujours de traiter le juge d'Arborée, son voisin, bien que devenu plus puissant qu'elle dans l'île, comme son vassal, et s'était réservé le droit, à chaque avénement, de donner son agrément au nouveau prince, de qui elle exigeait une redevance qu'elle fixait à son gré. *Mariano III*, juge d'Arborée, mourut, en 1321, sans enfants légitimes ; mais il avait un fils naturel, nommé *Hugues*, qui se mit en devoir, après la mort de son père, de s'emparer de l'autorité, malgré l'opposition des Pisans, fort irrités contre lui, sans qu'on sache trop pour quel motif, et qui n'y réussit complétement qu'après avoir payé le droit d'investiture, dont il paraît qu'il voulait se dispenser [1].

Hugues III, irrité de la conduite des Pisans à son égard, résolut d'en tirer vengeance. Le nouveau droit acquis au souverain d'Arragon sur l'île de Sardaigne, par la concession du pape, lui en of-

---

[1] M. *de Sismondi*, dans son Histoire des républiques italiennes du moyen âge, a commis, au sujet de ce juge d'Arborée, une méprise que je lui demanderai la permission de relever. Comme il n'a parlé de l'histoire sarde, dans ses rapports avec celle de Pise, que d'une manière accidentelle et secondaire, il n'a pas assez pris la peine de démêler la vérité parmi les fables des annalistes du temps. Il dit en propres termes que *le juge qui régnait en 1323 était* Hugues Bassi des Visconti, *bâtard de cette illustre maison de Pise, auquel la république, avant de consentir à effacer la tache de sa naissance, avait fait payer* 10,000 *florins pour prix de l'investiture de son fief, ce qui était cause de son profond ressentiment*. Je suis fâché de le dire, tout cela est un roman. Si la république était brouillée avec *Hugues*, ce n'était pas à cause de *la tache de sa naissance*, et elle avait certainement d'autres motifs. Il ne faut qu'ouvrir l'histoire du temps pour voir qu'on n'était pas alors si scrupuleux sur cet article. *Hugues* était bâtard de *Mariano III*, son prédécesseur, et n'appartenait en rien à la maison de *Visconti*, qui avait régné quelque temps dans la Gallura, et jamais à Oristano. C'est un bouleversement de mots assez curieux qui a induit en erreur M. *de Sismondi*. *Hugues* ne se nommait pas, comme il le croit, *Bassi di Visconti*, mais il était *visconte di Basso*, c'est-à-dire *vicomte de Basso*. C'était un titre qu'il ajoutait à celui de juge d'Arborée. La vicomté de *Basso* était un domaine qu'un mariage avec l'héritière titulaire avait fait entrer dans la maison d'Arborée près de cent ans auparavant.

frit l'occasion et les moyens. Il travailla secrètement, et avec la persévérance de la haine, à former une conspiration qui avait pour but de les expulser, et à faire entrer dans la ligue les *Malaspina*, seigneurs de Bosa, les *Doria*, seigneurs d'Alghero, et les grandes familles génoises possessionnées dans le nord de l'île. Plusieurs messages des conjurés avertirent le roi d'Arragon, à qui d'autres soins avaient ôté les moyens et peut-être la pensée de se prévaloir de sa bulle d'investiture, depuis plus de vingt-cinq ans qu'elle lui avait été accordée, que s'il voulait se présenter avec des forces suffisantes, il serait reçu à bras ouverts, et qu'il serait puissamment secondé.

Jacques II, fort aise de pouvoir se dédommager, par l'acquisition de la Sardaigne, de la perte de la Sicile, à laquelle il avait fallu se résigner, ne négligea pas cet avis officieux, et jugea que le moment d'agir était venu. Après avoir renouvelé sa prestation de foi et hommage au pape *Jean XXII*, récemment élu, il assembla les cortès à Girone, et y fit proposer et décréter les moyens d'exécution d'une grande expédition en Sardaigne. Le prince royal, l'infant *don Alonso* (Alfonse), chargé de diriger les opérations, partit des côtes de Catalogne, accompagné de sa femme *dona Teresa*, et suivi de la fleur de la noblesse et des plus braves guerriers de l'Aragon, de Valence et de la Catalogne.

Le juge d'Arborée, pour mieux tromper les Pisans et les faire tomber plus facilement dans le piége que sa perfidie leur avait tendu, les prévint de la découverte qu'il avait faite, en sa qualité de leur ami le plus dévoué, du but des préparatifs d'*Alfonse*; et, se faisant à leurs yeux un mérite de sa surveillance et de sa fidélité, il demanda à la république des secours qu'elle s'empressa de lui expédier. Il dissémina les hommes qu'on lui avait envoyés dans ses divers forts et châteaux, et au moment où il reçut la nouvelle de l'approche d'*Alfonse*, il fit impitoyablement égorger tous les Pisans, soldats, marchands ou voyageurs, qui se trouvaient dans ses états.

La flotte aragonaise, qui avait appareillé le 30 mai 1323 des côtes de Catalogne, mouilla le 13 juin suivant au cap San-Marco, en face d'Oristano. Elle se composait de soixante galères, armées en guerre, de vingt-quatre palandres et de deux cents bâtiments de transport. Elle portait à bord plus de vingt-cinq mille hommes d'infanterie et plus de trois mille de cavalerie, ce qui était pour cette époque une armée formidable. *Hugues* était absent. Il s'était déjà porté, avec son ami et son parent le vicomte *don Dalmazio Roccaberti* [1], dans les environs de Cagliari, pour commencer le blocus de

---

[1] M. *de Sismondi* fait encore un *Visconti* du vicomte *(visconte) don Dalmazio*.

cette place. A cette nouvelle, *Alfonse* fit voile pour l'île de Saint-Pierre, et alla jeter l'ancre dans le golfe de Palmas. Les troupes de débarquement furent campées dans les plaines de Sulcis. Le juge d'Arborée et les chefs de la ligue, réunis à lui, accoururent au-devant de l'infant, et firent hommage entre ses mains, au roi d'Aragon, de leurs terres, forteresses et domaines, dont en échange ils reçurent solennellement l'investiture au nom de ce même prince.

L'armée aragonaise, grossie des troupes sardes qu'avaient amenées *Hugues d'Arborée* et les seigneurs génois confédérés, se mit immédiatement en marche sur la ville d'Iglesias [1], dont les Pisans avaient fait une place très forte, et en fit le siége en règle. La garnison pisane d'Iglesias, sans se laisser effrayer par l'armée formidable qui venait l'attaquer, se défendit avec une extrême vigueur et lui opposa une résistance héroïque. Après plusieurs assauts vainement tentés, les Aragonais furent obligés de convertir le siége en un étroit blocus.

Les Pisans, instruits de ce qui se passait en Sardaigne, ne désespérèrent pas, malgré la trahison du juge d'Arborée, et malgré les embarras où ils se trouvaient eux-mêmes sur le continent, de défendre contre un ennemi puissant cette antique posses-

[1] Les annalistes pisans appellent Iglesias *Città di Chiesa.*

sion, à laquelle ils tenaient toujours, autant par politique que par point d'honneur. Menacés par la ligue Guelfe, assaillis à l'improviste par la maison d'Aragon, sans être en paix avec la maison rivale de Naples, les Pisans ne reculèrent pas devant le grand effort que leur commandait le salut de la Sardaigne. Ils armèrent à la hâte trente-deux galères, qu'ils envoyèrent dans le golfe de Cagliari; mais ce golfe était alors occupé par une flotte catalane supérieure en forces. L'amiral pisan s'estima heureux d'éviter le combat et d'effectuer sa retraite après avoir débarqué *Manfredi della Gherardesca* avec trois cents hommes de cavalerie allemande et quelque peu d'infanterie, qui se jetèrent dans la place.

Cependant l'armée aragonaise qui investissait Iglesias était en proie à d'affreuses maladies, qui la ravageaient et l'affaiblissaient tous les jours. Les chaleurs excessives qui l'avaient accablée dans une saison brûlante, les miasmes pestilentiels qui s'exhalaient des lieux marécageux, les fièvres endémiques qui règnent dans les parties basses de l'île à cette époque de l'année, et qui devaient avoir sur un si grand nombre d'hommes rassemblés l'action et l'effet des affections contagieuses, toutes ces causes réunies et dépendantes les unes des autres firent éprouver aux assiégeants des pertes considérables, qu'ils n'étaient point en état de réparer. Les historiens aragonais évaluent ces pertes à plus de douze mille hommes, c'est-à-dire presque la moitié de l'armée de siége. Les annalistes sardes supposent, avec quelque vraisemblance, que la vigoureuse résistance et les fréquentes sorties des assiégés, mieux acclimatés que leurs ennemis, furent pour une bonne part dans les pertes qu'éprouvèrent les troupes d'*Alfonse*. Quoi qu'il en soit, la garnison d'Iglesias, étroitement bloquée par des forces toujours bien supérieures, quoique fort diminuées depuis le moment de l'invasion, et réduite à une disette totale de vivres, fut obligée de capituler le 7 février 1324, après un siége de huit mois. Elle obtint tous les honneurs de la guerre, et eut la permission d'aller se joindre, avec ceux des habitants qui désirèrent la suivre, aux troupes qui défendaient Cagliari et son château.

Manfredi della Gherardesca était sorti quelque temps auparavant de cette dernière place, pour aller chercher à Pise de nouveaux secours. Il reparut le 25 février dans le golfe de Cagliari avec une flotte de cinquante-deux bâtiments, qui portaient environ deux mille cinq cents hommes. Il débarqua sans opposition à la pointe de l'étang de Cagliari, vers la Maddalena, et y fit sa jonction avec les troupes et les milices restées fidèles aux Pisans, qui lui amenèrent en outre quelques forts détachements de cavalerie sarde. L'infant, maître d'Iglesias, en avait fait réparer à la hâte les fortifications endommagées, et y laissant sa femme *doña Teresa*, avec une garnison respectable, il marcha sur Cagliari avec le reste de l'armée alliée, qui se composait des troupes aragonaises et de celles de *Hugues*, de *Roccaberti*, des *Doria* et des *Malaspina*. Arrivé à Quarto, il fit faire un camp retranché au lieu où est maintenant l'église de Buonaria, et sa flotte étant entrée dans la baie, il établit le blocus de Cagliari par terre et par mer. Le corps pisan, longeant l'étang de Cagliari, avait pris poste à Decimo, pour venir de là au secours des assiégés. *Alfonse*, informé de la marche des Pisans, quitta ses retranchements et vint au devant d'eux. Les deux armées se rencontrèrent le 28 février dans un lieu que *Zurita* appelle *Lucocisterna*, et qui n'existe plus sous ce nom [1]. On se battit long-temps avec un courage égal et avec un extrême acharnement. Les avantages furent d'abord balancés; mais la supériorité du nombre finit par prévaloir, et les Aragonais remportèrent une victoire complète. Les Pisans, mis en fuite, se rembarquèrent en désordre, et

---

[1] Il y a lieu de croire que *Lucocisterna* était à la pointe de l'étang de Cagliari, entre Masu et Assemini; et comme, au dire de *Zurita*, un grand nombre de vaincus se perdirent dans des boues marécageuses, il est permis de supposer que ce n'était autre chose que *Baosterra*, passage très dangereux, où le même malheur arrive tous les jours à ceux qui se sont égarés dans leur route, s'ils ne sont secourus à temps.

un grand nombre se noyèrent dans les marais fangeux qui environnaient le champ de bataille. Le chef de l'expédition, *Manfredi*, quoique blessé, parvint, avec cinq cents soldats environ, à entrer dans Castro (le château de Cagliari); le reste de son armée fut détruit. Les bâtiments de transport, qui accompagnaient sa flotte, tombèrent au pouvoir des Aragonais. On avait fait de part et d'autre des prodiges de valeur; l'infant, lui-même, qui avait été constamment à la tête des siens, et avait eu un cheval tué sous lui, fut un moment complétement cerné, et en danger d'être fait prisonnier; mais il fut secouru à temps, et reprit l'étendard royal, qui lui avait été enlevé.

Alfonse, après la victoire de *Lucocisterna*, retourna sous les murs de Cagliari, et en recommença le siége avec vigueur. *Manfredi*, à peine guéri de ses blessures, dirigea la défense de la place. Il tenta, pour faire diversion, une sortie sur les assiégeants. Il surprit leur camp et y jeta le désordre; mais bientôt les Aragonais victorieux l'environnèrent de toutes parts, et de cinq cents hommes qu'il commandait trois cents restèrent sur le champ de bataille. Atteint d'une blessure mortelle, ce brave et malheureux capitaine ramena dans Castro le reste de ses soldats, au milieu desquels il expira quelques jours après. Les assiégés, perdant tout espoir d'être secourus, et séduits d'ailleurs par les promesses que leur fit l'infant, prirent le parti de se rendre par capitulation. Le traité de paix, qui fut immédiatement signé, portait : que la république de Pise, faisant abandon de l'île entière au roi d'Aragon, conserverait la ville de Cagliari, son château, ses faubourgs et son port, comme fief de la couronne, et que tous les Pisans, dont les propriétés, de quelque nature qu'elles fussent, seraient scrupuleusement respectées, seraient considérés et traités, dans toutes les parties de l'île indistinctement, comme sujets aragonais. Ce traité est du mois de juillet 1324.

Alfonse, qui avait perdu beaucoup de monde dans cette longue et difficile campagne, avait pris le sage parti d'user de la victoire avec modération, et, pour rendre sa conquête plus solide et plus sûre, il avait fait un acte de bonne politique en accordant aux vaincus d'honorables conditions. Il profita des avantages de sa situation pour faire, de son ancien camp retranché de Buonaria, une place forte qui prit le nom d'*Aragonetta*, et qui, placée à l'entrée du port de Cagliari, le dominait tellement, que les vaisseaux, les vivres et les marchandises ne pouvaient plus y parvenir que sous le bon plaisir des Aragonais.

Dans cet état de choses, la paix ne pouvait pas durer long-temps ; aussi fut-elle rompue au bout de dix-huit mois. On ne sait pas précisément quels furent les agresseurs. Les Pisans se plaignaient de violences et d'insultes faites à leur pavillon ; les Aragonais accusaient, au contraire, les Pisans d'avoir violé les traités. Il en est toujours ainsi entre deux États qui désirent également la guerre, et à qui le moindre prétexte suffit pour la commencer. Il est vraisemblable que les uns et les autres furent également coupables d'agressions. Les Pisans devaient souffrir avec peine la perte d'une belle et antique possession, et l'humiliation à laquelle ils avaient été condamnés. Les Aragonais, de leur côté, ne pouvaient que voir de mauvais œil la capitale de la Sardaigne restée entre les mains de ses anciens maîtres, et il était naturel qu'ils désirassent de les en chasser entièrement. Quoi qu'il en soit, les Pisans, à qui l'épuisement, que leur avaient occasioné leurs précédentes défaites, ne permettait pas de rentrer seuls en campagne, eurent recours aux Provençaux, et aux Gibelins génois, qui, réfugiés à Savone, faisaient des armes leur unique métier. Une flotte pisane de trente-deux galères, sous les ordres de *Gaspard Doria*, parut tout à coup dans le golfe de Cagliari, où elle rencontra la flotte aragonaise, commandée par l'amiral *Carros*. Un combat furieux s'engagea le 29 décembre, et dura plusieurs jours avec des succès balancés et avec un acharnement opiniâtre. *Zurita* raconte qu'un bâtiment aragonais se défendit pendant plus de huit heures contre dix-sept galères pisanes, repoussa huit fois l'abordage, et qu'après en avoir démâté trois, coulé une à fond, et leur avoir tué plus de deux cents hommes, il rentra triomphant au port, n'ayant perdu qu'un seul homme, et avec quarante blessés. Comme cet historien parle ici de ses compatriotes, il ne faut le croire qu'avec précaution. Ce qui est indubitable, c'est que la fortune se déclara encore une fois contre les Pisans. Sept de leurs galères furent prises, ils perdirent un grand nombre de soldats et de matelots, et le reste de la flotte se retira désemparé et hors de service. Après ce succès décisif, l'amiral mit à terre ses troupes de débarquement. Les Aragonais poussèrent le siège avec une nouvelle vigueur, et parvinrent à prendre d'assaut un faubourg fortifié, où ils égorgèrent tout ce qu'ils purent rencontrer. Les assiégés, n'ayant plus ni argent, ni vivres, ni espoir de secours, se décidèrent à capituler. Ils furent libres de sortir avec tous leurs effets, et de se retirer où bon leur semblerait. Le château de Cagliari, dernière possession de la république de Pise en Sardaigne, fut livré aux Aragonais. Des députés pisans furent envoyés à Barcelone, où l'infant *don Alfonse* était retourné depuis quelque temps, et dans le mois de mai de l'année 1326 fut signé le traité par lequel la république abandonnait, sans aucune réserve, la Sardaigne au roi d'Aragon. Il y eut de part et d'autre un échange de prisonniers. Il fut convenu que la couronne d'Aragon succéderait à tous les droits de la république de Pise, dont la domination sur cette île finit ainsi pour jamais, après avoir duré trois cent soixante-seize ans.

CHAPITRE XXXII.

Le roi d'Aragon punit et récompense. — Il comble de faveurs le juge d'Arborée, qui devient maître du tiers de l'île. — *Mariano IV*, successeur de *Hugues III*, trahit ses bienfaiteurs, et se met à la tête d'une ligue qui a pour but de les chasser de l'île. — *Alfonse* meurt. — La Sardaigne est au moment d'échapper aux Aragonais. — *Don Pèdre IV*, son successeur, vient en Sardaigne. — Il y établit le régime constitutionnel. — Il fait l'ouverture du parlement des Cortès. — Il donne des lois sages, et rétablit l'ordre et la tranquillité. — Le règne de *don Pèdre* est une époque heureuse pour la Sardaigne. — Il est obligé de la quitter pour retourner en Aragon. — De 1326 à 1355.

Le roi d'Aragon, devenu par le droit de la conquête et par la force des traités souverain légitime de la Sardaigne, s'occupa d'en soumettre successivement toutes les parties à sa domination. Aidé des Sardes méridionaux, disposés dès le principe à une obéissance passive envers leurs nouveaux maîtres, il commença par réduire les feudataires qui tenaient encore le parti des Pisans, et les familles génoises qui, n'ayant pas suivi les errements politiques des *Doria* et des *Malaspina*, voyaient avec répugnance l'établissement du nouvel ordre de choses. Mais la cour d'Aragon, qui ne manquait pas d'habileté, multiplia le moins qu'elle put les exemples de rigueur; elle sentit qu'il y allait de son intérêt de se ménager l'influence et l'autorité des seigneurs héréditaires dans un pays à demi sauvage, où le peuple n'était rien. Elle chercha plus à les gagner qu'à les dompter, et y réussit assez bien. On vit long-temps encore les noms des familles pisanes figurer dans les fastes de la Sardaigne.

Le roi d'Aragon combla surtout de ses faveurs et des marques de sa reconnaissance le juge d'Arborée, qui lui avait ouvert les portes de la Sardaigne. *Hugues III* était, au moment de sa mort, qui arriva en 1329, maître du tiers de l'île. Ses fils et ses successeurs, *Pierre III* et *Mariano IV*, furent constamment traités par les rois d'Aragon avec la plus grande distinction, et considérés comme infants. Le mariage de *Mariano* avec *Timbora de Roccaberti*, négocié par *Alfonse*, fut l'occasion de fêtes magnifiques données à la cour de Sarragosse. Le roi se rendit expressément de Tortose à Valence, pour assister au mariage de *don Pedro d'Exerica* avec la fille de *Hugues III*, *Bonaventure d'Arborée*, et il traita les jeunes époux comme ses propres enfants.

Alfonse IV, qui avait remplacé son père, le roi *Jacques*, sur le trône d'Aragon, ne borna point à ces démonstrations et à un vain cérémonial sa gratitude et son amitié pour la maison d'Arborée. Il donna les mains à l'accroissement de la puissance effective du juge *Mariano*, qu'il regardait comme son fils adoptif, et le mit en possession de plusieurs domaines importants dans les provinces de Cagliari et de Logudoro.

Enorgueilli de sa grandeur, *Mariano IV* conçut des idées d'ambition, et ne tarda guère à se montrer aussi ingrat envers ses bienfaiteurs et ses amis, qu'aurait pu l'être un prince plus civilisé que lui. Il forma le projet de se faire proclamer roi de l'île entière, comme l'avait fait son aïeul *Barisone*, et d'en chasser les Aragonais, que son père y avait appelés. *Mariano* était un homme peu ordinaire. La force de son caractère le rendait capable de tenter les entreprises les plus difficiles, et il trouvait dans l'activité de son esprit et dans l'étendue de ses vues, les moyens de les mettre à exécution. Il forma contre les Aragonais une ligue dans une direction inverse de celle que son père avait organisée en leur faveur contre les Pisans. Il y fit entrer, comme avait fait ce dernier, les *Doria* et les *Malaspina*, seigneurs richement possessionnés dans le nord de l'île, sur lesquels il exerçait une grande influence, et qui s'étaient laissé persuader par lui que le voisinage de ces nouveaux venus leur était insupportable. Il contracta en même temps une alliance avec les Génois, qui avaient alors une belle marine, et qui ne demandaient pas mieux que de s'immiscer toujours dans les affaires de la Sardaigne.

La levée de boucliers du juge d'Arborée fut le signal d'une guerre de terre et de mer qui dura pendant un assez grand nombre d'années. La mort du roi *Alfonse IV*, arrivée en 1336, et la peste qui ravagea l'île en 1348, n'arrêtèrent pas les fureurs des parties belligérantes. Les confédérés sardes s'étaient rendus maîtres de presque toute l'île, et les Aragonais étaient à peu près réduits à la capitale et à sa banlieue, quand le roi d'Aragon, *don Pèdre IV*, envoya contre la Sardaigne, en 1353, une expédition de cinquante-quatre voiles, sous les ordres du capitaine-général *Bernard de Cabrera*, auquel il donna, pour récompense de ses succès présumés, la vicomté de Basso, partie intégrante des domaines de la maison d'Arborée, dont il était plus difficile de la détacher qu'il ne l'avait été d'en faire un cadeau. *Cabrera* fit une première campagne assez heureuse. Il battit les confédérés dans le Logudoro, qu'il purgea presque entièrement ; et ayant confisqué les biens des principaux chefs ennemis, il les partagea entre les officiers de son armée qui s'étaient le plus distingués. Il chassa même de Castel-Genovese (depuis Castel-Aragonese) les *Doria*, dont cette place forte était la résidence habituelle. Mais l'année suivante, en 1354, la ligue sarde reprit tous ses avantages, et elle se trouva de nouveau maîtresse de l'île entière, à l'exception des villes de Sassari et de Cagliari, qui étaient restées fidèles au roi d'Aragon. Ses troupes, au nombre de huit mille hommes, s'avancèrent jusque sous les murs de cette dernière ville ; mais un échec les y attendait. *Bernard de Cabrera*, qui s'y était concentré avec un corps d'élite, battit complétement les généraux du juge d'Arborée, *Pierre Serra* et *Azon de Busquis*, et leur tua quinze cents hommes.

Le roi *don Pèdre*, informé des troubles qui désolaient la Sardaigne, résolut de s'y rendre en personne, et partit le 15 juin 1354 avec une escadre de plus de cent voiles, dix mille hommes d'infanterie et quinze cents chevaux. Il débarqua le 21 à Porto-Conte. Il laissa à bord sa femme, la reine *Éléonore*, qui l'avait accompagné, et se porta avec son armée sur Alghero, dont il fit le siége, et où il établit sa résidence après avoir soumis les rebelles. *Don Pèdre* sentit qu'un régime stable et uniforme, qui ferait participer à la législation les hommes appelés par leur position, par leur fortune, et par les vœux des habitants, à connaître les besoins du peuple, qu'il voulait compter pour quelque chose, serait le plus propre à faire succéder l'ordre public aux calamités produites par l'ambition des petits princes, aux exactions des tyrans subalternes et aux fureurs de la guerre civile. Il exprima l'idée que la loi qui régit les nations doit être écrite, pour qu'on puisse veiller

à son exécution précise et littérale. Ce prince
éclairé jugea assez bien du peuple sarde de cette
époque pour ne pas le regarder comme indigne
de la noble institution qu'il lui donnait. Il en avait
trouvé le modèle dans les constitutions de ses
états d'Aragon, dont elle faisait le bonheur et
la gloire. *Don Pèdre* se rendit par mer, vers la
fin de décembre, à Cagliari, où il fut reçu avec
des transports de joie, et il convoqua le *parlement
général des cortès*, divisé en trois ordres, après
avoir établi, par un édit royal, le système et les
formes d'élection [1]. Cet édit, écrit en latin et in-
séré aux registres de la ville de Cagliari, est un
monument qui n'honore pas moins ce prince que
ses contemporains.

C'est le 15 avril 1355, jour de la fête de Pâques,
que la nouvelle constitution de la Sardaigne fut
proposée à ses représentants, signée par les députés des trois ordres, et solennellement jurée.

Parmi les utiles travaux et les sages mesures
d'administration publique qui occupèrent cette
première session du parlement de Sardaigne, on
distingue la loi qui obligeait à résidence les seigneurs catalans, aragonais et valenciens possesseurs de fiefs dans l'île, et leur interdisait expressément la faculté de se faire représenter par des

[1] On donnera plus loin une idée succincte de la constitution politique de la Sardaigne.

fondés de pouvoirs. Il semble que le parlement de 1355 ait prévu tous les maux que ferait à la Sardaigne l'absence des feudataires, et dont l'accabla l'inobservation abusive, introduite par la suite des temps, de cette mesure de prévoyance.

Une autre disposition législative, remarquable par sa haute sagesse, signala encore la politique du roi *don Pèdre*. Il fut défendu, sous des peines sévères, à tout habitant du royaume, de quelque état et condition qu'il fût, de léguer, ni par testament, ni par donation, à l'article de la mort, aux églises et main-mortes, aucun fief ou propriété immobilière, provenant soit du souverain, soit des nobles barons, soit indistinctement de tout particulier quelconque; et il fut interdit aux notaires de stipuler de semblables contrats, sous peine de nullité.

Don Pèdre, après avoir fait la clôture de la première session du *parlement des Cortès*, se disposait à retourner en Espagne; mais le juge d'Arborée, infidèle observateur des traités, excita de nouveaux troubles qui nécessitèrent sa présence. Il parvint cependant, par des moyens de conciliation et par sa volonté ferme, à rétablir à peu près la tranquillité dans ce pays. Les dissensions ne tardèrent malheureusement pas à renaître, et *don Pèdre*, occupé des soins que lui donnait la guerre qu'il faisait au roi de Castille, ne fut plus en mesure d'interposer, pour les calmer, ni l'autorité royale ni l'influence de son caractère.

Le roi *don Pèdre,* qui eut le mérite de fonder le système représentatif dans l'île de Sardaigne, en fut le bienfaiteur et le père. Ce prince, à qui les annales de son pays n'ont conservé que le ridicule surnom de *Cérémonieux,* était digne, par ses actions et ses qualités, d'en recevoir un autre, que lui eût décerné la reconnaissance publique. Son avénement fut une véritable époque de restauration. Il a laissé une mémoire honorée, et l'histoire de ses institutions et de ses bienfaits vit encore dans le souvenir des habitants de la Sardaigne.

CHAPITRE XXXIV.

Mariano IV, opiniâtre dans sa haine pour la maison d'Aragon, renoue des intrigues et continue la guerre. — Il se flatte de faire déposséder *don Pèdre* par le pape *Urbain V*, et de se faire déclarer par la cour de Rome roi de l'île entière. — Il meurt, laissant son fils *Hugues IV* héritier de son trône et de ses projets d'ambition. — *Hugues* se montre le digne fils d'un père aussi entreprenant. — Le duc d'Anjou, qui fait la guerre au roi d'Aragon et veut lui susciter des ennemis, recherche l'alliance du juge d'Arborée. — Relation d'une singulière ambassade. — Cérémonial de la cour d'Oristano. — Diplomatie brutale du prince sarde. — De 1356 à 1378.

MARIANO, qui avait juré une haine à mort à la maison d'Aragon, profita de l'éloignement du roi *don Pèdre* pour recommencer ses intrigues, lui susciter des ennemis, et rallumer partout le feu de la guerre. Une trêve conclue en 1356, par la médiation de l'archevêque d'Oristano et de l'évêque d'Alès, ne fut pas de longue durée ; les hostilités continuèrent de part et d'autre, sans rien amener de décisif, jusqu'en 1360. C'est le 27 mars de cette année, que le marquis *de Montferrat*, appelé comme arbitre entre le roi d'Aragon et la maison *Doria*, qui lui avait remis en dépôt la ville d'Alghero, prononça une sentence qui déboutait cette dernière de la plus grande partie de ses prétentions. Le roi d'Aragon n'avait pas assez de moyens de faire exécuter cette sentence arbitrale, pour empêcher les parties adverses de l'interpréter comme elles l'entendraient et suivant leur bon plaisir. Le juge d'Arborée, pour sa part, n'en tint guère compte. Il négociait pendant ce temps-là avec le pape *Urbain V,* pour faire retirer au roi d'Aragon et se faire donner à lui-même l'investiture du royaume de Sardaigne. Le pape, irrité contre *don Pèdre,* qui avait osé, par un édit, mettre la main sur les revenus des cardinaux et des autres ecclésiastiques espagnols absents, ne demandait pas mieux que de saisir l'occasion qui se présentait de se venger et de le punir. On vit le moment, en 1364, où le roi d'Aragon serait dépossédé de la Sardaigne par le saint siége, qui l'en avait investi en 1297, et où la couronne allait être placée sur la tête du juge d'Arborée.

Mariano n'eut pourtant pas cette satisfaction. Il fallut qu'il se dédommageât des mécomptes de sa politique en faisant aux Aragonais et aux Catalans tout le mal qu'il pouvait leur faire. Il y avait si bien réussi, et la garnison de Cagliari avait été tellement harcelée par lui et serrée de si près, que le gouverneur, réduit au désespoir, avait résolu de mettre le feu à la place et de la lui livrer en cendres. Pour comble de malheur, *Hugues,* fils de *Mariano,* tenait la mer avec un certain nombre de galères, et interceptait tous les secours. Une flottille catalane, aux ordres de *Fr. d'Aversa*, parvint cependant à rompre la ligne, et ravitailla les châteaux et les forts.

L'événement le plus heureux qui pût arriver à l'Aragon, dans ces circonstances, était d'être délivré d'un si terrible ennemi. La fortune lui donna cette consolation. *Mariano* mourut, en 1376, après avoir mené une vie très active et très agitée, qui lui avait cependant laissé le temps de faire quelques lois utiles, et en léguant à *Hugues*, son fils et son successeur, ses projets, son ambition et ses haines.

Hugues IV, en succédant à son père *Mariano*, hérita de son aversion pour la maison d'Aragon, et ne continua pas avec moins d'ardeur que lui la guerre dans laquelle il se trouvait engagé. L'état d'Arborée était alors arrivé à son plus haut degré d'importance militaire. *Hugues* était un prince assez considérable pour que des souverains étrangers recherchassent son alliance et son amitié. C'est à cette époque que le duc d'Anjou, ennemi et rival du roi d'Aragon, lui envoya consécutivement deux ambassades qui avaient pour objet de l'attacher de plus en plus au parti de la guerre, et de l'engager à la poursuivre avec une vigueur nouvelle, pour l'intérêt commun. La relation de cette dernière, qui se trouve dans les Extraits des Manuscrits de la Bibliothèque du Roi, est une peinture trop curieuse des mœurs de l'époque, dans un pays jusqu'ici inconnu, pour que je me refuse de la mettre sous les yeux du lecteur.

Le duc d'Anjou dont il est ici question était *Louis I*[er], second fils du roi de France *Jean*, et frère de *Charles V*, dit *le Sage*. C'est lui qui fut régent en France pendant la minorité de *Charles VI*, son neveu, et qui ayant été adopté et appelé au royaume de Naples par la célèbre *Jeanne I*[re], veuve du dernier roi de Mayorque [1], ne put arriver assez tôt pour le secourir, et mourut misérablement en 1384. L'ambition de ce prince entreprenant fut toujours de chercher un établissement hors de la France, et de s'élever au rang des rois. Mais la fortune s'était déclarée contre lui. Il fut la tige de cette seconde maison d'Anjou, qui, malgré tant d'efforts, ne put jamais s'affermir sur le trône de Naples.

Louis d'Anjou, croyant avoir des droits acquis au royaume des Iles Baléares (Mayorque et Minorque), possédé depuis un siècle par la branche cadette de la maison d'Aragon, fit tous ses efforts pour les faire valoir. Comme il prévoyait avec raison que le roi d'Aragon, maître de ces états, ne consentirait pas à s'en dessaisir, et ne res-

---

[1] Ce roi de Mayorque, *Jacques*, était un aventurier, négligeant toujours, dit M. Gaillard, les couronnes qui s'étaient offertes à lui, pour courir après celles qui lui échappaient.

pecterait pas plus les prétendus droits d'un prince étranger, qu'il devait regarder comme un usurpateur, qu'il n'avait respecté les droits héréditaires et légitimes de son beau-frère et de son neveu, dépouillés par lui, il voulut avoir recours, pour y parvenir, aux négociations et à la force des armes. *Avec l'aide de Dieu,* disait-il dans une de ses dépêches, *monsieur d'Anjou a intention et propos de poursuir son droit par voie gracieuse et amiable premièrement, et se par icelles ne le povait avoir, par voie de fait et de guerre le plus tôt et hastivement, puissamment et efforcément qu'il pourra.*

C'est dans ce double but et dans l'intention de susciter au roi d'Aragon des ennemis qui fussent en mesure, par leur position et leur politique, de lui faire une guerre active et utile, qu'il envoya, en 1377, des ambassadeurs [1] à *Henri,* roi de Castille, à *Jean,* roi de Portugal, et à *Hugues,* juge d'Arborée.

Les envoyés du duc d'Anjou réussirent à conclure, avec le prince sarde, un traité qui était resté sans exécution, non par la faute de ce dernier, comme on va le voir, mais par la mauvaise foi de son allié. La nécessité des circonstances força le

---

[1] Ces négociateurs envoyés ainsi à diverses cours par le duc d'Anjou sont nommés, dans les relations latines, *ambaxiatores*, et en français quelquefois *ambassadeurs*, mais le plus souvent *messagers*. Il ne paraît pas qu'on fît de différence entre les ministres du duc d'Anjou et ceux qu'envoyait directement le roi son frère.

duc d'Anjou à envoyer, dans le mois d'août 1378, au juge d'Arborée une seconde ambassade, composée de *Migon de Rochefort*, seigneur *de la Pomarède*, et de *Guillaume Gayan*, ses conseillers.

C'est cette relation, écrite en latin, qui faisait partie des manuscrits de *Baluze*, dont l'extrait se trouve dans les notices des manuscrits de la Bibliothèque du Roi [1]. On doit cet extrait à feu M. *Gaillard*, de l'académie des Belles-Lettres, l'un des commissaires nommés pour le choix et pour la rédaction des notices. On me saura sans doute gré de le laisser parler lui-même, dans l'analyse qu'il fait de la relation des sieurs *Gayan* et *de la Pomarède*. Je n'ai pu cependant laisser passer quelques erreurs de mots et de noms, qui ont dû lui échapper, parce qu'il ne s'était pas occupé de l'histoire spéciale de la Sardaigne [2].

[1] C'est en 1785 que l'on conçut la noble et généreuse idée de révéler à la France des richesses qu'elle possédait sans les connaître, et de faire jouir l'Europe entière de ce que pouvait fournir à l'histoire et à la littérature l'immense et précieuse collection des manuscrits de la Bibliothèque du Roi. On doit ce bel établissement à la munificence éclairée du roi *Louis XVI* et au zèle de son ministre, M. le baron *de Breteuil*. Ce travail fut confié à l'académie des Belles-Lettres, qui se chargea de cette commission avec autant de reconnaissance que d'ardeur, et parmi les membres de laquelle le roi nomma pour commissaires MM. *de Guignes, de Bréquigny, Gaillard, de la Porte-du-Theil, de Villoison, de Keralio, de Vauvilliers et Silvestre de Sacy*, le seul de ces savants académiciens que les lettres aient conservé jusqu'à ce jour. Le Ier volume, sorti des presses de l'Imprimerie royale en 1787, et d'où est tiré l'extrait de M. *Gaillard*, est précédé d'un excellent Essai historique sur l'origine des caractères orientaux de l'Imprimerie royale, par M. *de Guignes*.

[2] Une de ces erreurs est d'avoir pris le nom d'*Arborea*, qui était le titre

Cette *ambassade*, puisqu'on la nomme ainsi, dans le succès de laquelle on avait sans doute une grande confiance, et qui finit par une cruelle mystification, est un des plus singuliers épisodes de l'histoire de Sardaigne. Un petit prince, ignoré du reste de l'Europe, qu'on devait supposer très honoré par une proposition d'alliance avec de puissants souverains; qui oppose aux finesses de la diplomatie sa fierté sauvage, au manque de foi de ses brillants amis sa grossière loyauté, au luxe des cours du continent sa simplicité insulaire; qui en appelle à son peuple assemblé, et qui dédaigne les formes les plus communes de la politesse dans l'expression de sa colère : voilà certes un spectacle aussi nouveau et aussi piquant, qu'il est intéressant et dramatique.

« Les ambassadeurs partirent le 5 août d'Avignon, le 23 de Marseille; et après une route qui n'était pas sans dangers, à cause des pirates dont la Méditerranée était infestée, ils arrivèrent le 28 au port de Bosa en Sardaigne, d'où ils envoyèrent à Oristano, séjour du juge d'Arborée, pour lui annoncer leur arrivée. Il était trop tard lorsqu'ils se

---

de la principauté de l'un des quatre juges de la Sardaigne, pour celui d'une ancienne ville qui n'a jamais existé. M. *Gaillard* se trompe aussi quand il donne au juge d'Arborée le titre de vicomte de *Bosa*. Bosa n'était pas une vicomté; c'était *Basso* qu'il fallait dire. Cet académicien est d'ailleurs sujet, comme beaucoup d'écrivains français, à estropier les noms étrangers. Il écrit *Orestagni* pour *Oristano*, et *Algery* pour *Alghero*.

présentèrent pour entrer dans la ville de Bosa; le podestat et les anciens leur déclarèrent qu'il était impossible de les y introduire; que les défenses du juge d'Arborée à cet égard étaient trop expresses pour être enfreintes sous aucun prétexte; que la crainte des corsaires catalans, qui croisaient sans cesse dans ces parages pour nuire aux habitants de la Sardaigne, rendait cette précaution nécessaire. Le 30 ils arrivèrent à Oristano, dont les gardes leur fermèrent la porte, en leur déclarant qu'ils ne pouvaient entrer sans un ordre exprès du prince-juge. La porte s'étant ouverte plus d'une heure après, ils entrèrent, et allèrent dans une hôtellerie, où sur le soir un officier du palais, nommé *don Pal*[1], accompagné de quatre massiers et d'environ une vingtaine d'hommes armés d'épées, vint les prendre pour les mener à l'audience du prince ou juge. Ils le trouvèrent couché sur une espèce de petit lit de repos, ayant des bottines de cuir blanc, à la manière des Sardes (*more sardico*); la chambre ni le lit, qui était d'une très petite dimension, n'offraient à la vue aucune espèce d'or-

---

[1] Cet officier était probablement de la famille des *Pali*, et alors la qualification de *don* eût dû précéder le prénom, ce qui est de rigueur dans les langues italienne et espagnole, et dans leurs dérivés ou dialectes. C'est comme celle de *sir* chez les Anglais. Mais l'usage étant établi, en France, de faire précéder du titre *don* le nom propre, et non le prénom, quand il s'agit des religieux de certaines congrégations, nous avons pris, de temps immémorial, l'habitude de traiter les Italiens et les Espagnols comme des bénédictins, ce qui leur paraît toujours ridicule.

nement. Il avait avec lui un évêque, son chancelier, qu'il fit sortir. Ce juge d'Arborée était un fier et sauvage insulaire, qui n'entendait rien à la politique des princes de l'Europe, qui regardait tout traité comme un engagement sacré, qui ne savait pas qu'il y en a qu'on fait par précaution et à tout événement, et sur l'exécution desquels personne ne compte que d'après les intérêts et les circonstances; qu'on traite d'un côté avec ses amis pour obtenir du secours contre ses ennemis, et de l'autre avec ses ennemis pour se passer du secours de ses amis et se dispenser de leur en fournir. Le duc d'Anjou, par des traités précédents, avait fait quelques promesses qu'il n'avait pas tenues; le juge d'Arborée le reprocha durement aux ambassadeurs : « Je suis très mécontent de votre maître, leur dit-il,
» c'est un parjure; il a manqué à sa parole. N'est-il
» pas bien indécent que le fils d'un roi n'observe
» pas ce qu'il a promis et juré? Il m'a fait tort, il
» a tiré de mon île, à la faveur de notre alliance,
» des arbalêtriers et d'autres guerriers qui m'étaient
» nécessaires; il n'en a fait aucun usage pour notre
» cause commune, et il m'a empêché de pousser
» la guerre contre le roi d'Aragon aussi vigoureu-
» sement que je l'aurais fait. Il traitait avec lui
» pendant qu'il s'alliait avec moi. Ce roi d'Aragon
» m'a aussi envoyé des ambassadeurs pour traiter
» de la paix; je ne les ai pas seulement voulu

» voir. Je ne sais ce que c'est que de traiter avec
» mes ennemis au préjudice de mes amis. »

Les ambassadeurs un peu étourdis de ce ton, auquel ils n'étaient pas accoutumés, répondirent que leurs instructions contenaient des réponses satisfaisantes à ces reproches : « Eh bien ! dit-il, donnez-
» m'en copie, ainsi que de vos pouvoirs ; je vous
» ferai ma réponse en peu de mots, et vous expé-
» dierai en peu de temps. »

Le duc d'Anjou avait envoyé précédemment au juge d'Arborée une ambassade qui avait conclu avec lui contre le roi d'Aragon un traité d'alliance, ratifié par le duc d'Anjou *pour amour et honnor dudit seigneur juge, combien qu'il y eust articles bien chargeans (articuli bene onerantes)*, mais resté jusqu'alors sans exécution. Il alléguait pour raison et pour excuse de ce délai, dans les instructions des nouveaux ambassadeurs, 1° des négociations entamées à Bruges, pour la paix entre la France et l'Angleterre, négociations dont il attendait l'issue pour pouvoir se livrer entièrement et uniquement aux affaires de l'Aragon, objet de son alliance avec le juge d'Arborée ; 2° des négociations que le roi de Castille l'avait forcé de lui laisser entamer avec le roi d'Aragon, sur les objets des demandes du duc, négociations que le duc n'eût jamais poussées jusqu'à traiter avec le roi d'Aragon sans le juge d'Arborée, mais dont il voulait tirer le fruit, qu'il en a tiré en effet, d'intéresser à la cause commune, par l'exposition amiable de ses droits, les rois de Castille et de Portugal. C'est ce qu'il voulait être en état d'annoncer au juge d'Arborée avant de lui envoyer cette seconde ambassade.

S'il n'a pas encore commencé la guerre contre l'Aragon, ces négociations avec le roi de Castille en sont en partie la cause ; mais, de plus, le roi de France, son frère, l'avait prié de ne point s'engager dans cette guerre, tant que durerait celle qui se faisait alors contre les Anglais. Obligé d'obéir à son roi et de servir son frère, le duc d'Anjou avait été occupé, l'année dernière, à la conquête d'une partie de la Guyenne sur les Anglais, et le roi de Navarre [1] ayant depuis secondé les ennemis de l'état par ses crimes et ses trahisons, le duc d'Anjou avait été occupé, cette année, à lui enlever Montpellier et ses dépendances. Mais enfin, quelque chose qui arrivât, il était résolu de commencer la guerre contre le roi d'Aragon en 1380. S'il prenait un si long terme, c'était pour s'y mieux préparer, et même il abrégerait ce terme et commencerait la guerre dès l'année prochaine, en 1379, si le juge d'Arborée le désirait. Enfin, il lui annonçait, comme à son ami et à son allié, que dans

---

[1] Ce roi de Navarre était *Charles-le-Mauvais*, qui avait essayé de faire empoisonner le roi de France *Charles V*, et dont les complices furent exécutés aux halles de Paris.

l'intervalle des deux ambassades il lui était né un fils (le 7 octobre 1377), et il lui offrait ce fils pour sa fille. Il ne lui cachait pas que le roi de Castille le lui avait demandé pour la fille du duc de Girone, fils du roi d'Aragon, et qu'il avait voulu faire de ce mariage le gage de la réconciliation du duc d'Anjou avec le roi d'Aragon. Beaucoup d'autres puissants princes lui avaient demandé son fils pour leur fille; mais c'était au juge d'Arborée qu'il donnait la préférence pour la sienne. En effet, ces nouveaux ambassadeurs étaient munis de pouvoirs, non-seulement pour confirmer et renouveler les alliances, mais encore pour contracter ce mariage. Une telle proposition devait, selon les apparences, flatter sensiblement un petit prince, qui n'était pas même compté parmi les princes de l'Europe, et que les rois d'Aragon regardaient comme un aventurier et comme un rebelle; elle ne le flatta cependant point du tout. Il répondit :

« Cette proposition n'est dans votre intention
» qu'une fourberie nouvelle, et elle n'est en elle-
» même qu'une dérision et un ridicule; ma fille
» est nubile, votre fils n'a pas un an; je prétends
» marier ma fille de mon vivant, et voir ses enfants
» qui feront ma consolation et ma joie, et non at-
» tendre les vents qui doivent souffler un jour
» (*et non expectare futuros ventos*). «

Quant aux autres propositions contenues dans

les instructions des nouveaux ambassadeurs, voici quelle fut la réponse du juge d'Arborée :

« J'ai donné ordre qu'on fît voir aux nouveaux
» ambassadeurs les articles arrêtés et jurés par les
» premiers, en présence du peuple, dans la cathé-
» drale d'*Oristano*, afin qu'ils eussent connaissance
» des dommages et intérêts et des autres peines
» auxquelles le duc d'Anjou s'est soumis en cas
» d'infidélité ; je saurai, en temps et lieu, lui re-
» demander ces dommages et intérêts, et lui faire
» subir les peines qu'il a encourues. J'ai vu ses
» fausses et frivoles excuses, et ses offres nouvelles
» d'entrer en guerre avec l'Aragon. En tout cas,
» peu m'importe ; que chacun fasse ses affaires de
» son côté, sans toutes ces frauduleuses alliances.
» Les Aragonais et les Catalans sont mes ennemis ;
» je leur fais la guerre, avec honneur, depuis qua-
» torze ans, soit pour mon père, soit pour moi-
» même, sans autre secours que celui de Dieu, de
» la bienheureuse Vierge Marie, de mon droit et
» de mes sujets sardes ; je la continuerai sans autre
» secours. Je ne trompe personne, et on ne me
» trompe pas deux fois; je n'ai besoin ni du duc
» d'Anjou, qui, s'étant montré une fois parjure,
» est présumé l'être toujours, ni d'aucune autre
» puissance. Que les princes se trompent les uns
» les autres, puisque ce jeu les amuse, je ne veux
» d'alliance avec aucun d'eux ; je suffis seul à ma

» défense et à ma vengeance. Que le duc d'Anjou
» songe donc, non à s'allier avec moi, non à don-
» ner à ma fille un enfant pour mari, mais à me
» dédommager convenablement de l'inexécution
» du traité; sinon j'en porterai mes plaintes, et
» j'en demanderai justice à tous les princes et à tous
» les peuples du monde, non pour implorer leurs se-
» cours, mais pour faire connaître ce prince tel qu'il
» est, et pour que toutes les puissances de la terre
» sachent comme il se joue de la foi des traités. »

La réponse finit par ces mots : *Et hæc est responsio dicti domini judicis.*

A cette réponse était jointe une lettre que voici, adressée au duc d'Anjou : « J'ai vu vos ambassadeurs,
» ils m'ont fait part de vos frivoles excuses, je leur ai
» fait remettre ma réponse, et j'ai pris la précaution
» de faire enregistrer le tout dans ma chancellerie. »

A la dureté des réponses le juge d'Arborée joignit la dureté des procédés à l'égard des ambassadeurs. Ceux-ci, ayant remis leurs papiers au juge, attendaient tranquillement sa réponse au palais archiépiscopal, où le juge les avait fait loger et traiter honorablement. Le mardi, dernier jour d'août, deux massiers et deux sergents ou domestiques, armés d'épées et portant la livrée du prince, vinrent leur dire, dans la langue du pays (*in eorum sardesco*), que monsieur le juge les mandait. Arrivés dans la grande cour du palais, ils la trouvent remplie d'un peuple immense, au milieu duquel on distinguait un évêque, frère mineur, entouré d'autres frères mineurs, une multitude de prêtres et de moines, et quantité de domestiques à la livrée du prince. Les ambassadeurs voulurent se tirer de la foule et passer, comme la veille, de cette grande cour extérieure dans la petite cour intérieure, qui menait à la chambre du juge; on leur ferma brusquement la porte, et ils furent obligés d'attendre dans la première cour, confondus parmi le peuple. Au bout d'un certain temps, la porte s'ouvrit, et ils virent paraître l'évêque chancelier, tenant un papier à la main, et assisté d'un notaire ou secrétaire, qui portait aussi divers papiers. Avec eux était aussi *don Pal*, cet officier du palais, qui, la veille, avait introduit les ambassadeurs dans la chambre du juge, le podestat, et à leur suite un grand nombre de massiers, de sergents et domestiques du juge. L'évêque, élevant la voix pour être entendu de toute l'assemblée, s'écria dans la langue du pays (*in eorum sardesco*) : « Bonnes gens (*bonœ gentes*), monsieur le juge vous a fait assembler ici, pour vous faire connaître l'inconstance et l'infidélité du duc d'Anjou, en présence de ses nouveaux ambassadeurs, qui pourront aussi-bien que vous faire la comparaison du passé avec le présent. Voici le traité dont vous avez entendu les premiers ambassadeurs jurer solennellement l'exécution dans l'église de Sainte-Marie. Il est possible que les nouveaux ambassadeurs n'en aient pas connaissance ; c'est pour cela que nous avons voulu le lire en leur présence. Voici ensuite la nouvelle dépêche du duc d'Anjou, apportée par ses nouveaux ambassadeurs ; elle contient l'aveu formel de l'inexécution du traité, avec de nouvelles promesses, qui ne seraient que de nouveaux mensonges ; voici la réponse que monsieur le juge fait à toutes ces fourberies. »

En même temps il fit lire ou lut toutes ces pièces, qu'il accompagnait de commentaires pour aggraver les torts du duc d'Anjou, et pour rendre plus sensible l'infidélité qu'on lui reprochait; ensuite, se tournant vers les ambassadeurs, il leur dit de la part du juge d'Arborée, qu'ils eussent à sortir de ses terres dans le jour, et à se retirer dans leur navire, et que c'était ainsi que le juge leur donnait leur congé. *Ce n'est pas ainsi qu'il doit être donné à des gens de notre caractère,* répondirent les ambassadeurs, et ils demandèrent à l'évêque chancelier la copie de la réponse du juge, et la permission de le voir pour prendre congé de lui. *Attendez ici un moment,* leur dit l'évêque ; et il alla prendre les ordres de *Hugues. Don Pal,* qui était rentré avec lui, revint un moment après, et il dit aux ambassadeurs qu'ils ne pouvaient voir le juge ; mais qu'ils retournassent dîner au palais, et qu'ils attendissent ses ordres. Ils dînèrent tristement (*mæsti et dolentes*), et après le dîner, que la relation appelle *prandium pessimum*, un très mauvais repas, n'entendant parler de rien; ils envoyèrent jusqu'à deux fois à *don Pal* des personnages des plus distingués de leur suite, pour demander de nouveau la permission de voir le juge. La première fois ils ne purent pas même parvenir jusqu'à *don Pal*; la seconde ils le virent; mais ils en reçurent pour réponse définitive que le juge ne voulait absolument pas revoir les ambassadeurs. On leur fit même toute sorte d'avanies, soit par ordre du juge, soit en croyant entrer dans ses vues; on retint les provisions de vivres que le juge leur avait permis de faire dans la ville pour leur voyage, et qu'ils avaient exactement payées; on arrêta leurs malles à la porte de la ville, et on les fouilla très rigoureusement, pour voir s'ils n'avaient point de papiers secrets ou suspects; mais ils avaient pris leurs précautions à cet égard.

Ce même mardi, 30 août, à l'entrée de la nuit, les ambassadeurs étant dans leur navire, *François Pisani* vint de la part du juge d'Arborée leur apporter la copie de la réponse de ce prince, qui avait été lue dans l'assemblée du peuple, et sa lettre adressée au duc d'Anjou [1].

---

[1] A la relation de l'ambassade du duc d'Anjou au juge d'Arborée sont jointes trois pièces, en latin et en français, dans le manuscrit de la Bibliothè-

Le retour en France ne fut pas non plus sans danger; on craignait surtout la rencontre des navires catalans. Le vaisseau qui portait les ambassadeurs avait été loué à Marseille; le patron était marseillais. Les Provençaux, alors sujets de la reine *Jeanne Ire de Naples*, étaient en paix avec les Aragonais et les Catalans; c'était un danger de moins. Le vaisseau relâcha pour faire eau dans un port du golfe d'Alghero, à dix milles de distance de cette place; Alghero et toute cette partie de la Sardaigne appartenaient aux Aragonais. Une barque survient, portant pavillon marseillais; plusieurs hommes en sortent, entre autres un consul résidant à Alghero pour les Marseillais et Provençaux; ils entrent dans le vaisseau des ambassadeurs, et s'adressant au patron, se disent envoyés par le gouverneur d'Alghero, qui s'étonne qu'attendu l'amitié qui règne entre les Provençaux et les Catalans, le patron ne se soit pas adressé à lui pour demander des rafraîchissements; il le prévient donc, et les envoie pour lui en offrir. *Nous sommes très bien pourvus de tout*, répondit le patron; et pour le leur prouver, il leur fait servir d'excellent vin dans des vases d'argent, et se met à boire avec eux. Tout en buvant et en causant, on

---

que du Roi; 1° les lettres de créance et les instructions; 2° un pouvoir pour conclure le mariage entre le fils du duc d'Anjou et la fille du duc d'Arborée *(procuratorium super matrimonio contrahendo)*; 3° la réponse du juge d'Arborée, et sa lettre au duc d'Anjou.

lui demande amicalement d'où il vient. *Je viens*, dit-il, *de faire la chasse à quelques corsaires sarrasins qui ont exercé leurs brigandages dans la mer de Marseille.* — Oh! non, répond un des envoyés d'Alghero, *vous revenez de Sardaigne ; vous portez deux ambassadeurs français.* Il lui en dit tous les noms, surnoms, titres et qualités. *Le gouverneur d'Alghero*, ajouta-t-il, *en est bien instruit, et n'en est pas médiocrement inquiet. Comment avez-vous l'imprudence de vous engager ici, dans un golfe aragonais? Croyez-moi, ne vous y arrêtez pas plus long-temps, vous n'y seriez pas en sûreté.* Le patron, qui était un homme de cœur, répliqua : *Le voulez-vous ainsi ? eh bien ! tout ce que vous dites est très vrai ; j'ai dans mon vaisseau les ambassadeurs français ; je prétends les remettre sains et saufs à Marseille ; je ne crains pas monsieur le gouverneur d'Alghero. Qu'il fasse tout ce qu'il voudra ; je ne pars d'ici que demain au matin ; je soupe ici, je dors ici; si on me réveille, nous verrons ; et sachez qu'il n'y a pas dans le port de Marseille un seul vaisseau qui ne soit aux ordres du duc d'Anjou, sauf l'obéissance due à notre souverain.* Après ce discours, les envoyés partirent ; le patron resta, comme il l'avait dit, et ne partit que le lendemain matin. Le nom de cet homme courageux était *Jean Casse*.

Les ambassadeurs, dans le reste de leur course,

essuyèrent de violentes tempêtes qui maltraitèrent leur navire, au point qu'il faisait eau de tous côtés, et que chacun s'attendait à périr. On prit terre, et on le radouba. A peine s'était-on remis en mer, qu'on aperçut deux bâtiments corsaires qui donnèrent la chasse à celui des ambassadeurs ; mais celui-ci, étant meilleur voilier, leur échappa.

Les ambassadeurs n'arrivèrent à Marseille que le 16 septembre. Par le compte de nolis, ils se trouvèrent devoir au patron mille soixante et quinze livres : ils n'avaient point cette somme ; ils offrirent des cautions ; le généreux *Jean Casse* les refusa, ne voulant point d'autre sûreté que leur promesse et la protection du duc d'Anjou. Ils arrivèrent le 18 à Avignon, où ils séjournèrent quelque temps, et ce ne fut que le 11 d'octobre qu'ils purent remettre à Toulouse, au duc d'Anjou, les réponses et la lettre du juge d'Arborée, et rendre compte du mauvais succès de leur ambassade. »

CHAPITRE XXXV.

Révolution d'Oristano. — Fin tragique de *Hugues* et de sa fille. — On proclame la république d'Arborée. — *Éléonore*, sœur de Hugues, se met à la tête d'un corps d'armée, et soumet les rebelles. — Elle fait oublier par sa justice et sa clémence les malheurs de la révolution, et se concilie tous les cœurs. — Elle défend ses droits, les armes à la main, contre le roi d'Aragon. — Traité de paix. — *Éléonore* s'occupe des soins de l'administration. — Elle donne à ses sujets une *Charte*, connue dans le pays sous le nom de *Carta de logu*. — Travaux et portrait de cette princesse. — De 1379 à 1403.

La noble fierté avec laquelle le juge d'Arborée, *Hugues IV*, traitait les envoyés du duc d'Anjou, et l'indignation généreuse que lui inspirait un simple manque de foi, donnent la mesure de cet homme singulier, et font supposer en lui, avec raison, de la vigueur de tête et de l'élévation d'ame. *Hugues* avait malheureusement, comme les caractères originaux et forts, tous les défauts de ses qualités. Plein de confiance en lui-même et de mépris pour l'espèce humaine, bizarre, orgueilleux, absolu, il établit un despotisme sans frein, dans un pays que ses prédécesseurs avaient assez paternellement gouverné, et où le pouvoir avait été jusque-là modéré par l'intervention de l'aristocratie locale et même par quelques formes démocratiques. Il finit par porter si loin les excès et l'abus de l'autorité, et sa tyrannie devint tellement insupportable, qu'il se rendit un objet d'horreur, et que les complots contre sa vie se renouvelaient tous les jours. Tous les jours aussi la nécessité de veiller à sa sûreté lui commandait à lui-même un nouveau crime. Le prince et les sujets étaient respectivement dans cette situation où chaque instant fait attendre et peut amener une catastrophe. Enfin l'explosion se fit. Le 3 mars 1382 éclata à Oristano une insurrection dont *Hugues* fut la déplorable victime. Ses sujets, révoltés de son odieux gouvernement, dit la chronique de Reggio[1], le massacrèrent, et leur fureur s'étendit jusqu'à sa fille unique, *Benedetta*, qui périt avec lui. Cette malheureuse princesse, que son père avait si dédaigneusement refusée au duc d'Anjou, et que sa destinée réservait à une mort si cruelle, avait alors vingt ans.

Après la mort de *Hugues IV*, on proclama la liberté, et tous les signes de l'autorité royale des juges furent brisés et détruits. Une assemblée nationale fut immédiatement convoquée, et formée des députés de tous les cantons du judicat d'Arborée, c'est-à-dire de la province d'Oristano, de la vicomté de Basso et du comté de Goceano. Cette assemblée, réunie dans la capitale, prononça le

---

[1] Propter ipsius malum dominium. *Chronicon Regiense.*

bannissement de la famille d'Arborée, confisqua ses biens, et décréta la république par acclamation.

Les chefs de la révolution, ne croyant pas la nouvelle république qu'ils venaient d'improviser assez fortement constituée pour résister à ses ennemis, prirent le parti de la mettre sous la protection de celle de Gênes, sa sœur aînée, à laquelle ils promirent hommage et redevance. Les Génois accueillirent fort bien les républicains d'Arborée, mais ils ne se pressèrent pas d'envoyer les secours qu'on leur demandait, et qui étaient pourtant bien nécessaires.

Hugues avait quatre sœurs, dont deux seulement, soit par leurs actions, soit par leurs alliances, appartiennent à l'histoire du pays. L'aînée, *donna Beatrice*, qui avait épousé le vicomte *Aimery de Narbonne-Lara*, de l'une de nos plus anciennes familles françaises, était morte avant la révolution d'Oristano. La seconde, *donna Eleonora*, était mariée à *Brancaleone Doria*, comte de *Monteleone*, de *Marmilla* et d'*Anglona*. Eléonore était une femme de beaucoup de tête et d'un grand courage. Elle ne désespéra point de sa fortune ni de la destinée de la maison d'Arborée. Elle rassembla le peu de troupes qui étaient restées fidèles à sa famille, et se mettant de sa personne à leur tête, suivie d'un petit nombre d'amis dévoués, elle entra, les armes à la main, dans les états révoltés de son frère, où, après une légère résistance, la réputation de ses talents et de ses vertus, plus puissante que la petite armée qu'elle commandait, lui ouvrit bientôt toutes les portes et tous les cœurs. Cette princesse justifia par sa clémence et sa modération la confiance que le peuple lui avait montrée, et la facilité avec laquelle il s'était soumis à elle. Après avoir fait proclamer héritier de la principauté son fils aîné *Frédéric*, qui était en bas âge, elle s'occupa des soins de l'administration, et se réglant sur des principes inverses de ceux qui avaient perdu son frère, elle fit régner constamment avec elle la paix, la justice et les lois. Les Arboréens, ramenés à l'obéissance par la sagesse et la douceur de cette princesse, et oubliant les causes de la révolution, comme elle-même en avait oublié les malheurs, se disputaient l'avantage de la servir et de lui montrer leur dévouement, avec la même ardeur qu'ils avaient mise à conspirer contre un frère qui lui ressemblait si peu.

Eléonore ne tarda point à trouver l'occasion de réclamer de ses sujets les preuves d'attachement qu'ils lui avaient offertes, et de mettre en usage les ressources de son esprit et de sa politique.

La cour d'Aragon, depuis ses querelles avec le juge *Mariano*, à qui elle n'avait jamais pardonné son ingratitude, avait juré la perte de la maison d'Arborée, et cherchait toutes les occasions de lui susciter des embarras, de la dépouiller, et de la mettre dans l'impossibilité de lui nuire. La mort de *Hugues IV*, qui n'avait pas laissé de postérité, fut pour elle un prétexte, qu'elle saisit avec empressement, de faire valoir des droits qu'elle prétendait avoir été stipulés par d'anciens traités, et de réclamer le retour à la couronne des domaines de cette maison, qu'elle soutenait lui être légitimement dévolus. *Eléonore* tenta, pour combattre ces prétentions de la cour d'Aragon, qu'elle dut trouver fort déplacées, la voie des négociations. Elle députa au vice-roi espagnol son mari *Brancaleone Doria*, à qui elle avait fait donner un sauf-conduit dans toutes les règles, et qui obtint d'abord l'accueil le plus honorable. Mais tout à coup, au mépris du droit des gens, *Brancaleone* fut arrêté et mis en prison à Cagliari, sans que les instances de la trop confiante *Eléonore* parvinssent à lui faire rendre la liberté. Plus indignée qu'effrayée de cette perfidie, qui pour avait objet de la frapper de terreur, et de l'amener, par le désir de sauver son mari, à toutes les conditions qu'on voudrait lui imposer, la princesse d'Arborée fit un appel à ses sujets, et réussit à rassembler un corps d'armée assez respectable ; à la tête duquel cette héroïne fit une brillante campagne contre ses ennemis pendant tout l'été de l'année 1386. On entra enfin en pourparlers, et après la mise en liberté préalable de *Brancaleone*, on convint d'une trêve, pendant laquelle un congrès, composé des envoyés de la princesse-juge et de ceux du vice-roi, posa les bases d'un traité de paix, qui fut conclu et respectivement signé.

Les principaux articles de ce traité portaient :

« Que tous les forts, dont les troupes d'Arborée s'étaient emparées durant cette campagne, seraient remis au pouvoir de *don Pèdre*;

» Que toutes les contributions qu'*Eléonore* avait levées seraient également restituées au trésor royal;

» Que la princesse, ainsi que son époux *Brancaleone Doria* et leur fils *Frédéric*, resteraient en possession du judicat d'Arborée, à la charge d'une redevance annuelle de mille florins;

» Que les prisonniers seraient, des deux parts, mis immédiatement en liberté;

» Que les serviteurs du roi auxquels avaient été accordés des privilèges ou immunités, pour services rendus, en jouiraient pendant dix ans;

» Que le gouverneur général ou vice-roi serait toujours Espagnol, et que les ministres ou chefs de l'administration seraient Sardes;

» Que la garnison de la ville de Sassari serait exclusivement composée de ses propres citoyens, et que les autres places du royaume seraient gardées par des troupes espagnoles, qui ne pourraient jamais excéder le nombre de mille hommes d'infanterie et de trois cents de cavalerie. »

Le roi *don Pèdre* avait à peine ratifié ce traité, qu'il mourut, et laissa la couronne à son fils *don Juan*, qui n'eut rien de plus à cœur que d'en confirmer toutes les dispositions, et de maintenir la paix si heureusement rétablie en Sardaigne.

Les circonstances ayant exigé qu'il fût donné des explications ou de l'extension à quelques-uns des articles de ce traité, le nouveau vice-roi, *don Simon Perez de Arenoso*, envoyé par le roi *don Juan*, convoqua, en janvier 1388, une assemblée générale et solennelle des cortès extraordinaires du royaume, à laquelle intervinrent *Eléonore*, *Brancaleone* et leur plus jeune fils *Mariano :* l'aîné, *Frédéric*, était mort quelque temps auparavant. Toutes les clauses du traité de 1387 furent confirmées, et un article additionnel y fut ajouté, portant que le judicat d'Arborée était aboli, et serait désormais, sous la dénomination de *marquisat d'Oristano*, un grand fief de la couronne d'Aragon, possédé à charge de redevance par *donna Eleonora* et son mari, et transmissible à leur fils *Mariano* et à ses héritiers légitimes, qui néanmoins conserveraient le titre honorifique de juges.

Eléonore s'était résignée à ce sacrifice d'amour-propre pour assurer la succession de ses états à son fils *Mariano*, en faveur de qui elle obtenait, par ce compromis, la garantie de la cour d'Aragon.

Cette sage princesse, après avoir rétabli l'ordre et la tranquillité dans un pays si long-temps troublé par la fougue et l'ambition de son père et de son frère, ne songea plus qu'à faire jouir ses sujets des douceurs de la paix, et n'eut désormais d'autre pensée que celle de leur bonheur. Elle s'était fait tellement considérer et respecter, et elle avait acquis dans ses relations de politique et de voisinage un si grand ascendant, que, dans quelques litiges qui survinrent entre elle et les Aragonais, elle fut toujours traitée par ces derniers avec une extrême faveur. Le roi *don Martin*, qui avait succédé, en 1393, à *don Juan* son frère, et qui vint visiter Cagliari, porta la bienveillance pour elle jusqu'à permettre aux sujets arboréens de faire paître leurs troupeaux à Pirri et à Santa-Elia, c'est-à-dire sous les murs même de la capitale.

A l'élévation de son ame, à l'exercice de toutes les vertus domestiques et au talent de gouverner *Eléonore* joignait un discernement parfait, le don de connaître les hommes, et l'art de faire contribuer chacun de ses serviteurs au bien de l'état, suivant ses moyens et ses facultés. Quoique vivant dans une parfaite intelligence avec son mari *Brancaleone*, elle avait jugé que ce n'était qu'un vaillant soldat, et s'était réservé pour elle seule tous les soins du pouvoir, sans qu'il y ait jamais participé. Sa profonde sagesse lui suggéra l'heureuse idée de donner à ses états une législation uniforme, de mettre en ordre les règlements judiciaires, déjà ébauchés par son père, de les compléter, d'y ajouter ce que l'état des mœurs et les besoins du temps rendraient nécessaire, et de former de tous ces travaux réunis un corps de lois, qui remplaçât les traditions orales et les pratiques barbares dans l'administration de la justice. La princesse d'Arborée réunit auprès d'elle les plus habiles jurisconsultes sardes, et présidant son conseil comme elle avait commandé ses troupes, elle eut la gloire de terminer et de donner à son peuple un code complet de lois, connu sous le nom de *Constitutions d'Eléonore*, et qui reçut d'elle le titre de *Charte du pays* (Carta de logu).

La charte fut solennellement publiée le jour de Pâques de l'année 1395. La dénomination de charte, dans nos idées actuelles, emporte l'idée d'institutions politiques; mais à l'époque où régnait *Eléonore*, l'esprit public n'était pas aussi avancé. La charte sarde était un code général de lois civiles, criminelles, rurales, commerciales, de procédure et de police, adaptées aux mœurs du pays et au caractère national. Quoique ces codes offrent, dans plusieurs de leurs dispositions, l'empreinte trop marquée de l'ignorance et de la barbarie du temps, on ne peut contester à leur auteur le mérite d'y avoir montré presque partout une haute sagesse, l'amour de la justice, le respect de la propriété, et surtout d'avoir conçu la noble pensée d'améliorer le sort de l'espèce humaine, et de faire régner la clémence et la paix à une époque de folies, de crimes et de férocité.

La législatrice des Sardes connaissait si bien leurs habitudes et leurs besoins, et ce peuple s'est montré depuis elle si stationnaire dans ses mœurs simples et dans sa civilisation imparfaite, que la charte qu'elle lui donna, il y a plus de quatre siècles, et qui fut rendue générale pour toute la Sardaigne, par délibération de l'assemblée des cortès de 1421, régit encore aujourd'hui, sauf quelques modifications de détails, ce singulier pays, qu'on pourrait appeler *la Chine de l'Europe*.

Éléonore jouit paisiblement du fruit de ses travaux et de l'amour de ses sujets pendant le reste de son règne, qui fut en tout de vingt et un ans, dont rien ne troubla plus le bonheur, et qu'on peut regarder comme l'âge d'or d'une contrée que cette excellente princesse avait gouvernée en mère de famille. Elle mourut en 1403, emportant les regrets universels et les bénédictions de son peuple.

Ce siècle est remarquable par les femmes célèbres qu'il a produites. Outre l'héroïne sarde, il vit paraître *Jeanne I*^{re}, reine de Naples, si fameuse par ses quatre mariages, par ses crimes et par ses malheurs ; *Marguerite*, reine de Danemarck [1], dont la profonde politique parvint à réunir sous sa domination le Danemarck, la Norwége et la Suède, ce qui est l'objet de l'acte fameux connu sous le nom de *l'union de Calmar;* et enfin *Philippine*, qui, ayant appris que les Ecossais venaient d'envahir le royaume d'Angleterre, pendant l'absence du roi *Edouard IV*, son mari, combattant alors en France avec l'élite de ses troupes, alla à leur rencontre à la tête d'une armée qu'elle avait levée à la hâte, leur fit essuyer une sanglante défaite, et fit prisonnier leur roi, *David II*, et la fleur de la noblesse écossaise qui le suivait, et qui vint orner l'entrée triomphante de cette princesse à Londres.

On pourrait joindre avec raison à ces princesses illustres et placer même au premier rang *Marguerite d'Anjou*, qui ne fut pas tout-à-fait leur contemporaine, mais qui vint au monde peu d'années après celle où mourut *Eléonore*. L'histoire de cette reine infortunée est une des époques les plus intéressantes de nos temps modernes. *Marguerite d'Anjou*, après avoir soutenu vaillamment, dans douze batailles, les droits de son mari et de son fils, après avoir vu

---

[1] Cette reine, qu'on surnomma la *Sémiramis du Nord*, avait tous les talents qui font les grands rois, bien plus que les qualités qui font les bons princes.

le premier lâchement assassiné, le second poignardé
de sang-froid, presque sous ses yeux, par le duc de
Glocester, devenu depuis l'infâme *Richard III*,
prisonnière elle-même dans la Tour de Londres,
mourut en France, où elle fut réduite à dévorer
ses chagrins dans l'asile que lui avait donné
Louis XI [1]. Malgré les torts qu'on a pu reprocher
à cette femme sublime, le grand courage qu'elle
développa dans les dangers, et l'héroïque fermeté
qu'elle sut opposer à ses malheurs, en feront un
éternel sujet d'admiration.

[1] *Marguerite d'Anjou* était fille de *René*, roi honoraire de Sicile, si connu sous le nom du *bon roi René*. Ce prince avait autant d'insouciance que son illustre fille avait d'activité. Son occupation à peu près exclusive était la culture des arts et le soin des cérémonies de l'église. M. *Gaillard* l'accuse d'avoir été, malgré sa bonté historique, fort peu sensible aux malheurs de *Marguerite*. Sa descendance masculine, selon cet historien, fixait seule son attention, et était l'objet de toute sa tendresse, ou plutôt son goût pour les arts lui tenait lieu de tout. On raconte de lui un trait caractéristique. Le courrier qui lui apporta la nouvelle de la défaite du duc de Calabre, son fils, et de la perte entière de son royaume de Naples, le trouva peignant une perdrix. Le roi l'écouta sans quitter le pinceau, et continua tranquillement son ouvrage.

CHAPITRE XXXVI.

Mariano V succède à *Eléonore*, sa mère. — Il meurt sans enfants. — Les notables de l'état d'Arborée appellent à la succession un seigneur français, neveu d'*Eléonore*, le vicomte de *Narbonne-Lara*. — Le vicomte prend possession de ses nouveaux états, malgré l'opposition des Aragonais. — Il forme contre eux une ligue sarde, qui obtient d'abord des succès. — Combat de San-Luri. — Le vicomte est complètement battu. — Il va chercher des secours en France. — *Léonard Cubello d'Alagon*, son parent et son lieutenant, achète aux Espagnols les états d'Arborée, qui prennent désormais le titre de *marquisat d'Oristano*. — *Narbonne*, de retour, fait de vains efforts pour rentrer en possession. — Il vend sa principauté au roi d'Aragon, et ne peut réussir à s'en faire payer. — Il meurt en France, laissant pour héritier *Pierre de Tinières d'Apchon*, ou à son défaut le baron *de Talleyrand*. — Le prétendant ne peut entrer en jouissance. — Le projet d'un contrat de vente au roi d'Aragon est repris, et cette fois le traité est exécuté. — Grand commerce d'états et de souverainetés. — De 1403 à 1428.

Le fils et l'unique héritier d'*Eléonore* lui succéda, sous le nom de *Mariano V*; mais ce jeune homme ne survécut que quatre ans à sa mère. En lui finit la ligne directe des princes de la maison d'Arborée.

Brancaleone, qui avait exercé, à ce qu'il semble, plus d'influence sur le gouvernement du jeune *Mariano* que sur celui de la sage *Eléonore*, se mit alors en mesure de faire valoir quelques prétentions, et n'hésita pas à se présenter comme le successeur naturel de son fils. Mais les Arboréens, qui, tout en l'estimant beaucoup , avaient de sa capacité politique et administrative la même opinion que l'auteur de la charte , se montrèrent peu disposés à seconder ses vues. On lui préféra son neveu, le vicomte de *Narbonne-Lara*, qui était à la fleur de l'âge, qu'on disait plein de talents et de valeur, qui appartenait à l'une des premières familles de l'Europe [1], et qui devait paraître plus capable que

---

[1] La maison de *Narbonne-Lara* était doublement illustre par la fusion qui s'était faite en elle de deux des plus grandes familles de l'Europe, la famille française de *Narbonne* et la famille espagnole de *Lara*. Cette fusion, qui a été l'origine d'une seconde maison, devenue elle-même illustre et puissante, date de l'an 1168, et est due à une femme d'un grand caractère et d'une élévation d'ame remarquable, qui, comme *Eléonore* en Sardaigne, et plus de deux siècles avant elle, avait été aussi l'honneur de son pays et de son sexe. Parvenue, par son habileté, à rentrer en possession de la vicomté de Narbonne, qui avait été enlevée à sa famille, cette femme active et courageuse se mit elle-même à la tête de ses troupes, qui marchaient contre les Sarrasins, et, en 1128, mit le siège devant Tortose. Elle se fit autoriser par le roi *Louis-le-Jeune* à rendre la justice par elle-même, quoique les lois romaines, strictement suivies alors en Languedoc, le défendissent aux personnes de son sexe. Cette femme était *Hermengarde*, vicomtesse de *Narbonne*. Deux fois veuve et se voyant sans enfants, elle fit venir à sa cour *Aimery de Lara*, fils de sa sœur *Ermessinde*, qu'elle adopta et désigna pour son héritier. *Aimery* mourut sans enfants, en 1177. *Raymond*, comte de Toulouse, voulut, comme suzerain, s'assurer de la ville de Narbonne, afin d'empêcher *Hermengarde* de se donner un autre héritier sans son aveu. La vicomtesse, ayant fait une ligue avec les grands vassaux languedociens et le roi d'Aragon, parvint à déjouer les projets du comte de Toulouse. Elle se démit, en 1192, de la vicomté de Narbonne, en faveur de *Pierre de Lara*, son autre neveu, qu'elle avait appelé auprès d'elle, et mourut à Perpignan, où elle s'était retirée après son abdication. L'histoire de Languedoc dit que la cour d'*Hermengarde* était une des plus brillantes de la province, que les poëtes provençaux y étaient accueillis avec distinction, et qu'elle tenait souvent cour d'amour dans son palais.

La maison de *Lara* était, de son côté, l'une des plus distinguées de toute

le faible et médiocre *Doria*, de gouverner l'Etat en des circonstances difficiles, et de s'opposer aux projets d'envahissement des Aragonais. *Guillaume III de Narbonne-Lara* était petit-fils d'*Aimery* et de *Béatrice d'Arborée*, sœur aînée d'*Eléonore*, et fils de *Guillaume II*, à qui sa mère, en mourant, avait laissé des biens considérables. L'assemblée des notables d'Oristano arrêta qu'une députation serait envoyée au vicomte, qui se trouvait alors en France, pour lui faire part de son élection, et lui prêter, au nom de ses nouveaux sujets, le serment de fidélité. *Guillaume* ne se fit pas long-temps attendre, et, suivi d'un assez grand nombre d'amis et de serviteurs qui s'étaient attachés à sa fortune, il vint prendre possession du judicat. *Brancaleone* essaya de faire quelque résistance; mais se voyant sans appui dans le peuple, il prit le sage parti de s'accommoder avec celui que protégeait la faveur publique. Désormais unis et faisant cause commune, ils agirent de concert et dans le même intérêt; ce qui détermina les autres branches de la maison *Doria*, les *Malaspina*,

l'Espagne, et elle avait contracté plusieurs alliances royales. Elle jouissait dans les cortès de Castille d'une singulière prérogative. Le chef de cette maison devait voter le premier dans l'ordre de la noblesse, et les assemblées étaient regardées comme illégales quand il n'y siégeait pas. C'est ce qui arriva aux cortès tenues à Avila, en 1420, par le roi *Jean II*; leurs opérations furent annulées par ce seul motif qu'on avait délibéré dans l'absence du chef de la maison de *Lara*.

et toutes ces vieilles familles possessionnées dans l'île et ennemies naturelles des Aragonais, à entrer dans la nouvelle ligue dirigée contre ces derniers.

On ne s'était pas trompé sur les dispositions et les projets des Aragonais, qui, s'appuyant d'un article du traité de 1387, confirmé l'année suivante en pleine assemblée des cortès, prétendirent que le jeune *Mariano*, à la personne et à la descendance duquel seulement avait été garantie la possession des états d'Arborée, étant mort sans héritiers en ligne directe, ils étaient de droit dévolus à la couronne.

Les troupes de la nouvelle ligue arboréenne repoussèrent d'abord celles que le vice-roi avait envoyées pour mettre à exécution les décisions de la cour. Les premiers succès des confédérés furent même tels, qu'ils se virent, comme au temps de *Mariano IV*, au moment d'être maîtres de l'île entière. Mais l'arrivée à Cagliari de *don Martin*, roi de Sicile, prince héréditaire, et fils du roi d'Aragon, changea totalement la face des affaires. *Don Martin* avait amené avec lui, de Barcelone, où il était allé concerter l'expédition de Sardaigne, des troupes d'infanterie et de cavalerie, et un assez grand nombre des gentilshommes aragonais, catalans et valenciens. L'armée du roi du Sicile, forte de huit mille hommes d'infanterie et de trois mille de cavalerie, et celle du vicomte de *Narbonne*, que

Zurita élève à plus du double, se rencontrèrent, le 26 juin 1409, près de San-Luri, dans une plaine qu'on appelle encore aujourd'hui le Champ de Bataille, et s'y livrèrent un combat furieux. Le vicomte perdit le quart de son armée et se retira en désordre. *Don Pedro de Torrelias*, qui commandait en chef l'armée aragonaise, enleva le château de San-Luri, celui de Monreale et plusieurs autres, où il fit beaucoup de prisonniers, et, poursuivant *Narbonne* l'épée dans les reins, il entra victorieux à Oristano, qu'il l'avait forcé d'évacuer. Le vicomte et *Brancaleone* furent assez heureux cependant pour lui échapper. Ils se réfugièrent à Sassari, que l'influence des *Doria* et de deux puissantes familles de cette ville, les *Catoni* et les *Pali*, avait fait déclarer pour eux.

Une circonstance imprévue vint retarder la ruine de la ligue arboréenne. Le jeune roi *don Martin* tomba malade de la fièvre endémique, qu'on appelle *intemperie*, et mourut précisément un mois après le combat de San-Luri. Ce prince avait généreusement récompensé les habitants de Cagliari, qui l'avaient arraché aux Barbaresques tunisiens, entre les mains desquels il était tombé en faisant une promenade en canot dans le port. Il était fort aimé du peuple et des troupes. La nouvelle de sa mort, qui avait jeté la consternation parmi ces dernières, ranima le courage du parti de *Narbonne*.

Des bâtiments génois, commandés par *Antoine Doria*, profitèrent du trouble qui régnait dans Cagliari pour saccager ses faubourgs. Le vicomte reprit plusieurs places, et vint mettre le siége devant Oristano; mais le général aragonais *Torrelias* repoussa toutes ses attaques, et le força d'aller se renfermer de nouveau dans Sassari.

Le vicomte de *Narbonne*, réduit aux abois, prit le parti de repasser en France pour y chercher des renforts et tâcher de faire quelques nouvelles levées. Il laissa en qualité de son lieutenant en Sardaigne un certain *Léonard Cubello*, de la maison d'*Alagon*, et allié de celle d'*Arborée*. Il est à supposer que *Brancaleone Doria* était mort peu de temps après le combat de San-Luri; car depuis ce moment on ne le voit plus reparaître. Quoi qu'il en soit, *Léonard*, se trouvant, par l'effet du hasard, à la tête d'un parti auquel il ne prenait pas un intérêt bien vif, et dont la ruine absolue lui paraissait imminente, se mit en tête de profiter de sa position pour devenir titulaire d'une principauté souveraine. Il savait que le général aragonais *Torrelias*, qui ne tirait des secours du continent qu'avec beaucoup de peine, était dans de grands embarras d'argent, et, comme il en avait beaucoup, il ouvrit avec lui des négociations, et lui offrit de se rendre acquéreur d'un état qu'il ne pouvait plus espérer ni de conquérir ni de défendre. Le marché fut conclu et signé le 29 mars 1410, sauf la ratification du roi d'Aragon, laquelle fut immédiatement accordée.

Le contrat de vente portait que, moyennant le paiement comptant de 30,000 florins d'or, et l'obligation d'en payer 5,000 par an à perpétuité, *Léonard Cubello d'Alagon* serait mis immédiatement en possession de la province d'Arborée, qui lui appartiendrait, à lui et à ses enfants légitimes, comme grand fief relevant de la couronne d'Aragon, et sous le titre de *marquisat d'Oristano*. *Torrelias* voulut installer lui-même ce riche et ambitieux feudataire; et le peuple qu'il avait acheté, et qui crut l'avoir élu librement, le nomma juge par acclamation.

Les affaires du vicomte de *Narbonne* paraissaient alors désespérées; mais il était homme de cœur, et il ne perdit pas courage. Le Ciel parut un moment vouloir le servir. Le roi d'Aragon, dont le fils unique, *don Martin*, était mort à Cagliari, mourut lui-même en Espagne, sans héritiers naturels, et sans en avoir indiqué par testament. Il en résulta un interrègne et des troubles, dont le contre-coup se fit sentir en Sardaigne. *Torrelias* le suivit de près au tombeau. *Guillaume* sut profiter habilement de ces circonstances favorables, et reparut plus brave et plus entreprenant que jamais. Chaudement servi par ceux de ses sujets qui lui étaient restés fidèles, et à qui le marquis d'Oristano n'avait pas fait oublier le juge d'Arborée, il fit contre les Aragonais et contre *Léonard,* leur créature, une campagne brillante, qui, sans lui faire obtenir complétement le but de ses efforts, améliora du moins considérablement sa position et sa fortune.

*Ferdinand I*er dit *le Juste*, qui venait d'être élu roi d'Aragon, et qui désirait de se délivrer de toute inquiétude sur les affaires de Sardaigne, fit proposer au vicomte une entrevue et un accommodement à l'amiable. *Narbonne*, ayant reçu ces ouvertures, laissa le commandement de son corps d'armée à son cousin, le baron de *Talleyrand*, et se rendit, par Barcelone, à Lérida, près du roi *Ferdinand*, qui le reçut avec magnificence. Il résulta des conférences, qui furent entamées sur-le-champ, un traité, par lequel le vicomte de *Narbonne* vendait au roi d'Aragon tous les états, biens et fiefs qu'il possédait, tant en Sardaigne qu'en Espagne, pour la somme de 153,000 florins d'or; savoir: 73,000, pour ceux de Sardaigne, et 80,000, pour ceux d'Espagne. Le vicomte de *Narbonne* eût fait un contrat fort avantageux si on en eût exécuté les articles; mais il paraît que ce n'était pas l'intention de l'autre partie contractante, qui ne se décida jamais à débourser le plus faible à compte, et se contenta de payer en fêtes et en galas le pot-de-vin du marché.

Quand *Guillaume* se fut aperçu, bien qu'un peu tard, qu'on lui faisait jouer un rôle de dupe, il s'arracha aux honneurs perfides de la cour d'Aragon, et alla reprendre les armes et recommencer les hostilités en Sardaigne. Le marquis d'Oristano, qui avait eu le temps de s'affermir, fit bonne contenance, et resta fidèle à la cause des Aragonais, qui l'en récompensèrent en arrondissant ses domaines et en l'égalant aux plus puissants des anciens juges d'Arborée. Il n'avait pas, au reste, moins d'intérêt qu'eux à repousser celui qui voulait le dépouiller de ses possessions, et qui le regardait comme un usurpateur.

Le vicomte de *Narbonne*, voyant avec chagrin qu'il ne faisait aucun progrès, et dégoûté de la Sardaigne et des Sardes, retourna en France dans le courant de 1415, et ne revint plus. Il commandait en 1416 un vaisseau de guerre, et il se distingua en divers faits d'armes contre le parti du duc de *Bourgogne*, et contre les Anglais. Devenu adjudant du connétable d'*Armagnac*, dont il était le gendre, et dont il partagea tous les malheurs, ensuite conseiller et ami du dauphin, depuis *Charles VII*, et l'un des signataires du traité de paix qui fut conclu, en 1419, à Pouilly, entre ce prince et le duc *Jean de Bourgogne* [1], il fut tué en 1424

---

[1] Ce traité, par lequel les deux princes jurèrent de *s'entr'aimer et assister comme frères*, fut suivi, un mois après, de l'assassinat du *duc de Bourgogne*

à la bataille de Verneuil, où le corps qu'il commandait fut entièrement détruit.

Le vicomte, n'ayant pas eu d'enfants de son mariage avec *Marguerite d'Armagnac*, avait par testament nommé pour héritier de ses états d'Arborée et de ses biens en France *Pierre de Tinières*, seigneur d'*Apchon*, son frère utérin, qu'avait eu d'un second lit sa mère *Guérine de Beaufort - Canillac*, veuve de *Guillaume II de Narbonne - Lara*. A défaut de postérité du sire *de Tinières*, la succession devait passer au baron *de Talleyrand*. L'héritier du vicomte étant encore en bas âge, ce fut son père, *Guillaume de Tinières*, qui vint prendre possession, à la fin de 1424, de ses domaines de Sardaigne. Mais il eut beau, en exécution d'une clause du testament de *Guillaume III* qui voulait que son successeur prît son nom et ses armes, décorer son jeune fils du nom de *Guillaume IV* et du titre de juge d'Arborée, il ne trouva d'appui et de partisans que parmi les possesseurs de grands fiefs du Logudoro, anciens alliés du vicomte, et ennemis naturels de la puissance aragonaise. Il ne pouvait pas compter sur la faveur populaire, si passagère quand on ne sait pas la cultiver. *Narbonne*, à sa première apparition dans l'île, en avait recueilli tous les fruits; mais la fortune n'avait pas voulu

---

sur le pont de Montereau, où avait été disposée une conférence, qui avait pour but d'*arranger tous les différends à l'amiable.*

qu'il en profitât ; et ses légataires n'avaient pas les mêmes droits que lui à la revendiquer. Les sujets d'Arborée s'étaient accoutumés à leur nouveau chef, qui avait acquis par le fait possession d'état, qui habitait au milieu d'eux, et dont l'étroite union avec la cour d'Aragon était pour eux le gage de la tranquillité et de la paix, ce premier besoin des peuples après de longues agitations politiques. Quel intérêt pouvaient-ils prendre à un prince enfant, né et élevé en pays étranger, et à un seigneur français, son tuteur, qui les réclamait au nom de son pupille, comme un immeuble faisant partie d'un grand héritage?

Si le sire *de Tinières* vit qu'il n'avait rien à espérer des Arboréens proprement dits, il ne devait pas trouver et ne trouva point en effet de dispositions plus favorables chez les autres Sardes, et bien moins encore dans la noblesse. Le roi d'Aragon, *Alfonse V*, le plus sage et le meilleur prince de son temps, qui avait succédé en 1416 à *Ferdinand*, était venu, en 1419, visiter la Sardaigne, pour diriger de là une expédition contre l'île de Corse, et y était revenu en 1421, en se rendant à Naples pour secourir contre *Louis III*, duc d'Anjou, la reine *Jeanne II*, sa mère adoptive. Ce prince, pour s'attacher la noblesse sarde, l'avait comblée d'honneurs et de grâces, et il avait distribué des fiefs à ceux qui l'avaient aidé dans la première expédition, et qui l'accompagnaient dans la seconde. C'est pendant son séjour à Cagliari, en 1421, que le parlement des cortès, assemblé par ses ordres, étendit à tout le royaume la *Charte d'Eléonore*, et fit de ce recueil de lois locales, dont une expérience de vingt-cinq ans avait démontré la sagesse, le code universel. *Alfonse* n'avait pas borné ses bienfaits à la noblesse espagnole et sarde; il s'était occupé aussi des intérêts et du bien-être du peuple. Les bases d'une administration publique uniforme et régulière avaient été fixées par lui; on appréciait ses intentions paternelles, on honorait son nom, et la domination espagnole, établie sur les principes de l'utilité commune, s'était complétement nationalisée.

Le sire *de Tinières*, tuteur et gérant d'un prétendant en bas âge, ne pouvait guère opposer à cet état de choses que d'impuissants efforts; aussi ne fit-il pendant quatre ans qu'une guerre de partisan et d'aventurier, non moins ruineuse et meurtrière qu'elle était insignifiante. Désespérant de parvenir à ses fins, il se décida enfin, pour ne pas tout perdre par son obstination, à faire remettre sur le tapis le traité d'aliénation que le vicomte avait signé à Lérida, quatorze ans auparavant, sans pouvoir en obtenir l'exécution. Le roi *Alfonse-le-Magnanime*, qui désirait en finir avec les héritiers de *Narbonne*, fut de meilleure foi que ne l'avait été *Ferdinand-le-Juste*. Le sire *de Tinières* vendit à la couronne d'Aragon les droits, prétentions et titres de son fils à tout domaine et à toute possession quelconque dans l'île de Sardaigne, pour la somme de 100,000 florins d'or, et il en obtint le paiement peu après la signature du contrat, qui eut lieu le 2 janvier 1428.

Cette espèce de marché était alors fort usitée. On vendait les peuples comme des troupeaux et les états comme des métairies. Ces bizarres contrats ne déshonoraient ni le vendeur ni le chaland. Ceux qui s'y trouvaient le plus intéressés, les sujets, destinés à servir, quel que fût le possesseur titulaire, mettaient eux-mêmes peu de différence entre un maître et un autre.

Le sire *de Tinières* était fort habile dans ce commerce de souverainetés, et il avait la main heureuse. Quelques années après avoir vendu au roi d'Aragon les états de la maison de *Narbonne* en Sardaigne, il vendit ceux de la même maison en France, au nom de son fils, qui en était l'héritier, à *Gaston de Foix*, pour un très bon prix.

Depuis ce moment, *Léonard Cubello*, soumis au roi d'Aragon, son suzerain, comme l'exigeait sa situation et comme la reconnaissance lui en faisait un devoir, jouit paisiblement de son marquisat d'Oristano, sans être troublé davantage dans sa possession.

CHAPITRE XXXVII.

Règne mémorable d'*Alfonse V.* — Ce prince, le meilleur et le plus aimable de son temps, fait jouir la Sardaigne des bienfaits de son administration. — Il complète les institutions constitutionnelles. — Les deux fils de *Léonard, don Antonio* et *don Salvator*, lui succèdent, et meurent sans enfants. — La couronne d'Aragon veut prendre possession du marquisat d'Oristano, qu'elle regarde comme lui étant dévolu. — Un prétendant se présente et prend le nom de *Léonard II.* — Il est battu et fait prisonnier. — La Sardaigne entière est incorporée à l'Aragon, et en fait partie intégrante. — De 1428 à 1478.

Le roi *Alfonse V*, rappelé à Naples par la reine *Jeanne II*, qui avait de nouveau besoin de ses secours, fit un second séjour en Sardaigne, où il était venu prendre de l'argent et des troupes. Il en profita pour compléter les institutions du pays, qu'il assimila entièrement à celles de l'Aragon, et pour perfectionner la marche de l'administration publique, autant que le permettait l'esprit du temps, qui n'était pas très avancé sur cette matière.

Quoi qu'il en soit, l'ordre et la tranquillité furent établis sur des bases solides, et les rapports entre l'île et la métropole devinrent plus fréquents, plus faciles et plus familiers. Cette liaison était naturellement entretenue par les seigneurs aragonais et catalans qui avaient reçu des fiefs dans l'île de Sardaigne, en récompense de leurs services, et qui, possessionnés dans les deux pays, étaient unis à l'un et à l'autre par la communauté d'intérêts. L'abus, qui se mêle à tout, rendit par la suite cet état de choses nuisible à la prospérité de l'agriculture; mais dans les premiers temps il servit à accélérer l'amalgame. La cour d'Aragon, d'ailleurs, pour se concilier les Sardes, dont elle ne voulait pas offenser l'irascible amour-propre, avait eu le bon esprit de ne réserver pour les Espagnols que les places les plus éminentes de l'administration publique, et de laisser celles du second ordre et tous les emplois subalternes aux nationaux.

Quant au roi *Alfonse V* personnellement, les Sardes avaient de lui la même opinion que ses sujets espagnols et que l'Europe entière, et il fut, pendant tout le temps de son heureux et long règne, aussi estimé que chéri [1].

[1] Peu de rois ont été plus dignes de l'amour de leurs peuples. *Alfonse* était l'un des plus grands hommes, et certainement le meilleur, le plus spirituel et le plus aimable prince de son temps. Plein de bravoure, habile capitaine, bienfaisant, généreux, il joignait les bonnes qualités du cœur aux belles qualités de l'ame; et le surnom de *Magnanime*, qui lui fut décerné, ne convint mieux à personne. *Alfonse* avait une très grande popularité, et il mettait ses délices à en jouir. Un courtisan parut craindre un jour qu'il ne s'exposât, en parcourant seul et sans suite les rues de la capitale : *Eh ! que voulez-vous*, lui dit le roi, *que craigne un père au milieu de ses enfants ? Ne suis-je pas là dans ma famille ?* Fort éclairé lui-même, *Alfonse* accordait aux lettres et à ceux qui les cultivaient la plus éclatante protection. Il avait

Léonard, marquis d'Oristano, avait coulé des jours tranquilles à l'ombre de la puissance aragonaise et de la faveur d'*Alfonse*. Quand il eut terminé sa carrière, son fils aîné, *don Antonio*, lui succéda, et étant mort sans enfants, il fut naturellement et sans difficulté remplacé par son frère, *don Salvator*.

En 1458, l'Aragon et la Sardaigne eurent à pleurer la perte d'*Alfonse V*. *Don Juan II*, son successeur et son frère, ordonna, en 1460, la réunion formelle de la Sardaigne au royaume d'Aragon.

agrandi, par l'étude et par la lecture, les facultés de son esprit. Au siège de Gaëte, les pierres dont on chargeait les grosses pièces vinrent à manquer, et on lui proposa d'en tirer d'un édifice antique, qui avait été une des maisons de campagne de *Cicéron*. Il déclara qu'il aimait mieux laisser son artillerie en repos, que de profaner la demeure d'un si grand philosophe et d'un si célèbre orateur.

Aucun roi n'a plus ressemblé qu'*Alfonse V* à *Henri IV*. Il n'était pas moins remarquable par sa valeur, par sa franchise, par ses mots heureux et par la vivacité de ses reparties. Comme lui, il eut un royaume à conquérir, celui de Sicile, et victorieux, il inspira également aux vaincus le regret de l'avoir combattu si long-temps. Son fils naturel, *Ferdinand*, monta sur le trône de Naples; car il eut aussi des enfants naturels, et c'est un rapport de plus avec le bon Béarnais, dont on dirait qu'il a été le modèle, surtout par sa galanterie et par sa passion pour les femmes. Il disait que pour faire un bon ménage, *il faut que le mari soit sourd et la femme aveugle*. Il ne trouva point dans son intérieur l'application de cette dernière partie de son axiome conjugal. La reine, qui voyait très clair, le tourmenta toute sa vie, par une jalousie qui était sans frein, mais qui n'était pas sans motif. C'est encore un trait de ressemblance avec la destinée de *Henri IV*. A la mort de ce prince, il courut des bruits, calomnieux sans doute, sur *Marie de Médicis*. La reine d'Aragon porta ses coups moins haut; elle se contenta de faire étrangler sa rivale.

Dix ans après, en 1470, *don Salvator*, marquis d'Oristano, mourut, comme son frère, sans laisser d'enfants.

Le fisc aragonais, se prévalant de l'extinction de la ligne directe et masculine du primitif acheteur, renouvela les prétentions qu'il avait déjà produites à l'époque de la mort d'*Eléonore*, et déclara dévolus à la couronne les domaines de *Léonard*, qui se composaient alors de la province proprement dite d'Oristano, du comté de Goceano, du Marghine, du district de Monteferro, de la ville de Bosa et de son territoire. Il se disposait à les mettre provisoirement sous le séquestre, quand un prétendant, qui s'annonçait comme l'héritier légitime, en prit possession. Ce nouveau prince, qui était, par sa mère *donna Benedetta*, petit-fils de *Léonard Cubello*, et appartenait lui-même à la famille d'*Alagon*, prit le nom de *Léonard II*. On le crut d'abord peu redoutable, et on commença par le traiter comme un rebelle sans importance; mais il prit si habilement ses mesures, et sut tirer si bien parti du désir qu'avaient les habitants de l'ancien et illustre judicat d'Arborée de continuer à former un état séparé, comme au temps des *Mariano* et des *Hugues*, qu'il fit armer pour sa cause toute la population active, et se mit en état de résister aux troupes qu'on envoyait contre lui. Les Génois, que trouvaient toujours ceux qui, en Sardaigne, voulaient lever l'étendard contre l'autorité dominante, ou qui étaient en état de payer leurs services, lui fournirent des secours en hommes et en bâtiments. Aussi non-seulement repoussa-t-il, pendant l'espace de plusieurs années, toutes les attaques que l'on tentait contre lui ; mais il eut l'audace, en 1475, d'aller mettre le siége devant Cagliari même. Il fut battu par le capitaine-général *don Nicolas Carrós*, son ennemi personnel, et forcé à la retraite. Trois ans après, en 1478, le petit corps d'armée qu'il avait rassemblé près de Macomer fut défait et anéanti. *Léonard*, poursuivi l'épée dans les reins par les vainqueurs, et craignant de tomber entre leurs mains, s'embarqua, ainsi que toute sa famille, à Bosa, pour aller chercher ailleurs un asile. Son malheur voulut que le bâtiment à bord duquel il fuyait fût pris, en sortant du port, par l'amiral espagnol *Villamarina*, qui le conduisit en Catalogne. Il fut enfermé, avec ses enfants, dans le château de Xativa, et y mourut prisonnier.

Ainsi finit la seconde maison d'Arborée, ou plutôt celle des *Cubello d'Alagon*, qui avaient succédé aux anciens juges, sous le nom de *marquis d'Oristano*.

La couronne d'Aragon entra, dès ce moment, en possession des domaines de cet état, dont la confiscation à son profit et l'incorporation absolue furent immédiatement prononcées. Les rois d'Aragon ajoutèrent désormais à leurs titres celui de *marquis d'Oristano* et de *comte de Goceano*.

L'année suivante, le roi *don Juan* mourut. Son fils *Ferdinand*, surnommé *le Catholique*, monta sur le trône après lui, et n'eut plus que peu d'efforts à faire pour rétablir en Sardaigne la paix publique et la tranquille obéissance des peuples, qui, pendant tout le cours de la domination espagnole, ne furent désormais troublées qu'à de longs intervalles et par des causes peu graves et facilement réprimées. C'est à dater de l'avénement de *Ferdinand-le-Catholique* que la Sardaigne fit effectivement partie intégrante du royaume d'Aragon, en continuant de se gouverner par les institutions constitutionnelles que lui avait spécialement données le roi *don Pèdre*, en 1355, et qui ne cessèrent d'être en vigueur, comme nous le verrons par la suite, jusqu'à la guerre de la succession.

CHAPITRE XXXVIII.

Tableau historique et chronologique des dynasties ou séries de princes qui ont gouverné chacun des quatre judicats, depuis l'origine authentique de l'institution des juges, jusqu'à la réunion successive au royaume d'Aragon. — Résumé sommaire des événements qui ont marqué leur règne.

Après avoir atteint l'époque où les quatre anciens judicats de la Sardaigne disparaissent entièrement, pour se fondre dans une seule et même province espagnole ; après avoir indiqué la part qu'a pu avoir chacun d'eux aux événements généraux du pays, il paraîtra peut-être utile de présenter le résumé ou tableau de leur durée respective et de leur existence, comme états séparés, et la nomenclature chronologique des princes qui les ont gouvernés.

L'importance du rôle qu'a joué et de la place qu'a occupée le judicat d'Arborée dans les fastes de la Sardaigne, lui donne le droit d'être mis en première ligne ; et comme nous venons de le voir s'éteindre, et qu'il est le dernier dont nous nous soyons occupés, nous commencerons tout naturellement par lui, en remontant à l'origine de sa fondation.

JUDICAT D'ARBORÉE.

Le premier juge qui ait régné sur l'état d'Arborée, ou du moins le premier dont on ait une connaissance à peu près certaine, est le noble pisan qui y fut institué après la conquête de 1050, comme grand vassal de la république. Il prit le titre de *Mariano d'Arborée*. On ignore le nom de sa famille; il n'existe à ce sujet que des conjectures.

Le second, *Orzocco I*^{er}, est celui à qui écrivit, en 1073, le pape *Grégoire VII*.

Le troisième se nommait *Torpeno* ou *Turpino*; le quatrième, *Orzocco II*; le cinquième, *Comida I*^{er} [1] ou *Orvu*; le sixième, *Gianuario* ou *Gonario*; le septième, *Constantino*; le huitième, *Comida II*.

On ne trouve dans les archives et les chroniques du temps aucune particularité intéressante au sujet de ces obscurs petits princes. Quelques actes publics prouvent seulement que le septième juge, *Constantino*, régnait en 1090, et le huitième, *Comida II*, en 1136. Ce dernier fit de riches pré-

---

[1] Plusieurs personnes ont prétendu que ce nom de *Comida* ou *Comita* était une abréviation, ou plutôt une contraction de celui de *Constantino*, quoiqu'il ne lui ressemble guère. Les chroniques ne présentent à ce sujet aucune donnée certaine. Tantôt les *Comida* et les *Constantino* y sont pris les uns pour les autres, tantôt ils suivent dans la série des dynasties un ordre de nombre distinct.

sents à l'église de *San-Lorenzo* de Gênes, moins par dévotion que pour se concilier les chefs de l'état, dont il sollicitait la protection. Tout ce qu'on sait de lui avec quelque certitude, c'est qu'il était très vicieux, fort méchant, et que l'archevêque de Pise fut obligé de l'excommunier, pour ses déportements et ses excès de tout genre.

Son fils, *Barisone*, neuvième juge d'Arborée, eut la fantaisie de vouloir se faire roi de l'île entière. Le XXIX⁰ chapitre de cet ouvrage contient des détails suffisamment circonstanciés sur les événements, les intrigues, les guerres, auxquels donna lieu la folle entreprise d'un homme qui avait autant d'ambition qu'il avait peu de moyens, et qui, après avoir voulu s'élever au-dessus de ses égaux, se trouva trop heureux de mourir oublié, dans sa petite principauté d'Oristano.

Pierre Ier, dixième juge d'Arborée, qui porta le titre de roi, qu'avait acheté son père, ne fut pas mieux traité de la fortune. Comme lui, il fit avec les Génois une alliance qui lui devint funeste. *Guillaume*, juge de *Cagliari*, serviteur zélé des Pisans, marcha contre lui, s'empara de ses états, et le fit prisonnier lui et son fils. *Pierre* ne régna que sept ans, et eut pour successeur son fils, *Pierre II*, mari de *Benedetta*, fille de ce même *Guillaume de Cagliari*, qui l'avait mis aux fers dès son enfance. *Pierre II* fut, par le fait, un des princes les plus puissants qui aient régné en Sardaigne. Il cumulait les deux judicats d'Arborée et de Cagliari, par la succession de son père et par son mariage avec *Benedetta*.

Après sa mort, arrivée en 1237, les Pisans déclarèrent juge d'Arborée un nouveau *Guillaume*, comte de *Caprara*, qui leur avait rendu de grands services; mais on ne le compte pas dans la série des juges.

On voit figurer ensuite, dans les annales du pays, *Hugues I*er, douzième juge; *Hugues II*, treizième juge, qui se para du titre de roi; *Comida III*, quatorzième juge, mort en 1265; *Mariano II*, quinzième juge, mort en 1295; et *Chiano* ou *Giovanni*, qui fut le seizième. Quelques chroniqueurs prétendent que, vers l'an 1300, la république de Gênes imposa aux Arboréens un juge de sa façon, nommé *Tosorato*. D'autres disent que le successeur de *Chiano* fut *André*; qu'ils placent le dix-septième dans l'ordre de succession, et dont ils font, pendant quelque temps, l'associé au pouvoir de son frère *Mariano III*, qui fut, suivant eux, le dix-huitième juge de cette principauté.

Mariano III joua un rôle marquant dans l'histoire de son pays, mais moins encore que son successeur, le dix-neuvième juge d'Arborée, *Hugues III*, qui était, en 1329, seigneur et maître du tiers de la Sardaigne. Après lui viennent

Pierre III, vingtième juge, et le vingt et unième, *Mariano IV*, mort en 1376, qui fit aux Aragonais, dont il avait été d'abord l'ami et le protégé, une guerre si acharnée.

On compte, comme le vingt-deuxième juge, le farouche *Hugues IV*, massacré avec sa fille, dans une révolte à Oristano. L'illustre *Eléonore*, auteur de la charte, vingt-troisième juge d'Arborée, eut pour successeur son fils *Mariano V*, le vingt-quatrième et dernier juge, qui termine la dynastie ou succession en ligne directe.

Guillaume III, vicomte de *Narbonne-Lara*, n'ayant exercé qu'une domination précaire et contestée, on ne le porte guère que pour mémoire au nombre des juges d'Arborée, et à plus forte raison encore son héritier et successeur adoptif, *Guillaume IV*, sire de *Tinières d'Apchon*, qui ne parut jamais en personne dans l'île, et y fut représenté par son père et son tuteur, jusqu'au moment où celui-ci vendit, pour de l'argent, les domaines sardes de son pupille.

Les Aragonais, qui achetaient les droits du prétendant d'Arborée, avaient antérieurement vendu les leurs à *Léonard Cubello d'Alagon*, lequel, sous le titre de marquis d'*Oristano*, commanda effectivement et paisiblement, en exécution de son contrat d'acquisition. Ses fils et ses successeurs, *don Antonio* et *don Salvator*, firent arriver jusqu'à soixante-huit ans la durée de la seconde maison d'Arborée. Les efforts du petit-fils de *Léonard* pour reconquérir les domaines de son grand-père, auxquels sa qualité de descendant en ligne féminine ne lui donnait pas un titre solide et réel, ne furent couronnés d'aucun succès, et le prétendu *Léonard II* finit ses jours dans un château fort.

L'extinction des *Cubello* et la déclaration de déshérence de *Léonard II* donnèrent, en 1478, à la couronne d'Aragon la pleine et entière possession de la totalité de l'île de Sardaigne, dès ce moment incorporée à ses autres états du continent, avec la faculté de se régir par les institutions politiques qui lui avaient été données.

Le judicat d'Arborée avait eu, depuis son institution, cinq cent trente-huit ans d'existence; mais on n'en peut compter effectivement que quatre cent soixante sous la forme de judicat et sous la dynastie primitive. La domination de la maison de *Cubello*, commencée, en 1410, par l'acquisition que fit *Léonard* du marquisat d'Oristano, forme une ère nouvelle, qui est de soixante-huit années.

Les autres judicats avaient été réunis bien auparavant à la monarchie aragonaise, dont ils faisaient partie intégrante, lorsque celui d'Arborée, le premier de tous par son importance historique, jouait encore un rôle qui fixait l'attention de la cour de Saragosse.

Il semble naturel que le précis de l'histoire et de la chronologie des trois autres judicats suive celui qui vient d'être présenté, dans l'ordre de leur importance politique et de la durée de leur existence comme états indépendants.

JUDICAT DE CAGLIARI.

La série des juges de Cagliari commence, ainsi que dans le judicat d'Arborée, au premier feudataire pisan que la république y établit en 1050.

C'était probablement un homme d'une haute distinction, célèbre alors ou dans son pays natal ou dans la partie de l'île qu'on lui donnait à régir, et à qui ses flatteurs et ses commensaux promettaient l'immortalité. Les auteurs des chroniques écrites deux ou trois siècles après lui ne savaient déjà plus son nom. Elles l'appellent tantôt *Torgodore*, tantôt *Torquitore*. On ne sait rien de plus sur son compte.

Premier juge, *Torgodore* ou *Torquitore*.

Deuxième, *Orzocco*. C'est lui qui reçut, en 1073, la lettre du pape *Grégoire VII*, de laquelle il a été déjà parlé plusieurs fois. Il paraît qu'il vivait encore en 1084. Il se trouva, dans l'année 1082, assez puissant pour expulser les Pisans de sa principauté, aidé dans cette expédition par les Génois, avec lesquels il s'était allié.

Troisième, *Arzo* ou *Azzo*. Il régnait en 1085.

Quatrième, *Constantin*. Il existe des actes de lui, de 1089 et de 1102.

Cinquième, *Turpino* ou *Turbino*, ou suivant d'autres *Ditubino*. Fidèle aux Pisans, pour lesquels il professait de la reconnaissance et de l'amitié, il leur fournit, dans une expédition contre les Maures des îles Baléares, les secours de sa petite marine.

Sixième, *Mariano*. Ce prince suivit une autre politique que son père. Allié des Génois, il se brouilla avec les Pisans, qui le chassèrent. Une flotte génoise le ramena bientôt après triomphant à Cagliari. Il y fonda une église, en 1119.

Septième, *Constantin II*. Il régnait en 1163.

Huitième, *Pierre I*ᵉʳ. *Constantin II* n'avait pas eu d'enfants mâles, mais une fille qu'épousa *Pierre*, fils de *Gonario*, juge de Logudoro. *Pierre*, ayant succédé à son beau-père, se laissa gagner, comme l'avaient déjà fait plusieurs de ses prédécesseurs, par les intrigues et les promesses des Génois, avec lesquels il contracta une alliance, après leur avoir fait hommage de ses états. *Guillaume*, comte de *Caprara*, vint à la tête d'un corps de troupes envoyé par la république pour punir ce juge félon, le battit, le fit prisonnier et lui permit de se retirer dans le Logudoro, où régnait sa famille, après lui avoir fait payer chèrement sa rançon. *Guillaume* victorieux se mit à la place du vaincu. L'expulsion de *Pierre* paraît avoir eu lieu en 1180.

Neuvième, *Guillaume I*ᵉʳ. Le comte de *Caprara*, devenu juge de Cagliari, voulut s'agrandir aux dépens de ses voisins. Depuis l'année 1180, qu'il s'était saisi du pouvoir, il méditait un plan d'invasion contre le judicat d'Arborée. Il l'exécuta en 1190. *Pierre*, fils de *Barisone*, comme lui ami et allié des Génois, gouvernait alors, avec le vain titre de roi, les états d'Arborée. Complétement battu par *Guillaume*, il fut jeté dans un cachot avec son fils. Les Génois, pour faire une diversion, et en même temps pour tirer vengeance d'un homme si audacieux et si entreprenant, tentèrent plusieurs attaques par mer contre Cagliari. A la suite d'un combat naval, où les Pisans furent défaits, ils s'y établirent eux-mêmes en 1199. *Guillaume* ne se tint pas pour battu. Il chassa de Cagliari les Génois, ainsi que le juge détrôné *Pierre*, qu'ils s'étaient donné le plaisir de réinstaller pour quelques mois, et jusqu'à l'époque de sa mort, en 1215, il resta paisible possesseur d'une principauté qu'il avait su conquérir et défendre.

Dixième, *Pierre II*. Ce dixième juge de Cagliari était le fils de *Pierre d'Arborée*, lequel avait été vaincu et mis en prison par *Guillaume*, et dont il avait lui-même, dans son enfance, partagé la captivité. *Guillaume*, à ce qu'il paraît, avait bien changé de sentiments pour lui. Il lui avait donné en mariage sa fille unique, *Benedetta*, et l'avait appelé à la succession du judicat. C'est sous son règne, que les Pisans, qui avaient eu à se plaindre de plusieurs défections de la part des juges de Cagliari, exigèrent le renouvellement du serment d'hommage et de fidélité, et pour en avoir une garantie plus solide et se donner des sûretés plus réelles, se firent céder une hauteur qui domine la ville, et y bâtirent ce qu'on appelle aujourd'hui le *Château*. Peu d'années après, vers l'an 1225, deux aventuriers pisans, *Lamberto* et *Ubaldo Visconti*, portèrent la guerre dans la province de Cagliari, s'en rendirent entièrement maîtres, et forcèrent le prince régnant, ainsi que sa femme *Benedetta* et leur fils, de chercher un asile hors de leur principauté de Cagliari, où ils ne rentrèrent que quand *Ubaldo*, resté seul après la mort de *Lamberto*, prit le parti d'abandonner sa conquête pour consolider l'établissement qu'il avait fait dans les provinces de Gallura et de Logudoro. On doit supposer qu'ils trouvèrent un asile dans la principauté d'Arborée, où *Lamberto* et *Ubaldo* n'avaient point pénétré, et où *Pierre* était aussi juge par droit de naissance. Nous avons vu dans la notice sur le judicat d'Arborée qu'il était mort en 1237.

Onzième, *Guillaume II*. Ce fils de *Pierre* et de *Benedetta* jouit paisiblement de sa principauté. Il ne paraît pas qu'aucun événement sérieux ait troublé son règne.

Douzième, *Chiano* ou *Giovanni (Jean)*. Le successeur de *Guillaume II* fut beaucoup moins heureux. Tourmenté et harcelé par un voisin ambitieux, *Chiano* contracta, pour son malheur, une étroite alliance avec les Génois, auxquels il fit hommage de ses états, promettant de leur livrer pour sûreté tous les ouvrages de fortification de la place. Les Pisans, indignés de sa perfidie, débarquèrent près de Cagliari, se saisirent de sa personne, et lui firent trancher la tête.

Guillaume III, surnommé *Cipolla* (l'ognon), qui fut le treizième et dernier juge de Cagliari, n'était pas homme à donner de l'inquiétude aux Pisans. C'était un véritable fantôme de prince. Dénué de toutes prétentions à l'indépendance, et servilement obéissant, il était occupé des plaisirs de la table, quoique son sobriquet n'indique pas qu'ils fussent fort recherchés dans sa maison, bien plus que du soin d'augmenter son pouvoir. Il vivait encore en 1270.

La seigneurie de Pise, frappée de l'exemple tout récent de *Chiano*, et craignant avec raison de ne pas rencontrer toujours un instrument aussi commode et un prince aussi simple dans ses goûts que le juge *Cipolla*, prit le parti, quand il eut doucement terminé sa carrière, de diviser le judicat de Cagliari en trois portions à peu près égales, qu'elle distribua aux trois familles qui l'avaient le mieux servie dans les derniers événements, le comte de *Donartico*, de la maison de la *Gherardesca*, *Guillaume*, comte de *Caprara*, et *Chiano*, de la famille *Visconti*. Ces seigneurs feudataires, et même leurs héritiers, pendant un assez grand nombre d'années, portèrent le titre honorifique de juges, quoiqu'ils n'en eussent ni le pouvoir ni les fonctions réelles. Les femmes mêmes transmettaient ce titre à leurs maris, qui n'hésitaient pas à s'en décorer. C'est ce qui arriva en 1308 à un *Riccardo Concino*, seigneur de la ville de Trévise. Ce titre, dont on était fier, était un de ceux que portait le comte *Ugolino della Gherardesca*, qu'un chant de l'Enfer du *Dante* a rendu si horriblement fameux.

Les Pisans, en faisant ce morcellement se réservèrent la possession immédiate de la ville et du château de Cagliari, de la place d'Iglesias, et de tous les forts et lieux fortifiés, où ils mirent de bonnes garnisons et se maintinrent jusqu'à leur expulsion par les Aragonais.

La durée du judicat de Cagliari, sous ce titre, qui est celui de son institution primitive, n'avait été que de deux cent vingt ans.

JUDICAT DE GALLURA.

Ce judicat, quoique placé le second dans l'ordre hiérarchique à l'époque de la création, est pourtant celui de tous qui eut le moins d'importance politique et historique. Ses juges ont obscurément passé sur la scène, et il existe entre quelques-uns d'entre eux des lacunes, que les chroniques du temps ne donnent pas les moyens de remplir. Je ne mentionnerai que ceux dont le nom s'y trouve authentiquement écrit.

Premier juge, *Constantino*. Quelques-uns l'ont appelé *Manfredi*, ou ont supposé qu'il avait été précédé par un prince de ce nom. Mais il n'y a d'autre autorité à ce sujet que celle de *Vico* et de *Cambiagi*, féconds en princes et rois imaginaires. Le fait est que rien n'indique qu'il y ait eu dans la Gallura, entre l'institution pisane de 1050 et l'année 1075, un autre prince ou juge que ce *Constantino*, auquel écrivit, à la date de cette dernière année, le pape *Grégoire VII*.

Deuxième, *Torquitore* ou *Torguidor*. Ce prince se livra sans pudeur à des excès si scandaleux en tous genres, qu'il fut excommunié en 1092 par un conseil d'évêques expressément tenu dans la ville de Torrès. Si cet anathême ecclésiastique n'avait frappé qu'un petit tyran, cruel et lâche, on pourrait regarder cet acte de répression comme une leçon hautement donnée dans l'intérêt de la justice et de l'humanité. Mais quand on voit que le prince et tous ses sujets furent enveloppés dans la même excommunication, on ne saurait comprendre comment le peuple fut puni des iniquités de son maître, et pour quelle raison les prélats sardes durent confondre dans le même châtiment les victimes et le bourreau.

Troisième...... Il est tout-à-fait inconnu, et rien ne révèle son existence. Il est pourtant indubitable qu'il y a eu un juge de la Gallura entre l'année 1092, depuis laquelle on ne sait plus rien de l'excommunié *Torquitore*, et l'année 1165, où l'on entend parler, pour la première fois, de *Constantin II*.

Quatrième, *Constantin II*. Il a régné sur la Gallura, et vivait en 1165. Voilà tout ce qu'on sait de lui.

Cinquième, *Barisone*, d'autres disent *Pierre*. Peut-être porta-t-il ces deux noms. On rencontre des traces de son existence de 1173 à 1182.

Sixième, *Lamberto*. Ce jeune gentilhomme, de la famille *Visconti* de Pise, vint avec son frère *Ubaldo*, vers l'année 1190, opérer une descente dans la province de Gallura, dont il fit la conquête. Il s'en déclara le souverain et prit le titre de juge. On ignore si c'est avant ou après sa mort que *Comita II*, juge de Logudoro, s'empara de la Gallura et l'incorpora à son judicat, auquel cette province resta unie jusqu'en 1271. Comme en pareille matière un champ libre est ouvert aux conjectures, il est permis de supposer que l'expédition du juge de Logudoro eut lieu du vivant même de *Lamberto*. *Comita*, en sa qualité de Guelfe zélé, était fort attaché aux intérêts du pape *Innocent III*, duquel il reçut, en 1212, une lettre flatteuse et encourageante. Peut-être que les suggestions du Saint Père le portèrent à attaquer son voisin *Lamberto*, qu'on regardait comme un usurpateur et un intrus.

On ignore comment la province de Gallura fut de nouveau séparée, en 1271, du judicat de Logudoro et recommença une nouvelle série de juges. On ignore même le nom de ces juges, et l'on ne trouve aucune trace de leur administration, qui dut être fort précaire, et surtout fort peu indépendante. Cette partie de l'île fut, pendant un long espace de temps, la proie des grandes familles génoises et le champ de bataille des partis. Les juges, ou ceux qui en portaient le titre, appartenaient nécessairement à la faction dominante, et devaient se succéder avec beaucoup de rapidité. Il paraît cependant que les Pisans, avant l'époque de 1284, qui fut celle de la destruction de leur marine et de leur décadence, parvenus à l'apogée de leur puissance en Sardaigne, exerçaient dans la Gallura, comme dans tout le reste de l'île, une haute suprématie.

Le treizième juge de cette province, dont les prédécesseurs sont inconnus après *Lamberto* jusqu'à lui, était un certain *Chiano*, leur compatriote, qui appartenait à l'illustre famille *Conti*, et qui fut placé par eux.

Chiano eut pour successeur *Nino* ou *Ugolino*, qui résida peu de temps dans sa principauté. *Nino*, l'un des premiers citoyens de Pise, et chef de parti puissant, s'y était emparé de l'autorité, qu'il ne garda pas long-temps; car il fut à son tour chassé et proscrit; mais il avait des affaires trop importantes à traiter en Toscane, pour s'occuper beaucoup du judicat de Gallura. Aussi ne s'y fit-il presque pas voir. Ses sujets apprirent facilement à se passer de lui. Il mourut à San-Miniato, en 1298.

Nino fut le quatorzième et dernier juge effectif de la Gallura, quoiqu'il ne soit pas le dernier qui en ait porté le titre. Mais ce ne fut, après lui, qu'un titre honorifique, qui passa, par des mariages et des alliances, dans la maison *Visconti* de Milan, sans qu'aucun des princes de cette famille, qui s'en parèrent pendant l'espace de plus d'un siècle, ait songé à en aller exercer l'autorité. Le judicat de Gallura finit d'exister comme état distinct en 1298. Il avait duré deux cent cinquante ans.

JUDICAT DE TORRÈS, ou LOGUDORO.

Les commencements de ce judicat sont les mêmes que ceux des trois autres. Les Pisans y établirent un des leurs en qualité de prince ou juge, après la conquête de 1050.

Premier juge, *Gonario* ou *Comita*. Quelques chroniques le nomment *Barisone*.

Deuxième, *Mariano*. Il régnait en 1073, époque où il reçut la lettre du pape *Grégoire VII*.

Troisième, *Constantino* ou *Comita*. Il y a des actes de lui de 1102 à 1127.

Quatrième, *Gonario* ou *Gianuario*. Ce prince ne se fit remarquer que par sa profusion envers les églises et les couvents, qu'il se plaisait à enrichir. *Saint Bernard*, informé de ces dispositions de *Gonario*, lui écrivit pour l'inviter à venir se faire recevoir dans l'ordre monastique dont il était le fondateur et le chef. Cette négociation fut habilement conduite. *Gonario* abdiqua, vint se jeter aux genoux de *saint Bernard*, et mourut en odeur de sainteté sous l'habit des religieux de Citeaux. Sa canonisation eut lieu peu de temps après, et *Ferrari* le place dans son Catalogue des saints, sous le nom de *Goniarus*, roi de Sardaigne [1].

Cinquième, *Barisone*. Il gouverna depuis 1153 jusqu'en 1200.

Sixième, *Constantino* ou *Guantino*. Son règne fut de trois ou quatre ans au plus.

Septième, *Comita II*. Plus actif et plus remuant que ses prédécesseurs, *Comita II* fit une invasion dans le judicat voisin de Gallura, vers l'année 1212,

---

[1] *Ferrari*, in Catalogo gener. Sanctorum.

et le réunit à celui de Logudoro, état de choses qui dura jusqu'en 1271, époque où l'ancienne division fut rétablie.

Huitième, *Mariano II*. Il resta fort obscur, même dans son pays. Il vivait en 1218.

Neuvième, *Barisone II ou III*. Il ne jouit pas long-temps du pouvoir. Il fut égorgé par des soldats en 1221.

Dixième, *Adelasia*. Fille de *Mariano II* et sœur de *Barisone*, qui venait de tomber sous les coups des assassins, elle prit, par droit de naissance et d'hérédité, les rênes du gouvernement. Le pape *Innocent III* (*Lotario Segni-Conti*), qui voulait établir les droits du saint siége sur la Sardaigne, fit épouser à un de ses parents l'héritière des deux provinces, désormais réunies, de Logudoro et de Gallura. C'est alors que *Lamberto* et *Ubaldo Visconti* vinrent, à la tête d'une expédition pisane, s'emparer de la presque totalité de l'île, à l'exception du judicat d'Arborée. *Ubaldo*, resté seul maître de la Gallura, après la mort de son frère *Lamberto*, épousa, en 1238, la princesse *Adelasia*, devenue veuve, ce qui eut pour lui le double avantage d'affermir sa conquête et de faire lever l'excommunication dont il avait été frappé par le pape *Grégoire IX*, qui consentit à ce mariage, à condition qu'*Ubaldo*, abjurant la souveraineté de Pise, reconnaîtrait exclusivement celle du saint siége. Cet arrangement, qui conciliait les intérêts de la cour de Rome, et ceux du juge de la Gallura, produisit l'effet qu'on en avait attendu, tant que vécut *Ubaldo*. Après la mort de ce dernier, l'empereur *Frédéric II* spécula à son tour sur la main de la princesse *Adelasia*, veuve pour la seconde fois, et lui fit épouser son fils naturel *Enzio*, auquel il donna, comme on l'a vu plus haut, le vain titre de roi de Sardaigne. *Enzio* étant allé mourir en prison à Bologne, *Adelasia* s'en tint à son troisième veuvage, et finit ses jours dans la plus profonde obscurité, pendant qu'un étranger gouvernait les états qu'elle avait successivement apportés pour dot à ses trois maris. *Enzio*, en partant pour aller remplir les fonctions de vicaire impérial de la Lombardie, avait nommé pour son lieutenant, dans le pays dont il se croyait roi, *Michel Zanche*, mari de sa mère, la marquise de *Montferrat*, homme plein d'ambition, de talents et d'audace, qui s'empara de l'autorité souveraine et prit le titre de juge de Gallura et de Logudoro.

Zanche étant mort, en 1271, les Pisans, qui avaient repris de l'ascendant au nord de l'île, lui donnèrent pour successeur un nommé *Vernagalla*, dont ils voulaient récompenser les services et le dévouement [1]. On ignore si ce nouveau juge pour-

---

[1] *Vernagalla* avait combattu et réduit les rebelles, à qui un acte de

suivit long-temps sa carrière. Ce qui paraît certain, c'est qu'après la perte de la bataille navale décisive de 1284, où sa marine fut anéantie, la république de Pise, dont la décadence suivit une progression rapide, cessa de jouir d'aucune considération politique et d'aucune puissance réelle dans ces provinces, où quelques années auparavant, elle commandait en souveraine. La fin du treizième siècle fut marquée par ses désastres et par les sacrifices de tout genre qui lui furent imposés. Elle fut contrainte, en 1300, de céder Sassari à la république de Gênes, qui tous les ans y envoyait un podestat ou gouverneur. Les *Doria*, les *Malaspina*, et quelques autres grandes familles se partagèrent entre elles, et avec les juges d'Arborée, le territoire de Logudoro, et y élevèrent des châteaux forts, où ils préparaient leurs moyens d'attaque et de défense, et où ils exerçaient tous les droits de la féodalité la plus tyrannique.

La province de Logudoro est le premier des quatre judicats de la Sardaigne qui ait cessé d'être gouverné par des princes portant le titre de juge, lequel ne fut donné à aucun autre après la mort de *Vernagalla*. Il ne dura guère plus de deux cent quarante ans.

---

déchéance et d'excommunication, prononcé par le saint siége, avait mis les armes à la main. TRONCY, *Annal. Pis.*

CHAPITRE XXXIX.

Des institutions qui régirent la Sardaigne sous la domination des souverains espagnols. — De la nature de ces institutions. — Lois politiques. — Lois judiciaires. — Du système de l'établissement espagnol. — Des abus que l'insouciance du gouvernement espagnol laissa introduire. — Des priviléges de la noblesse en Sardaigne. — De l'origine et de l'effet de ces priviléges.

Les quatre judicats de la Sardaigne, après avoir fourni une carrière plus ou moins longue et plus ou moins glorieuse, viennent de s'éteindre et de disparaître les uns après les autres. Nous sommes arrivés au moment où cette île, si long-temps la proie des factions qui l'avaient déchirée pendant son association aux destinées des républiques italiennes, était venue se reposer à l'ombre du trône d'une grande monarchie. L'ordre naturel des idées voudrait maintenant que la narration suivît le cours successif des événements, jusqu'à l'époque où elle passa sous d'autres lois. C'est aussi le plan que je me suis proposé. Mais, comme nous allons la voir désormais régie par ses institutions nationales, je crois à propos, avant d'entrer dans l'historique des faits subséquents et des travaux du parlement des cortès, de faire connaître la nature et l'esprit de ces institutions.

Les rois d'Aragon n'avaient pas attendu que la Sardaigne entière, soumise à leurs lois, sans aucune exception de localité, formât une des provinces de leurs états, pour introduire le régime constitutionnel dans les parties de l'île qui leur appartenaient déjà. Le roi *don Pèdre* avait donné aux Sardes une représentation nationale, et avait lui-même ouvert à Cagliari, en 1355, la première session du parlement des cortès. La Sardaigne jouissait depuis lors des bienfaits du gouvernement constitutionnel, qu'elle devait à ce prince éclairé, et ses successeurs avaient ajouté à l'institution primitive toutes celles que le temps et l'expérience rendaient nécessaires pour en assurer l'exercice et pour en développer les avantages.

Le roi *Alfonse* s'était occupé, plus qu'aucun de ses prédécesseurs, du soin de consolider l'établissement espagnol en Sardaigne.

Ferdinand-le-Catholique, qui monta sur le trône après lui, mit la dernière main à l'ouvrage, et termina entièrement l'organisation politique et administrative.

Ce prince voulut faire confirmer encore une fois, par l'assemblée de la nation, la réunion de la Sardaigne à la couronne d'Aragon. Cette réunion pure et simple fut prononcée de nouveau, en 1481, par les cortès réunies à Calatayud. *Ferdinand* prit à peu près dans le même temps, pour le repos de la

Sardaigne, une mesure qui dut paraître violente, et peu conforme aux principes du droit public et de la justice, mais dont par le fait sa politique eut à s'applaudir. Beaucoup de fiefs établis par les Pisans et les Génois, au temps où ils commandaient en maîtres, avaient survécu à leur domination. Les seigneurs italiens qui les possédaient, vivant toujours dans l'espoir de ramener un ordre de choses qui ne pouvait plus revenir, étaient les ennemis naturels de l'Aragon et les éternels artisans des dissensions et des troubles. *Ferdinand* les chassa tous de l'île, en leur prescrivant un temps limité pour vendre leurs propriétés. Il préludait ainsi à l'expulsion des Juifs de ses états du continent. Ce qu'il fit en Sardaigne avait du moins pour but d'éloigner des ennemis irréconciliables, et dont on avait toujours quelque chose à craindre, au lieu que le coup d'état, résolu dans le conseil de *Ferdinand* et d'*Isabelle*, qui bannissait et dépouillait trente mille familles actives et industrieuses, sans aucun avantage réel pour la chose publique, était une mesure aussi impolitique que cruelle, qui fut dignement couronnée par l'établissement du tribunal de l'inquisition.

Le gouvernement énergique de *Ferdinand* n'imposa point cependant aux Sardes une législation qui fût contraire à leurs habitudes et à leurs mœurs. Il leur laissa leur constitution politique, qui depuis *don Pèdre* avait eu le temps de se nationaliser, et le code de lois civiles et criminelles qu'ils devaient à la sagesse d'*Eléonore*, et qui, étendues au royaume entier dans le parlement de 1421, étaient devenues la jurisprudence universelle.

Ces deux corps de lois composaient l'état politique et l'état judiciaire de la Sardaigne.

Les *chapitres des cortès* (CAPITOLI DELLE CORTI) étaient les lois fondamentales du royaume. Ce sont les décrets du parlement assemblé ou des trois ordres du royaume réunis. Ces décrets devenaient, par la sanction du souverain, lois de l'état. Ils étaient rédigés en langue catalane, qui était celle de l'autorité suprême avant la réunion sur la tête de *Ferdinand* et d'*Isabelle* des couronnes d'Aragon et de Castille, et qui continua à être en usage, après leur avénement et sous leurs successeurs, jusqu'à l'époque où l'institution tomba en désuétude.

Les *pragmatiques*, qui sont une création postérieure, sont écrites en langue castillane. On appelait ainsi le recueil des lois organiques rendues par le souverain pour l'application et l'interprétation, nécessitées par les circonstances ou les intérêts du moment, des *chapitres des cortès*, de la *Carta de Logu*, et des anciennes mesures législatives.

Les *édits*, écrits aussi en langue castillane,

étaient les ordonnances du roi rendues pour les besoins de l'administration et du peuple. Ils avaient force de lois, sans le concours des cortès, qui n'était indispensable que pour le vote des impôts, des subsides et des dons gratuits.

Les Sardes ont un quatrième code ou recueil de lois. Ce sont les ordonnances rendues à diverses époques, et pour le courant des affaires, en matière administrative, par les vice-rois. Ces ordonnances ont force de lois, quand elles ont été visées et enregistrées par les chambres réunies de la cour suprême de justice, qui s'appelle *la royale audience*. Elles se nomment *pregoni* [1].

La *Carta de Logu* (Charte donnée par *Eléonore d'Arborée*) réunissait les codes civil, criminel, rural, de procédure et de police. Limitée d'abord à la province d'Arborée, étendue ensuite, sur la demande des cortès de 1421, au royaume entier, elle formait à elle seule toute la jurisprudence du pays, où elle est encore observée aujourd'hui même, sauf quelques modifications de détail, que la singulière constance des mœurs publiques a empêché de multiplier davantage, aussi religieusement que dans les années voisines de la publication qu'en fit faire la fille de *Mariano*.

---

[1] Cette dénomination italianisée vient originairement du mot espagnol *pregonar*, qui veut dire annoncer, publier. Les *pregoni* sont des publications officielles.

Les codes sardes ont trouvé beaucoup d'éditeurs et de commentateurs. Il n'est pas un de ces recueils de lois politiques, administratives et judiciaires, qui n'ait donné naissance à de nombreux volumes, dont on ferait une bibliothèque entière. Le texte des *édits* et *pregoni* forme à lui seul trois énormes in-folio. Il en devait être ainsi particulièrement pour cette partie de la législation. Les vice-rois se renouvelaient tous les trois ans, et, par une disposition propre à la nature humaine, le nouveau venu, sûr de valoir mieux et de mieux administrer que son prédécesseur, recommençait tout ce qu'on avait fait avant lui, et souvent même, par amour-propre ou par jalousie, faisait tout le contraire. La même chose est arrivée à peu près pour les *édits* et les *pragmatiques*. Je ne parle pas des *chapitres des cortès* et de la *Carta de Logu*, qui exigeaient un commentaire explicatif et historique, travail qui a été fait avec beaucoup de savoir et de soins, par plusieurs écrivains et jurisconsultes d'un grand mérite [1].

[1] Les chapitres des cortès ont été recueillis et commentés, en 1571, par *don Pedro Bellit*, et, à la fin du dix-septième siècle, par *don Juan Dexart*. Don Francesco *Vico* entreprit, par ordre du souverain, la compilation des *pragmatiques*. Les *édits* et *pregoni* ont été réunis et mis en ordre, il y a une trentaine d'années, par *don Francesco Pès*, qui en a composé trois volumes in-folio. La *Carta de Logu* compte deux commentateurs fort distingués par leur érudition, *don Girolamo Olivès*, et surtout *don Giovanni Mameli de Mannelli*, qui a publié un ouvrage très précieux sur ce code d'*Éléonore*.

Cette multiplicité toujours croissante de lois diverses, éparses en de vastes recueils, portant l'empreinte des circonstances où elles étaient nées et du caractère de leurs auteurs, écrites en des idiomes étrangers, mal ordonnées, disparates, et souvent contradictoires, étaient une source inépuisable de vexations, d'arbitraire et d'abus. Quel moyen, en effet, de saisir, au milieu de tant de dispositions législatives, administratives et organiques, celles qui règlent le droit des individus? Aussi le champ le plus vaste était-il ouvert aux interprétations et aux définitions, et la chicane ne manqua pas de s'emparer de cette législation énigmatique, pour entraîner ses victimes dans un labyrinthe dont elle augmentait encore à dessein les détours et les ténèbres.

Tel fut le fléau de la Sardaigne pendant les quatre siècles de la domination espagnole. Son invasion, qui avait suivi de près celle des Aragonais dans l'île, fit sentir plus particulièrement ses effets, quand, après la réunion de toutes les couronnes de la Péninsule sur la même tête, et après la découverte d'un monde nouveau et d'un nouvel empire, la Sardaigne fut, pour ainsi dire, perdue dans l'immensité des possessions qui composaient cette monarchie colossale.

Le gouvernement espagnol, séduit par l'éclat de ses nouvelles destinées, donnait peu de soins et d'attention à chacun de ses anciens royaumes en particulier, et surtout à celui dont peut-être il avait à tirer le moins de gloire et de profit. Noble et généreux, loyal et désintéressé, mais insouciant, paresseux et routinier, il fit de l'accroissement prodigieux de sa puissance et de sa richesse une cause d'affaiblissement, de misère et de dépopulation. La Sardaigne, qu'une mauvaise administration avait réduite à ne rapporter au trésor du souverain que peu de chose ou rien, devait être négligée de la métropole. Elle le fut complétement, et tomba presque dans l'oubli. Aucun de ses rois espagnols ne daigna en faire l'objet d'une de ses pensées, à l'exception de *Charles-Quint*, dont elle reçut la visite: ce prince faisait un fort grand cas de cette possession, et parut avoir formé sur elle des projets que les circonstances l'empêchèrent apparemment d'exécuter. La Sardaigne était exclusivement abandonnée aux soins plus ou moins actifs, plus ou moins intelligents, du vice-roi qu'on y envoyait tous les trois ans, et à qui était dévolu l'exercice de l'autorité suprême. Celui qu'avait désigné le choix du prince n'acceptait ce gouvernement et ne renonçait momentanément aux délices d'une cour brillante, que pour y faire tourner à son profit les opérations de finance ou d'administration publique qu'il pourrait avoir occasion d'imaginer, et pour s'y enrichir ou pour refaire une grande fortune dérangée. Plusieurs vice-rois espagnols ont recommencé les anciens préteurs romains.

La cour d'Espagne, n'agissant sur la Sardaigne que par le canal des vice-rois, s'en rapportait toujours à eux, dit M. *Azuni*, soit qu'il fût question de rendre justice, soit qu'on sollicitât des faveurs, ce qui de bonne heure fit contracter aux Sardes l'habitude de s'attacher principalement aux vice-rois, et de se conformer servilement à leurs goûts et même à leurs vices, puisque toute la politique de la cour se réduisait à soutenir leur autorité. Lorsqu'ils arrivaient dans le royaume, ajoute le même écrivain, les Sardes tâchaient de connaître leur côté faible, afin de gagner leur confiance et de mériter leurs bonnes grâces. Aussi trouvaient-ils bientôt le moyen de flatter leur avarice par des présents, leur orgueil par des souplesses, et leur hypocrisie par l'affectation et la fausseté.

Une cour assidue et nombreuse se pressait autour de ces chefs du gouvernement, qui étaient les représentants réels du souverain et les dispensateurs des bienfaits, des honneurs et des richesses. Il était naturel que la noblesse en fît le principal ornement. Elle avait en Sardaigne beaucoup d'illustration, et formait un corps respectable. La noblesse sarde proprement dite occupait déjà un rang très élevé à l'époque de la conquête aragonaise. Elle remontait aux premiers temps de l'occupation pisane, et même beaucoup plus haut, à en croire les supputations de la vanité. Toutefois, il est certain qu'on trouve dans les chroniques du onzième siècle des marquis, des comtes, des barons, et des seigneurs titrés, à qui des propriétés territoriales avaient été inféodées, suivant la coutume d'Italie, et qui, dès cette époque reculée, exerçaient sur des vassaux les droits qui leur avaient été concédés. La conquête de l'île par les Aragonais vint augmenter le corps de la noblesse, et le fit briller d'un nouveau lustre. Les princes espagnols qui firent la guerre en Sardaigne, *Alfonse* en 1323, *don Pèdre* en 1354, *don Martin* en 1409, *Alfonse V* en 1419 et 1421, amenèrent avec eux des seigneurs aragonais, catalans et valenciens, dont un assez grand nombre s'établirent en Sardaigne, et auxquels ils distribuèrent, en récompense de leurs services, à titre de fiefs de la couronne, de grands biens, pris sur les vaincus, et transmissibles à leurs descendants, avec toute la plénitude des droits de la féodalité et des prérogatives qui pouvaient en relever l'éclat.

Cette haute classe, composée des chefs de l'armée conquérante et des anciens nobles de l'île, formait, dès l'origine de l'établissement aragonais, une puissante aristocratie, qui jouissait de tous les priviléges, et qui exerçait dans les institutions publiques une suprématie marquée. Si, dans un pays aussi peu civilisé que la Sardaigne, cet état de choses eut des avantages politiques, et si, dans les premiers temps, ceux qui étaient les plus élevés dans l'ordre social furent aussi ceux qui montrèrent le plus de zèle pour le bien public et pour la prospérité d'un pays qu'ils habitaient, il n'en fut plus de même quand les grands feudataires espagnols retournèrent dans leur ancienne patrie, malgré les lois fondamentales, qui prescrivaient la résidence, et abandonnèrent la gestion de leurs vastes domaines à des agents subalternes, qui ne firent plus qu'un usage abusif d'une autorité déléguée. Les malheureux vassaux, accablés du poids de toutes sortes de droits seigneuriaux, s'épuisant pour leurs maîtres absents et si mal représentés par des tyrans en sous-ordre, n'eurent plus la consolation de les voir compatir à leurs maux et leur promettre au moins d'y porter remède.

La noblesse sarde profita de la facilité qu'elle trouvait dans les souverains espagnols à la combler de faveurs et à lui prodiguer aveuglément les honneurs et les prérogatives, pour se faire accorder l'exemption de toute charge publique et de toute contribution. Elle ne tarda point à obtenir un privilége qui est sans exemple ailleurs, et qui offre peut-être la preuve la plus frappante de l'inattention et de l'incurie du gouvernement espagnol en ce qui touchait la Sardaigne. Une loi, rendue dans le parlement des cortès de 1510, et sanctionnée par le roi *Philippe I*ᵉʳ, ordonnait qu'aucun noble ne pourrait être condamné à mort par les tribunaux, *pour quelque crime que ce fût*, pas même pour celui de *lèse-majesté* [1]. Le procès d'un noble en état de prévention devait être instruit par une commission de sept de ses pairs, lesquels avaient seuls le droit de condamner ou d'absoudre le coupable. Il arrivait bien rarement que la pluralité des voix n'en prononçât point l'acquittement. Les nobles n'encouraient presque jamais de peines capitales, et en étaient ordinairement quittes pour un bannissement temporaire.

Tant d'exceptions, d'exemptions et de priviléges ne faisaient que jeter, dans l'administration publique et dans la perception des revenus de l'état, une confusion et un désordre augmentés par ceux qu'obtenaient non-seulement les grands feudataires et les nobles de seconde classe, mais aussi les villes dont la cour de Madrid voulait payer les services et le dévouement. Cagliari et Sassari en obtinrent beaucoup, Alghero peut-être plus encore. Cette dernière ville était considérée par les Catalans comme une ville nationale, et ils la nommèrent Barcelonette. Ils ne cessèrent de la traiter avec une grande prédilection, et lui firent accorder par

---

[1] Cette loi n'a pas été entièrement abolie; la peine capitale peut être

le gouvernement tous les priviléges qu'elle sollicitait, quelque contraires qu'ils fussent aux lois fondamentales de l'État.

La noblesse avait été tellement comblée de dignités, d'honneurs et de grâces, et les villes les plus importantes de l'île avaient obtenu tant de facilités et de faveurs, qu'il était naturel que la province de Sardaigne vécût en bonne intelligence et en paix avec le gouvernement de la métropole. Aussi rien ne troubla-t-il, pendant une possession de quatre siècles, cette harmonie et cet accord fraternel entre les Espagnols et les Sardes. D'un côté on vivait de priviléges et d'abus, et de l'autre on tolérait ce qu'on n'avait aucun intérêt à faire cesser. Il n'y avait de malheureux et de véritablement à plaindre que les habitants des campagnes, qui gémissaient courbés sous le poids des corvées, des impôts et des maux de tous genres ; mais ils étaient nés pour servir, et l'on ne daignait pas même s'occuper de leur sort.

Ce régime abusif, profondément enraciné sous la longue domination espagnole, subsista, sans modification et sans amendement, jusqu'au règne aussi sage qu'éclairé de l'un des meilleurs princes de la maison de Savoie, *Charles Emmanuel*, qui,

---

prononcée dans certains cas ; mais le jugement n'est jamais mis à exécution, sans un ordre signé du roi.

dans sa sollicitude pour un peuple si long-temps abandonné et oublié, parvint enfin, si ce n'est à réformer tant de priviléges inconsidérément accordés par les Espagnols, et que ceux qui en jouissent regardent comme inaliénables et sacrés, du moins à en diminuer l'influence sur l'ordre public, par une administration plus exacte de la justice, qu'il ne voulut confier désormais qu'à des magistrats intègres. Si on n'obtint pas dès lors la suppression des abus, on sut gré au gouvernement de l'intention qu'il montrait de les découvrir et de les attaquer.

CHAPITRE XL.

Des raisons qui portèrent *don Pèdre* à donner une constitution politique à la Sardaigne. — De l'origine du système représentatif dans l'Europe moderne. — Des causes et de l'époque de son introduction en Espagne et dans les provinces qui en dépendaient. — Du principe constituant des établissements primitifs de ce genre, et de l'esprit qui dirigea leurs fondateurs.

Lorsque le roi *don Pèdre* donna, en 1355, le gouvernement représentatif à la Sardaigne, il ne fut pas seulement un bon prince, qui s'acquérait par un bienfait signalé la reconnaissance de son peuple, ce fut encore un homme d'état et un habile politique. Les circonstances étaient critiques et difficiles. La Sardaigne avait été occupée trente ans auparavant, il est vrai, par *don Alfonse*, mais elle ne tenait à l'Aragon que par de faibles liens, que l'éloignement, le manque de moyens, les événements de la guerre, relâchaient tous les jours, et que le moindre incident pouvait rompre entièrement. Un voisin audacieux, souverain légitime du tiers de l'île, et maître d'une grande partie du reste par l'usurpation ou par la force, l'ingrat *Mariano*, juge d'Arborée, qui avait juré une haine à mort à ses anciens bienfaiteurs, avait organisé contre eux une ligue nationale, qui devenait tous les jours plus redoutable, et il leur faisait la guerre avec acharnement. Il n'avait que trop réussi dans ses projets de vengeance. La puissance aragonaise avait été réduite à la dernière extrémité, et pour ainsi dire bloquée dans Cagliari. L'armée que *don Pèdre* lui-même avait envoyée pour réparer ces désastres, dans l'année qui précéda son arrivée, avait éprouvé des revers. Fort de son alliance avec les Génois, éternels perturbateurs du repos de la Sardaigne, et plein d'espoir dans les démarches que son ambition lui avait fait entreprendre auprès du pape, *Mariano* avait attiré tout à lui. L'Aragon paraissait en décadence et au moment de perdre une possession que, pendant un quart de siècle, il avait mollement défendue. *Mariano*, au contraire, placé au centre de toutes ses ressources, semblait toucher au faîte de sa grandeur. Le peuple n'avait pu contracter des sentiments d'affection pour une puissance à laquelle il ne devait rien encore. La noblesse du pays s'était rangée sous les drapeaux d'un guerrier compatriote, qui lui promettait de la gloire, des profits et de l'avenir. Les nobles de Cagliari, et ceux qui, de Barcelone et de Saragosse, avaient suivi, en 1323, *don Alfonse*, restés à peu près seuls attachés à la cause de l'Aragon, avaient renfermé dans les châteaux forts leurs souvenirs et leur fidélité.

Tel était l'état de la Sardaigne en 1354, quand *don Pèdre* vint y débarquer avec sa petite armée de douze mille hommes. Il venait de soumettre les rebelles, et de reconquérir tout ce qui ne faisait point partie de la province d'Arborée. Tous les cœurs venaient vers lui par un penchant naturel. On devait préférer ses manières franches et chevaleresques à la rudesse grossière du farouche *Mariano*. *Don Pèdre* jugea qu'en donnant aux Sardes un gouvernement uniforme et stable, il atteignait le but qu'il devait se proposer, celui de fonder sur des bases solides le gouvernement espagnol, qui n'y avait été jusqu'alors que chancelant et mal affermi, et d'intéresser la noblesse et le peuple à son maintien et à sa conservation; l'une par les jouissances de l'orgueil et par la garantie de ses droits et priviléges, l'autre par l'espoir d'une administration moins brutale, et par l'attente d'un bien-être qu'il n'avait jamais pu obtenir au milieu des fureurs de la guerre civile. *Don Pèdre*, mettant fin tout à coup au provisoire et à l'état de conquête, flatta la fierté des Sardes en les assimilant aux Aragonais eux-mêmes, en leur donnant des lois analogues pour les régir, et en les honorant à leurs propres yeux par une sorte d'existence indépendante. Il appelait aux destinées d'un peuple libre, exprimant spontanément son vœu, et s'imposant lui-même, une nation qui gémissait depuis tant de siècles sous le joug de la tyrannie. Il promettait le calme et le repos d'une monarchie tempérée à des hommes qui, pendant toute la domination pisane et génoise, avec les Guelfes et les Gibelins, avec les *Conti* et les *Visconti*, avaient vécu sous le poignard des factions en délire. Il traita les Sardes comme une nation, et par ce seul acte il jeta dans leurs cœurs les germes de cette affection qu'ils ne cessèrent de montrer depuis à ses successeurs, affection qui ne se démentit jamais, et qui résista même aux vexations de tout genre et à la plus mauvaise administration. En donnant enfin à la Sardaigne une existence nationale, et en y créant l'esprit public, cette puissance morale, à laquelle nulle autre n'est supérieure, il se créa, pour lui-même et pour ses successeurs, des ressources capables de suppléer à toutes celles qui leur manquaient.

On ne doit pas s'étonner si, lorsque le roi *don Pèdre* annonça aux Sardes son grand dessein sur eux, ce présent de sa clémence et de sa sagesse fut accueilli avec des transports d'enthousiame.

Don Pèdre, résolu à donner au peuple sarde un régime constitutionnel et des institutions libres, ne devait pas songer à en chercher un modèle ailleurs que dans celles qui étaient depuis plusieurs siècles l'objet de l'admiration des Aragonais. Mais en appliquant à un pays, neuf encore pour cet ordre d'idées, la constitution politique d'une société déjà très ancienne, qui en jouissait depuis plusieurs siècles, et à qui la pratique et l'usage en avaient appris les avantages et les inconvénients, il y apporta les modifications que lui suggéra son expérience personnelle, et dont la différence des localités et des mœurs lui fit un devoir de prudence. Il plaça dans ces institutions nouvelles, comme base fondamentale, le principe sur lequel reposait le système de gouvernement des peuples de la Péninsule, principe qu'ils avaient hérité de leurs ancêtres, et que les conquérants du nord, loin de le détruire, y avaient enraciné et consolidé.

Le système représentatif était une doctrine reçue et comme une religion politique chez les diverses nations de la péninsule espagnole, qui, avant l'avénement de la dynastie autrichienne, ne concevaient même pas qu'il pût exister un autre mode de gouvernement, et pour qui le pouvoir absolu, objet d'horreur et de mépris, était mis au rang des absurdités humaines. Les Goths, si calomniés par l'ignorance et les préjugés, furent les véritables fondateurs du gouvernement représentatif en Espagne, et par suite dans tout le reste de l'Europe.

Ce peuple et tous ceux qui, après la destruction de l'empire romain, animés en même temps de l'amour de la liberté et de la soif des conquêtes, vinrent fonder des établissements dans le midi de l'Europe, y transplantèrent, des régions septentrionales, où ils étaient nés, les institutions primitives qui de temps immémorial régissaient leur antique patrie, et dont on voit une peinture pleine d'intérêt dans le tableau où *Tacite* nous fait admirer les formes grandioses du gouvernement représentatif se développant sous les chênes de la Germanie [1]. Ce beau système, dit *Montesquieu*, a été trouvé dans les bois. Les fiers enfants du nord, accoutumés dans leur pays natal aux douceurs de l'indépendance individuelle, firent de la liberté publique la base de leurs nouvelles institutions sociales dans les contrées qu'ils avaient envahies. Les circonstances et la nécessité les forcèrent à reconnaître des chefs, qui les conduisaient au combat, et auxquels ils donnèrent le titre de rois ; mais, convaincus que le sort de l'État ne doit pas entièrement dépendre des erreurs, des faiblesses et des passions d'un seul homme, ils voulurent que les grands intérêts publics fussent traités en commun. La nation ne pouvait plus s'assembler en masse, ainsi que dans la Germanie ; mais comme il fallait pourtant, d'après les idées reçues chez eux, qu'elle délibérât sur ses affaires,

---

[1] De minoribus rebus principes consultant, de majoribus omnes ; ita tamen ut ea quoque, quorum penes plebem arbitrium est, apud principes pertractentur.

Tacit. de Moribus German.

ses guerriers dispersés se nommèrent des représentants, qui se réunissaient aux lieux et aux temps convenus. C'est ainsi que furent créées ces assemblées publiques, dans lesquelles ils placèrent le grand conseil national, destiné soit à appuyer, soit à modérer l'autorité de leur chef électif, et qu'ils considérèrent comme une barrière opposée au despotisme, et comme une garantie contre les excès de l'arbitraire et de l'ambition. Soumis aveuglément, pendant les travaux de la guerre, à un chef, qui n'était que leur premier soldat, ils se mettaient à ses côtés pour exercer avec lui les fonctions législatives. Si, par un abus de la force, ils condamnèrent à l'esclavage civil les peuples qu'ils avaient vaincus, ils conservèrent toujours au fond de leurs cœurs le sentiment de leur dignité personnelle. Malgré leur ignorance, ils surent poser ce principe politique, si fécond depuis en résultats, que le meilleur moyen d'avoir de bonnes lois, c'est qu'elles soient faites par ceux qui doivent toute leur vie en porter le joug.

C'est la plus importante de ces nations du nord, ce sont les Goths, qui donnèrent ces nobles institutions aux provinces de l'Espagne, que ces conquérants, plus doux et plus modérés que n'ont voulu nous le faire croire les déclamateurs du moyen âge, ont occupées pendant une longue succession de siècles. On trouve une grande identité entre la constitution politique des Goths et celles qui après eux régirent la Castille et l'Aragon. Les conciles tenus si fréquemment sous leur domination étaient, par leur composition même et par l'objet de leur convocation, de véritables états généraux, où l'on traitait en même temps les affaires ecclésiastiques et séculières. Les Goths, qui, dans leurs idées simples et primitives, n'avaient pas compris les avantages du droit d'hérédité, qu'une meilleure théorie des pouvoirs a fait depuis adopter et a consacré, voulaient que le chef de l'État fût celui que ses vertus ou son mérite en rendaient le plus digne, et non celui que favorisait le hasard de la naissance. Le choix du nouveau prince devait être ratifié par l'assemblée générale de la nation, et il n'était regardé comme légitime qu'après avoir obtenu un consentement unanime. Ces congrès étaient composés des personnages les plus remarquables par leur sagesse, leurs talents, leur savoir, et leur expérience des affaires publiques. On ne connaissait à cette époque ni classes d'éligibles ni états, qui donnassent des droits à l'élection. Les communes n'avaient point encore d'existence politique. C'est plus tard que le peuple fut admis à prendre part aux assemblées publiques et à la représentation nationale. Il y fut introduit, quand le progrès des lumières et les besoins du temps l'exigèrent. Ces assemblées ainsi constituées ont servi de type à toutes celles qui se sont tenues dans les siècles suivants en Espagne, et à celles qu'on y a depuis appelées les *cortès*.

M. *de Montesquieu* reconnaît tout ce que doivent les institutions politiques et la civilisation de l'Europe au gouvernement des Goths, dont il fait ce magnifique éloge : « La liberté civile du peuple,
» les prérogatives de la noblesse et du clergé, la
» puissance des rois, se trouvèrent, dit-il, dans
» un tel concert, que je ne crois pas qu'il y ait
» eu sur la terre de gouvernement si bien tem-
» péré que le fut celui de chaque partie de l'Eu-
» rope dans le temps qu'il y subsista ; et il est
» admirable que la corruption du gouvernement
» d'un peuple conquérant ait formé la meilleure
» espèce de gouvernement que les hommes aient
» pu imaginer [1]. »

Ainsi ces Goths et ces Visigoths, ces hommes flétris du nom de barbares, qui honoraient souvent leurs rois du titre de juges, furent les premiers à établir en Europe le principe de la liberté publique, et à en régler savamment l'usage.

Les Arabes conservèrent les traditions du système de gouvernement institué par les Goths. Ces nouveaux maîtres de l'Espagne autorisèrent les

---

[1] Esprit des lois, liv. XI, chap. vIII.

peuples à délibérer, en des assemblées nationales périodiques, sur leurs intérêts les plus chers et sur les plus importantes affaires de l'État. On vit, pendant le cours de dix siècles, la coutume des Goths, conservatrice de la liberté publique et des droits des citoyens, religieusement observée par les califes et les rois sarrasins. Les princes maures ne manquèrent jamais, toutes les fois qu'il se présentait une affaire de quelque gravité, de convoquer les représentants de la nation, pour les consulter, suivant les usages et les formes qu'ils avaient trouvés établis avant eux. Plusieurs délibérations fort remarquables datent des assemblées de cette époque.

Rien donc de plus avéré, de plus historique, que la priorité de l'Espagne dans la mise en pratique du régime représentatif et constitutionnel. Cet ordre de choses, d'abord imparfait, comme le sont les institutions naissantes, reçut graduellement les améliorations qu'amenèrent la succession des temps ou les nécessités des peuples, et se perpétua pendant mille ans, à la satisfaction de toutes les générations de la Péninsule, jusqu'à l'avénement de la dynastie autrichienne, qui ne s'attacha plus qu'à faire, des maximes du despotisme, la base de son gouvernement, qu'à détruire les anciens monuments de la liberté publique, et qu'à fonder sur ses ruines l'empire du pouvoir absolu.

A l'époque où le roi *don Pèdre* donna aux Sardes une constitution politique fondée sur les principes du système représentatif, les Espagnols, et plus particulièrement les Aragonais, étaient dans toute la ferveur de leur enthousiasme pour ces institutions. Ce prince partageait sans doute l'opinion générale, puisqu'il fit ce noble présent à la Sardaigne, qu'il voulait favoriser; mais, en modelant la constitution sarde sur celle de l'Aragon, que ses compatriotes regardaient comme le produit de la plus savante théorie politique qu'eût enfantée l'esprit humain, il se proposa de la corriger et de l'amender par les modifications que lui indiquèrent avec raison son expérience, la diversité des localités et des mœurs, et le désir de donner plus de force au principe monarchique. *Don Pèdre* savait trop bien que la souveraineté en Aragon était réellement exercée par une aristocratie puissante, dont le roi n'était que le premier mandataire. En effet, le gouvernement aragonais n'avait été long-temps autre chose qu'une république de nobles, dont le chef, élu par eux, et soumis à une magistrature supérieure, n'avait par le fait qu'une ombre d'autorité. La noblesse d'Aragon, excessivement jalouse de ses droits et de sa liberté, s'efforçait constamment de resserrer les limites dans lesquelles le pouvoir avait été, pour ainsi dire, enfermé par elle, et d'exercer ou d'augmenter ses priviléges aux dépens de ceux de la couronne. Telle était la triste destinée des rois de ce pays, qu'ils devaient penser sans cesse à défendre la prérogative royale, incertaine, vague et précaire, contre les attaques et les envahissements dont elle était continuellement menacée. Cette lutte entre l'aristocratie et la royauté avait duré pendant plusieurs siècles, et les princes qui avaient régné dans cet intervalle l'avaient soutenue ou avec trop de faiblesse ou avec trop de violence, suivant les qualités de leur caractère et l'empire des circonstances. *Don Pèdre IV*, celui même qui fut l'auteur de la constitution politique de la Sardaigne, est le premier qui sut mettre un frein à cet esprit entreprenant de la noblesse aragonaise, et qui, se conduisant avec autant de mesure que de courage, fit enfin abolir, dans une occasion mémorable, un droit outrageant, qu'elle avait eu l'audace et la maladresse d'appliquer à un de ses plus sages et de ses plus habiles princes.

Le chapitre suivant renfermera quelques notions historiques sur la fondation et les principes de la constitution politique de l'Aragon, sur la nature des droits et des priviléges que s'étaient donnés les anciens états de ce pays, sur l'usage qu'ils faisaient de ces priviléges, et sur la manière dont le roi *don Pèdre* mit fin à celui qui était le plus injurieux pour la majesté du trône. Ces notions sont tirées des écrivains ordinairement cités comme autorités, quand il s'agit des affaires de l'Aragon, *Zurita*, *Blanca*, *don Antonio Perez*, et le marquis de *Saint Philippe* [1]. Ce sujet n'est pas, quoi qu'on en puisse dire, entièrement étranger à celui qui nous occupe en ce moment, puisque la constitution sarde est une dérivation, avec des corrections et amendements, de celle que l'Aragon s'était donnée plusieurs siècles auparavant, et dont un des plus criants abus venait d'être signalé et détruit. Il n'est pas difficile de reconnaître la pensée de *don Pèdre* dans les institutions, ainsi modifiées, qu'il accorda au peuple sarde, et qu'on peut regarder comme une conséquence de ce qui venait de se passer quelques années auparavant à Saragosse, ou bien aussi comme un essai des réformes auxquelles il aurait voulu peut-être amener l'Aragon lui-même.

Cette digression, en admettant qu'elle doive être considérée comme telle, trouvera du moins son excuse dans l'intérêt et la singularité du sujet.

[1] *Zurita*, Anales de la Corona de Aragon. — *Blanca*, Comment. rerum Aragonens. — *Don Antonio Perez*, Obras y relaciones. — *Don Vicente Bacallar*, marquis de *San Felipe*, Commentarios de las guerras de España.

CHAPITRE XLI.

Notice historique sur l'établissement de la constitution primitive du royaume d'Aragon, dont celle de Sardaigne était une modification plus monarchique. — Institutions singulières créées par les anciens Aragonais pour le maintien de la liberté. — Magistrature et attributions du *Justicia*. — Droits et priviléges extraordinaires. — La royauté en tutelle. — *Don Pèdre IV*, l'auteur de la constitution sarde, victorieux d'une confédération formée contre lui par la noblesse aragonaise, obtient la réforme d'un privilége humiliant pour la puissance royale. — Trait mémorable de ce prince, qui le fait appeler *le roi du poignard*.

L'Espagne subissait depuis plus d'un siècle le joug des Maures. Les plaines de l'Aragon avaient été occupées par les vainqueurs, qui pourtant n'avaient pu réussir à s'emparer des montagnes, où s'était réunie et concentrée l'élite de la population. Aucune forme de gouvernement ne survivait à celui qui avait cessé d'être. Les Aragonais avaient reconquis peu à peu leur propre pays, et, affranchis de toute domination supérieure, ils ne reconnaissaient plus de maître sur la terre. Ils étaient rentrés dans l'exercice de leurs droits naturels. En cet état de choses, ils sentirent que la prudence et la nécessité voulaient qu'ils se choisissent un chef, qui les gouvernât d'après des lois justes et sages, qu'ils se donneraient eux-mêmes, et qui veillât à la di-

rection des affaires et au maintien de la sûreté publique. Ils convinrent de consulter le souverain pontife sur leur situation, et de lui demander ses avis sur le mode de gouvernement qu'ils devaient adopter, et dont les circonstances où ils se trouvaient leur faisaient sentir le besoin. Le pape, avec la prévoyance d'un père, leur accorda les conseils qu'ils sollicitaient. Il leur répondit « qu'il
» les engageait, s'ils étaient résolus de se donner
» un roi, à établir d'abord les lois d'après les-
» quelles ils voulaient être gouvernés, à faire d'une
» grande égalité *(mucha ygualidad)* le principe fon-
» damental de ces lois, et à concilier dans leurs
» institutions le respect dû au prince avec la li-
» berté que la nation devait se conserver, et avec
» ses habitudes et ses mœurs. » Le pape ajoutait :
« que pour tempérer et modérer la tendance na-
» turelle de ceux qui possèdent le pouvoir à en
» reculer les bornes, il fallait créer un magistrat,
» qui fût comme un médiateur et un tiers entre
» la nation et le roi, et qui remplît les fonctions
» de juge suprême de tous les différends sus-
» ceptibles d'altérer la bonne harmonie entre
» le prince et ses sujets, à l'exemple de ce que
» *Lycurgue* avait fait à Sparte en instituant les
» éphores. »

Les états de l'Aragon, se conformant aux conseils du père commun des chrétiens, décrétèrent des lois fondamentales, établirent leurs droits et priviléges, et organisèrent les diverses parties de l'administration publique. Littéralement fidèles aux instructions qui leur étaient venues de Rome, ils créèrent un magistrat qui, comme juge suprême, et en cette qualité placé au-dessus de la personne même du roi, devait être l'arbitre interposé entre le prince et les sujets, et le gardien, le dépositaire, le conservateur des droits et privilèges de la nation. On appela ce magistrat singulier le *Justicia*. Le secrétaire d'état, *don Antonio Perez*, fait remarquer l'intention de cette inexactitude grammaticale, qui fait précéder d'un article masculin le nom féminin d'une vertu. On avait voulu exprimer par là l'idée d'une sorte de personnification de la justice. Ce n'était pas la Justice elle-même, qui est un être abstrait ; c'était l'*homme-justice*. Et quel homme devait être, s'écrie *Perez* enthousiasmé de cette institution, un magistrat, organe de la justice entre un roi et ses sujets[1] !

Un des priviléges que les Aragonais se donnèrent fut celui de la *manifestation*. C'était le droit

---

[1] Les traducteurs français des histoires ou autres ouvrages qui traitent des anciens usages de l'Aragon ont appelé ce magistrat *le justicier*. *Voltaire* lui-même a commis cette erreur. Nous entendons par *justicier* celui qui a le droit de rendre la justice dans un arrondissement seigneurial. Ce n'est pas là l'idée que voulaient exprimer ceux qui créèrent le *Justicia*. *Robertson* et ses traducteurs le nomment *Justiza*. J'ai préféré le nom qui lui est donné par les Aragonais eux-mêmes et par l'historiographe du royaume, *Zurita*.

acquis à toute personne, quelle qu'elle fût, de se présenter et de porter plainte devant le tribunal du *Justicia*, pour obtenir réparation de toute espèce de torts commis envers elle par l'autorité, d'une sentence rendue par quelque juridiction que ce fût, et pour récriminer, s'il y avait lieu, contre les actes du roi lui-même. Tel était le pouvoir de ce magistrat, qu'il pouvait réformer, annuler et casser tous les arrêts et sentences, quoique déjà prononcés en dernier ressort, et que ceux qui émanaient de lui étaient définitifs et sans appel. Le *Justicia* exerçait ce droit non-seulement sur les tribunaux séculiers, mais sur les juges ecclésiastiques. Il faisait fréquemment usage de cette haute suprématie, et l'on vit souvent, grâces à lui, des condamnés rendus à la liberté, qui leur avait été ravie par les tribunaux ordinaires. Les anciens Aragonais croyaient posséder dans la seule personne de ce magistrat suprême un tribunal de révision et de cassation, un ministère de grâce et de justice, un censeur du pouvoir, et un surveillant des rois.

Le principal but de cette institution extraordinaire, dont on ne trouve le modèle que dans celle des éphores lacédémoniens, était la conservation de tous les droits privés des citoyens de toutes les classes, des habitants des villes et des campagnes, comme des plus nobles seigneurs, et celle de la liberté publique, que ce dictateur de la justice et de la loi devait défendre contre les tentatives du pouvoir absolu, contre l'ambition de l'aristocratie, et contre l'arbitraire et l'usurpation des dépositaires de la force exécutive. Tel était l'esprit des fondateurs du droit de la *manifestation*.

Les anciens Aragonais, à cette même époque où ils établissaient leurs institutions politiques, attribuèrent à la noblesse du pays et aux chefs des guerriers qui en avaient expulsé les Maures, un privilége non moins singulier, dans lequel dominaient le principe aristocratique avec toute sa force et le désir de limiter autant que possible la puissance des chefs électifs à qui on allait donner le vain titre de rois. Ce privilége se composait du droit dit de *Sobrarbe*[1], et du droit dit *de l'Union*. Par le premier il était statué que le sol du pays, délivré de l'occupation des Maures, appartenait en commun à ceux qui les avaient chassés; qu'on le donnerait à gouverner à un roi librement choisi par les suffrages de tous; que ce roi, pour condition expresse de son élection, jurerait, avant toutes choses, de maintenir les droits et priviléges de ceux qui l'avaient nommé, et de leur donner

---

[1] Le royaume de *Sobrarbe*, d'où ce droit était originaire, était l'ancien nom de la Navarre.

toujours de l'extension ; qu'il partagerait les domaines de l'État avec les *ricos hombres*, *cavalleros* et *infanzones;* qu'il ne pourrait faire la paix ou la guerre, contracter d'alliances, ouvrir de négociations avec les princes étrangers, qu'après avoir pris l'avis d'un conseil composé de douze *ricos hombres* ou de douze des plus anciens et des plus sages du pays. Ce droit fondamental et sacré, dans lequel on ne peut méconnaître l'institution de la grandesse d'Espagne, parvenue depuis à un si haut degré de splendeur, fut religieusement respecté et observé par les rois d'Aragon, dont aucun ne manqua jamais, au dire de *Zurita*, d'appeler près de lui ses principaux nobles et barons, et de faire entre eux le partage du produit des conquêtes auxquelles ils avaient contribué par leurs services personnels et par ceux de leurs vassaux.

L'autre droit, celui de l'*union*, donnait aux états assemblés la faculté de prononcer la déchéance du roi régnant, s'il entreprenait de violer les privilèges de la nation, et de lui donner immédiatement un successeur. On pouvait même, dans ce cas, *choisir un païen, si on le trouvait meilleur*[1]. La seconde condition du droit de l'*union*, laquelle

---

[1] Establecieron que pudiessen elegir otro rey, o fiel, o pagano, qual ellos por mejor tuviessen.
ZURITA, Anal. de Arag.

est une sorte de conséquence du droit de *manifestation*, permettait aux *ricos hombres*, *señores* et *cavalleros*, de s'unir et de se confédérer pour empêcher que le roi touchât la moindre partie des revenus qui lui étaient assignés, jusqu'à ce que le sujet quelconque qui avait à se plaindre d'une lésion de ses droits fût satisfait, et que le privilége auquel on avait porté atteinte fût rétabli dans sa force et dans son premier état. L'*Union* ou confédération pouvait se saisir des terres et châteaux de chacun de ses membres. On les retenait comme un gage de la fidélité aux engagements pris et aux serments qu'on avait faits. On confiait, en forme de dépôt, l'administration de ces biens à une tierce-personne, nommée à la pluralité des voix, et si celui à qui appartenaient ces biens séquestrés donnait au roi le plus léger secours avant que l'offensé eût été satisfait et le tort complétement réparé, il perdait ses châteaux et ses biens, qui demeuraient confisqués au profit de la masse. Après avoir échangé des ôtages et juré solennellement fidélité à la cause commune, les *ricos hombres* et les *hidalgos*, qui, réunis aux magistrats des villes dissidentes, composaient la confédération, sommaient le roi, au nom du corps assemblé, de donner réparation et de faire justice. Si le roi s'y refusait, on se mettait en devoir de le réduire par la force, et de procéder à l'élection d'un nouveau prince, après avoir déclaré tous les sujets dégagés du serment prêté au roi déchu.

L'*Union* aragonaise ne ressemblait en rien aux confédérations formées dans les autres royaumes soumis au système féodal, comme, par exemple, celles qui se renouvelaient si fréquemment en Pologne. C'était une association légale, ou du moins qui se disait telle, et qui rattachait ses droits à l'origine de ceux que les hommes ont reçus de la nature pour s'organiser en société politique. Ce droit anarchique et bizarre n'était point une vaine et impuissante prétention ; il fut exercé plus d'une fois, mais jamais, il est vrai, dans toute sa plénitude, c'est-à-dire que la déchéance d'aucun roi ne fut prononcée, parce que nul de ceux auxquels on l'appliqua n'eut les moyens de refuser obstinément les satisfactions et réparations exigées. Les deux juntes ou assemblées de l'*Union* les plus notables qui aient eu lieu, furent celles qui se formèrent, en 1264, contre *Jacques I*^{er}, et, en 1287, contre *Alfonse III*. Cette dernière confédération avait pour objet d'obtenir du roi, non-seulement le redressement de plusieurs griefs dont se plaignait la nation, ou plutôt la noblesse, mais la confirmation authentique et formelle de ce même privilége de l'*Union*, qui jusque-là n'avait été qu'une tradition orale, dont la validité avait été contestée, et qui n'existait que par le fait de la possession, sans avoir été l'objet d'un contrat réciproque. C'est *Alfonse III* qui signa de sa main le déshonneur de la royauté. Il était réservé à l'auteur de la constitution sarde, à *don Pèdre IV*, comme nous allons le voir tout à l'heure, d'abolir ce droit outrageant.

Un ardent amour de la liberté, le désir d'assurer par toutes les précautions possibles la conservation des priviléges de la noblesse, et même ceux de la nation, qui n'étaient pas totalement négligés, et surtout la haine du pouvoir absolu, tel était le principe qui avait dirigé les fondateurs de deux institutions parallèles et simultanées, la *royauté élective* et la *magistrature du justicia*, et qui avait fait régler la combinaison de leurs attributions respectives et de leur action réciproque. Ce mécanisme singulier fut probablement l'œuvre du hasard, et ne fut pas créé par une autre pensée que celle de la recherche d'une juste limite des pouvoirs. Le temps et la pratique introduisirent successivement ce jeu de contrepoids, dont l'effet n'était pas toujours bien calculé, et qui ne pouvait pas résister long-temps aux progrès de la science du gouvernement, mais qui n'en est pas moins un phénomène politique fort remarquable pour l'époque où il a paru.

Les auteurs des institutions primitives de l'Aragon avaient placé l'action du gouvernement entre les mains de deux chefs suprêmes, se surveillant l'un l'autre, s'appuyant l'un sur l'autre, et tenant leur être uniquement et absolument de l'assemblée des états ou cortès, qui représentait la nation, et plus particulièrement les deux classes de la noblesse du pays. C'est au roi qu'était confiée la puissance exécutrice proprement dite. Il commandait les armées, il nommait à la plus grande partie des emplois publics, excepté à ceux de l'administration municipale, qui, dès ces temps éloignés, était indépendante en Aragon, et il soignait la perception des impôts décrétés par les cortès. Le *Justicia* était spécialement chargé de la haute direction du pouvoir judiciaire, du contrôle des actes de l'autorité publique, du maintien des droits de la nation et de la liberté, et représentait, pour ainsi dire, la partie morale du gouvernement.

Dans un état ainsi organisé, le pouvoir du roi devait être resserré en des bornes très étroites. Il semblait qu'on eût tout calculé pour faire sentir à chaque instant au chef de l'État sa situation précaire et son impuissance. Entièrement soumis aux cortès, sans le concours et l'autorisation desquelles il ne pouvait à peu près rien, il était obligé, durant l'intervalle de leurs sessions, de consulter le *Justicia* dans tous les cas douteux, et de se conformer avec déférence à ses décisions. Sa conduite était surveillée par ce magistrat suprême, qui avait le droit, quand il le trouvait bon, de renvoyer les ministres, et de leur demander compte de leur administration. Ce n'est pas même en vertu de sa prérogative, que le roi jouissait de la faculté de nommer les chefs et officiers de l'armée. Ce pouvoir lui était délégué à chaque session par l'assemblée des cortès, qui le transmettait comme légitimement émané d'elle. Il arriva plusieurs fois que les états énoncèrent des prétentions qui rétrécissaient bien plus encore la prérogative royale. On les vit soutenir qu'ils avaient le droit de nommer les membres du conseil du roi et les officiers de sa maison, et *Zurita* dit qu'ils en furent en possession pendant quelque temps.

Lorsque, après l'expulsion des Maures, les Aragonais, dociles aux conseils du pape, se donnèrent un chef, ils établirent la royauté élective, ne regardant pas comme naturel ni possible un autre système de gouvernement. Le premier roi élu par l'assemblée de la nation fut *Inigo Arista*, guerrier plein de valeur, qui, réfugié dans les montagnes de la Navarre avec un assez grand nombre d'amis fidèles, y avait entretenu le feu sacré de la liberté, et avait combattu pendant plusieurs années contre les conquérants étrangers, ennemis de la religion et de la patrie. *Inigo* était né dans le comté de Bigorre. Il fut élu la même année roi de Pampelune. Ses vertus et son courage lui firent donner le surnom d'*Arista*, l'excellent et le brave. Les successeurs d'*Iñigo* ou remplacèrent naturellement leurs pères, ou furent nommés par la voie de l'élection. Les Aragonais regardèrent toujours comme un principe fondamental de leur droit public, et comme un privilége inaliénable et sacré, celui d'élire leurs rois. Ils en firent usage, quand ils le jugèrent à propos, mais rarement, à la vérité, en des temps moins reculés. En 1137, après la mort de l'empereur *don Alfonse*, tué à la bataille de Fraga, les cortès assemblées à Huesca rejetèrent l'infant *don Garcia Ramirez*, petit-fils du *Cid*, qui se présentait comme l'héritier légitime du trône, en sa qualité de descendant en ligne directe du roi *don Sanche*, assassiné à Roda. Elles élurent à sa place l'abbé du couvent des bénédictins de Sahagun, évêque de Burgos, de Pampelune et de Barbastro, qui régna sous le nom de *don Ramire-le-Moine* [1]. Le droit d'élection fut exercé plus récemment encore, et on vit, en 1410, après un interrègne de deux ans, *Ferdinand I er* élu et proclamé roi par les suffrages de l'assemblée des cortès.

Le plus beau jour peut-être de la vie des souverains, et le seul instant de bonheur dont quel-

---

[1] On a de ce prince des actes signés *rey y sacerdote* (roi et prêtre). Les états d'Aragon écrivirent au pape pour le prier de délier leur roi de ses vœux, et de lui permettre de se marier; ce que le Saint Père ne crut pas devoir refuser. Le roi-prêtre *don Ramire-le-Moine* épousa en effet *dona Inès*, sœur du comte de Poitiers.

ques-uns aient joui, est celui où, placés pour la première fois sur le trône où ils viennent de monter, ils reçoivent les vœux du peuple et les hommages de leurs courtisans. C'était au contraire le jour de leur avénement, que les anciens rois d'Aragon voyaient le mieux d'un coup d'œil l'humiliation et le désagrément de leur situation future. Tout semblait avoir été disposé dans le cérémonial de la prestation de serment réciproque du prince et des états, auxquels il devait la couronne, pour lui rappeler la dépendance où il était de ses sujets, et l'avertir qu'il ne franchirait pas impunément les bornes que ses commettants prescrivaient à son pouvoir. Le roi était introduit au milieu de l'assemblée générale des cortès, composée du clergé, des deux classes de la noblesse, et des députés des villes et communes. Le *Justicia*, président-né de l'assemblée nationale en cette circonstance solennelle, déployait, dans l'exercice de ses fonctions d'un jour, au nom du corps dont il était momentanément le chef, tout l'appareil de la souveraineté. Placé sur un siége élevé, la tête couverte, il recevait le serment du roi, qui était découvert et à genoux devant lui. Le roi, la main étendue sur un crucifix et sur les quatre Évangiles, jurait d'observer scrupuleusement les constitutions du royaume, de garder et de maintenir inviolablement les droits, priviléges et libertés des diverses classes de la nation, se soumettant, au cas contraire, à encourir *les censures des souverains pontifes* et les peines portées par les lois du pays. Les états de l'Aragon avaient voulu que les rois s'engageassent par serment à l'observation des droits et priviléges, avant qu'on leur jurât fidélité. Ils prétendaient que, l'élection dépendant exclusivement d'eux, il était juste de recevoir le prix de cette portion de leur liberté qu'ils aliénaient, avant que de la céder.

Après que le roi avait prêté son serment entre les mains du *Justicia*, celui-ci, prenant la parole, prononçait à son tour, au nom des états, le serment d'obéissance et de fidélité, dont la formule est devenue si célèbre, et qui était conçu en ces termes [1] :

« *Nos, que valemos tanto como vos y que po-*

---

[1] La formule de ce serment a été presque toujours ou inexactement rapportée ou mal rendue par les traducteurs. Ceux de l'Histoire de *Charles-Quint* par *Robertson* font dire à l'orateur des états : *Nous qui valons chacun autant que vous, et qui tous ensemble sommes plus puissants que vous*, etc. M. le comte *d'Antraigues*, dans l'épigraphe de son célèbre Mémoire sur les états généraux, a suivi cette traduction, quoiqu'il eût sous les yeux le texte espagnol, où ne sont point ces subtilités. Le texte dit tout simplement : *Nous qui valons autant que vous et qui pouvons plus que vous.*

Le judicieux *Robertson*, tout en déclarant qu'il regarde comme authentique la formule du serment des Aragonais, dont l'esprit lui paraît conforme à celui de la constitution de ce royaume, avoue qu'il n'en a trouvé le texte dans aucun des auteurs espagnols qu'il a pu consulter. Il est vrai qu'il n'est cité littéralement ni dans *Zurita*, ni dans *Blanca*, ni dans *Zayas*; mais il est rapporté en entier dans les Mémoires (*Relaciones*) de *don Antonio demos mas que vos, os azemos nuestro rey y señor, con tal que guardeis nuestros fueros y libertades ; y sy no, no.*

« Nous qui valons autant que vous, et qui pouvons plus que vous, nous vous faisons notre roi et seigneur, à condition que vous maintiendrez nos droits et libertés ; et sinon, non. »

Un magistrat qui prêtait serment au roi dans ces termes ; qui jouissait, dans l'ordre judiciaire, d'un pouvoir presque absolu ; qui pouvait évoquer à son tribunal les affaires de toute nature, prononcer sans appel sur tous les points de jurisprudence et d'administration, faire enfermer les prévenus, de quelque rang qu'ils fussent, dans une prison d'état exclusivement affectée à l'exercice de sa juridiction [1] ; qui avait le droit de ren-

---

Perez, ouvrage piquant et curieux, qui n'est probablement pas tombé entre les mains de l'illustre historiographe d'Édimbourg. *Antonio Perez*, secrétaire d'état sous le règne de *Philippe II*, et disgracié, emprisonné, exilé par suite d'intrigues de cour et de soupçons d'infidélité, publia, sous le titre ci-dessus, la justification de sa conduite politique, avec l'autorisation et sous les auspices du roi *Henri IV*, qui lui avait donné un asile en France. Il connaissait parfaitement l'ancienne histoire du royaume d'Aragon, où on l'accusa même d'avoir voulu exciter une révolution. Il fut persécuté avec acharnement par l'inquisition et par son ancien maître. Le frontispice de son ouvrage représente la porte d'un cachot avec des chaînes, des verroux, des carcans, des instruments de supplice, et cette devise : *Illustrat dum vexat*. L'allusion n'est pas difficile à saisir.

[1] Cette prison, qu'on appelait *de la Manifestation*, était destinée à recevoir les fonctionnaires publics et agents de l'autorité qu'on dénonçait au *Justicia* pour abus de pouvoir ou violation de la liberté, et contre lesquels il décernait des mandats d'arrêt.

voyer les ministres et de censurer la conduite du roi ; qui pouvait suspendre l'exécution de ses ordres, et dont la personne enfin, pendant toute la durée de ses fonctions, était inviolable et sacrée; un tel magistrat eût dominé tout le système politique, et eût été plus véritablement roi que celui qui en portait le titre, si on n'eût pas mis de bornes à sa puissance, et si les constitutions n'avaient pas prévenu l'abus qu'il pourrait en faire. Ce grand juge sans appel, ce censeur général de l'administration, était surveillé lui-même par l'assemblée des cortès, et jugé, en cas de forfaiture, par un tribunal d'Inquisition, expressément chargé de cet office. Ce tribunal, composé de dix-sept membres de l'assemblée des cortès, choisis au sort au commencement de chaque session, s'assemblait trois fois par an, à des époques fixes. Chacun avait le droit d'y porter des plaintes sur l'*injustice du Justicia*, et ce magistrat et ses agents pouvaient y être cités pour rendre compte de leur conduite. Il avait le droit de prononcer la peine de la confiscation, de la dégradation, et même celle de la mort. La crainte de ces enquêtes sévères et impartiales était un motif suffisant pour contenir ce magistrat dans les bornes de son devoir et de l'équité.

La plus forte garantie du pouvoir royal contre les prétentions, la jalousie ou l'ambition du *Jus ticia*, c'est que ce magistrat suprême, qui, une fois élu, jouissait d'une juridiction si étendue, était à la nomination du chef de l'État, et révocable à volonté ; à la seule condition de rendre compte aux cortès des motifs de la destitution. Le *Justicia* ne pouvait être tiré de la première classe de la noblesse, celle des *ricos hombres*. Le roi le choisissait ordinairement parmi les *hidalgos* et *cavalleros* (gentilshommes et chevaliers). Comme ce magistrat avait été institué pour réprimer l'esprit de domination et d'oppression qui était particulier à la noblesse, aussi-bien que pour mettre des bornes à l'arbitraire et au despotisme royal, on voulait qu'il appartînt à un ordre de citoyens également intéressés à balancer ces deux pouvoirs.

Les fondateurs des anciennes constitutions de l'Aragon, en y plaçant le contre-poids de deux grandes autorités électives, et en resserrant leur action dans des bornes étroites, avaient eu pour but de les mettre sous la dépendance immédiate des états de la nation, et de consacrer le principe de sa souveraineté, dont l'exercice était attribué à l'assemblée des cortès, qui la représentait. Les deux déclarations générales des droits et priviléges, l'une du règne de *don Pèdre Ier*, en 1283, l'autre de celui de *Jacques II*, en 1325, font voir à quelles sévères conditions on avait consenti à en concéder une partie, et quelles précautions on avait prises pour régler l'usage de cette délégation. On peut en conclure que les priviléges de la noblesse, et même les droits du peuple, dont les représentants furent admis dès l'origine dans l'assemblée des cortès [1], étaient alors plus étendus et plus habilement combinés qu'en aucun autre pays de l'Europe. Les états de ce royaume, depuis le berceau de sa constitution politique, jusqu'au moment où elle fut entièrement anéantie, ne cessèrent de montrer, en toute occasion, cette jalouse et inquiète sollicitude, particulière aux états libres, et cette haine du pouvoir absolu, qui tend toujours à embarrasser la marche de l'autorité exécutrice et à la réduire à l'impuissance. Cet état de choses devait amener de fréquents débats et d'interminables démêlés entre le roi et les états. C'est ce qui n'arriva que trop souvent, en effet, pour la tranquillité publique. La liberté dont jouissait la nation, ou plutôt la noblesse aragonaise, dégénérait souvent en licence, et ses rois ne pouvaient que souffrir avec impatience l'exercice d'un droit qui donnait sans cesse aux mécontents et aux ambitieux des prétextes et des moyens d'agitation

[1] Les députés du peuple s'appelaient *Procuradores de las ciudades y villas*. On voit dans *Zurita* qu'ils figurèrent sous cette dénomination aux états de 1133. Il se passa plus d'un siècle depuis cette époque, comme l'observe *Robertson*, avant que les autres états de l'Europe admissent les représentants des villes dans les assemblées nationales.

et de trouble, qui offrait à la sédition des armes légales, et qui pouvait remettre tous les jours en question l'existence même du trône.

Les prédécesseurs de *don Pèdre* avaient montré un éloignement bien naturel pour le privilége de l'*Union*, que la noblesse s'était arrogé; mais leur résistance n'avait fait qu'irriter une opposition hostile, et, en forçant *Alfonse III* à reconnaître solennellement comme juste et légitime un droit qui lui était odieux, elle avait conduit le pouvoir royal en Aragon au dernier degré d'avilissement. *Don Pèdre IV* fut celui qui se montra le plus disposé à venger l'honneur de la couronne, si souvent compromis. L'ardente vivacité de son caractère, la fermeté de ses résolutions, et l'intérêt bien entendu de la monarchie constitutionnelle, lui firent concevoir le projet d'abolir le droit anarchique de l'*Union*. Des circonstances favorables, l'insolence de l'aristocratie locale, et une victoire signalée sur la révolte, lui donnèrent les moyens de le mettre à exécution.

Dans le courant de l'année 1347, la haute noblesse de l'Aragon forma une confédération contre le roi *don Pèdre*, à qui elle reprochait d'avoir pris quelques mesures attentatoires à ses priviléges. Le principal prétexte dont on se servit pour appeler la noblesse de la seconde classe et le peuple des villes à l'exercice du droit de l'*Union*, fut un édit publié par le roi pour l'ordre de la succession au trône. Les infants frères du roi, qui se croyaient lésés par ces dispositions, firent croire à la noblesse et au peuple que le roi violait leurs droits et libertés, et ils se mirent à la tête de l'insurrection. Le feu gagna partout, et à peine quelques villes, les grands officiers de la maison du roi, et les serviteurs attachés à sa personne, lui restèrent fidèles. Il se forma cependant une *contre-union*, ou parti de la neutralité, qui déclara n'être ni pour le roi ni pour l'*Union* proprement dite. D'un autre côté la noblesse de l'Aragon se confédérait avec celle de Valence. On ne savait plus à qui obéir, ni où était le gouvernement. La plus affreuse anarchie régnait partout. La seule principauté de Catalogne, qui faisait une des principales parties du royaume, et pour laquelle on accusait le roi de partialité, était restée attachée à sa cause. *Don Pèdre*, réduit à ces extrémités, et à la nécessité de dissimuler son indignation et sa colère, entra en pourparlers avec les chefs de l'*Union*. On lui enjoignait de chasser de son conseil les Catalans et les Roussillonais, d'y admettre ceux qu'on lui proposerait, de convoquer tous les ans les cortès de la nation, et de confirmer le privilége de l'*Union*, en vertu duquel les confédérés avaient pris les armes contre lui. On exigeait de plus que, pour garantie de l'exécution du traité qu'on lui imposait, il remît entre les mains de l'*Union* seize châteaux forts, comme places de sûreté. Le roi eut beau répondre que le privilége désorganisateur de l'*Union* était aboli par prescription, qu'il convoquerait les cortès quand les besoins de son peuple l'exigeraient, et que la demande des places de sûreté était un outrage à la dignité royale, les chefs de la noblesse confédérée et les infants ses frères le menacèrent avec tant d'audace de lui nommer un successeur, et ses affaires étaient alors en si mauvais état, qu'il fallut consentir à tout. Le droit de l'*Union* fut confirmé, et les places furent livrées.

Don Pèdre ne pouvait pas avoir fait de bonne foi d'aussi humiliantes concessions. Il nourrissait dans son cœur le désir de mettre fin à un ordre de choses qui avait pu compromettre à ce point l'honneur de la couronne et le repos de l'État. Il prit des mesures secrètes contre la confédération, et parvint à jeter la discorde parmi les *ricos hombres*, qui en dirigeaient les actions et la politique. La malveillance et la haine le poursuivaient aussi de leurs traits. Son frère l'infant *don Jayme* (Jacques) vint à mourir. On l'accusa de l'avoir fait empoisonner. Heureusement pour lui, les troupes royales battirent l'*Union* valencienne à Xativa; mais dans le même temps à peu près, le frère du roi, l'infant *don Fernando*, entrait à Saragosse à la tête des

confédérés de l'Aragon. Ce succès de la révolte
fut passager. La cause royale triompha bientôt
partout. Les troupes de l'*Union*, commandées par
don Fernando, perdirent une bataille décisive à
Epila, où elles furent écrasées par celles du roi.
Ce prince, rétabli dans toute la plénitude de son
pouvoir, convoqua, par sa libre volonté, les cortès
du royaume dans sa capitale. Il publia une am-
nistie générale, applicable à tous les auteurs des
délits politiques commis pendant la durée des troubles auxquels l'*Union* avait donné lieu. On n'en
excepta que les coupables convaincus du crime
de lèse-majesté au premier chef, et qui, livrés pour
ce fait au tribunal du *Justicia*, avaient été, au nombre de treize, condamnés à la peine capitale, et devaient subir leur sentence.

Le premier objet dont s'occupa l'assemblée des
cortès fut la proposition faite par le roi d'abolir
le privilège de l'*Union*. Il attachait la plus grande
importance à la suppression de cet ancien droit,
qu'il appelait avec raison anarchique, séditieux,
subversif du bon ordre, et que la violence seule
avait pu le déterminer à confirmer lui-même,
comme l'avait déjà fait *Alfonse III*. Il promettait,
en échange de ce sacrifice, qu'il regardait comme
une réparation nécessaire à la majesté royale ou-
tragée, de confirmer les autres droits et privilèges
de la noblesse et de la nation, de leur donner même

une extension plus grande, et d'assurer, par toutes les précautions et garanties désirables, la conservation et le maintien des libertés publiques. Il s'engageait par serment à ne pas souffrir qu'il fût porté atteinte à ces droits sacrés par aucun des agents de l'autorité, à empêcher qu'aucun de ses sujets subît une peine afflictive quelconque, et fût même privé de sa liberté sans un jugement légal. Il donnait sa parole royale de faire renouveler ce serment par ses successeurs à leur avénement au trône. L'assemblée des cortès, dont les malheurs de la patrie avaient refroidi l'amour pour une institution qui n'avait été profitable à personne, empressée de donner cette satisfaction au roi, qui promettait des dédommagements plus avantageux qu'on n'avait osé l'espérer, prononça d'une voix unanime l'abolition à perpétuité du privilége de l'*Union* et des confirmations ajoutées par *Alfonse III* et par le roi régnant. On porta le décret des cortès, dès qu'il fut rendu, à *don Pèdre*, qui l'attendait avec une extrême impatience, ainsi que les deux chartes signées de son prédécesseur et de lui-même, par lesquelles ce droit avait été reconnu, et qu'on lui restituait. Le roi, ayant tiré son poignard, mit en pièces celui de ces deux papiers où il avait eu le chagrin d'apposer autrefois sa signature. S'étant blessé à la main dans la vivacité de l'action, il laissa couler son sang sur l'écrit qu'il venait de déchirer : « Que ce privilége, dit-il, » qui a été si fatal à l'État, et si injurieux à la » monarchie, soit effacé du sang d'un roi. » *Don Pèdre* fut depuis lors appelé par le peuple *le roi du poignard* (el rey del puñal). *Antonio Perez* dit que de son temps (sous le règne de *Philippe II*) on voyait encore dans le palais des cortès la statue de *don Pèdre*, tenant d'une main son poignard, et de l'autre l'acte déchiré [1].

Don Pèdre se montra fidèle à ses engagements, et au serment qu'il avait fait. Le pardon général fut accordé, les anciennes erreurs des partis furent de part et d'autre franchement oubliées, et l'ordre se rétablit dans les diverses branches de l'administration. Le moyen qui parut le plus propre à garantir aux citoyens de toutes les classes la jouissance de leurs priviléges et de leurs droits, comme le roi l'avait promis, fut d'augmenter l'importance et les attributions du *Justicia*, qui en était le gardien naturel, et qui depuis ce moment surtout devint le conservateur des libertés publiques. Avant les événements de 1347, ce magistrat, quoique déjà fort puissant dans l'exercice de

---

[1] Le traducteur français d'un fragment des Mémoires du marquis de *Saint-Philippe*, où ce trait est rapporté, soit qu'il n'entendît pas l'espagnol, soit qu'il trouvât piquant de découvrir une espèce de *Scévola* royal, dit que *don Pèdre se coupa le poignet*, et que sa statue le représentait tenant, *de la main qui lui restait*, l'acte et le poignard. Voilà certainement une des bévues littéraires les mieux conditionnées qui se fassent.

ses fonctions, pouvait être destitué suivant le bon plaisir du roi qui l'avait nommé. Il en résultait que plusieurs de ces magistrats, pour conserver leur emploi et ne pas déplaire au prince, s'étaient vendus à la cour, et n'étaient plus que les instruments serviles du gouvernement. On voulut remédier à un abus si contraire au but de l'institution, qui avait voulu faire du *Justicia* le défenseur du peuple. On élargit la base de cette grande magistrature, et on en fit réellement un tribunal arbitral entre le prince et les sujets, et une dictature de justice et de liberté. Le *Justicia* fut désormais inamovible. On prit toutes les mesures nécessaires pour assurer d'une part son indépendance, et pour prévenir de l'autre les abus de son pouvoir. Le peuple, qui n'avait rien à regretter dans la suppression du privilége de l'*Union*, et ne prenait aucun intérêt à l'orgueil blessé de la noblesse, conçut une grande vénération pour une institution vraiment nationale, qui lui offrait un recours si facile, un *remède si honnête*, comme dit *Zurita*[1], contre l'oppression et la violence. Plein de reconnaissance pour un prince qui, en réhabilitant l'honneur de sa couronne, et en mettant le pouvoir tutélaire de la royauté à l'abri des entreprises

---

[1] El recurso del Justicia era tan honesto remedio para impedir qualquiere opression y fuerça!

ZURITA.

d'une ambitieuse aristocratie, avait affermi la liberté publique et individuelle, et formé une heureuse alliance entre la nation et le trône, il montra une grande affection pour le *roi du poignard*, que l'histoire a depuis ridiculement appelé *le Cérémonieux*, et qui de son vivant fut regardé comme un bienfaiteur et un père. Il ne s'était pas concilié les suffrages de tous les nobles, dont quelques-uns ont alors et depuis insulté à sa mémoire; mais il avait acquis des droits à l'estime et à l'amour des peuples, ce qui est plus honorable et plus flatteur.

Don Pèdre transmit l'héritage de la paix publique, de la soumission, du dévouement de la nation, à ceux de ses successeurs qui se montrèrent comme lui les gardiens et les protecteurs de la liberté. « Il est fort à remarquer, dit l'historien que je
» viens de citer, que les changements opérés par
» ce prince mirent fin comme par enchantement
» aux discordes civiles, qui étaient si fréquentes
» en Aragon, et qui avaient fait répandre tant de
» sang; que depuis ce moment les rois vivaient
» en pleine sécurité au milieu d'un peuple tranquille et heureux; que les Aragonais enfin sentirent par eux-mêmes cette vérité, que, sous
» un gouvernement dont les lois sont fixes et bien
» observées, le peuple jouit de tous les avantages
» de sa condition, tandis que sous l'empire de l'ar-

« bitraire, il est toujours en agitation, suspendu
» entre l'espérance et la crainte, et ne peut être
» conduit que par l'indulgence, qui dégénère en
» faiblesse, ou par la sévérité, qui se convertit fa-
» cilement en tyrannie. »

Don Pèdre, en abolissant la république de nobles qui avait jusqu'à lui pesé sur l'Aragon, et en y établissant une monarchie tempérée, avait marqué, par cette réformation fondamentale, la seconde époque des constitutions politiques de ce pays. C'est à partir de ce moment que le gouvernement de l'Aragon fut considéré comme un des exemples, et peut-être comme un des modèles du régime représentatif bien conçu et bien pondéré. Les Aragonais ne se lassaient pas d'admirer et de vanter leurs institutions nationales, si habilement perfectionnées en ces dernières circonstances, et auxquelles ils ne cessèrent, par la suite des temps, d'apporter encore des améliorations. Ce fut dès lors une estime profonde et sentie, un attachement raisonné, qui succédèrent dans leurs cœurs, à mesure que la richesse publique et la civilisation faisaient des progrès, à l'enthousiasme fanatique qu'avaient inspiré à leurs pères leurs anciennes institutions républicaines. C'était chez eux un sentiment héréditaire, que cette affection pour la forme de gouvernement qu'ils s'étaient originairement donnée eux-mêmes, et c'est aux époques où leur pays était le plus misérable, qu'on voit le plus de traces de cette sorte de superstition de patriotisme. Ils déclarent, dans le préambule d'une de leurs vieilles lois, que telle était la stérilité du sol et la pauvreté des habitants, que, s'ils n'étaient dédommagés par les droits et la liberté qui les distinguent des autres nations, le peuple abandonnerait le royaume, pour aller chercher un établissement dans quelque région plus fertile et plus heureuse [1].

Le respect du peuple et des princes pour les institutions politiques dont la nation aragonaise était si fière, se transmit et se perpétua jusque sous les rois qui passèrent pour être les moins favorables aux droits naturels et sociaux et à la liberté publique. Lorsque *Ferdinand-le-Catholique* eut réuni les couronnes d'Aragon et de Castille, quelques-uns de ses ministres lui représentèrent que ses sujets aragonais jouissaient d'une excessive liberté, qui pourrait dégénérer en licence et entraîner de grands inconvénients. Il répondit : « qu'il était juste qu'il existât des liens réciproques » et des relations permanentes entre le prince et

---

[1] L'Aragon était encore, au milieu du treizième siècle, d'une extrême pauvreté. On fut obligé d'y faire des lois somptuaires, qui avaient la frugalité pour objet. *Jacques I*er ordonna, en 1234, que le roi ni aucun de ses sujets ne pourraient manger plus de deux sortes de viande à chaque repas, et que chacune ne serait préparée que d'une seule manière, à moins que ce ne fût du gibier qu'on eût tué soi-même.

» les sujets, et une balance égale de contentement
» et de bien-être, afin que le roi, son gouverne-
» ment et son royaume, pussent subsister; que
» c'était le sens du serment qu'il avait fait en mon-
» tant sur le trône, et qu'il y serait fidèle; qu'il
» savait bien que, si la balance penchait d'un côté,
» et si l'équilibre était rompu, l'un des deux partis
» chercherait à regagner sur l'autre ce qu'il avait
» perdu, et peut-être davantage, et que de ce
» conflit résulterait la perte de l'un ou de l'autre,
» ou peut-être de tous les deux. »

Charles-Quint et *Philippe II*, son fils, n'eurent pas les mêmes égards que leur aïeul pour les institutions politiques de l'Aragon. Ils traitèrent l'un et l'autre les cortès avec fort peu de considération. Le second, dans une occasion où on lui demandait de répondre article par article, suivant l'usage immémorial, aux propositions des états, se contenta de dire qu'il agirait selon qu'il le jugerait à propos. Dès ce jour, la constitution avait cessé d'exister.

Les princes de la dynastie autrichienne ne dissimulèrent jamais leur éloignement pour les institutions de ce genre. C'était une doctrine établie et préconisée à leur cour, qu'au roi seul appartenait le droit de gouverner ses peuples comme il l'entendait, de lever sur eux les impositions dont il avait besoin, que le vain et fastueux appareil des cortès n'avait jamais eu aucun but d'utilité publique ; que la nation, qui, d'après les rêveries du vieil âge, s'y croyait représentée, n'avait effectivement d'autres droits à y exercer que celui de prier et de se plaindre, et que le roi, père commun de tous ses sujets, pouvait bien se passer, pour connaître leurs besoins, d'en être averti par les hidalgos des provinces et les bourgeois des villes.

Après le règne de *Philippe II*, l'usage de convoquer les cortès, dont on avait éloigné à dessein les sessions, et à qui l'on refusait tout quand elles étaient assemblées, si ce n'est les dons gratuits qu'elles avaient à offrir, tomba insensiblement en désuétude. On ne les rassembla désormais qu'à des époques très rares. Il y eut cependant une convocation assez remarquable des cortès d'Aragon, dans le temps de la guerre de la succession, en 1702. La reine d'Espagne, régente du royaume, ouvrit en personne les états à Saragosse, et en échange d'un don gratuit considérable, négocié d'avance, elle confirma solennellement les immunités et priviléges du royaume. Quand il fut question de les spécifier, les Aragonais se trouvèrent en avoir un si grand nombre, que la reine, n'osant les violer, et ne voulant pas non plus les reconnaître tous, prit le parti de proroger l'assemblée et de renvoyer l'affaire au roi lui-même, quand il serait de retour d'Italie. Il n'en fut plus question depuis.

Les Aragonais avaient perdu le droit de représentation dans les assemblés nationales des cortès; mais ils avaient du moins conservé tous les autres droits et priviléges, qui, à leurs yeux, ennoblissaient leur condition politique. Le moment vint où tout leur fut ravi en même temps. L'Aragon avait pris parti pour l'archiduc d'Autriche. Les troupes du roi d'Espagne, petit-fils de *Louis XIV*, l'avaient remis en possession de cette province. On exerça sur les Aragonais des rigueurs excessives. On publia à Saragosse la pragmatique de Castille, que les peuples de ce pays, accoutumés à jouir de priviléges très étendus, regardaient comme une loi plus cruelle pour eux que la mort. On désarma les habitants, et on supprima tous les *fueros*, c'est-à-dire tous les droits, priviléges et libertés qui leur avaient été accordés par leurs rois depuis l'origine de la monarchie. Tous ces malheureux étaient indistinctement considérés comme des rebelles, et le gouverneur les traitait avec tant de sévérité, qu'il semblait, dit le marquis *de Saint-Philippe*, qu'il n'y eût pas assez d'arbres dans la province pour pendre toutes les victimes qui tombaient entre ses mains.

On avait délibéré dans le conseil du cabinet si l'on devait abroger ces *fueros* par une déclaration expresse, ou s'il ne serait pas plus à propos de les laisser finir par extinction, pour éviter l'éclat que produirait une résolution impolitique et déplacée, qui ne ferait qu'engager, par la crainte du châtiment, ce qui restait de rebelles à continuer de se défendre les armes à la main. Une moitié du conseil avait été pour le parti de la modération. Ceux qui penchaient pour les mesures de rigueur furent vivement appuyés par l'ambassadeur de France, M. *Amelot*. Cet avis prévalut, et l'édit fut publié en des termes qui ne laissaient aucun espoir de retour.

Telle fut la fin des institutions politiques que les Aragonais avaient fondées au milieu des ténèbres du moyen âge, et qui, depuis les sages réformes qu'y avait introduites le roi *don Pèdre*, avaient acquis à leur pays de la célébrité et de la gloire, et, ce qui vaut mieux encore, avaient donné à ses habitants le repos et le bonheur.

CHAPITRE XLII.

De l'esprit qui dirigea *don Pèdre* dans les modifications qu'il fit aux institutions aragonaises en donnant à la Sardaigne une constitution politique. — Du mécanisme et de l'organisation du parlement des cortès de Sardaigne. — Des ordres de l'état qui le composaient. — De ses attributions et de son mode de délibérations. — Du cérémonial de la première séance d'ouverture, en 1355, et de celui qui a été usité depuis.

Le précis sommaire qui remplit le chapitre précédent, en mettant *don Pèdre* en action, et en le présentant dans une circonstance de sa vie où il vient de donner la mesure de son caractère et une idée de ses principes, le ramène tout naturellement en Sardaigne, bien connu par ses antécédents, et déjà jugé par ce qu'il faisait peu de temps auparavant sur un plus grand théâtre. Il sera maintenant plus facile de suivre ce prince dans la marche de sa politique, et d'interpréter ses desseins et les intentions qui le dirigeaient vraisemblablement dans les modifications qu'il fit aux institutions aragonaises, en tirant d'elles les éléments dont il composa la constitution politique de la Sardaigne.

Don Pèdre suivait l'entraînement de l'opinion dominante alors en Aragon, qui voyait dans le régime représentatif le seul système de gouvernement raisonnable et possible, et l'impulsion d'une politique sage et bienveillante, qui lui conseillait de l'appliquer à un pays long-temps agité, comme moyen de centralisation et d'union. Mais le souvenir récent des événements dans lesquels il venait de jouer le premier rôle l'avait mis en garde contre une facilité trop grande à déshériter l'autorité exécutrice de ses prérogatives et de la liberté d'action qui en fait la force. Il avait appris à ses dépens que les usurpations de l'aristocratie et les empiétements des assemblées délibérantes, aussi contraires au repos et au bonheur communs que le despotisme d'un seul, étaient des sources intarissables de troubles et de calamités. Sorti tout récemment vainqueur d'une lutte opiniâtre contre les doctrines républicaines de la noblesse aragonaise, et contre l'omnipotence olygarchique des états qu'elle dominait, il ne fit pas la faute de jeter, dans les institutions qu'il fondait, les germes d'une opposition permanente entre des pouvoirs rivaux, dont il savait bien que l'éternel conflit ne pouvait produire que des révolutions et l'anarchie. *Don Pèdre* n'avait pas eu à se féliciter assez des fruits qu'il avait recueillis de la constitution primitive de l'Aragon, pour qu'il se fît un scrupule de l'émonder et d'en altérer les formes en la transplantant sur un sol étranger.

Heureusement le nouvel édifice social s'élevait sur un terrain plane et uni, que n'encombrait aucune ancienne construction que l'on fût tenu de respecter. Tout ce que *don Pèdre* avait réformé en Aragon était regardé comme une conquête du pouvoir sur les priviléges des nobles et des citoyens ; tout ce qu'il créait en Sardaigne était considéré comme un bienfait par un peuple auquel il ne devait rien, et comme une concession désintéressée de l'autorité, qui se dépouillait elle-même. La seule pensée de transporter le régime représentatif en Sardaigne, avec de prudentes modifications, fait honneur à ses lumières et à sa générosité ; et la manière dont il exécuta ce projet prouve la franchise et la bonne foi de son caractère.

Il semble, en effet, que *don Pèdre* se soit proposé de résoudre un des grands problèmes de la science sociale ; celui de marier le pouvoir avec la liberté, et d'asseoir le gouvernement sur les garanties qui assurent la stabilité des trônes et la tranquillité des peuples. En donnant à la Sardaigne une assemblée d'états, il voulut, non qu'ils fussent jamais, comme autrefois ceux de l'Aragon, investis de la souveraineté, mais qu'ils exerçassent une partie de ses droits, qui leur seraient légalement délégués, par leur concours dans la législation et par le vote des impôts.

Il établit comme principe fondamental, que les ordres, qui composaient l'assemblée des états, jouiraient, sous la forme de pétition ou de supplique, du droit d'initiative, ce qui était un moyen de les associer, autant que la situation des choses le permettait dans ce pays, aux travaux et aux soins du gouvernement, en leur confiant la noble mission de faire connaître les vœux et les besoins du peuple.

Ainsi *don Pèdre*, en octroyant (*otorgando*) une constitution à la Sardaigne, pouvait diriger et consommer, suivant les seuls conseils de sa prudence, une entreprise politique qui était l'effet de sa volonté spontanée, et dans laquelle il était affranchi de toute obligation antérieurement contractée envers une aristocratie impérieuse. Il avait cependant aussi à ménager en Sardaigne une noblesse fière et puissante, dont les principaux membres, venus du continent pour aider à la conquête, avaient apporté avec eux les traditions du système aragonais. Il s'efforça de concilier avec les égards qu'il croyait devoir à la noblesse pour ses services passés et pour ceux qu'il attendait encore de son zèle, le soin de mettre le pouvoir royal hors de tutelle, et le désir de donner une existence sociale et des droits politiques à la nation proprement dite, par l'organe de ses représentants. Il est présumable qu'il cherchait et qu'il crut même avoir trouvé dans cette combinaison un contre-poids à la prépondérance des classes supérieures.

Le roi *don Pèdre* compléta dignement la création du système représentatif dans ce pays, en l'accompagnant des autres institutions tutélaires qu'il put emprunter, sans danger pour l'indépendance de la couronne, à celles de la mère-patrie, et qui avaient pour but le maintien de la liberté individuelle, le respect de la propriété, l'exercice des droits qu'elle conférait, les attributions et les limites du pouvoir judiciaire. Quelque utile à la morale publique et quelque populaire que fût la magistrature du *Justicia*, il crut devoir laisser à l'Aragon cette institution singulière, qui, sans doute fort respectable dans le lieu de son origine, eût été en Sardaigne une superfétation sans objet. Ce monument national, ainsi déplacé, eût ressemblé à ces obélisques et à ces restes de l'antiquité, qui, transportés ailleurs, perdent une grande partie de leur effet et de leur beauté.

Dans le précis sommaire de la constitution politique de la Sardaigne, quelques rapprochements comparatifs avec les institutions analogues de l'Aragon mettront le lecteur sur la voie des intentions qui dirigeaient *don Pèdre* lorsqu'il les tempérait et les modifiait pour les y naturaliser.

L'existence légale du régime représentatif n'est pas présentée ici comme un fait historique, consommé et absorbé par les révolutions du temps ; on en parle comme d'un établissement subsistant et debout. Cette institution, si long-temps en vigueur, est depuis plus d'un siècle, il est vrai, tombée en désuétude ; mais elle n'est point abolie, ni pour jamais ravie aux espérances de la nation. Des ordres, que les circonstances firent ensuite révoquer, furent donnés en 1794 pour la convocation du *parlement général des cortès*. Le droit de remontrance des ordres (*stamenti*) fut à cette époque officiellement reconnu. Les chefs ou présidents de ces ordres continuent même aujourd'hui d'en porter le titre honorifique. Rien n'empêche enfin qu'un jour le souverain de ce pays ne juge dans sa sagesse qu'il peut sans inconvénient user de sa haute prérogative, et ressusciter une de ces institutions qui survivent toujours dans les mœurs, même lorsqu'elles ont cessé d'exister dans l'ordre politique.

Les cortès du royaume de Sardaigne sont partagées en trois ordres, le *clergé*, la *noblesse* et les *communes*. Chacun de ces ordres s'appelait, sous la domination espagnole, *estament* ou *estat*, ou *bras*, noms tirés de l'idiome catalan. On les nomme dans la langue italienne, qui est maintenant celle de l'autorité, *stamenti*. Le premier ordre est celui du clergé, qui s'appelle *stamento ecclesiastico* ; le second est celui de la noblesse, qui s'appelle *stamento militare ;* le troisième celui des communes, qui s'appelle *stamento reale*.

L'ordre ecclésiastique est composé des archevêques, évêques, abbés et prieurs de toutes les maisons religieuses du royaume, et de chanoines députés par les chapitres. Le président ou *la première voix* est l'archevêque de Cagliari, et, en son absence, le plus ancien évêque.

L'ordre militaire se compose de tous les nobles, titrés ou non titrés, chevaliers, et propriétaires de fiefs. Ces derniers, à l'instar de ce qui se faisait en Aragon, représentent aussi les communes situées dans toute l'étendue de leurs possessions. Le président ou *la première voix* de cet ordre est le plus ancien des ducs résidants à Cagliari, et en son absence le plus ancien marquis.

L'orde royal, ou celui des communes, est formé de la réunion des députés de toutes les villes du royaume sans exception, quelles que soient leur importance et leur population. Le premier conseiller de ville de Cagliari en est le président-né, ou *la première voix*. Le corps municipal de la capitale a obtenu, par un honorable privilége, que le président de l'ordre royal fût nécessairement pris dans son sein. A défaut du premier conseiller, c'est le second, et à défaut du second, c'est le troisième, qui est *la première voix* de l'ordre. Les cortès de 1678 ont accordé un autre privilége au premier conseiller de Cagliari, *première voix* de l'ordre royal, celui de porter à son cou en sautoir le portrait du roi, et sur le dos de son habit de cérémonie les armoiries de la ville.

Les trois ordres, convoqués simultanément, et délibérant en même temps, s'appellent *parlement général des cortès*. Alors, soit qu'ils se réunissent dans la même salle pour la discussion générale, soit qu'ils y apportent le résultat des délibérations particulières prises dans leurs chambres séparées, ils sont présidés par un ministre ou commissaire du roi, expressément délégué pour cet office, et qui est ordinairement le vice-roi. Les sessions des cortès en Sardaigne sont désignées, non-seulement par l'année où elles ont été tenues, mais par le nom du président qui a dirigé leurs opérations.

Dans quelques occasions extraordinaires, l'ordre ecclésiastique et l'ordre royal ont été convoqués séparément; mais il était passé en usage qu'ils ne fussent appelés que pour faire partie du parlement général des cortès. L'ordre de la noblesse, *stamento militare*, jouissait d'une prérogative spéciale, celle d'être convoqué isolément pour un objet déterminé, dont il s'occupait sans le concours des autres ordres. Il le fut souvent de cette manière, et il est vrai de dire que les propositions les plus utiles pour le bien et la prospérité de l'État ont été dues à son droit d'initiative.

Cette convocation partielle des ordres ne se nommait plus le parlement des cortès, mais simplement les états (*stamenti*).

Le roi *don Pèdre* trouva que ce privilége suffisait à la noblesse sarde, qui d'ailleurs en avait déjà tant d'autres. Il se contenta de la laisser former un ordre unique dans la représentation nationale, et ne voulut pas imiter ce qui se pratiquait dans son royaume d'Aragon, où les seigneurs, c'est-à-dire les chefs de bandes, vainqueurs des Maures, s'étaient attribué la plus large part dans la distribution des priviléges, et avaient donné à l'aristocratie, dans les institutions politiques dont ils étaient les fondateurs, une immense prépondérance. Dans les quatre ordres ou bras (*brazos*), qui composaient les états ou cortès d'Aragon, la noblesse seule en formait deux, celui des grands du royaume, qu'on nommait alors *ricos hombres*, et l'ordre équestre, ou celui des nobles de la seconde classe, qu'on désignait sous le nom de *cavalleros, hidalgos, infanzones* ou *mesnaderos*. Ce n'est pas le motif d'une moins grande ancienneté de noblesse qui faisait entrer dans le second ordre. Il était composé de ceux à qui le roi avait conféré des charges et dignités, ou qu'il avait anoblis [1].

---

[1] Cette double représentation de la noblesse était particulière au royaume d'Aragon proprement dit. Dans la province de Valence et dans la principauté de Catalogne, qui en faisaient partie, la noblesse n'avait qu'un seul ordre aux cortès.

La noblesse sarde n'était ni assez importante ni assez nombreuse pour fournir à ces deux subdivisions.

L'auteur de la constitution, en donnant aux députés des communes réunies le titre d'ordre royal, voulut sans doute exprimer par une telle dénomination cette pensée profonde, que les intérêts du trône et du peuple étaient communs, et qu'ils devaient s'aider réciproquement dans leurs efforts pour résister aux prétentions et aux empiétements d'une classe ambitieuse et puissante.

Don Pèdre avait réglé originairement les formes de l'élection des députés du peuple sur le modèle de ce qui avait lieu en Aragon, où les membres du conseil de ville (*regidores*) nommaient leurs députés dans leur sein. Mais il fut établi ensuite que le premier conseiller de chaque ville serait *députéné*. De cette manière, il n'y avait point d'élections. Il en était de même, à plus forte raison, des membres de l'ordre du clergé et de la noblesse, qui étaient de droit députés de leur ordre par le fait de leur seul titre de possession.

Il est à remarquer que dans un état aussi libre que l'était le royaume d'Aragon, la population des villes, qui était seule représentée dans l'assemblée de la nation, celle des campagnes étant censée l'être par ses seigneurs, ne nommait pas directement ses députés, et qu'elle n'eut jamais d'autres colléges électoraux pour procéder à leur élection, que les conseils municipaux. C'est au douzième siècle que les communes eurent voix délibérative dans les cortès ; et cette nouveauté politique, dont on n'avait peut-être pas d'abord calculé et prévu les heureux effets, contribua plus que toute autre chose à affaiblir insensiblement l'influence excessive que le clergé et la noblesse avaient exercée jusque-là sur ces assemblées. Du reste, si le peuple ne jouissait pas du droit d'élection immédiate, le choix des députés par les conseils municipaux était bien véritablement une élection populaire au second degré. Les membres de ces conseils étaient choisis librement parmi les plus dignes, les plus capables et les plus vertueux. Investis de la confiance générale, et entourés du respect de leurs commettants, ils formaient, pour ainsi dire, des comités populaires permanents, auxquels était délégué l'exercice d'un droit qui ne pouvait pas appartenir à la multitude. Pour obvier à l'inconvénient d'une représentation communale trop resserrée, on avait divisé le pays en un grand nombre d'administrations municipales ; toute commune ou chef-lieu de canton à qui une cédule d'institution, émanée du pouvoir suprême, avait assigné une juridiction territoriale, était par cela même considérée comme ayant droit de nomination, et son conseil reconnu comme collége électoral. Les nominations se faisaient par les *regidores*, ou membres des conseils municipaux, avec la plus parfaite loyauté, sans passion, sans égard aux recommandations et à la faveur, et sans autre intérêt que celui du peuple et de la chose publique. Les lois défendaient, sous les peines les plus sévères, d'influencer directement ou indirectement la nomination des députés. Les anciens Espagnols attachaient la plus haute importance à la liberté des élections, qu'ils regardaient comme un droit sacré, dont la violation leur paraissait un attentat à la dignité de l'homme [1]. Il est chez eux peu d'exemples que leurs gouvernements se soient rendus coupables de ce genre de délits, et on cite encore avec dérision le trait d'un de leurs rois, *Henri IV de Castille,* qualifié par leurs historiens de prince faible et stupide, qui, parmi les lettres de convocation d'une asssemblée des Cortès, prit le parti, dans celles qu'il adressa au conseil municipal de Séville, pour être plus sûr d'avoir les députés qu'il désirait, de les nommer lui-même [2].

[1] Ces idées se sont perpétuées chez les Espagnols, et tous leurs écrivains ou publicistes contemporains ont exprimé les mêmes idées. *Don Alvar Florez Estrada*, dans son projet de constitution, propose de décréter que quiconque aura suborné les électeurs ou leur aura donné quelque festin, sera puni d'une amende de 1000 piastres fortes, et déclaré incapable d'être élu membre du congrès national.

[2] Je ne puis m'empêcher de citer, au sujet de ce roi de Castille, un trait de son histoire, qui prouve, avec tant d'autres, que l'ancienne noblesse espagnole regardait ses rois comme ses premiers mandataires, et qu'elle

C'est dans un autre principe que le roi de Castille *Henri IV*, mais apparemment pour éviter les inconvénients qui lui paraissaient attachés à toute élection, que *don Pèdre* voulut que le premier conseiller de chaque commune de la Sardaigne fût de fait et de droit député aux Cortès.

Instruit par sa propre expérience, il avait aussi rejeté l'exemple de l'Aragon en ce qui tenait aux motifs de convocation et à la périodicité. Il avait été d'abord établi en Aragon, en 1223, que les cortès générales s'assembleraient tous les ans. Une décision des cortès, de 1307, porta l'époque de leur convocation obligée au terme de deux ans. *Don Pèdre* assigna celui de trois années au parlement de Sardaigne, qui, sous les règnes suivants, ne

---

disposait de la couronne à volonté. Le mépris qu'avaient attiré sur *Henri IV* l'ineptie de son administration et son imbécillité personnelle, lui fit terminer sa carrière publique par une déposition honteuse. La noblesse du royaume, s'étant soulevée et liguée contre lui, s'assembla à Avila, et résolut de donner à l'exécution du jugement prononcé par elle contre son roi une forme burlesquement solennelle. On éleva un vaste théâtre dans une plaine hors des murs de la ville, et l'on y plaça une figure représentant *Henri IV* assis sur son trône, revêtu des habits royaux, une couronne sur la tête, un sceptre à main, et l'épée de justice à son côté. L'accusation contre le roi fut lue à haute voix, et la sentence qui le déposait fut prononcée devant une nombreuse assemblée. Lorsqu'on eut lu le premier chef d'accusation, l'archevêque de Tolède s'avança, et ôta la couronne de dessus la tête de la figure; après la lecture du second chef, le comte *de Plaisance* détacha l'épée de justice; après la lecture du troisième, le comte *de Bénévent* arracha le sceptre; et après le dernier article, *don Diego Lopez de Stuniga* jeta la figure du haut du trône à terre. Au même instant *don Alfonse*, frère de *Henri*, fut proclamé roi de Castille et de Léon.—Mariana, Hist. lib. xiii.

fut plus convoqué que tous les dix ans, et pas même toujours avec une bien scrupuleuse exactitude.

La différence des motifs de la convocation et des termes de la périodicité était une suite et un effet nécessaire de celle qui existait dans le système constitutif, dans la nature et dans les attributions de chacune des assemblées représentatives des deux pays.

En Aragon, l'autorité suprême résidait dans les états, qui, l'exerçant au nom de la nation souveraine, n'avaient délégué au dépositaire du pouvoir royal qu'une partie de son action.

Dans la constitution sarde, le législateur, déplaçant le pouvoir souverain, duquel émanent les autres, l'avait retiré aux états, pour en investir la couronne. C'était le principe monarchique qui faisait la base de cette institution politique. « Là, » comme l'a dit un éloquent et profond orateur [1], » le roi, conservant la primauté entre les pouvoirs » qui l'entourent, représente l'unité morale de la » société, seul agit, seul commande, marche avant » les autres, et les entraîne à sa suite. »

Le roi *don Pèdre* s'était particulièrement attaché à effacer, des institutions aragonaises qu'il transplantait en Sardaigne, la couleur aristocratique et l'esprit républicain qui les dominaient. Il com-

[1] M. *Royer-Collard.*

mença par limiter les pouvoirs et les attributions des cortès. Celles d'Aragon jouissaient d'une autorité qui s'étendait à toutes les branches de l'administration publique et à l'exercice du pouvoir judiciaire. On ne pouvait, sans leur permission, déclarer la paix ou la guerre, frapper une nouvelle monnaie, faire subir quelque altération à la monnaie courante, établir de nouveaux impôts et introduire de nouvelles taxes. Aucune loi ne pouvait passer dans l'assemblée sans le consentement de chacun des membres qui avaient le droit de suffrage. Tout citoyen qui se croyait opprimé ou lésé avait le droit de s'adresser aux cortès, ou, pendant leurs vacances, au *Justicia*, en proférant ce seul cri, *Fuerza, Fuerza*, qui indiquait qu'on lui faisait violence; et il obtenait immédiatement satisfaction, sans que le congrès souverain crût avoir besoin de recourir à l'autorité du gouvernement.

Dans les sessions des cortès aragonaises, convoquées, depuis 1307, de deux en deux ans, on soumettait à leur examen et à leurs délibérations les affaires appartenant à ces hautes matières, qui avaient paru de nature à fixer l'attention du gouvernement et à provoquer quelques mesures ou propositions de la part des représentants de la nation. Des circonstances inattendues, ou des événements d'une grande importance pour le repos ou pour l'honneur du pays, donnaient lieu quelquefois à la convocation des cortès extraordinaires. Dans ces cas particuliers, l'assemblée se séparait après avoir terminé les affaires spéciales pour lesquelles on l'avait appelée. Dans les convocations ordinaires, une fois que la session était ouverte, le roi n'avait plus le droit de la proroger ou de la dissoudre, à moins qu'elle n'y consentît, et elle durait quarante jours.

Les cortès sardes ne jouissaient pas, à beaucoup près, d'une si grande étendue de prérogatives et d'attributions. L'auteur de la constitution, qui avait voulu que le pouvoir royal dominât tout le système politique, n'avait négligé aucune des dispositions prévoyantes dont devait être accompagnée, suivant lui, l'association des sujets à l'exercice de la souveraineté. Il avait donc limité les fonctions des cortès à la part de coopération qui leur était assignée dans l'œuvre de la législation, à la protection des intérêts publics et locaux, et au vote des contributions, taxes et subsides. On ne pouvait établir légalement aucune perception de nouveaux droits, sans le consentement des trois ordres de l'État.

Les impôts, ainsi consentis par les cortès, soit qu'ils eussent été proposés par le gouvernement, soit qu'ils fussent spontanément votés, s'appelaient *dons gratuits*, et les autorités communales étaient chargées de leur recouvrement et de leur versement, ce qui épargnait aux contribuables les frais de perception, et surtout les vexations des employés, souvent plus onéreuses que les contributions elles-mêmes. A cette époque de l'histoire moderne, surtout dans les états constitués de l'Espagne et dans les provinces qui en dépendaient, le recouvrement des impôts était encore pur des formes gênantes de la fiscalité. C'était un don que les peuples étaient censés offrir à leurs princes, qui, par réciprocité, leur faisaient quelquefois des concessions et des présents. La législation criminelle et civile était aussi soumise aux discussions du parlement des cortès, lequel proposait les lois nouvelles que l'état des mœurs ou les besoins du temps lui paraissaient exiger, et les modifications dont il croyait susceptibles les lois existantes.

La durée des sessions n'outrepassait jamais le temps que le roi avait cru suffisant pour l'achèvement des affaires. La prorogation s'exécutait aussitôt que le roi en avait donné l'ordre.

Outre les sessions périodiques, qui avaient été originairement fixées à trois ans, et qui, dans les temps les plus voisins de l'institution, se succédèrent avec régularité, les cortès de Sardaigne étaient encore quelquefois convoquées extraordinairement, pour des cas graves, ou dans des circonstances politiques importantes qui paraissaient au gouvernement devoir réclamer le concours des lumières, des conseils et des efforts du parlement de la nation. Le roi, en ordonnant la convocation des cortès ordinaires ou extraordinaires, faisait connaître par des lettres missives le motif et le but de cette réunion; et chaque conseil municipal conférait à son chef les pouvoirs nécessaires, non-seulement pour statuer sur les propositions royales exprimées dans les lettres de convocation, mais encore pour appeler l'attention du gouvernement et de l'assemblée sur tout ce qui serait jugé avantageux au bien public. En pareil cas, outre les instructions verbales que recevait le nouveau député, on lui remettait un cahier de pétitions, qu'il lui était recommandé d'appuyer, soit dans l'intérêt général, soit dans l'intérêt de la commune.

C'est en ces grandes circonstances que les corps municipaux des villes de la Sardaigne remplissaient le mieux, dans la vue de l'avantage commun ou de l'utilité locale, l'objet de leur respectable mission. L'administration municipale, librement et légalement choisie, et organisée sur le modèle des populaires et antiques usages de l'Aragon, où cette institution était regardée comme le plus sûr garant des libertés publiques et comme la principale base de l'édifice social, y faisait réellement les fonctions de grand collége électoral de la nation, et de conseil général députant ses commissaires à l'assemblée de tous les ordres de l'État, pour y porter les vœux et l'expression des besoins du peuple. La création du pouvoir municipal en Aragon, son existence indépendante, les institutions tutélaires auxquelles il avait donné naissance, avaient été le prélude d'une grande révolution, qui devait produire les plus heureux résultats. L'intervention du peuple aux affaires de la commune par la nomination de ses administrateurs municipaux, et de ceux-ci aux affaires de l'État par l'organe de leurs députés, opposa une digue salutaire aux prétentions et aux envahissements de la noblesse et du clergé, dont les efforts vinrent souvent échouer devant le rempart formé par l'autorité municipale. Aussi les rois de ce pays regardèrent-ils toujours les conseils municipaux comme les plus fermes soutiens de leur trône. La naturalisation de cette institution populaire en Sardaigne y produisit d'aussi heureux fruits que ceux qu'elle avait portés sur son sol natal.

Elle ne fut pas moins profitable aux citoyens, dont elle améliora la condition, qu'elle ne fut utile au pouvoir royal, dont elle était un des plus sûrs appuis. Le droit de pétitions personnelles, qui avait reçu tant de développement en Aragon, n'avait pas été ravi aux Sardes; mais, pour en régulariser l'usage, et peut-être pour en faciliter la réussite, c'est aux conseils des communes respectives qu'elles devaient être adressées, au lieu d'aller se perdre dans le labyrinthe des affaires du gouvernement. Si elles n'offraient qu'un intérêt individuel, les conseils avaient le pouvoir et les moyens d'y faire droit ; si elles touchaient à l'avantage général de la commune, ils les inséraient dans les instructions et les cahiers dont leurs députés étaient porteurs.

Le nom et le mode des pétitions avaient même été spécialement consacrés en Sardaigne. C'est par la voie des pétitions que les ordres de l'État, réunis en parlement des cortès, participaient aux affaires publiques. Les objets de législation qui les occupaient, et sur lesquels ils avaient délibéré, étaient présentés, sous la forme de prière ou de supplique, au souverain, qui, en l'agréant, la convertissait en loi de l'État. Cet usage, transporté chez les Anglais, et adapté à leurs habitudes sociales, a été évidemment l'origine de l'initiative parlementaire. Chacun des ordres de l'État faisait entrer dans ces pétitions les propositions ou les vœux qui étaient le plus conformes à l'esprit dont il était animé, et dont l'objet avait été développé, éclairé et fixé par la discussion. Hors le cas dans lequel les deux premiers ordres demandaient la confirmation ou l'augmentation de leurs privilèges, les pétitions avaient généralement pour but des réformes dans l'administration, la répression du désordre et des abus introduits par l'effet du temps et de la corruption des mœurs, les secours à donner aux victimes des calamités, causées par l'intempérie des saisons, les encouragements à offrir au commerce et à l'agriculture, et enfin toutes les améliorations réclamées pour le bien-être du corps social.

Don Pèdre trancha, par une décision appropriée aux localités, une difficulté qui s'était fait sentir fréquemment en Aragon relativement au siége de l'assemblée des cortès, et qui menaçait de se reproduire en Sardaigne. Le roi *Jacques II* avait établi, avec le consentement des cortès tenues dans la ville d'Alagon en 1307, qu'à l'avenir le congrès se réunirait dans telle ville ou bourg du royaume qui paraîtrait convenable au roi et à ses successeurs. Il en résulta tant d'abus, qu'on fut obligé de statuer, par la suite, que les cortès ne pourraient plus s'assembler que dans une commune qui eût au moins quatre cents feux. *Don Pèdre* ordonna que le parlement de Sardaigne siégerait nécessairement toujours à Cagliari, et qu'aucun des ordres qui le composaient, soit comme faisant partie de l'assemblée générale, soit comme usant de son droit particulier, ne pourrait jamais se réunir ailleurs que dans la capitale. On s'était proposé par là un double but de convenance. Les membres des cortès, qu'on traitait avec beaucoup de considération et d'égards pendant la durée de leurs fonctions législatives, s'y trouvaient mieux placés que partout ailleurs sous le rapport de la facilité des logements et des besoins de la vie. D'un autre côté, le gouvernement tenait à réunir les ordres de l'État, délibérant sur les affaires publiques, sous ses yeux et dans sa propre résidence. C'était d'ailleurs une tradition établie en Espagne, et qui avait été apportée en Sardaigne, que l'assemblée de la nation devait habiter, pendant l'exercice de la législature, le même lieu que le monarque, ou que ceux qui le représentaient. On suppose même que c'est de là qu'on a donné à ces congrès nationaux le nom de *Cortès*, cours du royaume.

Les membres de l'assemblée des cortès jouissaient d'une entière liberté d'opinion dans leurs délibérations, et de tous les droits de l'inviolabilité personnelle. On avait appliqué au parlement de Sardaigne un article du vieux code des *Partidas*, portant « que les députés devaient être en sûreté
» de leurs personnes et de leurs biens, sans que
» personne eût le droit de les tuer ou blesser,
» de les offenser, ou de leur prendre par force rien
» qui leur appartînt, et que cette sûreté devait com-
» mencer du jour où ils partaient de chez eux
» pour se rendre à la cour, jusqu'à ce qu'ils fussent
» rentrés dans leurs foyers. » On avait même été, en Castille, jusqu'à ordonner que quiconque attaquerait ou maltraiterait un député, de quelque condition qu'il fût, ou qui l'aurait volé, serait *puni de mort*.

Le lieu des séances de l'assemblée et de celles des trois ordres était aussi considéré comme inviolable et sacré. Il n'était jamais permis à la force armée de s'y introduire, à moins qu'elle n'en fût expressément requise pour le maintien du bon ordre, ou pour l'éclat d'une cérémonie. On avait voulu que rien ne gênât les députés dans la libre expression de leur opinion et de leur pensée. Il était interdit à qui que ce fût d'influencer leur vote, et de chercher à diriger leurs résolutions. Ils conféraient entre eux sur les affaires qui leur étaient soumises, ou dont ils avaient fait l'objet de leurs délibérations, sans qu'aucune personne étrangère pût s'immiscer dans ces discussions, ou leur demander compte de l'avis qu'ils avaient énoncé.

Le parlement des cortès délibérait, ou en assemblée générale, ou par ordres *(por estamentos)*. C'était aux trois ordres réunis qu'étaient faites les communications du trône. Quand il n'était pas question d'un objet qui fût de nature à amener de longues discussions, et qu'il ne s'agissait que d'annoncer un événement qui pouvait intéresser la nation, ou quelque faveur du souverain, on se bornait à répondre de vive voix à son représentant, ou à lui témoigner par écrit à lui-même la reconnaissance que ressentait l'assemblée de la confiance qu'il lui avait montrée. Lorsque le gouvernement présentait un projet de loi, ou faisait la demande d'un nouvel impôt ou d'une taxe nouvelle; la proposition était remise par écrit à chacun des trois ordres, qui se retiraient pour en délibérer dans leurs chambres respectives. Là, une fois la discussion engagée, chaque membre de l'ordre pouvait prendre la parole pour l'éclairer, indiquer de nouvelles vues, et produire les moyens d'amélioration ou de perfectionnement qu'il trouvait ou dans sa propre expérience ou dans les instructions dont il était porteur. Quand ces conférences et ces discussions avaient amené un résultat, on l'exprimait par écrit comme le vœu de l'ordre, obtenu à la pluralité ou à l'unanimité des suffrages, et si les deux autres ordres y donnaient leur assentiment, on soumettait respectueusement l'objet délibéré au roi, qui, par sa sanction, le convertissait en une loi de l'État. Il en était de même pour les pétitions que pouvait faire chacun des trois *stamenti*, et auxquelles leur privilége d'initiative donnait le caractère de propositions de loi. Cet usage dura jusqu'à la session de 1511, où le droit d'initiative fut restreint et borné.

Les décisions et les lois rendues par les cortès, et sanctionnées par le roi, étaient mises en ordre, sous le titre de *Chapitres*, et formaient des cahiers insérés textuellement dans une cédule royale, qui servait de sanction à tout ce qui s'y trouvait compris. Les cahiers, scellés par la chancellerie, étaient déposés aux archives du royaume, et il en était envoyé un extrait aux tribunaux, conseils communaux et corporations, pour ce qui pouvait les concerner. On exigeait autrefois en Aragon le serment du roi de faire observer les résolutions des cortès. En Sardaigne, le roi se contentait de promettre, sans la formalité du serment, qui, en Aragon même, avait été abolie dans les derniers temps, de tenir et observer ce qu'il avait accordé, et les décisions prises par son parlement et sanctionnées par lui.

L'ouverture du parlement des cortès était une véritable solennité nationale. Cet usage était venu de l'Aragon, où l'on ne croyait pas devoir donner à la réunion des représentants de la nation trop de pompe et d'éclat. Cette grande circonstance étant considérée comme une fête, on la désignait en effet ainsi, et on *célébrait* les cortès. C'était l'expression reçue. Aucune session du parlement de Sardaigne n'eut plus de faste et de majesté que celle dont le roi *don Pèdre* fit l'ouverture lorsqu'il créa cette institution et réunit les trois ordres de l'État, en 1355, pour leur annoncer qu'il voulait les faire jouir à jamais de ce bienfait de sa clémence et de ce fruit de sa sagesse.

Outre que *don Pèdre*, qu'on appela le *Cérémonieux*, avait du goût pour la représentation, ce fut un calcul bien entendu de situation et de politique qui le porta en ce moment à environner de splendeur le berceau de la constitution politique qu'il donnait à la Sardaigne comme moyen de centralisation, de concorde et de stabilité, et à frapper les yeux par l'aspect d'une brillante cour militaire et par l'appareil de la puissance royale. *Les Malaspina*, *les Doria*, et surtout le juge d'Arborée *Mariano IV*, homme remuant et ambitieux, s'étaient mis à la tête d'une ligue formée de longue main contre les Aragonais, qu'ils voulaient chasser de l'île, et sur lesquels ils avaient déjà obtenu des succès, qui eussent même été décisifs sans le courage et l'habileté du capitaine-général *Bernard de Cabrera*. Quoique battu, *Mariano* n'avait pas renoncé à ses projets contre ses anciens bienfaiteurs, et il entretenait des liaisons, dont l'effet pouvait être funeste, avec le souverain de Milan, et surtout avec les Génois, ennemis naturels de l'ordre et du repos en Sardaigne. Le roi, n'ayant qu'une armée peu nombreuse, et inquiet de l'avenir, venait de conclure avec le juge d'Arborée un traité de paix, qu'il avait fait négocier par son général victorieux *Bernard de Cabrera* et par son ami et son compagnon fidèle, *don Pedro d'Exerica*, qui avait épousé la sœur de *Mariano*. On avait accordé au juge d'Arborée le traitement le plus honorable, à condition qu'il romprait ses liaisons avec les Génois, et qu'il se conduirait désormais envers le roi comme un vassal envers son seigneur suzerain. Le roi promettait à *Mariano* et à *Mathieu Doria*, son principal allié, l'oubli de tout le passé, la suppression de toute procédure commencée et de toute sentence rendue pour le fait de la guerre heureusement terminée. Il assurait au premier, qui ne donnait que deux de ses forts pour garantie, la jouissance, pendant cinquante ans, de tous les châteaux et fiefs qui appartenaient au domaine de la couronne dans la province de Gallura. Il lui restituait en outre Gelida et Mataro, qu'il possédait en Catalogne, et qui avaient été sequestrés pendant la guerre. Il confirmait enfin à *Mathieu Doria* la possession de ses fiefs de Monteleone et de Castelgenovese, à la charge d'en faire hommage à la couronne d'Aragon. Quelques personnes de la suite du roi trouvèrent qu'il avait montré dans cette occasion une facilité qu'on appela même de la faiblesse. Ce fut pour qu'on ne se méprît pas sur les motifs de sa modération, dont la politique avait le secret, qu'il crut devoir déployer un appareil de puissance capable d'imposer à d'anciens ennemis réconciliés, sur la bonne foi et la soumission desquels il comptait peu, et montrer une heureuse combinaison de douceur et de fermeté, qui lui semblait être le meilleur moyen de mettre fin aux dissensions et de faire respecter l'autorité souveraine.

Don Pèdre choisit le jour même de l'ouverture du parlement des cortès pour prononcer la sentence d'un des plus puissants seigneurs de l'île, convaincu de haute-trahison. Il voulut que le même moment qui voyait consacrer une transaction politique dont un peuple entier devait attendre son repos et son bonheur, fût marqué par l'éclatante punition d'un acte de félonie. Le coupable était le comte *Gérard de Donartico*, de la famille pisane de la *Gherardesca* (1). Le comte, ayant un commandement dans l'armée du roi, avait livré un poste qu'il était chargé de défendre aux portes de Cagliari, aux généraux du juge d'Arborée, *Pierre Serra* et *Azon de Busquis*, lorsqu'ils s'avancèrent jusque sous les murs de la capitale. Non content de cette lâcheté, il avait entraîné d'autres chefs dans sa désobéissance. Le comte *Gérard* était mort avant l'arrivée du roi à Cagliari; mais ce prince n'en crut pas moins devoir faire informer contre lui, et saisir cette occasion de donner un grand exemple. Il réunit au palais, dont l'entrée fut libre pour toute la population, son conseil d'état, les commissaires qui avaient instruit l'affaire, ses généraux et toute sa cour, et là, assis sur son trône, et environné de toute la pompe royale, il déclara le comte *Gé-*

---

[1] L'historien de l'Aragon, *Zurita*, l'appelle le comte *de Donoratico*. J'ai préféré le nom de *Donartico*, qui se trouve le plus ordinairement dans les écrivains sardes.

rard de Donartico atteint et convaincu du crime de lèse-majesté, et prononça sa déchéance des fiefs qu'il tenait de la couronne, au profit de laquelle ils furent dès ce moment confisqués.

C'est après avoir donné cet exemple de justice et de sévérité, que le roi *don Pèdre* fit, avec une dignité vraiment royale, l'ouverture du parlement des cortès. Toute la garnison aragonaise, dans la plus brillante tenue, était sous les armes. *Don Pedro d'Exerica* et *don Bernard de Cabrera* commandaient la garde chargée de veiller sur la personne du roi. On avait fait venir dans la capitale et dans ses environs les corps d'élite de l'armée, sans dégarnir les places fortes du royaume, et surtout celles qui confinaient avec les états d'Arborée, à la sûreté desquelles on avait soigneusement pourvu. Le roi fit aux états assemblés une allocution simple et noble, qui fut accueillie avec des transports d'enthousiasme.

Le roi avait appelé à faire partie de l'ordre de la noblesse, comme en étant membres nés, tous les seigneurs aragonais, catalans et valenciens, possessionnés dans l'île, et tous les nobles sardes, de quelque importance que fussent leur rang et leurs fiefs. On a vu plus haut quelle était la composition des autres ordres. *Don Pèdre*, ne perdant pas de vue le dessein profond qu'il avait conçu de former un ordre de noblesse nationale, dont tous les membres fussent pairs et égaux entre eux, dans la sphère de leurs fonctions législatives, avait adressé une lettre d'invitation au juge d'Arborée, son feudataire. Il en avait fait également adresser, toujours dans les mêmes vues, à *Mathieu* et à *Cateneto Doria*, à *Gaudino* et à *Aldobrando* de *Aceni*, à *Manfredo Darde*, à *Bartolo Catoni*, chefs de la ligue antiroyaliste, et au vicaire-procureur de la seigneurie de Pise, qui régissait les biens que la république conservait dans l'île, quoiqu'il se fût compromis dans les troubles et dans la révolte. *Mariano* ne jugea pas à propos de se rendre en personne auprès du roi, et, s'excusant sur un prétexte qui n'était pas le véritable, il s'y fit représenter par un fondé de pouvoirs. Ce privilége n'était point particulier au juge d'Arborée; il était commun à tous les membres de l'ordre de la noblesse et du clergé, qui pouvaient voter par procuration, ce qui est un rapport assez singulier avec une prérogative de la pairie anglaise. *Mariano* laissa pourtant aller à la cour, pour figurer à l'ouverture des cortès et soigner les intérêts communs, son fils, qui fut depuis *Hugues IV*, dont la mort fut si tragique, et sa femme, *donna Timbora*, comtesse de Goceano. Il exigea qu'on leur envoyât des sauf-conduits, et, en général, il affecta de traiter avec le roi d'égal à égal. *Mathieu Doria* ne voulut pas se présenter. On remarqua aussi l'absence des marquis de *Malaspina*, seigneurs de Nice, qui avaient de grandes propriétés dans le nord de l'île.

Cette session du parlement des cortès de Sardaigne, qui fut la première, et une de celles qui se distingua par les plus importants travaux, fut la plus remarquable de toutes, à cause de la présence du fondateur et de sa cour, par la pompe du cérémonial et par le faste de la représentation. Une circonstance particulière donna aussi beaucoup d'éclat à la session qui eut lieu en 1388, et à laquelle intervinrent la princesse *Eléonore d'Arborée*, son mari *Brancaleone Doria*, et leur fils *Mariano*, pour signer le traité de paix qui établissait les nouveaux rapports de leurs états avec la couronne d'Aragon. Depuis lors, l'assemblée des cortès de Sardaigne ne fut plus honorée de la présence d'aucun souverain, et les vice-rois étaient exclusivement chargés d'en diriger les travaux et d'en régler le cérémonial, qui, sans avoir le faste du parlement de 1355, ne manquait pourtant ni de pompe ni d'éclat.

Cette période de quelques années, si mémorables pour les Aragonais et pour les Sardes, et pendant lesquelles leur roi *don Pèdre IV* réforma une constitution et en créa une autre, fut aussi une des époques les plus notables dans l'histoire des institutions politiques. L'Europe entière était en fermentation; une commotion sympathique en agitait toutes les parties. C'était un de ces élans périodiques de l'esprit humain, qui ont tant d'influence sur la destinée des nations. Tous les peuples, au milieu du quatorzième siècle, voulaient réformer leurs institutions et leur jurisprudence ; tous cherchaient dans de nouvelles combinaisons politiques un système de gouvernement plus conforme aux nécessités du temps et aux idées dominantes. L'Angleterre venait d'être mise en possession de sa grande charte, arrachée aux résistances de *Jean-sans-Terre;* la Suisse avait conquis et proclamé sa liberté; l'Allemagne, l'Italie, l'Espagne et la France, étaient en convulsion.

Nos annales françaises offrent un rapprochement curieux entre ce qui se passait en même temps, dans l'année 1355, à Paris et à Cagliari. C'est au même moment où *don Pèdre* faisait dans cette dernière ville l'ouverture de la première session du parlement des cortès, que s'assemblaient dans la capitale de la France ces états-généraux de 1355, les plus importants qu'on ait jamais tenus dans notre pays, et ceux dont nos historiens ont le moins parlé. En comparant ensemble les événements de l'Aragon en 1347, et ceux de la Sardaigne et de la France en 1355 et dans les années subséquentes, on voit combien les mêmes principes peuvent produire, suivant les circonstances, des résultats différents, et à quel point leur application et leur effet peuvent être modifiés par le caractère des peuples et par les vices ou les vertus des princes.

L'esprit de liberté avait fait dans toute l'Europe des progrès immenses. L'introduction des députés des communes dans les assemblées d'états des pays qui étaient gouvernés par le régime représentatif, avait déterminé une grande révolution dans les idées, et tendait tous les jours de plus en plus à changer la condition générale des hommes. Dans les deux monarchies constitutionnelles d'Espagne, l'Aragon et la Castille, et en France, où l'on ne professait rien moins alors que la doctrine de la souveraineté du peuple, on mettait tous ses efforts à combattre le pouvoir absolu et à limiter la prérogative royale. Cette ardeur de l'indépendance, cette aversion pour la tyrannie, cette conscience qu'avait le peuple de ses forces; et cet abus qu'ont toujours fait de son enthousiasme ceux qui le mènent, ne furent jamais plus remarquables qu'à cette époque extraordinaire, et dont les suites furent si désastreuses pour la France. L'amour de la liberté, qui n'était dans les autres pays qu'une opinion exaltée ou un sentiment profond, était devenu dans l'esprit impétueux de nos ancêtres une fièvre contagieuse, une véritable frénésie. On ne peut comparer, sous quelques rapports du moins, le grand mouvement qui agita la France en 1355, qu'à celui qui l'a bouleversée de fond en comble en 1789. Il n'est rien resté de la révolution du quatorzième siècle, livrée à toute l'extravagance des passions en délire et à la férocité de l'ignorance. L'âge présent sera plus heureux ; les progrès des lumières, les calculs de la sagesse et le perfectionnement de la science sociale conserveront pour la postérité les nobles conquêtes de la raison humaine.

Les mesures prises par les états-généraux de 1355 pour faire face aux calamités dont la France était accablée par les imprudences du roi et de sa cour, la conduite politique de cette assemblée, ses relations avec la couronne, étaient plus conformes, dit *Robertson*, à l'esprit d'un régime républicain qu'à celui d'une monarchie féodale; mais malgré les fautes qu'elle fit, malgré les excès dont elle se souilla, cet historien ne veut pas lui ôter le mérite d'avoir eu quelquefois des idées saines sur les principes du gouvernement [1]. Le tiers-état était devenu dans cette assemblée une puissance prépondérante, et on s'en aperçut bien par la marche imprimée à la direction des affaires et par ses délibérations. Les états-généraux de cette session étaient composés de près de huit cents membres, dont plus de la moitié étaient députés des villes. Le parlement, qui n'était pas alors perpétuel, n'eut

[1] Introduction a l'Histoire de *Charles-Quint*.

point entrée dans cette assemblée nationale, où la plus grande influence était exercée par l'évêque de Laon, *Robert-le-Coq*, et par le fameux *Marcel*, prévôt des marchands de Paris, député né de la première ville du royaume, qui porta la parole au nom du tiers-état, et qui n'abusa que trop souvent de sa funeste popularité. Cet ordre, qui avait alors une représentation égale à celle des deux autres, marchait exactement sur la même ligne, et ne reconnaissait aucune suprématie. Les états accordèrent au roi, pour *l'entretenement* de trente mille hommes, un subside de cent quatre-vingt-dix mille marcs d'argent, qui aujourd'hui équivaudrait à plus de dix millions. Les diverses résolutions des états eurent pour objet de régler la levée, la nature et la durée des impôts, dont la perception n'était pas alors confiée à la couronne, mais à des commissaires nommés par l'assemblée, de déterminer le mode d'administration de la justice, d'ôter au roi la faculté d'altérer ou de changer la monnaie, et de faire fournir, par voie de réquisition, aux besoins de sa maison et de sa personne, en vivres, logements et voitures. Le tiers-état, dans cette session mémorable, s'érigea, pour ainsi dire, entre le roi et les nobles, en une puissance intermédiaire, destinée à réprimer tour à tour les usurpations du pouvoir absolu et les envahissements de l'aristocratie. Les états proposèrent enfin, et firent signer au roi

Jean de France, une charte à peu près pareille à celle qu'avait signée le roi *Jean* d'Angleterre.

Il est à remarquer que les conquêtes de l'ordre populaire en France et son imposante attitude dans l'assemblée de la nation, précédèrent de beaucoup d'années le moment où la chambre des communes, en Angleterre, eut acquis une influence réelle dans la législation. *Robertson*, qui en attribue la cause à ce que le système féodal, s'étant élevé en France à un plus haut période qu'en Angleterre, devait avoir aussi un déclin plus rapide, fait observer que presque tous les efforts qu'on a faits dans sa patrie pour établir ou pour étendre la liberté du peuple ont été couronnés de succès, tandis qu'ils ont eu dans la nôtre un sort tout opposé.

Si c'était ici le lieu d'établir un parallèle entre la Sardaigne, dont l'histoire est si obscure ou si négligée, et la France, dont les destinées eurent toujours tant d'éclat dans le malheur comme dans la prospérité, il serait facile de prouver qu'à l'époque dont le tableau est sous nos yeux, la petite île oubliée du monde entier avait un incontestable avantage, en ce qui touche aux principes d'ordre et de justice, à la modération dans les actions, au bonheur commun et au succès des résultats, sur la grande monarchie envahie par l'étranger, déchirée par les factions, et précipitée pendant une longue suite d'années dans un abîme de maux. Tandis que le sage roi *don Pedre* améliorait encore les belles institutions de l'Aragon, et fondait en Sardaigne un établissement politique, qui créait pour ses habitants une patrie, et qui, les élevant à la dignité d'hommes, leur promettait pour long-temps le repos et le bonheur, le roi *Jean*, par son luxe effréné, par ses folles dépenses, par la légèreté de sa conduite, par la faiblesse de son caractère, et par des malheurs aussi affreux qu'imprévus, faisait de la France un vaste théâtre de séditions, de guerres civiles, de rapines et d'horreurs [1].

---

[1] En jetant un coup d'œil rapide sur les principaux événements du règne de *Jean I*[er] et de la régence du dauphin *Charles*, pendant sa captivité, il sera facile de juger laquelle, de la France ou de la Sardaigne, était alors le pays le plus barbare, ou du moins celui dans lequel il se commettait le plus de barbaries. J'emprunterai, pour en citer quelques traits, le langage de *Mezeray*, qui n'a pas encouru le reproche d'exagérations et de déclamations qu'on fait à des historiens plus modernes. *Jean II*, par quelques-uns dit *le Bon*, suivant l'expression de *Mezeray*, débuta par l'assassinat du comte d'Eu, son connétable. Le roi de Navarre, *Charles le Mauvais*, qui méritait autant ce surnom que le roi, son beau-père, méritait peu celui de *bon*, fit assassiner, quelque temps après, le nouveau connétable. Le roi s'en vengea, bien qu'il lui eût pardonné en plein parlement, en le faisant arrêter au château de Rouen, où *il fut si dupe que de venir et de se laisser leurrer avec toutes ses malices*. Ce bon prince mit son gendre au cachot, et fit trancher la tête, sans aucune forme de procès, à quatre gentilshommes qui l'accompagnaient....

« Dans ces malheureux temps, les plus petites villes se fortifioient; les
» villages même se fermoient de murailles contre les courses des pillards.
» Cette multitude infinie de châteaux ne servoit qu'à faire durer la guerre, et
» dévorer les peuples par les brigands qui se nichoient dedans.... La noblesse
» et la gendarmerie triomphoient des misères des pauvres gens. Le luxe, qui
» le créroit? nacquit de la désolation. Les gentils-hommes commencèrent à se
» parer de pierreries, de perles et de babioles, *comme des femmes*, à porter
» sur le bonnet des bouquets de plumes, marque de leur légèreté, et à s'adon-

Autant l'un de ces princes mérita la haine de ses sujets par les calamités dont il fut cause, et qui ne sont que trop célèbres, autant l'autre eut de droits à leur reconnaissance par ses bienfaits, qui ne le sont point assez.

» ner passionnément au jeu... A l'exemple du souverain, qui avoit plus songé
» à l'agrandissement de sa puissance qu'au bien public, tout le monde ne se
» soucioit que de son intérêt particulier, et renversoit tout pour y parvenir.
» Les bandes de gens de guerre n'étant ni licenciées ni payées, les pillards
» s'assembloient avec toutes sortes de méchants garnements, et couroient im-
» punément les provinces, le plat pays étant abandonné à leur miséricorde.
» Les gens commis par les états pour l'administration des finances firent bien-
» tôt connoître qu'ils ne l'avoient pas prise pour en déposséder les méchants,
» mais pour avoir eux-mêmes leur part au pillage.... Pendant cette anarchie,
» la noblesse et les autres gens de guerre exerçoient toutes sortes de violences
» sur les pauvres peuples de la campagne. Ces malheureux, battus, pillés,
» courus comme des bêtes sauvages, n'ayant la plupart autre retraite que les
» bois, les cavernes et les marais, firent comme ces lièvres qui, étant aux
» abois, se jettent au col des lévriers; ils s'attroupèrent par grandes bandes,
» et se résolurent d'exterminer tous les gentils-hommes. Cette fureur com-
» mença dans le Beauvoisis, et eut pour chef un nommé *Caillet*. On la nomma
» *la Jacquerie*, parce que les gentils-hommes, lorsqu'ils pilloient le paysan,
» l'appeloient *Jacques bon homme*. Si les villes se fussent jointes à ces rustres,
» c'était fait de la noblesse et de l'état monarchique, aussi bien qu'en Suisse,
» mais pas une ne leur ouvrit les portes, de crainte d'être pillée. Ils commi-
» rent tant de cruautés *plus que brutales* (ils firent rôtir un seigneur dans son
» château, et forcèrent sa fille et sa femme de manger de sa chair), que la
» noblesse de tous les partis se rallia contre eux. Le roi de Navarre défit la
» troupe de *Caillet*, qui, ayant été pris, eut la tête tranchée; le dauphin en
» mit en pièces plus de vingt mille; et ce soulèvement s'*accoita* tout d'un
» coup. »

(MEZERAY, *Abrégé chronologique de l'Histoire de France.*)

CHAPITRE XLIII.

De la Constitution ou Charte du pays (*Carta de Logu*). — Notice sur la Carta de Logu. — Considérations sur l'état de la législation civile et criminelle du reste de l'Europe, à l'époque où la princesse d'Arborée donna un Code à la Sardaigne. — De l'esprit des lois d'*Éléonore*.

ÉLÉONORE *d'Arborée* fut pour la Sardaigne, lorsqu'elle lui donna, en 1395, son code de lois, ce qu'avait été pour elle *don Pèdre IV* en lui accordant une constitution, quarante ans auparavant. L'un avait créé ses institutions politiques; l'autre fonda sa législation judiciaire. Mais la princesse sarde eut cet avantage sur le roi d'Aragon, que son ouvrage, objet de respect et de vénération, a été transmis à la postérité, et est encore aujourd'hui même en pleine vigueur, tandis que la constitution de 1355, comme presque tous les établissements de ce genre, qu'à leur naissance on dit faits pour durer toujours, et qui subsistent si peu de temps, fut promptement négligée, altérée, et finit par tomber en désuétude.

Lorsque la fille de *Mariano IV*, après la révolution sanglante qui avait précipité du trône d'Arborée son frère *Hugues*, se vit en paisible possession des états de sa famille, elle mit tous ses soins à établir l'ordre et la paix dans un pays si long-temps agité par l'ambition de ses chefs, et à y fonder une bonne administration de la justice. La première idée dont fut frappé son esprit, plein de rectitude, fut la nécessité de réformer la jurisprudence, qui était en Sardaigne, comme partout ailleurs à cette époque, un chaos inextricable. S'il est vrai, comme le dit *Montesquieu,* que les lois rencontrent toujours les passions du législateur, et *s'y teignent en passant au travers,* ou *s'y incorporent en y restant,* la législation de la Sardaigne devait porter l'empreinte du caractère des différents législateurs, ou plutôt des conquérants et des maîtres, qui l'avaient successivement occupée. On y reconnaissait en effet les traces des lois gothes et lombardes, des pratiques et usages des Maures, du régime féodal, des principes républicains, qu'y avaient apportés les Pisans pendant leur longue domination, et enfin quelques dispositions, éparses et sans liaison, du droit romain, par lequel cette île avait été régie si long-temps, et qui était resté pendant plusieurs siècles enseveli sous cet amas d'institutions bizarres, que, faute de mieux, on était convenu d'appeler des lois. Cet amalgame incohérent avait produit une jurisprudence confuse, arbitraire, variable, prêtant à toutes les interprétations, et ne reposant plus que sur des traditions, sur une doctrine vague et incertaine, et sur des coutumes locales, la plupart aussi barbares qu'insensées et contradictoires.

Eléonore, pénétrée de ce principe que les bonnes lois font les bonnes mœurs, et que, pour rendre les lois bonnes, il faut les faire simples et claires, n'hésita point à substituer à cette absurde combinaison de lois obscures, opposées les unes aux autres, un code de lois vraiment nationales, adaptées aux localités et aux mœurs, qui présentât, sous des formes peu compliquées, les maximes fondamentales de la loi commune, les principales dispositions propres à prévenir les délits et à punir le crime, le mode de procédure judiciaire le moins oppressif, et les mesures les plus capables d'entretenir le respect de la propriété, la sûreté des personnes et des choses, et les rapports de sociabilité possible entre des agriculteurs et des pasteurs vivant presque dans l'état sauvage. Son père *Mariano* avait déjà essayé l'ébauche d'un code de lois; mais préoccupé par ses rêves d'agrandissement et par ses guerres, il avait borné ses dispositions législatives à des réglements de police rurale. Son frère *Hugues* avait plus travaillé à l'affermissement du pouvoir absolu qu'au bonheur de son peuple, et le despotisme n'est pas plus favorable à la justice qu'à la liberté. La nouvelle situation où se trouvaient les états d'Arborée depuis le traité de 1387, le contact et les relations de voisinage avec les Aragonais, beaucoup plus avancés en civilisation, et les événements de la révolution d'*Oristano*, avaient produit de nouveaux besoins, qui ajoutaient à la convenance et à la nécessité d'une réforme dans les lois. C'est l'idée qu'exprime la princesse d'Arborée dans le préambule de la Carta de Logu. Entourée des plus habiles jurisconsultes du pays, elle présida elle-même aux discussions du nouveau code, et au louable travail qui avait pour objet de corriger et d'améliorer les ordonnances de son père, et de composer de ce que l'expérience avait appris et de ce que les mœurs avaient exigé, un corps de lois complet et uniforme. On peut dire qu'*Eléonore* fut en cette circonstance le Justinien de la Sardaigne.

C'est ainsi qu'*Alfonse*, roi de Castille, avait mis à exécution, en 1250, le plan qu'avait formé son père, *saint Ferdinand*, de réunir toutes les lois en une seule, et que le roi d'Angleterre, *Edouard I*[er], le véritable législateur de ce pays, dont il fut un des plus sages rois, fit compiler un digeste, conçu d'après les mêmes idées, pour servir à tout son royaume. L'ouvrage de la princesse d'Arborée peut aussi être justement comparé, en ayant égard aux proportions des deux états, à ces belles institutions de la France, connues sous le nom d'*établissements de Saint-Louis*, et le parallèle ne peut assurément qu'honorer sa mémoire. Ces grands princes avaient fait leurs lois pour de vastes empires, où les mœurs étaient mobiles et les événements rapides ; elles devaient moins durer que celles qui, circonscrites dans un petit pays, pauvre et isolé, n'étaient, pour ainsi dire, que des ordonnances de famille.

La charte d'*Eléonore*, ou Carta de Logu, est un code universel, et renferme tout le corps de doctrine de la jurisprudence sarde. Elle comprend toutes les lois civiles, criminelles, rurales, commerciales, de procédure et de police. Le législateur s'y est appliqué à régler l'administration de la justice distributive. Les formes judiciaires qu'elle prescrit pour l'instruction des procès, parfaitement adaptées aux habitudes et aux opinions des Sardes, ont été religieusement conservées par eux, avec les améliorations et les abus, que l'expérience d'une part, et de l'autre la cupidité, y ont apportés.

Il n'existe pas et n'a jamais existé une législation sortie des mains des hommes, qui fût une œuvre accomplie. On n'a pas demandé cette perfection aux jurisconsultes les plus éclairés, aux nations les plus civilisées, aux époques les plus brillantes des annales de l'esprit humain ; il ne faut donc pas l'attendre d'un code de lois produit par un heureux accident et par la nécessité, dans une île obscure, pour l'usage d'un petit peuple barbare. Le code sarde est plein de disparates et de défectuosités ; on y trouve à chaque pas les traces du temps d'ignorance où il est né, et de la rusticité de ceux qui l'ont fait et pour qui il a été fait ; mais il est moins atroce que la plupart des institutions et des coutumes contemporaines ; il est surtout singulièrement accommodé aux manières et aux passions du pays pour lequel il était destiné. On ne peut pas dire d'*Eléonore* ce qu'on a dit, comme un éloge flatteur, de plusieurs princes célèbres par leurs qualités et leurs talents, qu'ils s'étaient élevés au-dessus de leur siècle. Le mérite d'*Eléonore*, qui a été pour son peuple un avantage positif et réel, est d'avoir su mettre d'accord et en harmonie ses sujets et ses lois, et d'avoir fait ces dernières telles, qu'on ne suppose pas qu'elles puissent servir à un autre pays, ni que le pays à qui elles appartiennent ait pu se servir d'autres lois.

Les jurisconsultes appelés par la princesse d'Arborée à rédiger le code, au milieu du dédale de lois incohérentes et bizarres, dont les autres états de l'Europe leur offraient alors le modèle, furent réduits, pour ne pas accabler un peuple ignorant et simple sous une législation qui n'était ni dans sa capacité ni dans ses goûts, à consulter les lumières de la raison, à prendre pour base ou les principes de la loi commune, ou les usages locaux, presque toujours justifiés par l'expérience, et à se livrer à l'instinct de leur bon sens naturel. Un coup d'œil rapidement jeté sur l'état de la législation civile et criminelle du reste de l'Europe, à la fin du quatorzième siècle, prouvera que la Sardaigne dut savoir gré aux auteurs de son code de l'avoir préservée de toutes ces institutions extravagantes dont s'enorgueillissaient des nations qui se croyaient alors très avancées en civilisation. On leur eut l'obligation de n'avoir pas naturalisé dans leur île ces folles pratiques qui, sous le nom usurpé de lois, étaient les fléaux de l'espèce humaine, c'est-à-dire les jugements de Dieu, les épreuves de tous les genres, les combats judiciaires et les guerres privées. Comme ils n'avaient pu tirer aucun secours, pour la confection de leurs lois, des ténèbres de la jurisprudence criminelle et civile qui régissait alors l'Europe, ils préférèrent à ces subtilités féroces des lois grossières, il est vrai, mais généralement pures de cruautés inutiles, portant le caractère rude et naïf de l'enfance des sociétés, et pareilles à ce que l'on peut supposer qu'étaient celles de la Grèce primitive.

Le système de jurisprudence des Romains, le plus beau monument de la sagesse d'un grand peuple, s'était écroulé avec le colosse de sa puissance. Les barbares, qui avaient inondé l'Europe, avaient élevé sur ses débris leur législation fa-

rouche. On ne saurait dire avec précision quelle
etait la méthode en usage chez ces peuples pour
dispenser la justice. Il paraît, d'après la nature et
la forme de leurs gouvernements, que l'autorité
du magistrat y était bornée, et que les individus
y jouissaient d'une indépendance fort étendue.
Leur manière d'exercer la justice devait différer
peu de ce qui se pratique chez les sauvages, qui
sont dans l'état de nature. Tout homme qui avait
été lésé ou attaqué par un de ses pareils, se chargeait lui-même du soin de sa vengeance. L'autorité
publique n'avait le droit de rechercher et poursuivre les crimes, et de châtier le coupable, que
lorsqu'elle en était requise par l'offensé ou par sa
famille. C'était le ressentiment privé, la vengeance
personnelle, qui faisait alors régler la procédure
judiciaire. Ces cas se traitaient généralement par
composition entre les familles, et cet usage remonte jusqu'aux anciens Germains, décrits par
Tacite. Il n'y avait chez ces barbares que deux
crimes publics, la trahison et la lâcheté. L'autorité publique les frappait ; mais ils punissaient eux-
mêmes les délits dont ils avaient été l'objet ou la
victime. Lorsqu'un homme avait fait tort à un autre, ses parents ou amis prenaient connaissance de
l'affaire, et la querelle s'apaisait par une satisfaction ; c'est ce qu'on appela depuis une *composition*.
Ces compositions étaient réglées par les parties ; mais

quand un meurtre avait été commis, le sang devait être lavé par le sang. On pouvait pourtant aussi racheter un meurtre à prix d'argent. La loi salique en avait fixé le tarif ; car l'autorité finit par se charger de déterminer elle-même et de graduer les prix de ces *compositions*. « Les sages des diverses » nations barbares, dit l'auteur de l'Esprit des Lois, » songèrent à faire par eux-mêmes ce qu'il était trop » long et trop dangereux d'attendre de la conven- » tion réciproque des parties. Ils furent attentifs à » mettre un prix juste à la *composition* que devait » recevoir celui à qui on avait fait quelque tort ou » quelque injure. »

Un système d'administration de la justice et de procédure judiciaire si défectueux et si déraisonnable, source éternelle de désordre et d'anarchie, devait paraître incompatible avec l'existence de toute société organisée. On n'en sentit que trop tous les inconvénients ; mais on ne savait où trouver une jurisprudence plus régulière. Ceux de ces peuples barbares qui crurent avoir le plus d'idées morales découvrirent enfin une méthode, qu'ils regardaient comme infaillible et sûre, de démêler la vérité, et de faire distinguer l'innocent du coupable. Ils en appelèrent au Ciel même, et imaginèrent de déférer la décision des cas litigieux à l'Auteur de toute sagesse et de toute justice. C'est alors qu'on introduisit l'usage de *l'ordalie*, ou

de l'épreuve par l'eau et par le feu, et de toutes
les autres épreuves, aussi variées que ridicules,
dont le résultat, quel qu'il fût, s'appela *le jugement
de Dieu*, parce que Dieu, disait-on, ne peut pas
faillir, ni laisser triompher le coupable aux dépens
de l'innocent. Le prévenu, pour prouver qu'on
l'accusait à tort, se soumettait publiquement aux
épreuves qu'on exigeait de lui. Il plongeait son
bras dans l'eau bouillante, ou levait un morceau
de fer rouge avec sa main toute nue, ou marchait
pieds nus sur des barres de fer embrasées. Comme
la preuve par l'eau bouillante était plus cruelle
que les autres preuves par le feu, que des mains
calleuses ou des acteurs exercés savaient braver,
la loi prenait un tempérament pour en adoucir la
rigueur. Elle permettait à celui qui avait été ajourné
pour venir faire la preuve par l'eau bouillante, de
racheter sa main, du consentement de sa partie.
C'était une combinaison du jugement de Dieu avec
le système des *compositions*. Après que l'accusé
avait mis sa main sur un fer chaud, ou dans l'eau
bouillante, on enveloppait la main dans un sac que
l'on cachetait. Si trois jours après, il ne paraissait
pas de marque de brûlure, on était déclaré inno
cent [1]. Chez quelques peuples, une femme accusée
d'adultère était condamnée à l'épreuve de l'eau

---

[1] Esprit des Lois, liv. xxviii.

bouillante, à moins qu'il ne se présentât un champion pour elle. Il est vrai de dire qu'il s'en présentait ordinairement un, et que ce n'était même pas toujours son complice.

Les preuves par l'eau froide et par la croix étaient aussi regardées comme des jugements de Dieu. Voici de quelle manière se faisait cette épreuve : chacune des deux parties produisait une personne, qui, pendant la célébration de la messe, se tenait devant la croix de l'autel les bras étendus. Celui des deux représentants qui se lassait le premier, et quittait son attitude, perdait sa cause. *Charlemagne* lui-même autorisa plusieurs fois, cette forme de jugement, et alla jusqu'à ordonner que, s'il survenait quelques différends entre ses enfants, ils fussent terminés par cette épreuve, au moins singulière. Peut-être ce grand homme, qui était aussi un bon père de famille, voulait-il leur sauver par-là des débats plus sérieux, et éteindre la haine dans le ridicule.

Ces diverses épreuves étaient consacrées par des cérémonies ecclésiastiques ; les ministres de la religion y concouraient par leur présence et par l'invocation des secours du Tout-Puissant. Les accusés à qui le hasard ou quelque ingénieux artifice avait fait subir les épreuves sans en ressentir de mal, étaient déclarés absous par le *jugement de Dieu*.

L'esprit militaire, qui dominait l'Europe, et à

qui de beaux faits d'armes, une valeur brillante
et de grandes conquêtes donnaient tous les jours
plus de développement, vint modifier les mœurs
générales, et imprimer une nouvelle direction à
la jurisprudence du temps et au système judiciaire.
Les nobles mettaient leur orgueil à punir par leurs
mains les injures qu'ils avaient reçues, et à se faire
justice eux-mêmes. C'était rétrograder vers les
temps de l'irruption des barbares, et revenir au
régime des lois personnelles ; mais leur fierté leur
persuadait qu'ils ne pouvaient avoir de meilleurs
juges qu'eux, dans leur propre cause. C'est de ce
moment que fut mise en pratique la devise : *Dieu
et mon épée.* Ce mode étrange de procédure était
trop conforme à la tournure chevaleresque des idées
du temps, pour ne pas obtenir un succès universel.
Il s'introduisit en effet partout, devint la jurisprudence de toutes les nations, et recueillit, à
mesure qu'il s'établissait, le tribut d'admiration
qu'on pensait devoir à une des plus belles concep-
tions de l'esprit humain, et à un des plus étou-
nants résultats du perfectionnement de la politique.

L'historien de *Charles-Quint* et l'immortel auteur de l'Esprit des Lois ont fait une peinture si
animée de cette révolution morale, qui envahit
alors l'Europe, qu'il suffit, pour en rappeler l'i-
mage, d'emprunter quelques traits à leurs brillants

tableaux. Dès que cette procédure eut gagné partout, dit l'un [1], et eut prospéré comme tous les abus, les anciens modes de jugement, qu'on croyait appartenir à un ordre d'idées moins distinguées, et que la vogue des nouvelles opinions rendait surannés, les épreuves par l'eau, par le feu, par la croix, et les autres pratiques superstitieuses, tombèrent en désuétude, ou furent réservées pour les contestations qui s'élevaient entre les personnes des dernières classes de la société. L'usage du combat judiciaire avait pris, dit *Montesquieu* [2], une si prodigieuse extension, que pour la moindre discussion entre deux parties, on l'ordonnait, et *pour cela il ne fallait pas*, ajoute-t-il, *beaucoup de suffisance.*

Cette méthode de soumettre toutes les questions à la décision du combat étant devenue le droit public et général de l'Europe, les princes promulguèrent des édits pour en régler l'exécution et la pratique. Les jurisconsultes du temps ne manquèrent pas de publier de longs commentaires, qui prétendaient expliquer cette jurisprudence, et qui, comme on l'a vu depuis pour des lois meilleures, ne faisaient que l'embrouiller. Aussi a-t-on sur l'institution du combat judiciaire, non-seulement les anciens codes qui l'établissaient, mais encore une foule d'écrits des praticiens du temps, qui en

---

[1] *Robertson.* Introduction à l'Hist. de *Charles V.*
[2] Esprit des Lois, liv. XXVIII, chap. 19.

détaillaient les usages et les procédés avec un soin minutieux, et avec une exactitude aussi religieuse que s'il eût été question d'un chef-d'œuvre de législation. La connaissance approfondie de ces lois et de ces bizarres cérémonies était l'unique science que voulût acquérir alors une noblesse exclusivement guerrière, et la seule qu'elle se vantât de posséder.

Dans le temps de la première ferveur de l'institution, les parties combattaient toujours en personne, et il était fait immédiatement justice du vaincu. A la suite d'un combat de ce genre, qui fut livré à la fin du dixième siècle, sous les yeux même de l'empereur, celui des deux combattants qui succomba fut décapité sur la place. Ces duels juridiques, qui étaient en même temps une procédure, un spectacle et une exécution, étaient accompagnés de beaucoup de cérémonies, dont on avait scrupuleusement réglé l'étiquette, et qu'on ne croyait jamais trop imposantes pour une action qui était considérée comme un appel direct à Dieu [1].

---

[1] *Etienne Pasquier* nous a conservé le tableau très curieux des cérémonies prescrites par la vieille coutume de Normandie pour le combat judiciaire.

« Quiconque entreprenoit l'accusation de quelqu'un pour cas qui méritast
» falloit que tout d'une main il offrist vérifier le crime par armes de sa per-
» sonne. Et estoit tenu l'accusé de comparoir personnellement deuant le
» juge au jour qui lui estoit assigné, auquel lieu, après avoir entendu la
» plainte de l'accusateur en termes bien conceus, l'accusé dénioit le fait; sur

On finit par s'apercevoir qu'il y avait de la duperie à payer toujours de sa personne, à la moindre action qui était intentée en justice, et à courir le risque d'être brûlé, décapité ou pendu, si on avait été mal servi par son courage ou par le hasard. Alors on imagina de se procurer des *remplaçants,* et chacun cherchait les plus forts ou les plus braves qu'il pût trouver. Il y avait même en France cette mauvaise coutume, dit *Beaumanoir,* qu'on pouvait louer

» cela estoient jettez les gages d'une part et d'autre en plaine justice, et estoit
» premièrement pris par le juge le gage du défendeur, puis celui du deman-
» deur...... Le jour du combat, se deuoient les deux champions représenter
» devant le juge auant l'heure de midy, armez à la légère, et falloit qu'ils
» eussent les cheueux couppez tous ronds au-dessus des oreilles, se pouuoient
» oindre deuant qu'entrer en jeu pour auoir les membres plus souples. Là
» renuoyaient-ils leurs demandes et défenses, y adjoustans ou diminuans, selon
» ce qu'ils pensoient auoir plus ou moins dit. Puis entroient au champ clos,
» auquel y auoit quatre chevaliers par eux éleus pour la garde d'iceluy. Le
» surplus du peuple estoit hors la lice. Adonc se faisoit le cry du duc, afin
» qu'aucun n'eust à nuire en dit, fait, ou signe, à aucun d'eux. Les deux
» champions entrez au camp s'entretenans par les mains, s'agenoüilloient,
» et juroient chacun en son endroit auoir bonne cause. Lors leur estoient
» demandez leurs noms, et s'ils croyoient pas en Dieu, le Père, le Fils et le
» Saint-Esprit; et après avoir dit réciproquement que ouy, le défendeur
» disoit : Escoute, homme que ie tiens (l'appelant par son nom), ce Dieu
» m'aist, ie n'ait point commis le forfait, duquel tu m'accuses; l'autre, luy
» respondant par son nom, luy disoit qu'il en avoit menty. Puis iuroient
» n'user sur soy d'aucunes sorcelleries; alors l'on bailloit à tous deux leurs
» armes, et se séparoient les quatre maréchaux du camp, se mettans à
» l'heure entre eux deux, pendant lequel temps se mettoient tous deux dé-
» uotement en oraison. Quoy fait, les quatre maréchaux se retiroient aux
» quatre coings du camp, et lors crioit-on : *Par le Duc, laissez-les aller*
» A laquelle parole décochoient l'un contre l'autre, et joüoient à qui mieux
» mieux de leurs cousteaux. Le vaincu estoit ignominieusement trainé hors
» du camp, et pendu à un gibet, où bruslé, selon l'exigence du cas. »

(Recherches de la France.)

pendant un certain temps un champion pour combattre dans ses affaires. C'était quelquefois l'affection, mais c'était plus ordinairement la cupidité, qui procurait ces champions suppléants. Pour qu'ils eussent le plus grand intérêt possible à défendre leurs commettants, il arrivait souvent qu'ils avaient le poing coupé, s'ils étaient vaincus. D'autres fois aussi, dans les combats qui se faisaient par champions, les parties se soumettaient à en courir personnellement les chances. On les mettait alors dans un lieu d'où elles ne pouvaient voir la bataille. Chacune d'elles était ceinte de la corde qui devait servir à son supplice, si son champion était battu.

Dans une législation pareille, ces champions, qui étaient fort employés et fort recherchés, exerçaient un état lucratif. Le combat étant devenu d'un usage universel pour les personnes de tous les rangs, et dans presque tous les cas litigieux, les vieillards, les infirmes, les ecclésiastiques, les femmes, les enfants mineurs; qu'on ne pouvait ni avec justice ni avec décence forcer à soutenir en personne leur propre cause, étaient obligés de produire ces représentants armés. C'était en général la classe de plaideurs pour laquelle ils étaient le plus occupés. Les hommes du peuple ou les vilains faisaient leurs affaires eux-mêmes; d'autant plus que dans les premiers temps ils n'avaient le droit de combattre qu'avec le bâton et à visage découvert, et que ce n'est que plus tard qu'il leur fut permis de se battre avec des armes, comme les gentilshommes.

Les plus grands publicistes du temps, ayant réussi à prouver que ce moyen de découvrir la vérité était en même temps moins incertain et plus noble que la voie de la discussion et du raisonnement, firent appliquer cette méthode à toute matière de procès sans exception. C'était alors un axiome de droit, que la décision d'un point de jurisprudence quelconque par le combat était la forme de jugement la plus honorable et la plus parfaite. Les lois étendirent cette admirable procédure, non-seulement aux affaires criminelles, mais à toutes les affaires civiles. On décidait par le combat des questions qui s'élevaient sur les possessions des églises et des monastères; et ce n'était pas seulement le fond de l'affaire qui se jugeait ainsi, mais les incidents et les interlocutoires. Le combat judiciaire fut long-temps le seul mode de poursuite adopté contre les débiteurs. *Saint Louis* déclara qu'il n'aurait lieu que si le montant de la créance était de plus de douze deniers. *Louis-le-Jeune* avait voulu qu'il s'élevât, pour autoriser le combat, au moins jusqu'à cinq sous. Il paraît difficile de croire que l'ignorance ou l'aberration de l'esprit puisse aller plus loin; il y en eut pourtant un exemple;

ce fut d'avoir fait décider par le sort des armes la vérité ou la fausseté d'une opinion religieuse.

Malgré les prohibitions de l'Église et les clameurs des ecclésiastiques, cette coutume, aussi absurde qu'elle était bizarre, avait jeté de profondes racines, et avait passé dans les mœurs. Les ecclésiastiques eux-mêmes, qui tonnaient contre elle en chaire, y avaient donné lieu en grande partie, comme l'observe *Montesquieu*, et s'en servaient dans leur intérêt privé. Elle plaisait d'ailleurs infiniment au peuple, pour qui c'était une représentation intéressante et un agréable passe-temps. Le public d'alors jouissait aussi délicieusement aux combats des hommes, que celui d'Espagne d'aujourd'hui aux combats des taureaux.

Il fallut opiniâtrément lutter contre ce goût étrange, et les gouvernements étaient depuis long-temps persuadés que c'était une pratique stupide et féroce, qu'ils étaient obligés encore, non-seulement de la tolérer, mais d'en autoriser souvent l'usage. *Saint-Louis* et *Philippe-le-Bel*, son petit-fils, essayèrent de la restreindre à certains cas; mais s'ils purent l'abolir dans les tribunaux de leurs domaines, ils ne réussirent pas à la détruire dans les cours de leurs barons. La coutume du combat judiciaire était restée chère à la noblesse, et les rois s'étaient à la fin réservé de décerner le combat, mais seulement, dit *Pasquier*, entre gentilshommes, lesquels font profession expresse de *l'honneur, et pour se garantir d'un desmentir, quand il est baillé.*

Charles-Quint permit, en 1522, un combat judiciaire en Espagne. Le dernier exemple des spectacles de ce genre autorisés par le magistrat, que nous offre l'histoire de France, fut celui auquel donnèrent tant de célébrité, en 1547, les noms de *Jarnac* et de la *Chataigneraye*. Il y eut encore en Angleterre deux combats judiciaires dans toutes les formes, en 1571 et en 1631 ; mais il n'en résulta pas d'effusion de sang.

Tel fut l'esprit dominant en Europe pendant le cours de plus de quatre siècles, et tels furent ses résultats et ses effets. Il n'y avait qu'un pas du principe qui portait à se faire justice par soi-même, à celui qui faisait entreprendre des guerres privées pour obtenir, par la force, réparation ou vengeance. La noblesse, qui, par sa supériorité sociale, donnait l'impulsion aux mœurs publiques, avait fait, de ce prétendu droit de la guerre privée, un privilége inaliénable et sacré, dont elle ne pensait pas qu'on pût oser lui ravir l'usage. Ces guerres étaient très multipliées, et sans cesse entretenues par les querelles de voisinage et par les prétentions de l'orgueil. Elles se faisaient avec l'acharnement destructeur qui est propre à la haine armée par la force et autorisée par la loi. Rien n'était plus contraire au bon ordre par lequel seul les sociétés humaines s'améliorent, et à la prospérité de l'agriculture et de l'industrie, qui les font fleurir. Il n'était aucun moyen, dans cet état de choses, d'établir un système régulier d'administration de la justice. Aussi tout était livré au caprice, à l'arbitraire et à la violence. Les gentilshommes, et, en général, toutes les personnes d'une naissance distinguée ou d'un état élevé, vidaient leurs querelles par la force des armes et par les guerres privées. Les ecclésiastiques, constitués en dignité, exerçaient aussi ce droit barbare, et se faisaient suppléer par des avocats guerriers (*advocati*), ou des vidames, attachés au service des évêchés et des couvents. C'était le privilége exclusif de ces deux classes. Les contestations qui s'élevaient entre les bourgeois, les vilains et les serfs, étaient seules de la compétence des cours de judicature. Cet usage abusif était encore dans toute sa fureur au quinzième siècle, à la fin duquel *Louis XI*, en France, fut obligé d'ajouter des mesures sévères aux peines déjà portées par *Charles VI* contre ceux qui se rendraient coupables de ces attentats à la paix publique.

La rage des guerres privées s'était particulièrement manifestée dans le royaume d'Aragon. Les nobles de ce pays, aussi puissants que séditieux, étaient sans cesse armés et en état d'hostilité les uns contre les autres. Le gouvernement avait toujours fait d'inutiles efforts pour mettre un terme aux désastres des discussions privées. Les coutumes et les lois de ce royaume autorisaient la vengeance personnelle.

Les Aragonais, qui, depuis près d'un siècle, occupaient la Sardaigne, y avaient apporté, avec les usages et les mœurs de l'Espagne, leurs opinions sur ces matières. Des rapports perpétuels, et le contact de tous les instants avec les Sardes, étaient propres à renforcer chez eux ces idées, qui n'étaient déjà que trop dans le caractère national. Comme tous les peuples encore près de la nature, les Sardes voyaient un droit personnel et légitime dans ce premier sentiment, dans cette volonté rapide, qui portent à punir sur-le-champ, de sa main, l'auteur du mal qu'on a reçu, et à lui en faire à lui-même autant que possible. Les doctrines étrangères sur le droit prétendu d'obtenir par sa force propre la réparation d'un tort, et de venger son injure, étaient l'écueil le plus à redouter pour les auteurs du code sarde, et ils devaient mettre tous leurs soins à les repousser, afin de ne pas augmenter encore les maux auxquels ils voulaient remédier. C'est la conduite que leur dictèrent leur prudence et les ordres d'une sage princesse. Écartant les vaines théories de l'honneur et les subtilités d'une soi-disant civilisation, qui n'était point à leur usage, ils réduisirent la législation au positif et au fait. Loin de donner à ceux pour lesquels ils la destinaient le droit et les prétextes de disposer de la vie les uns des autres, ils consultèrent le naturel de ce peuple, et dirigèrent toute la puissance des lois répressives et toute la sévérité des peines contre l'homicide. Ce sont les mêmes considérations qui les armèrent de rigueur contre le vol. Il est, pour ainsi dire, des vices comme des vertus, plus ou moins inhérents au sol. Avec de l'esprit d'observation, les législateurs sardes devaient s'efforcer, avant tout, de mettre sous la protection des institutions la sûreté de la personne et la propriété de la chose. C'est là l'esprit du code d'*Eléonore*.

Ce n'était pas un médiocre embarras, au milieu de ce fatras de lois barbares, de dispositions contradictoires, de pratiques et de traditions absurdes, et parmi tant d'éléments hétérogènes, de rencontrer une forme de législation qui fût en même temps simple, précise et claire. Aucun code contemporain n'en fournissait le modèle. Heureusement, les maximes fondamentales du droit romain étaient restées dans la mémoire des hommes. La découverte des Pandectes de *Justinien* avait rappelé l'attention publique sur ce beau monument d'une haute sagesse. La loi romaine était désormais reçue comme la raison écrite. L'étude de cette jurisprudence avait produit une révolution dans les idées sur l'administration de la justice. Elle avait tous les caractères d'une loi territoriale, tandis que celle des barbares, qu'elle remplaçait, était conçue dans le principe des lois personnelles. Elle convenait mieux à l'intérêt du prince et au repos de la société. Les collaborateurs de la princesse d'Arborée avaient acquis des notions suffisantes de cette antique jurisprudence. Ils adoptèrent le droit romain pour servir de supplément aux lois municipales, aux coutumes locales; et ses principes devinrent la base fondamentale du système de dispensation de la justice, dont ils fixèrent les procédés et les formes dans un corps de règlements et d'ordonnances, qui devait désormais servir à tous, sans exception.

Sous la rouille du vieil âge, qui couvre ces institutions judiciaires de plus de quatre siècles, on reconnaît les efforts d'un esprit juste, sévère et modéré, pour rendre la loi plus humaine que les mœurs du temps, dont cependant on retrouve partout les traces, pour mettre la punition en rapport avec le mal qui la provoque, et pour proportionner, autant que possible, le châtiment au délit. C'est un problème, que des législations plus modernes et plus savantes n'ont pas toujours résolu. L'application de la peine capitale, assez fréquente dans le code sarde, y est du moins généralement exempte de ces raffinements de cruauté et de ce luxe de supplices, qui, dans ce temps et depuis, ont déshonoré la jurisprudence criminelle de toutes les autres nations européennes. *La carta de Logu* admet, pour les délits emportant la peine de mort, la décapitation, le supplice du gibet, et, dans une circonstance où le législateur sarde se trouve d'accord avec une ordonnance de notre roi *saint Louis*, la peine du bûcher ; mais cette disposition fut changée depuis par les cortès nationales. Il en fut de même pour plusieurs autres dispositions pénales, auxquelles, par la suite des temps, il fut porté des adoucissements, selon qu'on voyait, par l'effet des relations sociales plus multipliées, les mœurs perdre un peu de leur aspérité primitive. Dans l'enfance de la civilisation, les lois sont instantanées, violentes, et ressemblent souvent à la vengeance. Elles deviennent nécessairement plus modérées, à mesure que les peuples s'éloignent davantage de leur origine. Les lois de *Romulus* et de *Numa*, faites pour un ramas de fugitifs et de brigands, les lois des douze Tables et toutes celles des décemvirs, furent cruelles et même sanguinaires. Ce fut en se formant comme nation, que les Romains mirent graduellement plus de modération dans leurs lois pénales.

Les législateurs sardes réservèrent pour la haute trahison, pour l'homicide prémédité, pour le vol à main armée, crimes qu'ils se proposaient surtout de poursuivre, et de prévenir par la terreur du châtiment, la peine capitale, si prodiguée dans toutes les autres législations de l'Europe, à l'époque où ils donnaient un code à leur patrie. L'humanité doit leur savoir quelque gré d'avoir été plus avares de l'application de cette peine, qu'on ne l'était généralement alors, et surtout d'avoir dépouillé l'acte du supplice, que la société croit avoir le droit d'infliger au condamné, comme nécessaire à la sûreté générale, et comme leçon pour les spectateurs, de cet appareil et de ces accessoires hideux, inventions d'un âge barbare, dont la plupart se sont perpétuées jusqu'à des temps bien voisins de ceux où nous vivons, et quelques-unes même jusqu'à nous. Les études des criminalistes érudits étaient alors dirigées vers la législation pénale du peuple juif, à laquelle ils demandaient des exemples de cruauté, qui n'y manquaient pas. On voyait dans cette terrible histoire des malheureux précipités du haut des rochers, lapidés, écrasés sous des traîneaux de fer ou sous les pieds des chevaux, écorchés, brûlés, ou enterrés vivants, et sciés en deux. C'est à la recherche de toutes ces horreurs que s'évertuaient les esprits du temps, et l'expérience a montré qu'ils en avaient profité. On sait que c'est à cette époque que le dégoûtant supplice de la roue fut inventé en Allemagne, d'où le reste de l'Europe l'a tiré pour son usage, et que bientôt s'élevèrent partout des bûchers, où l'on jetait ceux qui avaient le malheur d'être accusés d'hérésie ou de magie.

La parfaite orthodoxie des habitants de la Sardaigne, et le peu de culture de leur esprit, étranger à toute espèce d'instruction, les préservèrent, de la part des auteurs de leur code, de toutes lois pénales dirigées contre des crimes de ce genre. On ne crut pas qu'il y eût ni qu'il pût y avoir jamais dans ce pays d'hérétiques ni de sorciers.

On ne saurait dire si, en négligeant de placer le parricide dans une catégorie particulière, les auteurs du code sarde ont fait simplement une omission, ou si leur silence est un honneur rendu au caractère national. Peut-être ont-ils prétendu imiter *Solon*, qui, ne voulant pas qu'un tel crime fût censé pouvoir exister, ne statua rien sur le parricide. D'après les mêmes principes, les Perses déclaraient bâtard quiconque donnait la mort à son père. La loi romaine punissait le parricide, et généralement le meurtre des proches parents, avec beaucoup plus de sévérité que toutes les autres espèces d'homicides. Le coupable, après avoir été frappé de verges, était enfermé dans un sac avec un dogue vivant, un coq, une vipère et un singe, et jeté à la mer. En Angleterre, le corps de l'assassin, descendu de la potence, est remis aux chirurgiens pour être disséqué et servir aux leçons d'anatomie, et il n'est pas permis de laisser enterrer le cadavre avant cette dissection. On sait quel est chez nous le lugubre cérémonial de l'exécution des parricides.

S'il est vrai de dire que les vieilles lois pénales de la Sardaigne ne sont point souillées par cette multiplicité de supplices, qui a fait dire de quelques autres nations, que leur histoire devrait être écrite par le bourreau, les rédacteurs de son code ne furent pourtant pas des esprits d'une assez haute portée pour s'élever au-dessus des idées et des préjugés de leur temps. C'eût été un phénomène trop extraordinaire pour la fin du quatorzième siècle, de voir des criminalistes législateurs professer ce principe philosophique, auquel, de nos jours même, tout le monde n'atteint pas encore, que puisqu'on est convenu de la nécessité, problématique pour bien des esprits, de la peine capitale, le coupable du moins ne doit à la société, en expiation de son crime, que la perte de la vie. Le supplice est chez eux, en plusieurs circonstances, accompagné d'accessoires qui ajoutent à la terreur du spectacle. Ils n'ont pas cru devoir borner à l'ignominie de la potence la mort du coupable de lèse-majesté ou de haute trahison. Le patient est préalablement livré à un supplice préparatoire, qui, tout cruel qu'il est, n'approche pourtant pas de l'usage anglais de le traîner sur le pavé jusqu'au lieu de l'exécution, où l'on doit lui arracher le cœur pendant qu'il vit encore, ni surtout de l'épouvantable écartèlement, plusieurs fois pratiqué en France depuis que *François I*er en fit, dans l'année 1536, un spectacle pour sa cour et pour lui. C'est peut-être un trait d'humanité dont on doit louer la mémoire d'*Eléonore*, de n'avoir prescrit, pour un seul cas spécial et rare, qu'une seule forme de raffinement de supplice, lorsque partout, de son temps, et dans une foule de cas innombrables, on arrachait la langue aux criminels, on coulait, dans les incisions qu'on leur faisait, du plomb fondu, on les brûlait à petit feu, et on les coupait par morceaux.

On ne peut s'empêcher de s'étonner que la législation criminelle des Sardes ne soit pas encore plus entachée d'ignorance et de sauvagerie. La difficulté de proportionner les châtiments aux délits, et d'ôter à l'application de la peine l'apparence de la vengeance et de tout ce qui pourrait la faire ressembler à la passion ou à la cruauté, rend la confection d'un code de lois pénales le plus imparfait de tous les ouvrages des hommes. Chez nous même, dont la civilisation sociale est arrivée à un si haut degré, et dont les lumières et l'expérience ont épuré et amélioré les institutions, le code criminel, où la peine de mort est si multipliée, où les rapports entre le mal et le remède sont si arbitrairement établis, et où tout est désavantage et piége pour le prévenu, n'est-il pas l'objet des éternelles critiques des hommes les plus sages, qui le trouvent si inférieur à notre code civil, toujours cité avec raison comme un modèle et comme un chef-d'œuvre? « Le code pénal de la France est autant » au-dessous de son code civil, dit un illustre » pair [1], qu'un pôle est au-dessous de l'autre. » La jurisprudence criminelle des Anglais, dont l'origine remonte aux plus affreuses époques de l'histoire moderne, est un recueil de lois si cruelles, qu'on ne saurait les rapporter sans effroi et sans dégoût. Ces lois, que les Anglais conservent, parce qu'ils craignent avant tout le changement, sont modifiées ou rendues nulles, à cause de leur atrocité même, par la rareté ou la presque impossibilité de leur application, et surtout par le droit de grâce et de commutation, dont le roi fait un si fréquent usage. Ces peines hideuses, ces dégradations de l'humanité, ne restent dans la législation anglaise, que pour attester que la société y vaut mieux que les lois. Cette condition est meilleure que si les lois valaient mieux que la société.

Il eût été surprenant que les auteurs du code sarde n'empruntassent pas à l'esprit de leur temps la peine de la confiscation. Elle y est en effet consacrée, mais avec des réserves en faveur des fem-

[1] M. de *Lally-Tollendal*.

mes. C'est une distinction qui n'était point faite partout ailleurs. La confiscation était une conséquence de la loi féodale. C'est sous l'empire de cette loi qu'on avait nommé félonie tout crime emportant la peine capitale et par conséquent la confiscation des biens, laquelle avait lieu même dans le cas de certains délits qui n'étaient pas punis par la mort. On s'est élevé à juste titre, dans tous les temps, contre cette mesure infâme, qui punit les enfants des fautes de leurs pères, et qui, augmentant le trésor des princes par les condamnations de leurs sujets, leur fait un revenu du crime. La loi romaine n'admettait la confiscation que dans le cas de crime de lèse-majesté au premier chef; mais dans le temps de l'anarchie féodale, et sous le régime des coutumes, elle devint un des produits du fisc et un usage universel. La princesse d'*Arborée* ne pouvait pas, sans manquer à toutes les idées reçues, déshériter son trésor. Bien long-temps après elle, la confiscation a continué d'être considérée comme étant du droit public. *Blackstone* l'a traitée comme une chose toute simple et toute naturelle. *Montesquieu* l'approuve dans les états despotiques, et la blâme seulement dans les états modérés, où elle dépouille des enfants innocents, et détruit une famille quand il ne s'agit que de punir un coupable. La spoliation légale, cette absurde cruauté du vieil âge, a enfin disparu pour jamais de la législation française, et ce n'est pas un des moindres bienfaits que nous devions à nos institutions actuelles et à leur auteur.

Rien ne porte plus, dans le code sarde, l'empreinte de la barbarie, et ne rappelle mieux les temps d'ignorance où il vit le jour, que les mutilations qu'il ordonne, en des cas très multipliés. Cet usage abominable était alors pratiqué partout. On coupait les bras, les jambes, le nez et les oreilles aux coupables, et on leur crevait les yeux. Les rédacteurs de la *carta de Logu* adoptèrent, comme tout le reste de l'Europe, la peine de la mutilation. Elle n'y est souvent néanmoins qu'une mesure comminatoire pour faire payer des amendes, et postérieurement, dans presque tous les cas où elle était auparavant appliquée, elle fut convertie en peines pécuniaires.

Cette coutume, toute barbare qu'elle était, devait paraître utile à des législateurs qui, travaillant pour un peuple irascible, ardent, et sujet à des rixes sanglantes, d'où résultaient des blessures graves et quelquefois mortelles, croyaient pouvoir employer avec fruit, dans le principe de la loi du talion, un moyen de répression aussi sévère. Cette partie de leur législation criminelle est disposée dans un ordre parfait, avec une mesure admirablement calculée, et offre un modèle de code de police correctionnelle à l'usage des peuplades querelleuses et barbares.

Il semble que les législateurs sardes aient deviné cet axiome établi par *Montesquieu*, « qu'un bon » législateur prend un juste milieu entre les peines » pécuniaires et les peines corporelles ; qu'il n'or- » donne pas toujours les unes et n'inflige pas tou- » jours les autres [1]. » C'est vers cette combinaison qu'ont depuis semblé tendre les efforts des assemblées du parlement des cortès, qui se sont occupées de la réforme ou du perfectionnement de la législation. La plupart des peines afflictives qui présentaient un spectacle repoussant, ou qui n'étaient point en proportion avec le délit, furent successivement commuées en amendes.

Au milieu de ces tributs qu'*Eléonore* et ses collaborateurs payaient dans leur ouvrage aux mœurs féroces, à l'ignorance et à la barbarie du temps, il est à remarquer à leur honneur qu'ils n'ont point admis dans leur législation la torture, qui a été pendant tant de siècles le fléau de l'Europe entière, et dont la suppression n'a eu lieu que de nos jours seulement, par la volonté d'un monarque aussi vertueux qu'infortuné. Ils trouvèrent apparemment qu'il y avait déjà dans leur code bien assez de mutilations, comme châtiment du délit,

---

[1] Esprit des Lois, liv. vi, chap. 18.

sans les y introduire encore comme moyen d'instruction du procès. Cette pratique atroce, justement abhorrée de tous les hommes ayant quelques sentiments d'humanité, et qui était, comme on l'a dit souvent, un secret presque sûr pour sauver un coupable robuste, et pour condamner un innocent d'une constitution faible, se reproduisait sous mille formes plus barbares les unes que les autres. Les Romains ne faisaient subir la question qu'aux esclaves; mais dans l'Europe moderne on soumettait aux horreurs de la torture tous les états et tous les âges, les femmes, les filles, tous ceux enfin à qui on voulait arracher l'aveu d'un crime, en fussent-ils innocents. Ce supplice provisoire consistait à serrer les jambes du patient entre des ais, et à enfoncer des coins de fer ou de bois entre les ais et ses genoux, pour briser ses os.

On peut faire honneur à la princesse d'Arborée du généreux mouvement qui l'avait portée à repousser la torture de son code. Peut-être aussi avait-elle puisé cet éloignement dans les opinions que professaient sur cette matière les Aragonais, et qu'ils avaient manifestées dans une occasion éclatante. Il fut défendu, par une ordonnance expresse de l'an 1325, d'appliquer aucun Aragonais à la torture. L'accusé qui ne pouvait être convaincu par la preuve testimoniale était immédiatement renvoyé absous. En général ce peuple remarquable attachait autrefois beaucoup de prix à la liberté individuelle et à la conservation des formes légales. Lorsqu'en 1485 le zèle religieux de *Ferdinand* et d'*Isabelle* les engagea à établir l'inquisition dans l'Aragon, quoique ses habitants ne fussent pas moins attachés que les autres Espagnols à la foi catholique, ils prirent les armes contre les inquisiteurs, tuèrent leur chef, et s'opposèrent long-temps à l'installation de ce tribunal. Ils donnèrent pour raison de leur soulèvement que les formes de l'inquisition étaient incompatibles avec la liberté, que l'on ne confrontait pas l'accusé aux témoins, et que le malheureux était soumis à la torture.

La marche du temps, les variations des idées et le désir de l'imitation, ont depuis introduit dans la procédure sarde quelques pratiques dégradantes, empruntées à des législations étrangères, qui valaient moins ; mais elles n'appartiennent pas à l'institution primitive, qui ne les avait pas originairement admises.

Du reste, à quelques altérations près dans l'exécution et dans les détails, la charte d'*Eléonore* est encore aujourd'hui scrupuleusement et religieusement observée. Rien n'a été changé à ses principes fondamentaux, et les Sardes, dont l'état social est resté à peu près stationnaire, ont jugé qu'ayant conservé les mêmes passions et les mêmes mœurs que leurs ancêtres, ils n'avaient pas besoin d'une autre législation que celle qui avait convenu si bien à des hommes dont ils diffèrent si peu. Ils étaient pénétrés de cette sage maxime, qu'il ne faut point changer ce qui n'est pas mauvais, sous prétexte de quelque perfection qu'on imagine, ni faire de modifications dans les lois, sans une raison suffisante [1]. Or, il y a lieu de croire que cette raison suffisante ne s'est jamais présentée à eux.

On est frappé, en étudiant cet antique code de lois faites pour un petit peuple, composé d'agriculteurs, de chasseurs et de pâtres, du bon sens exquis et du talent d'observation que devaient posséder ses auteurs, et qui ont présidé à un travail si bien adapté aux mœurs et aux besoins de *ceux pour lesquels il était destiné. Ces lois ont, dans leur tournure naïve et dans leur simplicité patriarchale, un caractère de singularité qui attache. *Montesquieu* y aurait trouvé *cette rudesse originale*, qu'il admirait dans celles des Thuringiens et des Frisons, et cet *esprit qui n'avait point été affaibli par un autre esprit.*

Je donnerai l'analyse des principales dispositions de la *carta de Logu*. Elle présentera un contraste piquant entre notre civilisation raffinée, nos lois si bien d'accord avec l'état de la société, et une

---

[1] Esprit des Lois.

jurisprudence grossière, dans laquelle une amende est infligée à ceux qui insultent au malheur des maris trompés, et une peine corporelle prononcée contre les ânes qui se permettent de manger dans le champ du voisin.

Une législation si rustique est la peinture parfaite des mœurs locales, et celles des montagnards sardes ne sont pas dénuées de tout intérêt. Elles ont plus d'un rapport avec celles des anciens montagnards de l'Écosse, qui ont échauffé tant d'imaginations, et peut-être découvrira-t-on quelque jour qu'elles ont aussi leur côté *romantique*.

Le préambule de la charte d'*Eléonore* est, sous tous les points de vue, une pièce remarquable. Je le citerai en entier, et je ne doute pas qu'on ne voie avec plaisir de quels sentiments cette femme illustre était animée, et de quelle manière elle les exprimait. On en jugera mieux encore, en comparant la traduction française à l'original en langue sarde, que je place au-dessous. Outre que cet édit de la princesse d'Arborée est, sous le rapport historique, un morceau curieux, ce sera encore un échantillon des preuves que je compte produire, dans une autre partie de cet ouvrage, de l'étonnante ressemblance de la langue sarde, surtout de celle qu'on parle dans le Logudoro, avec la langue latine, ressemblance telle, qu'on pourrait la prendre pour un de ses dialectes du temps du Bas-Empire.

CHAPITRE XLIV.

Préambule des constitutions d'*Éléonore*, princesse d'Arborée, intitulées : Carta de Logu.[1]

A LA GLOIRE

De Jésus-Christ, notre Sauveur, et en l'honneur de la Justice.

CONSIDÉRANT que la gloire et la prospérité de toute province, de tout état, de tout pays, proviennent de l'administration de la justice, et que

[1] *Texte original du préambule de la* Carta de Logu.

A LAUDE

De Jesu Christu, salvadori nostru, ed exaltamentu dessa justicia.

Cum ciò siat causa chi s'accrescimentu, ed exaltamentu dessas provincias, regionis, e terras descendant, e bengiant dessa justicia, e chi peri sos bonos capidulos sa superbia dessos reos, e malvagios hominis si affrenit, e constringat, acciò chi sos bonos, e puros, ed innocentis pozzant viver ed istari interi sos reos assegurados pro paura dessas penas, ed issos bonos pro sa virtudi dess' amori siant totu obedientis assos capidulos, ed ordinamentos de custa Carta de Logu. Imperò nos *Elianora* peri sa gracia de Deus c'est par le moyen des bonnes lois que la coupable audace des méchants est réprimée et enchaînée :

juyghissa d'Arbarèe, contissa de Gociani, e biscontissa de Basso, desiderando, chi sos fidelis, e sudditos nostros dessu rennu nostru d'Arbarèe siant informados de capidulos, ed ordinamentos, pro sos qualis pozzant viver, e si pozzant conservari in sa via dessa veridadi, e dessa justicia, ed in bonu, pacificu, e tranquillu istadu, ad honori de deus onnipotenti, e dessa gloriosa Virgini madonna Santa Maria mamma sua, e pro conservari sa justicia, e pacificu, tranquillu, e bonu istadu dessu pobulu dessu rennu nostru predittu, e dessas ecclesias, raxonis ecclesiasticas, e dessos lieros, e bonos hominis, e pobulu totu dessa ditta terra nostra, e dessu rennu d'Arbarèe, faghimus sas ordinacionis, e capidulos infrascrittos, sos qualis volemus, e cumandamus expressamenti, chi si deppiant attenni, ed osservari pro leggi per ciascadunu dessu juygadu nostru d'Arbarèe predittu in judiciu, ed extra.

Sa Carta de Logu, sa quali cun grandissimu provvidimentu fudi fatta peri sa bona memoria de juyghi Mariani padri nostru, in qua dirrettu juyghi de Arbarèe, non essendo corretta per ispaciu de seighi annos passados, como per multas variedadis de tempus bisognando de necessidadi corrigerla, ed emendari, considerando sa variedadi, e mutacioni dessos tempos, chi suntu istados seghidos posca, ed issa condicioni dessos hominis, chi est istada dae tando inoghi multu permutada, e plus pro chi ciascunu est plus inchinevili assu mali sagheri, chi non assu beni dessa Republica Sardisca, cun delliberadu consigiu illa corrigimus, e faghimus, e mutamus dae beni in megius, e cumandamus, chi si deppiat osservari integramenti.

» Voulant que les hommes honnêtes, innocents et intègres, puissent vivre paisibles, au milieu même des méchants retenus par la crainte des châtiments; tandis que les bons seront dirigés par l'amour de la vertu, et que tous nos sujets obéissent aux lois et ordonnances qui composent la carta de Logu ;

» Nous *Eléonore*, par la grâce de Dieu, juge d'Arborée, comtesse de Goceano, et vicomtesse de Basso, désirant que nos fidèles sujets de notre royaume d'Arborée soient instruits des lois et ordonnances, par lesquelles ils pourront vivre et ils pourront se maintenir dans le chemin de la vérité et de la justice, et dans un état de bonheur, de paix et de tranquillité, en l'honneur de Dieu tout-puissant et de la glorieuse Vierge notre dame sainte Marie sa mère, et pour maintenir la justice et l'état de bonheur, de paix et de tranquillité du peuple de notre royaume susdit, et des églises et possessions ecclésiastiques, et des loyaux et bons hommes, et du peuple entier de nosdits domaines et du royaume d'Arborée, nous faisons les lois et ordonnances ci-dessous écrites, et nous voulons et ordonnons expressément qu'elles soient suivies et observées comme lois de l'État, par tous et un chacun, dans notre judicat d'Arborée susdit, tant en jugement que dehors.

» La carta de Logu, qui fut faite avec une haute

et grande sagesse par le juge *Mariano*, notre père, de bonne et honorable mémoire, en sa qualité de juge d'Arborée, n'ayant pas été corrigée pendant l'espace de seize ans, et cependant les vicissitudes des choses ayant amené la nécessité de la corriger et de l'amender, attendu les effets de la marche du temps, les changements produits par les événements qui se sont passés depuis, et les variations qui en ont résulté dans la condition des hommes; vu, surtout, qu'il y en a plus, parmi eux, enclins à mal faire que portés pour le bien de la république sarde, après en avoir délibéré avec maturité, nous la corrigeons, et faisons et publions ces changements et améliorations, et ordonnons que le tout soit intégralement et scrupuleusement observé. »

CHAPITRE XLV.

De la division des matières dans la *Carta de Logu*. — Des peines portées contre les crimes de lèse-majesté et de haute trahison. — De l'homicide. — Du suicide. — Des blessures d'où résulte la perte d'un membre ou la mort. — Du brigandage et du vol sur la voie publique. — De l'enquête pour la découverte des coupables. — De l'institution des *Jurés* dans chaque village, pour veiller à la police de sûreté et à la propriété.

La *carta de Logu* se compose de dix parties ou titres, qui se divisent en cent quatre-vingt-dix-huit ordonnances.

Le premier titre comprend les ordonnances sur la peine des crimes de lèse-majesté et de haute trahison, et sur celle de l'homicide et du brigandage; le deuxième, les ordonnances sur le vol; le troisième, sur le feu et l'incendie; le quatrième, sur la procédure; le cinquième, sur les forêts et bois; le sixième, sur le commerce des cuirs; le septième, sur la garde et la conservation des propriétés de campagne; le huitième, sur les salaires; le neuvième, sur les vignes, les blés et les jardins; le dixième, sur les métairies, l'abattage des animaux, les injures et les propos offensants.

Ces deux derniers titres, ouvrage du juge *Mariano*, père d'*Eléonore*, sont un véritable code de police rurale et correctionnelle.

Il règne un peu de confusion dans les divers titres du code sarde, et la distribution des matières n'est ni bien régulière ni bien entendue. On manquait essentiellement alors de méthode, et on ignorait ou on négligeait l'art de la classification. Il eût été facile, au moyen de quelques transpositions, d'y établir un meilleur ordre, dans lequel il y aurait eu tout à gagner pour la clarté. Le dernier et le plus habile éditeur et commentateur de la charte [1] a été tenté de faire ce travail, qui ne pouvait en aucune manière compromettre son respect pour elle; mais il déclare que, toutes réflexions faites, il s'en tient à l'opinion du roi de Crète *Minos*, qui pensait qu'on ne doit pas même élever un doute sur l'utilité et la perfection des lois, telles qu'elles nous ont été transmises par nos ancêtres, et qu'en conséquence il laisse dans leur ordre originaire et primitif des lois qui doivent être religieusement et littéralement observées.

Des seize ordonnances qui composent le premier titre de la *carta de Logu,* relatif aux peines portées contre les attentats à la vie des hommes et à la sûreté tant publique que privée, la première traite du crime de lèse-majesté, par conspiration contre la vie du prince ou de quelqu'un de sa famille; et le second, du crime de haute trahison.

[1] M. le chevalier *Mameli de Mannelli.*

Il est ordonné par le premier article, que quiconque sera convaincu d'être auteur ou complice de toute tentative contre la personne du prince, de ses enfants et petits-enfants, ou de leurs épouses, sera lié sur une charrette, et tenaillé sur les places et lieux publics, et ensuite conduit, toujours tenaillé, au lieu du gibet, auquel il sera attaché jusqu'à ce que mort s'ensuive.

Le second article porte que quiconque sera convaincu d'être auteur ou complice de toute tentative ayant pour but de faire perdre au prince et à l'Etat, soit l'honneur, soit une partie de leurs domaines, terres ou châteaux, sera traîné à la queue d'un cheval sur les places et lieux publics, et ensuite attaché au gibet.

Dans l'un et l'autre cas, les biens des condamnés sont confisqués; mais la confiscation ne tombe que sur les biens qui leur appartiennent en propre. Ceux qui proviennent de la dot de leurs femmes sont conservés à ces dernières, sans aucune exception. Il en est de même des biens qui pourraient revenir aux enfants par la succession de leur mère, attendu qu'il n'est pas juste, dit la loi, que les enfants et la femme soient victimes du crime personnel de leur père et de leur mari. Les créanciers sont payés intégralement, sur la valeur du bien confisqué, de ce qu'ils prouvent leur avoir été dû avant que le crime fût commis.

On ne peut s'empêcher de remarquer cette réserve faite dans l'acte de la confiscation, qui était alors d'un usage universel, en faveur des femmes, des enfants et des tiers. Cette disposition judiciaire était digne d'une législation plus épurée, et l'on pourrait citer plus d'un pays qui passe pour avoir eu des lois meilleures, et qui n'a pas toujours montré autant de raison et d'équité.

Le supplice dont on punissait, d'après le code sarde, les crimes de lèse-majesté et de haute trahison, est sans doute horrible, et se ressent de la barbarie du temps; mais il faut observer que partout, alors et depuis, les attentats du même genre ont été punis d'une manière bien plus cruelle encore. En Angleterre, aujourd'hui même, car la loi n'a pas été réformée, le coupable de lèse-majesté ou de haute trahison doit être traîné jusqu'au gibet sur le pavé, et ce n'est que par compassion qu'on fait usage de la claie. Suspendu à la potence, et encore vivant, on lui arrache les entrailles et le cœur, on en frappe ses joues, et le bourreau, en montrant ce cœur sanglant, avant de le jeter au feu, s'écrie à haute voix : *Voilà le cœur du traître.* Sa tête est ensuite coupée, et son corps est mis en quatre quartiers, qui, ainsi que la tête, sont exposés dans les endroits indiqués par le roi. Tous ces raffinements de cruauté, tombés heureusement en désuétude chez les Anglais, ne sont restés dans leur mémoire que comme des monuments de la barbarie des vieilles lois; mais il n'y a guère plus d'un demi-siècle que nos pères ont eu sous les yeux l'effroyable spectacle de l'exécution de *Damiens*.

Le meurtrier, s'il avoue son crime, ou s'il en est convaincu, suivant que l'ordre de la raison le commande (*secundu chi s'ordini dessa ragioni cumandat*), est décapité, sans pouvoir racheter sa mort par aucune somme d'argent. Si c'est en se défendant qu'il a commis l'homicide, il doit prouver, par le témoignage d'hommes dignes de foi [1], qu'il se trouvait dans le cas de légitime défense. Cette preuve devra être fournie dans la quinzaine, à partir du jour où il aura été cité par *l'armentargiu* du lieu [2], ou par tout autre offi-

---

[1] Ces hommes dignes de foi, notables, ou citoyens honnêtes, sont désignés dans la Charte sous le nom de bons hommes, *bonos hominis*. Le préambule s'adresse aussi aux *bons hommes*.

[2] Le mot *Armentargiu*, en italien *Armentario*, veut dire grand berger. Cette dénomination, donnée à un officier de justice, est prise évidemment dans les mœurs pastorales. L'office existe toujours, mais le nom n'existe plus, et ne s'est conservé que dans quelques villages du canton de Sarrabus. Des officiers de judicature n'ont pas voulu, même en Sardaigne, être confondus plus long-temps avec des pâtres. On croit que cette qualification avait été apportée dans l'île par les Aragonais. Une dénomination analogue, prise aussi dans les mœurs des gardiens de troupeaux, était usitée en Espagne pour désigner un officier de justice qui remplissait à peu près les mêmes fonctions que l'*Armentargiu* des Sardes. Dans quelques cantons de l'Espagne, on appelait *Merino* celui qui était chargé, par le conseil de la commune, de recouvrer les amendes ou peines pécuniaires, et de poursuivre et faire arrêter les criminels. Quelquefois le *Merino* était un alcade; quelquefois

cier de justice auquel la cause aura été déléguée. Dans ce cas, le prévenu n'est sujet à aucune pénalité ni amende. Lorsque l'homicide a été involontaire ou fortuit, les juges ne prononcent pas, et la cause est remise à la clémence du prince.

Toute personne, de l'un ou de l'autre sexe, qui a donné du poison, soit dans les aliments, soit dans un breuvage quelconque, doit subir la peine capitale, sans pouvoir racheter sa mort par aucune somme d'argent. Si c'est un homme, il est pendu; si c'est une femme, elle est brûlée vive. Quand la victime n'est pas morte, on coupe la main droite au criminel, sans que la peine soit rachetable; et, dans ce cas, ce dernier est tenu de payer les dommages et intérêts; et les frais de maladie.

Il est à observer que l'auteur de la charte sarde, dans la disposition de cette loi qui condamne les empoisonneuses au feu, tandis que les hommes, coupables du même crime ne sont condamnés qu'au gibet, est parfaitement d'accord avec le roi

---

ce n'était qu'un alguasil. Dans la plupart des priviléges, les juges du royaume de Léon sont désignés sous le nom de *Merinos*. On donnait aux grands baillis ou sénéchaux de Castille celui de *Merino mayor*, grand Merino. Quelques personnes ont prétendu que le nom des juges sardes était venu des Pisans, sous la domination desquels on appelait, non pas *Armentarj*, mais *Armamentarj*, des officiers à qui l'on confiait la garde des dépôts d'armes, et qui avaient une certaine juridiction. J'avoue que je penche, peut-être par un effet de mon goût naturel, pour l'étymologie pastorale. Il me semble qu'en fait de justice j'aimerais au moins autant un berger qu'un garde d'artillerie.

saint Louis, qui, dans ses *Etablissements*, fait exactement la même distinction entre les coupables des deux sexes. Il condamnait au feu, non-seulement les femmes qui avaient empoisonné, mais celles qui avaient commis un vol domestique. *Blackstone* prétend que cet usage de brûler les femmes coupables était une tradition des druides. On voit, dans ses commentaires sur les loi anglaises, que, par un statut d'*Edouard III*, cette peine était appliquée aux femmes qui avaient commis le crime de *petite trahison*, lequel consistait pour elles à tuer leurs maris, ou leurs maîtres, quand elles étaient en état de domesticité. Les hommes, coupables de petite trahison, étaient traînés sur la claie et pendus; mais *par respect pour le sexe*, dit *Blackstone*, les femmes, conduites jusqu'au gibet de la même manière, étaient *brûlées vives*.

Ce n'est pas ici le lieu de rechercher si des considérations de haute morale n'avaient pas porté les anciens législateurs français, anglais et sardes, à ces spécialités pénales; qui ont pu être regardées alors comme étant dans l'intérêt bien entendu de la société. Quoi qu'il en soit, les cortès de Sardaigne ont, en 1593, aboli la peine du bûcher pour les femmes coupables d'empoisonnement, et leur ont infligé la même peine qu'aux hommes.

La sixième ordonnance de la charte, qui impose une responsabilité respective à chaque village, en matière d'homicide, donne un caractère particulier à la jurisprudence criminelle de ce pays. Comme ceux que les Sardes appellent les *jurés* jouent dans cette disposition législative un rôle important, il faut savoir d'abord ce qu'étaient ces jurés. Il y avait dans chaque village, au temps d'*Eléonore*, car, depuis, ces institutions ont éprouvé des variations, un officier public, qui quelquefois s'appelait *curateur*, chargé d'exercer l'autorité dans ses rapports journaliers avec les habitants du lieu, de veiller au maintien du bon ordre, et de faire enfin la police locale. Cet officier était tenu de choisir et d'appeler au serment, prêté entre ses mains, dix hommes dans chaque grand village, cinq dans chaque village de second ordre, pris parmi les habitants les plus notables, et les meilleurs hommes qu'on pût trouver (*sos mëgius hominis*). Ces jurés assermentés, dont le chef s'appelait *major de justice*, avaient l'obligation de rechercher et de dénoncer les vols et délits publics de tout genre qui étaient commis dans le territoire de leur village, d'arrêter les malfaiteurs et de les traduire devant le tribunal du canton; à défaut de quoi, s'il était prouvé qu'il y avait eu négligence de leur part, ils payaient individuellement une amende, indépendamment de celle qui était imposée à la commune entière, dans le cas dont il va être parlé. On devait ajouter foi entière aux rapports des jurés;

mais quand ils n'étaient pas unanimes, ils payaient une amende. Un des devoirs des jurés était de répartir le contingent des contributions du village. Tout homme établi qui refusait de prêter serment comme juré de croyance (*juradu de credenza*), et de rechercher les vols et les voleurs, quand il en était requis par l'officier public; payait au curateur l'amende de huit livres sardes et d'un *bœuf* (monnaie du temps).

Lorsqu'un homme est trouvé mort ou dans l'intérieur des habitations d'un village, ou sur son territoire, les jurés sont tenus d'arrêter le coupable et de le traduire, dans l'espace d'un mois, devant le tribunal du canton, pour qu'il en soit fait justice. S'ils ne l'ont point arrêté et fait mettre en prison dans le temps prescrit, les jurés et la commune, en punition de leur négligence, paient une amende, les grands villages, de deux cents livres, les petits, de cent.

On appelle cette responsabilité, imposée aux communes, l'obligation (*l'incarica*). Le gouvernement sarde a eu soin de maintenir cet usage, qui, en faisant concourir les habitants, par le mobile de l'intérêt, à la conservation du bon ordre et de la paix publique, en est le plus sûr garant. Des gouvernements contemporains, célèbres par leur énergie, se sont rencontrés avec les législateurs sardes dans cette idée de la responsabilité des communes; et c'est un des moyens qui leur ont le mieux réussi pour réprimer le brigandage.

La Sardaigne a conservé aussi cette institution singulière, et si long-temps utile, des jurés de village; mais on l'a laissée prodigieusement dégénérer. M. *Mameli* dit que les *jurés de croyance* d'aujourd'hui sont tout ce qu'il y a de moins digne de foi, et que, loin d'être les meilleurs hommes du village, ce sont en général ou de jeunes garçons sans état, ou de pauvres diables que les habitants aisés font travailler à leurs vignes et à leurs jardins, et auxquels ils donnent assez ordinairement le soin de l'étable et de l'écurie.

Lorsque le meurtrier a échappé aux recherches de la justice et de sa commune, il est déclaré banni, et ses biens sont confisqués, sauf les droits de la femme, des enfants et des créanciers. S'il rompt son ban, et qu'il soit pris, il a la tête tranchée. Chaque personne qui le rencontre peut le tuer sans encourir de peine. Si l'assassin banni rentre dans son village, sans être muni d'une sauvegarde légale, les jurés sont tenus de l'arrêter et de le mener en prison. Quand ils y manquent, les jurés, les officiers de justice et la commune, paient une amende proportionnelle. Les receleurs du banni, outre une amende considérable, sont emprisonnés pour un temps qui est à la discrétion du prince. On ne considère pas comme tels, et on n'assujettit à aucune pénalité pécuniaire ou autre, la femme, le père, la mère, le grand-père, la grand'mère, le fils, la fille, le frère ou la sœur du banni, qui lui auraient donné asile dans leur maison. Cette exception, très morale, honore l'humanité des auteurs du code sarde, et il eût été à désirer qu'elle fût toujours imitée en des pays qui ont la réputation d'être plus civilisés que le leur.

Le suicide avec préméditation est traîné sur la claie et attaché au gibet, près du village où il s'est donné la mort. L'officier de justice fait la description de ses biens, et fait faire, par les jurés et bons hommes du village, une enquête sur les motifs qui ont porté le défunt à s'ôter la vie. Cette enquête écrite est présentée au prince, qui délibère *avec ses sages* sur l'emploi qu'il doit faire des biens du suicidé.

L'article des ordonnances criminelles qui traite des querelles, des rixes sanglantes et des blessures ou mutilations dont elles sont la cause, est un des plus importants du code pénal des Sardes, et un des mieux calculés sur leurs habitudes, leurs passions et leurs mœurs. Il a encore, comme il y a quatre cents ans, son application journalière.

Si un homme est convaincu d'en avoir blessé un autre avec un instrument de fer, avec un bâton, avec une pierre, avec la main, ou de toute autre manière, et que le coup ait fait sortir du sang, mais sans qu'il en ait résulté la perte d'un membre, il paie à l'État, quinze jours après l'action, pour la blessure qu'a faite l'instrument de fer, vingt-cinq livres, et, à défaut de paiement, il est fustigé en place publique; pour la blessure faite par le bâton, par une pierre, ou de toute autre façon, sans qu'il en soit sorti du sang, il paie quinze livres, et, faute de paiement sous quinzaine, il est fustigé. Si la blessure a été reçue au visage, et qu'elle ait produit un signe ou accident visible, il paie, dans ce cas, cinquante livres, dans la quinzaine après son jugement. S'il ne paie pas, on lui fait, par forme de talion, un signe ou une marque semblable, au même endroit. S'il ne sort pas de sang de la blessure produite par le fer, par le bâton, par la pierre, ou autrement, le coupable paie une amende de cinq à dix livres, réglée suivant la qualité de la personne offensée, celle de l'offenseur, et le mode de l'offense. Le défaut de paiement sous quinzaine entraîne, dans ce cas encore, la fustigation. Quand l'accident est involontaire, celui qui en est l'auteur est arbitralement jugé par une commission de *bons hommes*. Si la personne blessée a, par l'effet de sa blessure, perdu un membre, qui ait été séparé de son corps, on ôte au coupable le même membre, et cette peine n'est rachetable à aucun prix. Si c'est une des parties principales du corps, dont l'usage ait été seulement affaibli ou altéré, le coupable paie une amende dont le *minimum* est de cent livres, à la discrétion de la commission des *bons hommes*, et sans aucune miséricorde (*senza misericordia alcuna*).

Si un homme a blessé son adversaire en se défendant, et qu'il en donne la preuve, il n'est passible d'aucune peine.

Quand une personne, quelle qu'elle soit, en a frappé une autre au visage, lui a arraché les cheveux, lui a porté les mains sur la poitrine, et l'a jetée à terre, autrement que pour sa légitime défense, sans qu'il y ait eu pourtant effusion de sang, elle paie une amende proportionnée à la qualité des personnes, laquelle peut être portée, d'après la nature des circonstances, *de trois à six livres*. Si c'est un homme qui traite de cette façon ou sa femme, ou son petit-fils, ou son frère, ou sa sœur, ou son neveu, ou un apprenti, toutes personnes avec lesquelles il peut se conduire ainsi, et qu'il a le droit de châtier, il n'y a lieu, dans ce cas particulier, à aucune punition légale. Il en est de même des tuteurs et curateurs, qui, dans les châtiments qu'ils infligent aux mineurs dont le soin leur est confié, useraient du droit qu'ils ont de les frapper, pourvu qu'il n'en résulte pas de dommages graves.

L'ordonnance finit par inviter les personnes engagées dans des rixes qui entraînent des condamnations pécuniaires, à chercher plutôt des moyens de conciliation, et, dans le cas où les parties se présenteraient devant le juge ordinaire du canton pour déclarer qu'elles font la paix, l'autorité remet à l'offenseur une partie de l'amende, et pardonne pour l'amour de Dieu (*pro amori de Deus*).

La peine du talion, portée par cette ordonnance criminelle, appartenait aux mœurs du temps où elle parut. La session des cortès, de 1593, qui s'est occupée de la réforme du code pénal, a substitué à la peine du talion, dans le cas d'une blessure à la face qui aurait laissé une marque visible, celle de *la main droite clouée*, en place publique. Dans les autres cas plus graves encore, elle y a ajouté la peine de cinq et dix ans de galères. Les pragmatiques royales postérieures ont ordonné, pour les blessures faites par une arme quelconque à la face ou ailleurs, d'où résulterait l'altération ou la perte d'un membre, outre les peines pécuniaires portées par la loi primitive, celle des galères à perpétuité, et quelquefois même, suivant la qualité des personnes et du délit, la peine de mort.

On a remarqué sans doute dans la nomenclature des personnes que le chef de famille sarde, investi par la loi de l'exercice d'une autorité si étendue et si brutale dans son intérieur, a le droit de battre à son gré et comme il l'entend (*acconzadamenti*). l'omission du fils, tandis que le petit-fils, la femme, le frère, et tous les autres parents, sont nominativement désignés. Cette circonstance singulière a donné lieu aux commentateurs de la *carta de Logu* de faire à ce sujet des recherches et des observations, qui ne sont pas sans intérêt, mais qui seraient déplacées ici.

Il paraît, au premier coup d'œil, que les peines pécuniaires portées par le code pénal sarde étaient très faibles, et qu'on pouvait satisfaire à bien bon marché, puisqu'il ne s'agissait que d'une amende de *trois à six livres*, l'envie de jeter par terre un homme que l'on n'aimait pas, et de lui arracher les cheveux. Mais on ne doit pas oublier que la valeur relative de l'argent, à la fin du quatorzième siècle, était de beaucoup supérieure à celle de la monnaie de notre temps. Un grand nombre de documents prouvent qu'à l'époque où vivait *Eléonore*, le système monétaire de la Sardaigne était analogue à celui de l'Empire et de l'Italie. C'était le sequin ou florin d'or, qui faisait la base de tous les comptes. Le chevalier *Mameli* a prouvé dans une dissertation ingénieuse que la livre d'Arborée, à la fin du quatorzième siècle, correspondait à environ six francs de notre monnaie. Du reste, la méthode du tarif des peines pécuniaires a l'inconvénient de faire manquer au législateur, après un certain temps écoulé, le but qu'il se proposait. Mille causes changent la valeur de la monnaie, dit *Montesquieu*, et avec la même dénomination on n'a plus la même chose. Il rappelle à ce sujet l'histoire de cet impertinent de Rome, qui donnait des soufflets à tous ceux qu'il rencontrait, et leur faisait présenter les vingt-cinq sous de la loi des Douze Tables.

Le reste du premier titre des ordonnances renferme les dispositions législatives qui ont pour but de garantir la sûreté individuelle.

Si une personne en attaque une autre, occupée, ou dans sa maison, ou dans son champ, ou dans sa vigne, à vaquer au soin de ses affaires, elle paie, en sus des peines pécuniaires fixées par les ordonnances, un supplément d'amendes graduées suivant la gravité du cas.

Ce titre de la charte se termine par les mesures de répression ordonnées contre le brigandage et le vol sur la voie publique. Tout coupable, convaincu d'un de ces crimes, est pendu à la place même où il l'a commis. S'il a volé hors de la voie publique, c'est-à-dire dans le village ou dans les lieux cultivés, les habitants du village où le vol a été commis sont tenus d'arrêter le voleur, et de le mener à la prison du tribunal. S'il est convaincu, il paie, sous quinzaine, une amende de deux cents livres. S'il ne paie pas, ou ne trouve pas un homme qui paie pour lui, il est pendu. Si les hommes du village ne l'arrêtent pas, le village de premier ordre paie cinquante livres, celui de second ordre vingt-cinq livres, et la personne volée est indemnisée par la commune, qui n'en est pas moins tenue de dénoncer le voleur au tribunal du canton, dans le délai de quinze jours. Le coupable est banni. Si par la suite il vient à être arrêté, il paie l'amende fixée pour les vols commis hors de la voie publique, quand c'est la peine qu'il a encourue. En cas de non-paiement, il est exécuté, et ses biens sont confisqués, sauf les réserves en faveur des femmes.

A défaut de témoins, les officiers de justice procèdent par voie d'enquêtes. Si ces officiers ne s'aident pas, et ne se prêtent pas main-forte dans l'exercice de leurs fonctions, ils sont, comme les communes, sujets à l'amende.

CHAPITRE XLVI.

Des ordonnances sur l'incendie prémédité et sur le vol. — Des peines infligées aux auteurs de ces crimes. — De l'esprit du législateur en rendant les communes responsables de la découverte et de l'arrestation des malfaiteurs. — De la classification du rapt et du viol dans la catégorie du vol.

Les ordonnances dont se compose le 1ᵉʳ titre de la *carta de Logu* prescrivent et règlent les peines contre les attentats à la sûreté des personnes. Les titres suivants ont pour but la sûreté de la chose, et la conservation des propriétés; ils sont relatifs à l'incendie et au vol.

La matière du vol a particulièrement occupé l'attention du législateur, et les ordonnances qui le concernent, et dont toutes les dispositions sont appropriées aux localités, ne sont pas la partie la moins caractéristique du code sarde. Toutes les espèces de vols sont prévues, et les peines nombreuses et sévères. C'est dans ces ordonnances qu'on voit reparaître à chaque instant, et sous toutes les formes, ces hideuses mutilations, dont on a déjà dit que la multiplicité était si choquante, bien qu'elle ne fût qu'une imitation de ce qui se pratiquait partout à cette époque, et qu'on pût se croire autorisé par l'exemple d'un saint roi à ne pas regarder ce genre de châtiment comme trop inhumain. Les mutilations sont prescrites par les ordonnances de Louis IX, et c'est là que les législateurs sardes ont pu apprendre dans quel cas il convenait de faire couper une oreille, une main, ou un pied.

Si ces mutilations eussent été toujours exécutées dans les cas où les condamnés pouvaient encourir cette peine, la population sarde eût fini par ressembler à celle de la ville de Saint-Jean-d'Acre, où l'on ne voyait pas, dit-on, un seul des sujets du fameux *Dgezzar-Pacha*, qui jouît de la totalité de ses membres. Mais ces peines corporelles n'étaient guère qu'un moyen de contrainte pour l'exécution des peines pécuniaires, et elles n'étaient appliquées qu'à défaut de paiement des amendes. Aussi toutes ces affreuses amputations étaient-elles beaucoup plus rares qu'on ne le pense. Il fallait en effet qu'un homme fût bien dénué de toute espèce de ressources, pour se laisser mutiler faute d'une somme d'argent, qu'il pouvait presque toujours réussir à se procurer.

Les incendiaires étaient punis originairement, suivant la lettre de l'ordonnance, avec une extrême rigueur. Le principe de la loi du talion y dominait. Toute personne convaincue d'avoir mis le feu sciemment et avec préméditation à une maison habitée, que la maison eût été incendiée ou non, était attachée à un poteau, et brûlée. Les cortès de 1593 ont substitué au supplice du feu la simple peine de mort, dans le cas où la maison serait habitée, et celle des galères perpétuelles, dans le cas où elle ne le serait pas. Les jurés et autres habitants du village où le délit a été commis, sont tenus d'arrêter les coupables, sans quoi la commune paie une amende proportionnée à son importance. Les incendiés sont indemnisés de leurs pertes sur les biens des condamnés, jusqu'à concurrence de la valeur.

Ceux qui mettent le feu à des blés sur pied ou récoltés, ou à une vigne, ou à un jardin, paient, outre une amende de cinquante livres, les dommages estimés. A défaut de paiement, on leur coupe la main droite. Les jurés sont responsables de l'arrestation des coupables. Quand le feu a été mis dans un village ou sur son territoire, et qu'il en résulte des pertes, *le curateur*, ou officier public, doit, avec l'assistance *des meilleurs hommes* du village, dresser un tableau d'évaluation des pertes, et le présenter dans la quinzaine, sous peine de payer l'amende.

Les curateurs et les jurés sont tenus de veiller à ce qu'il ne soit pas commis de vol dans leur village, et de faire à cet effet une visite domiciliaire, chaque mois, dans les lieux suspects, et deux dans les maisons des marchands et négocians.

On n'avait pas en Sardaigne, du temps d'*Éléonore*, une très grande idée de la considération et de la liberté dont l'industrie commerciale doit jouir pour prospérer, et ces mesures n'étaient pas propres à l'encourager beaucoup; mais les marchands et négociants, dont il s'agit ici, ne portaient guère leurs spéculations au-delà du débit des choses nécessaires à la vie, et de la vente ou de l'achat des peaux d'animaux. On les soupçonnait fort, et peut-être avec raison, de faire le métier de recéleurs de vols, pour se procurer leurs marchandises au meilleur marché possible.

Les peaux et les cuirs formant la principale branche du commerce de la Sardaigne, les curateurs et jurés ont ordre de porter expressément leur attention sur les délits qui peuvent y avoir *rapport*, et d'en faire un des principaux objets de leurs recherches domiciliaires.

Toute personne convaincue d'avoir volé du blé sur pied ou récolté, des chevaux, des juments, des vaches, des ânes, des brebis, des porcs ou des chèvres, est condamnée à une amende proportionnelle, et à défaut de paiement, on lui coupe une oreille. En cas de récidive, on lui coupe l'autre oreille. Prise une troisième fois en défaut, elle est pendue.

Le voleur de ruches d'abeilles paie une amende, et en cas de non-paiement, il perd une oreille. Ce genre de délit étant devenu très fréquent, les cortès de 1586 et les pragmatiques royales en ont aggravé le châtiment, outre le maintien des amendes. Celui qui a volé depuis une jusqu'à cinq ruches est fouetté et marqué, et envoyé aux galères pour sept ans.

Les faussaires, ceux qui contrefont des pièces, ou s'en servent les sachant fausses, et produisent en justice ou autrement des écritures ou signatures falsifiées, étant considérés comme voleurs, sont traités et punis comme tels. Les notaires ou autres officiers publics, complices du faux, sont frappés d'une amende de cent livres; et originairement, quand ils n'avaient pas payé dans l'espace d'un mois, on leur coupait la main droite. Les ordonnances postérieures ont appliqué à ce cas spécial les lois et dispositions du droit commun.

Les communes sont responsables des délits commis sur leur territoire contre la propriété. Le but du fondateur de l'institution qui leur impose cette responsabilité, a été d'intéresser tous ceux qui en font partie à la répression des délits dont l'objet serait de l'attaquer ou de la violer. La population des villages étant très circonscrite, les habitants se voient tous les jours, connaissent réciproquement leurs habitudes, leurs passions et leurs vices, et sont par conséquent à portée de se surveiller les uns les autres. Comme ils ne pourraient pas exercer cette surveillance de tous les instants, sans préjudice pour leurs occupations ordinaires et pour leurs intérêts, cet office est délégué aux jurés, qui sont censés les hommes les mieux famés d'entre eux, et qu'on doit supposer dignes de leur confiance. Lorsque les jurés, qui sont chargés de découvrir et d'arrêter les auteurs des délits publics, et qui représentent dans cet office la commune entière, manquent d'activité ou d'adresse, et laissent échapper le coupable, ils sont soumis, en punition de leur négligence, au paiement d'une amende personnelle. La commune, dans tous les cas, paie la valeur estimative du dommage.

Telles sont les dispositions expresses d'une des ordonnances de la charte, qui a établi la jurisprudence sur cette matière. Dans un cas particulier cependant, la commune jouit de l'immunité, et le dommage est entièrement à la charge des jurés négligents ou maladroits. C'est dans le cas où un malfaiteur arracherait furtivement la vigne ou le verger d'autrui. Le coupable convaincu est condamné à une amende proportionnelle, et à la réparation du dommage. Faute de paiement, on lui coupe la main droite, et il reste en prison jusqu'à ce qu'il se soit acquitté. Si les jurés n'ont pas réussi à l'arrêter, ou l'ont laissé échapper, ils paient, outre l'amende, l'indemnisation du dommage que le délit a occasioné.

L'auteur d'un vol avec effraction est, dit la charte, pendu par le cou (*impiccadu peri sa gula*). Le dommage est payé sur son bien ; si les jurés ne l'ont pas pris, c'est la commune qui en est chargée, ainsi qu'eux, jusqu'à concurrence de la valeur, indépendamment d'une amende.

Le voleur de vases sacrés ou d'objets appartenant aux églises est puni, pour la première fois, d'une forte amende. S'il ne la paie pas dans l'espace d'un mois, on lui crève un œil. En cas de récidive, il est pendu. Les cortès de 1593 ont substitué à la peine de l'extirpation d'un œil, celle de l'amputation d'une oreille et de la fustigation, portée jusqu'à cent coups. Les pragmatiques ont réformé depuis cette dernière peine, qui n'était guère moins barbare que la première, et ont appliqué au voleur sacrilége les lois et dispositions du droit commun.

La charte, dont la rédaction ne prétend pas, comme on sait, à beaucoup d'ordre et de méthode, place, quelques lignes après le sacrilége, un délit d'une nature assurément bien différente ; elle inflige la peine d'une amende à celui qui aura volé un chien de chasse ; mais elle ne prescrit point, en ce cas, de punition corporelle. Dans un pays dont presque tous les habitants étaient chasseurs et vivaient de gibier, un chien de chasse était une propriété réelle ; et il n'est pas étonnant que le législateur ait décerné des peines contre ce genre de délit. La loi de *Gondebaud*, roi des Bourguignons, vulgairement appelée *la loi Gombette*, qui attachait probablement plus d'importance encore à la possession d'un chien de chasse, prononçait en ce cas une peine plus sévère, et surtout plus ignominieuse ; elle ordonnait que le voleur d'un chien de chasse, s'il était convaincu, fût tenu de payer au fisc et au propriétaire une indemnité et une amende, sous peine d'être obligé de donner à l'animal, en place publique, le plus immonde baiser [1].

Une des singularités distinctives du code sarde est la classification du viol et du rapt parmi les délits qualifiés de vol. L'énoncé des dispositions législatives en cette matière suffit pour faire juger des idées que les anciens Sardes s'étaient faites sur l'état des femmes dans la société, et sur les rapports mutuels des sexes.

L'homme qui a enlevé de force une femme mariée, ou non mariée, ou qui a usé de violence pour ôter à une jeune fille sa virginité (*isponxellarit alcuna virgini*), est tenu de payer, pour la femme mariée, cinq cents livres ; pour la femme non mariée, deux cents livres, ainsi que pour la

---

[1] Si quis canem veltrarium, aut segutium, præsumpserit involare, jubemus, ut convinctus quinque solidos illi, cujus canem involavit, exsolvere cogatur, aut coràm omni populo posteriora canis osculetur.

Cod. leg. antiq.

jeune fille qu'il a déshonorée. Il est obligé en outre, dans ces deux derniers cas, d'épouser la victime de sa brutalité, si elle veut bien le prendre pour mari. Si elle ne l'accepte pas, il doit lui fournir une dot convenable. Faute d'avoir satisfait à son devoir dans le délai de quinze jours, on lui coupe un pied.

Les cortès de 1593 et les pragmatiques royales ont remplacé l'horrible supplice de l'amputation du pied par la peine de dix ans de galères, ou même moins, suivant les circonstances du délit et la qualité des délinquants, outre le paiement de l'amende, et par celle de quinze ans de galères, dans le cas où la personne violée ne voudrait ni du coupable pour mari, ni de sa dot pour en épouser un autre.

Quand un homme est surpris dans la maison d'une femme mariée, où il est entré de force, et sans avoir abusé de cette femme (*e noll' happat hapida carnalimenti*), il est condamné à payer cent livres, et, faute d'avoir payé dans la quinzaine, on lui coupe une oreille. Si c'est par la volonté d'une femme mariée qu'un homme a été introduit chez elle, et qu'il y ait été surpris, la femme est publiquement fouettée, et dépouillée de tous ses biens propres et de tout ce qui provient de sa dot, lesquels biens restent à son mari, et non aux enfants qu'elle aurait eus de ce mari, ou d'un autre mariage antérieur, ni à aucun de ses parents, à moins que le mari qu'elle a trompé n'y consente. L'homme qui a été son complice n'encourt pas la même peine, mais seulement celle d'une amende de cent livres, dont le non-paiement sous quinzaine lui vaut l'amputation d'une oreille.

Cette loi ne s'applique pas aux prostituées, ni aux femmes mariées qui seraient surprises avec un homme dans un autre domicile que le leur. En pareil cas, l'amende de l'homme est réduite des trois quarts ; mais la femme subit toujours la peine du fouet.

Si un homme recueille dans sa maison et y garde publiquement une femme, mariée avec un autre, et qu'il refuse de la rendre au mari de cette femme, *qui la lui redemande*, il est condamné à une amende de cent livres, et, faute de paiement, à la perte d'une oreille. La femme encourt les peines prescrites dans les cas précédents.

Ces punitions, tant pécuniaires que corporelles, ont été depuis modifiées, comme n'étant plus en proportion avec la qualité du délit. On leur a substitué les peines portées par le droit commun, suivant les circonstances du fait, à la discrétion du juge.

Une ordonnance, qui se trouve singulièrement transposée, et jetée parmi celles dont se compose le code de procédure, prouve que l'état de concubinage avait obtenu autrefois en Sardaigne une sorte de reconnaissance légale. C'était peut-être une des nécessités du climat. Cette ordonnance porte qu'aucune femme, étant concubine d'un homme (*fanti de lettu*), et non son épouse, n'a le droit d'enlever quoi que ce soit, dans la maison qu'elle habite de moitié avec son amant, de ce qui appartiendrait en propre à ce dernier, sans son consentement, sous peine d'être considérée comme voleuse, et punie comme telle. Il en est de même de l'homme qui enleverait de l'habitation commune des effets de sa maîtresse, contre sa volonté.

Le code sarde a cru trouver un des moyens de prévenir les rixes et les vols, dans la défense faite, sous peine d'amende et de confiscation, de porter des armes les jours de fêtes et de cérémonies religieuses. Cette prohibition a été maintenue relativement aux armes à feu; mais la force de l'usage et des mœurs l'a emporté; il a bien fallu faire une exception en faveur des sabres et des poignards.

CHAPITRE XLVII.

De l'organisation du pouvoir judiciaire au temps d'*Éléonore*. — Des institutions et règlements de discipline des juges et tribunaux.—De l'instruction et de la procédure dans les causes criminelles et civiles. — Des ordonnances sur les forêts et bois, et sur le commerce des cuirs.

En continuant l'analyse succincte du code sarde, nous suivrons l'ordre de matières établi par ses auteurs eux-mêmes ; car chercher une disposition meilleure, ce serait aborder une difficulté devant laquelle ont reculé les commentateurs les plus laborieux.

Ces ordonnances sont trop nombreuses et trop diffuses pour les pouvoir mentionner toutes, même par leur titre. Il suffira de citer ce qui paraît être digne d'attention, ou remarquable soit par son originalité, soit par quelque particularité locale.

L'organisation du pouvoir judiciaire dans le judicat d'Arborée, à l'époque où parut la *carta de Logu*, est assurément dans ce cas.

L'ordre judiciaire n'est plus le même, à beaucoup près, en Sardaigne. Le système de gouvernement et d'administration des Espagnols, la nécessité de mettre toutes les institutions en harmonie, et l'esprit erfectionnement, si utile quand il ne s'égare pas, y ont introduit des améliorations et des abus, qui l'ont changé, dénaturé, ou qui du moins en ont fait autre chose.

En étudiant l'esprit de l'institution primitive du pouvoir judiciaire dans l'état d'Arborée, on voit que le monstre de la chicane, qui est devenu depuis le fléau de la Sardaigne, où il possède un de ses temples les mieux desservis, est moins ancien que la charte dans ce pays, et que c'est sous une autre influence qu'il y a fait son invasion.

Comme la *carta de Logu* parle fréquemment, surtout dans les ordonnances sur l'instruction et la procédure, des établissements judiciaires contemporains, il est bon de savoir quels étaient ces établissements, qu'a remplacés le système espagnol, continué depuis par le gouvernement piémontais, et duquel il sera question au chapitre des établissements actuels.

La charte désigne toujours les tribunaux sous le nom de *sa còrti* (la cour) et *sa corona* (la couronne). La dénomination de cour est assez connue; elle est admise partout. Celle de couronne, pour signifier un tribunal, est particulière à la Sardaigne. Elle ne veut dire autre chose qu'une assemblée de juges, et le nom du tribunal exprime la forme que donne à cette assemblée l'usage de ceux qui la composent, de s'asseoir en cercle.

Les *couronnes* dont parle la charte étaient diversement désignées, suivant les diverses espèces de ces tribunaux, et la nature de leurs attributions. Il y avait la *couronne d'auditeurs*, la *couronne de semaine des anciens*, dite aussi *couronne de Berruda*, la *couronne locale*, et la *couronne du port*.

Les *couronnes d'auditeurs* étaient les assemblées du tribunal suprême, ou de la chambre du prince, composée des *auditeurs* et des *sages*. Ces magistrats devaient tenir quatre couronnes, ou séances solennelles, dans le cours de l'année, les jours de saint Marc, de saint Pierre, de saint Nicolas, et le dimanche des Rameaux. La séance du jour de saint Pierre avait pour objet d'examiner si les élections des majors de justice et des jurés de chaque village avaient été faites dans les formes, et sans contravention aux lois. Dans les trois autres séances, la cour suprême recevait et contrôlait le tableau, que lui présentaient les juges ordinaires, des délits commis dans l'intervalle d'une séance à l'autre, et le rapport des causes jugées et des jugements rendus. La chambre devait être en outre informée de la conduite des juges inférieurs dans ce même espace de temps, et de la manière dont ils avaient rempli leurs offices.

On ne sait pas bien laquelle de ces quatre séances solennelles de la cour suprême était la première de l'année, par la raison qu'on ignore complètement quand l'année commençait dans le judicat d'Arborée, à la fin du quatorzième siècle. Les uns disent qu'elle commençait au premier janvier; d'autres disent au mois de mars. Il y a beaucoup plus de raisons de croire, d'après quelques documents existants, que c'était au mois de septembre.

Les *couronnes de semaine des anciens*, ou *couronnes de Berruda*, étaient les séances que devaient tenir chaque semaine, par tour de rôle, dans la ville d'Oristano, les juges ordinaires des villages, auxquels s'adjoignaient cinq jurisconsultes versés dans leur profession. On ne sait pas précisément quelles étaient les attributions de ce tribunal ; mais il est vraisemblable qu'elles consistaient à juger en appel au premier degré.

Les *couronnes locales* étaient les séances que tenaient en leur tribunal les juges ordinaires, assistés de cinq prud'hommes.

La *couronne du port* était une séance tenue et présidée par le major du port d'Oristano. Ce magistrat était une espèce d'édile, qui prononçait sur les controverses dépendantes du ressort de son office.

Plusieurs des ordonnances dont se compose le troisième titre de la *carta de Logu* ont pour objet de fixer le mode de donner les citations et assignations aux parties et aux prévenus, tant au civil qu'au criminel, par et près les divers tribunaux de l'État, dans tous les cas prévus en matière d'instruction et de procédure. Elles règlent aussi le paiement des droits et amendes, les obligations des plaideurs envers leurs juges, celles de ces derniers envers leurs supérieurs, la méthode d'instruction des causes criminelles, et les devoirs respectifs des magistrats et des justiciables dans la conduite, les frais et le jugement des procès.

Une de ces ordonnances porte que les écrivains (*jscrianos*), attachés aux tribunaux, et nécessairement agréés par eux et immatriculés, doivent écrire le dire et l'exposé des parties, et après avoir écrit tout ce qu'on leur a dicté, le lire à haute voix, de manière à être bien entendus des parties et des *loyaux juges*, qui auront à prononcer, d'après l'invitation et sous la présidence de l'*armentargiu* (grand berger), officier de judicature local délégué à cet effet.

Il n'est pas permis aux plaideurs d'avoir plus d'un conseil pour chacun d'eux.

Les tribunaux ne doivent pas donner aux plaideurs un défenseur d'office, attendu que chacun peut avec simplicité exposer lui-même ses raisons. Il n'est dû de défenseur d'office qu'aux églises, aux établissements religieux, aux veuves, aux orphelins, et aux pauvres étrangers et marchands qui déclareraient en avoir besoin.

Aucun avocat ou procureur ne peut être admis

à siéger comme juge ou comme adjoint dans aucune cour.

Il est interdit à tout auditeur, officier de justice ou notaire, de faire l'office d'avocat ou de procureur, pendant la durée de ses fonctions.

Tout homme prévenu de vol, ou de délit emportant peine afflictive, ne peut donner de pouvoir à qui que ce soit, et doit se présenter en personne.

Dans le cas d'accusation de vol, il n'est permis de soumettre à la question ordinaire que des hommes de mauvaise renommée, et connus pour malfaiteurs. Plusieurs sessions du parlement des cortès se sont occupées de cette disposition législative, et il en sera parlé à leur date.

En matière criminelle, celui qui est appelé au serment doit le prêter simplement entre les mains du président de la cour, et personne n'est plus admis au serment appelé croix de croyance *(grughi de credenza)*. Ce serment, fort usité dans les anciens tribunaux sardes, consiste à toucher la croix que forme celui devant qui on jure en plaçant son pouce sur son index. Les rédacteurs de la charte trouvèrent apparemment cette formule de serment un peu trop simple pour des cours de judicature, et ne voulurent pas qu'elle sortît des relations privées, où elle s'est maintenue.

Toute personne appelée en témoignage est tenue de prêter serment avant d'être entendue, nonobstant tout *bref* ou privilége, dont elle se prévaudrait. Ces priviléges étaient ceux qui avaient été accordés, en différentes circonstances, par la cour de Rome et par le gouvernement pisan.

Le faux témoin, convaincu de son parjure, est condamné à une forte amende, et, s'il ne la paie sous quinzaine, on lui passe un hameçon dans la langue; on le conduit, en le fouettant, jusqu'à un fumier, et là, on la lui coupe, et on le laisse aller en le déclarant infâme. Les pragmatiques ont depuis modifié la peine corporelle infligée au faux témoin en matière criminelle. Quand il a été faux témoin à charge, il subit la même peine qu'aurait encourue le prévenu, s'il eût été condamné; s'il a été témoin à décharge, il est condamné à une fustigation de cent coups, et à cinq années de galères.

Plusieurs ordonnances ont pour objet de déterminer les cas d'appel. Elles établissent deux degrés de juridiction, et ouvrent deux voies d'appel. La requête doit être faite par écrit, et déposée dans un délai de quinze jours. On ne peut appeler d'une sentence rendue pour une somme au-dessous de celle de cent sous.

Dans les cas graves, et dans les affaires épineuses, les tribunaux inférieurs doivent prendre l'avis des *sages*, qui composent la cour suprême, et leur soumettre leurs diverses manières de voir, au cas où il y aurait dissidence entre les juges qui ont eu à connaître de la cause, afin, dit l'ordonnance, qu'aucune portion du peuple ne soit, par ce fait, privée de la bonne administration de la justice, et que nul n'ait à souffrir, dans ses intérêts, de l'ignorance ou de l'indécision des juges. Le président du tribunal, qui a invoqué ce délibéré supérieur, en fait lecture, en *pleine couronne*, aux deux parties, pour lesquelles il est exécutoire, à moins qu'il n'intervienne appel.

La *carta de Logu* a confirmé en Sardaigne une institution judiciaire plus à la portée des usages et des besoins journaliers du peuple, institution dont le pays jouissait déjà avant elle, et qui s'est conservée jusqu'à nos jours, mais, comme beaucoup d'autres choses, en se détériorant. C'est l'établissement des *majors de justice,* magistrats de village, jouissant d'une petite juridiction locale. Le major de justice, qui est aussi le chef des jurés, a reçu de la loi l'honorable mission de terminer à l'amiable les contestations qui peuvent s'élever entre les habitants, et sur lesquelles il a le droit de prononcer, quand il ne s'agit que d'objets ou de sommes de peu d'importance. Il dresse les procès-verbaux et les actes d'urgence, et commence même quelquefois une instruction ou une procédure, en cas d'absence ou d'empêchement des juges ordinaires. En un mot, l'office du major de justice sarde répond à peu près aux fonctions de nos juges de paix.

Les mesures qui ont pour objet de régler la jurisprudence de l'état civil, les transactions sociales, et le système de mutation et de conservation des propriétés, sont éparses et jetées pêle mêle au milieu de celles qui composent le code d'instruction et de procédure, et quelques-unes même, par une bizarrerie que personne n'explique, sont comme perdues parmi les ordonnances des forêts.

Quelques-unes de ces ordonnances déterminent le temps légal pour acquérir la prescription. Elle est acquise, au bout de cinquante ans, à toute personne qui aurait joui, en vertu d'un titre, de quelque possession provenant de l'État ; au bout de quarante ans pour un bien d'église ; après trente ans pour une propriété particulière. Si la restitution n'a pas été réclamée et le titre attaqué, la légitime et définitive possession est déclarée, sans qu'aucune nouvelle réclamation puisse être admise. La prescription n'est que de trois ans pour les effets mobiliers, dans les mêmes cas et aux mêmes conditions.

Les cortès de 1575 et les pragmatiques ont corrigé, modifié et complété ces dispositions.

Les testaments sont reçus, dans les villes et villages, non-seulement par les notaires, mais par les curés, et par tout écrivain agréé comme tel par l'autorité, pourvu qu'il soit assisté de cinq témoins.

Il était expressément et sévèrement interdit, par la *carta de Logu*, aux époux qui auraient des parents en ligne ascendante ou descendante, de se faire des donations sur leurs biens propres ou sur leur dot, d'une somme de plus de *dix livres*, quelle que fût leur fortune.

Cet article des ordonnances a été réformé et changé par diverses sessions du parlement des cortès, qui ont introduit dans cette matière, autant que possible, le droit commun, mais toujours dans le principe et dans l'intérêt de la conservation de la dot. Beaucoup d'autres dispositions sur le régime dotal, qui étaient, dit M. *Mameli*, trop favorables *à l'avarice des maris*, ont été postérieurement mises un peu mieux d'accord avec les convenances, le bon sens et les mœurs.

Aucune partie de la charte sarde ne présente plus de confusion que le titre qui comprend les *ordonnances sur les forêts*. D'abord, il ne faut pas croire qu'il y soit question le moins du monde de l'aménagement des bois; c'est un art qui était inconnu à cette époque, et on en laissait le soin à la nature. Ce prétendu code des forêts se compose de quelques ordonnances sur la chasse des grands animaux ou bêtes fauves, sur le port d'armes, sur la pêche, et sur les redevances des paysans en gibier. La série n'en est interrompue que par quelques dispositions administratives et pénales sur les mesures de superficie ou de capacité, et par des règlements de police sur la monture des *hommes libres à cheval (lieros de cavallu)* ¹.

Il était d'usage en Sardaigne dans les temps passés, et cet usage s'est conservé dans quelques grands fiefs, de faire des chasses générales, plusieurs fois pendant l'année, à des époques périodiques. Ces grandes chasses étaient dirigées contre les sangliers, les cerfs, les daims et les mouflons, tous animaux qui y abondaient alors, et même encore aujourd'hui, mais à l'exception des derniers, devenus beaucoup plus rares. Autrefois les *curateurs* des villages, qui avaient des bois ou des forêts dans leur arrondissement, pouvaient, quand bon leur semblait, exiger de chacun des habitants, possesseur d'un cheval, de se rendre à ces chasses, pour les approvisionner de gibier. Le code des forêts réduit ces corvées du curateur à une fois par an. Le nombre n'en avait pas été fixé, dans le cas où il s'agissait du seigneur de village. Il fut aussi fixé à une par an, même dans ce cas, par les cortès de 1678.

Tout chasseur était tenu, sous peine d'amende, d'apporter sa chasse au lieu qui avait été assigné.

Un article des ordonnances sur la chasse inter-

---

¹ La charte entend ici par hommes libres ceux qui ne sont pas en état de domesticité, c'est-à-dire *les maîtres*, les seuls qui fussent admis au service personnel de la cavalerie champêtre.

dit à ceux qui chassent dans les forêts de l'État, d'y paraître avec d'autres armes que des javelots ferrés, des couteaux et des épées. Si on les surprenait avec une autre arme, elle était confisquée, et ils payaient une amende de dix *brebis* et d'un *bœuf*. On s'imagine bien que ce n'était pas avec un petit troupeau de onze animaux, qu'on acquittait l'amende infligée pour un délit aussi peu important. Les bœufs et les brebis n'étaient autre chose que des monnaies du temps, dont la dénomination venait de la figure qui y était représentée.

Cet article donne lieu de penser que les seigneurs sardes, indépendamment peut-être des motifs de précaution et de sûreté, avaient voulu se réserver le plaisir de chasser avec des armes à feu, qui étaient un moyen de destruction plus rapide et moins commun. Quoique la découverte de la poudre soit antérieure à l'année 1330, il est probable que son usage n'était pas encore très répandu en Sardaigne à la fin du quatorzième siècle.

Une des ordonnances défend, sous peine d'emprisonnement, d'enlever de leurs nids les autours et les faucons.

On doit juger par ces mesures préservatrices d'*Eléonore* en faveur des familles d'autours et de faucons, qu'elle avait du goût pour l'espèce de chasse qu'on fait à l'aide de ces animaux¹. C'était en effet, comme on sait, le divertissement favori des princesses et des dames d'un rang élevé.

La sollicitude de la législatrice des Sardes s'est exercée sur un objet qui était plus digne de son attention que les nids de faucons, et qui est devenu par elle une institution nationale d'un caractère particulier. Il s'agit de cette garde champêtre à cheval, qui, dans plusieurs circonstances, a eu l'avantage de présenter subitement, et d'opposer au danger de l'invasion, une grande partie de la population armée, et une cavalerie improvisée. Les ordonnances d'*Eléonore* règlent l'organisation de ces hommes à cheval; le mode d'achat, de vente, et d'échange des chevaux qu'ils doivent posséder en propre, et l'obligation qui leur est imposée de se rendre avec leur monture, et jamais avec celle d'un autre, aux revues périodiques, d'y paraître complétement armés et équipés à la sarde, de manière à pouvoir satisfaire aux réquisitions de

¹ Tous ces oiseaux chasseurs, moins ménagés depuis en Sardaigne que du temps d'*Éléonore*, en ont entièrement disparu. Ils y étaient autrefois fort nombreux, et une des îles adjacentes s'appelait l'*Ile des Faucons*. M. Mameli dit qu'on serait tenté de croire qu'ils se sont piqués de la préférence qu'on a donnée sur eux aux armes à feu, dans l'exercice de la chasse. Il n'y a pas d'apparence que l'amour-propre des faucons ait été aussi susceptible. Il est plus probable que, continuellement persécutés dans une île dont les habitants, presque tous armés de fusils, ne respectaient pas même les chasseurs du temps passé, ils ont cherché un asile plus sûr et une retraite plus tranquille dans l'intérieur de l'Afrique.

service, et de ne jamais monter que des chevaux entiers, réputés plus vifs et plus vigoureux.

Les *ordonnances des cuirs*, car c'est la qualification qu'elles portent dans l'original de la *carta de Logu*, roulent sur la distinction légale entre les diverses qualités de peaux d'animaux, sur la marque obligatoire des cuirs de toutes les sortes, et sur les règles et la police de ce genre de commerce, qui ne laissait pas d'être dans ce temps, et qui est encore aujourd'hui une branche de commerce assez importante pour le pays.

CHAPITRE XLVIII.

Des ordonnances ayant pour objet la garde des propriétés rurales.—Mesures prescrites contre les animaux destructeurs ou malfaisants. — Peine de la mutilation appliquée aux ânes. — Fonctions et émoluments des notaires. — Tarif de leurs salaires, et de ceux des auditeurs et des écrivains. — Peines contre le blasphème.

On ne saurait mieux donner l'idée du désordre et de la confusion qui règnent dans le classement des ordonnances dont se compose la *carta de Logu*, qu'en disant que des deux parties dont il va être parlé dans ce chapitre, l'une, qui est intitulée *Ordonnances pour la garde des récoltes*, prescrit les mesures à prendre pour la clôture des propriétés rurales, règle la périodicité des assemblées de curateurs et de juges de village, et détermine les fonctions des notaires, et l'autre, qui est intitulée *Ordonnances des salaires*, donne en même temps le tarif de ceux des auditeurs, des notaires et des écrivains, fixe les époques et la durée des vacances et jours fériés, porte des peines contre le blasphème, punit correctionnellement les fabricants de charrues maladroits, et prévoit le cas où l'on peut tuer les chiens malfaisants.

Le major et les jurés de village doivent s'assurer par eux-mêmes que les vignes et les vergers sont bien clos et fermés de haies. Quand les animaux susceptibles de faire des dégâts, comme les bœufs, les chevaux, les vaches, les ânes et les chèvres, se sont introduits dans les propriétés rurales ainsi fermées, la loi précise les circonstances où le propriétaire de ces bestiaux doit payer simplement le dommage qu'ils ont causé, et celles où il est permis de tuer, soit un, soit plusieurs individus, s'ils sont en troupe.

Les propriétaires des porcs sont tenus de leur appliquer une espèce de collier triangulaire formé de deux morceaux de bois, dont la dimension est fixée, pour les empêcher de pénétrer dans les haies de clôture. Si la force et l'avidité de l'animal le font triompher de ces obstacles, il est mis à mort sans miséricorde.

Il est des cas où, non-seulement les bœufs et vaches sauvages, c'est-à-dire ceux qui ne vivent que dans les pâturages et n'entrent jamais à l'étable, mais même les bœufs et vaches domestiques, peuvent être tués légalement, quand ils sont pris en maraude. Les ânes, atteints et convaincus du même délit, ce qui ne leur arrive guère moins souvent, sont traités avec plus d'humanité. On les assimile en pareil cas à des voleurs d'une condition plus relevée. La première fois qu'on trouve un âne dans un champ cultivé, qui n'est pas celui de son maître, on lui coupe une oreille. La récidive lui fait couper la seconde. Pris une troisième fois en flagrant délit, le coupable n'est pas pendu, comme ceux de l'autre espèce, mais il est dûment confisqué au profit du prince, dont il va immédiatement grossir le troupeau [1].

Parmi les ordonnances de ce titre qui spécifient les cas où les dommages causés par les bestiaux et les troupeaux sont à la charge de leurs propriétaires ou de ceux qui les gardent, il s'en trouve une qui prescrit les époques et le mode de formation des assemblées d'officiers de judicature appelés à venir faire dans la capitale ce qu'on nommait *la semaine de Berruda* [2], dont on a fait connaître plus haut la destination et l'objet.

[1] On ne doit pas s'étonner de la considération et de la partialité avec lesquelles les Sardes traitent ces animaux utiles, qui sont les compagnons de leurs travaux, et qui, sous la direction de leurs femmes et de leurs filles, attelés à ces petits moulins dont chaque famille est pourvue, marchent d'un pas lent, mais uniforme et imperturbable, broient leur blé, et leur donnent cette farine dont ils font le plus beau pain de l'Europe. *Columelle* dit que c'était de son temps la principale fonction des ânes. Ils ont conservé en Sardaigne, de père en fils, leur ancien métier. On y appelle ces ouvriers infatigables, des meuniers (*molentis*).

[2] On sait à peu près aujourd'hui ce que c'était que la *couronne* ou *semaine de Berruda*, mais on ignore d'où vient ce nom, et on ne peut faire à ce sujet que des conjectures. On appelle *Berrudu* un dard quadrangulaire, qui surmonte un long bâton que portent ordinairement les paysans de la plaine. On peut supposer que, du temps d'*Éléonore*, cette espèce d'arme était le signe distinctif des officiers de judicature, et que de là est venu le nom de *Berruda* donné à leurs assemblées périodiques.

L'ordonnance suivante passe aux notaires, et leur enjoint d'avoir des registres, qui ne peuvent pas être de moins de quinze feuilles, pour y inscrire les minutes des contrats, testaments, inventaires, ventes à l'encan, et autres actes dépendants de leurs attributions.

Ce que nous nommons chez nous une *étude* s'appelle en Sardaigne, et de temps immémorial, une *boutique*. La loi ordonne aux notaires d'avoir toujours leur boutique ouverte. Loin que cette profession fût avilie par une telle dénomination, elle était au contraire estimée et recherchée, et même elle était asez fréquemment exercée par des personnes appartenant à l'ordre de la noblesse. Ce n'est que dans ces derniers temps que l'incroyable multiplicité des notaires a déconsidéré cet état.

Après le titre de *la garde des récoltes*, qui se termine par l'organisation du notariat, vient le titre *des salaires*, dont le premier article fixe ceux des auditeurs, des notaires et des écrivains.

Les auditeurs, c'est-à-dire les membres de l'audience du prince, ou tribunal suprême, doivent percevoir, à titres d'honoraires, sur les affaires qui passent par leurs mains, le droit d'un sou pour livre.

Le tarif des émoluments et droits des notaires ne donne pas une grande idée de ce que devait rapporter annuellement, au temps d'*Eléonore*, une étude ou une boutique de ce genre. Les procès, les frais et les besoins, ont sans doute fort augmenté depuis, et la boutique d'un notaire sarde n'est pas aujourd'hui trop en arrière d'une étude des autres pays; mais on sera peut-être curieux de voir relater quelques prix d'actes, du tarif de 1395, quand ce ne serait que pour le plaisir de comparer les époques et de faire quelques rapprochements.

La minute d'un testament se payait de cinq à dix sous; celle d'un contrat de mariage, le même prix; celle d'une vente à l'encan quatre deniers; la copie de ce dernier acte, suivant la qualité de la vente et de la personne, depuis vingt sous jusqu'à quarante; la minute d'une procuration, dans la boutique, un sou; hors de la boutique, deux sous; la copie, depuis trois sous jusqu'à six.

Les écrivains étaient payés de leurs actes, droits et copies, suivant un tarif proportionné à celui des notaires. Les uns et les autres s'aperçurent bientôt qu'il y avait mille moyens d'éluder la rigueur des taxes légales, et de se dédommager amplement, par des interprétations et des extensions, de ce que la lettre des ordonnances leur avait refusé. Les choses se sont passées de même dans beaucoup d'autres pays.

La nomenclature des jours fériés et des temps de vacances, pendant lesquels les couronnes et tribunaux ne tiennent pas de séances, commence par l'indication de la vendange, dont l'ouverture est le 8 septembre, et elle finit par celle des vacances de la moisson, lesquelles durent depuis le 15 juin jusqu'au 15 juillet. Cette circonstance est une de celles dont on a tiré l'induction que l'année commençait dans les états d'Arborée, du temps d'*Eléonore*, au 1ᵉʳ septembre. Il est vraisemblable, en effet, qu'en donnant la liste des fêtes qui devaient se célébrer dans le cours de l'année, on a d'abord nommé celle qui tombait la première, pour finir par celle qui la terminait.

C'est entre deux ordonnances, dont l'une condamne à un dédommagement estimatif le voiturier qui falsifie et dénature, soit du vin, soit toute autre marchandise, et dont l'autre fait payer une indemnité par le charpentier maladroit ou trompeur qui a livré une charrette ou une charrue dont la mauvaise confection aurait occasioné des accidents ou des pertes, que se trouve placée, dans ce titre, l'ordonnance qui punit le blasphème.

Toute personne, de quelque condition qu'elle soit, qui a blasphémé le saint nom de Dieu, ou de la Vierge Marie, est condamné à une amende de cinquante livres; et faute de paiement, sous quinzaine, on lui passe un hameçon dans la langue et on la lui coupe. Le blasphémateur contre un saint ou une sainte n'est condamné qu'à la moitié de l'amende; mais s'il ne la paie dans le délai prescrit, on lui perce aussi la langue, et il est publiquement fustigé sur le lieu du délit, *sans qu'il puisse lui être fait autre chose*, dit expressément l'ordonnance.

Le roi *saint Louis*, qui avait, comme la princesse *Eléonore*, le blasphême en horreur, avait aussi décerné contre ce genre de délit des peines très rigoureuses. Un habitant de Paris, qu'il avait entendu blasphémer, fut condamné à avoir les lèvres percées avec un fer rouge. Plus tard, il prescrivit contre le blasphémateur le supplice de la mutilation d'un membre. Il finit par se relâcher de tant de sévérité, et se contenta de frapper les blasphémateurs par des peines pécuniaires. C'est le parti que prirent aussi les pragmatiques sardes, en y ajoutant les galères dans les cas graves. La législation anglaise, si souvent cruelle, s'en est tenue également aux amendes. Un statut, passé sous *Jacques I*ᵉʳ, porte que si, dans quelques jeux publics ou spectacles, on prononce par raillerie le nom de la sainte Trinité, ou d'une des trois personnes qui la composent, le coupable paiera dix livres sterlings d'amende, moitié pour le roi, et l'autre moitié pour le dénonciateur.

A l'ordonnance suivante, qui enjoint à chaque curateur de se pourvoir, à ses frais, d'une copie de la *carta de Logu*, faite sur l'original, par les écrivains de la chambre du prince, en succède une autre, qui désigne les divers cas où les chiens trouvés à la poursuite des troupeaux auxquels ils sont étrangers doivent faire condamner à une amende leurs maîtres, qui n'auraient pas su les retenir, ou être tués sur la place, comme animaux malfaisants.

Une autre ordonnance de ce titre porte une disposition réglementaire sur les transactions relatives à la vente ou à la location des chevaux de trait, et spécifie les questions qui doivent être résolues par l'arbitrage des *bons hommes*.

CHAPITRE XLIX.

Ordonnances et règlements du juge *Mariano*, antérieurs à la *carta de Logu*, et formant le code des campagnes. — Idée première, due à ce juge, de l'institution des gardes-champêtres organisés en corps, laquelle était particulière à la Sardaigne. — Peines portées contre les injures et les propos offensants. — Désignation de ces propos et injures, et des peines correspondantes.

Les deux derniers titres de la *carta de Logu*, c'est-à-dire la neuvième et la dixième parties, qui la terminent, passent pour être entièrement l'ouvrage du juge *Mariano*, père d'*Eléonore*. Cela est incontestable pour le neuvième titre, qui est le code rural, et que son auteur a fait précéder d'un préambule où, parlant en son nom, il en fait connaître l'esprit et le but. On n'a pas la même certitude pour le dernier titre, qui comprend les ordonnances sur les métairies, sur la location des troupeaux, et sur les injures et propos offensants. On a même des raisons de croire que, s'il n'est tout entier d'*Eléonore*, elle a du moins placé, dans cette ébauche législative de son père, des intercalations nombreuses, et plusieurs de ces corrections qu'elle trouvait nécessitées, disait-elle, par la marche des événements, et par les changements survenus dans la condition des hommes. Mais ces recherches sont tout-à-fait sans importance pour les étrangers, et n'ont même pas beaucoup d'intérêt pour les gens du pays.

Le juge *Mariano* déclare, dans son préambule, que, « touché des plaintes continuelles qui lui parviennent sur le peu de soin qu'on porte, dans toutes les parties de ses domaines, à la garde et à la conservation des propriétés rurales et des troupeaux, désirant assurer à ses fidèles sujets des campagnes les moyens de ne pas perdre le fruit de leurs travaux, il publie ces règlements dans la vue de l'intérêt commun et du bien de son peuple, afin que, par leur exacte observation, les vignes, les vergers et les champs soient mieux gardés, et par conséquent mieux cultivés, que les bestiaux soient mieux gouvernés et mieux tenus, et qu'enfin les propriétaires et cultivateurs soient plus contents de leur état, plus tranquilles et plus heureux. »

Plusieurs dispositions du code rural de *Mariano* font voir qu'il avait apporté une attention particulière à la propagation de la vigne, et mis tous ses soins à encourager et à perfectionner cette utile culture. Ses efforts ont été couronnés de succès; et ses lois, toujours améliorées par les administrations suivantes, ont doté la Sardaigne de ce genre d'industrie, qui a fini par lui donner des produits aussi remarquables par leur abondance que par leur qualité.

Une de ces ordonnances porte que tout propriétaire d'un terrain inculte, dans un canton de vignobles, est tenu de le défricher et de le planter de vignes un an, au plus tard, après qu'il en aura eu commandement, et, dans le cas où il ne le voudrait ou ne le pourrait pas, de le vendre à un autre, qui fera la plantation. Un grand nombre d'autres ordonnances, pleines de sagesse et de modération, établissent des règles et des mesures, fort bien appropriées aux usages et aux localités, sur l'obligation de faire des clôtures aux terrains plantés de vignes ; sur les inspections à faire par les jurés des villages et par les gardes-champêtres, pour s'assurer de l'état de ces clôtures ; sur l'obligation imposée à chaque propriétaire de vignes d'y travailler en temps opportun, et de ne pas les laisser dépérir, sous peine d'être forcé de les vendre à un cultivateur plus diligent; sur les limites, les servitudes, les chemins de communication; sur les obligations du vigneron envers le propriétaire ; sur l'époque et le mode d'ouverture des vendanges, et enfin sur la police des vendanges et des vendangeurs.

Les dispositions du code rural de *Mariano* ayant pour objet de mettre les vergers et les récoltes à l'abri des voleurs et de l'avidité des animaux, rentrent dans celles que prescrit la charte d'*Eléonore*, et qui n'en sont que des applications plus développées. On leur a donné une extension plus grande, et l'on y a ajouté des moyens d'exécution.

C'est à lui qu'est due l'idée première de l'établissement d'une autorité chargée spécialement de la surveillance et de la conservation des productions de la terre; ce qui amena par la suite des temps une institution du même genre, plus perfectionnée, dans laquelle la Sardaigne a, pendant plusieurs siècles, trouvé beaucoup d'avantages. *Mariano* avait ordonné par son code rural qu'un certain nombre de jurés de chaque village, ayant leur major à leur tête, seraient tenus de visiter fréquemment toutes les propriétés en culture, d'examiner avec attention leurs clôtures respectives, de veiller à ce que chacun jouît sans trouble du fruit de ses travaux, et de placer, particulièrement dans les vignes, des observateurs, en correspondance les uns avec les autres, aux regards desquels rien de ce qui se faisait dans le territoire ne devait échapper.

Cette création des gardes de récoltes, organisés en corps, et divisés, pour l'exercice de leur emploi, suivant les divers genres de culture, savoir, les vignes, les grains et les prairies, donna lieu, plus tard, sous l'administration d'un vice-roi espagnol, à l'établissement d'une véritable garde nationale champêtre, conçu et exécuté sur une plus grande échelle, et qui long-temps rendit des services réels. Cette garde, qu'on appelait *la Barracelleria*, était composée des propriétaires et cultivateurs des villages, et formait une compagnie par canton. On n'excluait de la liste des hommes disponibles que ceux qui étaient mal famés, et dont la probité était suspecte. Ceux qui étaient portés sur cette liste faisaient le service à tour de rôle, et ce service devait durer un an. Après ce terme expiré, on reprenait une autre série, sur la désignation des capitaines, appelés *Barracelli*, qui avaient aussi la nomination des sous-officiers, et qui eux-mêmes ne pouvaient occuper cet emploi que pendant une année. Au moyen d'une faible rétribution, proportionnée à la valeur des biens, que chaque cultivateur payait aux *Barracelli*, et dont le grand nombre de ces cotisations formait une somme assez considérable, ces officiers se rendaient responsables de tous les dommages, de toutes les pertes que pouvaient éprouver les souscripteurs. Leur premier soin était de faire bonne garde, et d'exercer une active surveillance, assistés des hommes qu'ils commandaient, et qui eux-mêmes y étaient intéressés. Il était rare que de si sévères Argus fussent pris en défaut, ou par l'adresse des voleurs, ou par la gloutonnerie des animaux. Quand cependant le cas arrivait, le dommage constaté était évalué par des experts, et il en était immédiatement tenu compte à celui qui en avait souffert. Pas une poignée d'orge, pas une grappe de raisin n'était illégalement enlevée au champ qui l'avait produite, s'écrie M. *Mameli,* plein d'enthousiasme pour cette institution, sans que le propriétaire en fût exactement dédommagé par les *Barracelli.*

Sans attacher à la *Barracelleria* la même importance que le savant magistrat sarde, il serait peut-être permis d'y trouver la première pensée des compagnies d'assurance. Au surplus, l'établissement, corrompu et dégénéré, était devenu abusif et vexatoire; et le gouvernement piémontais l'a complétement aboli, il y a déjà long-temps.

C'est en 1381 que *Mariano* donnait son code rural, et ses idées n'étaient pas aussi avancées. Il a pourtant le mérite d'avoir fondé un système de lois agricoles aussi bon que le temps le permettait. On voit qu'il avait senti la nécessité, après tant de désastres qu'il avait attirés sur son pays, de montrer à ses habitants le remède et la consolation de leurs maux dans les richesses que produisait un sol fertile. On reconnaît partout, dans ses ordonnances, l'intention d'encourager la plantation des arbres à fruits et les travaux du verger, et la volonté marquée de protéger le travail et la propriété.

Des mesures sévères sont prescrites contre ceux qui seraient seulement trouvés dans des champs de fèves, de pois, de pastèques et de melons ; la peine est doublée contre ceux qui s'y laisseraient surprendre de nuit. Une amende est prononcée contre quiconque touche aux fruits d'un arbre, même placé hors de l'enceinte des haies.

Plusieurs ordonnances de *Mariano* sont consacrées à l'établissement des règles qu'on doit suivre dans la manutention des pâturages, dans la formation obligée des troupeaux de bœufs, de vaches, de juments, de porcs et de chèvres, et dans les soins à prendre pour que ces animaux soient dirigés et gouvernés suivant leur instinct naturel, de manière à fournir aux besoins et à l'agrément de la vie des hommes, sans pouvoir ni leur nuire ni devenir entre eux un sujet de contestations ou de querelles.

Le titre dixième, qui termine la *carta de Logu*, soit qu'il ne doive être attribué qu'à *Mariano*, comme quelques personnes le veulent, soit qu'il lui appartienne en commun avec sa fille, ne paraît pas être un ouvrage fait d'un seul jet. La confusion des matières, plus remarquable que dans tout le reste du code, et les disparates qu'on y rencontre, font croire que ce n'est qu'un composé d'ordonnances isolées, rendues en divers temps et sur divers sujets, lesquelles, n'ayant pas trouvé place ailleurs, ont été rassemblées et jetées pêle-mêle dans un cadre, qui n'était pas d'abord destiné à les réunir.

Ce titre traite tout à la fois, sans transition et

sans aucun ordre de liaison, des *métairies* et des *communautés de troupeaux*, de l'*abattage des animaux*, des *propos offensants* et des *injures*.

La première partie de ces ordonnances prescrit les règles qui doivent être observées dans la pratique d'un ancien usage du pays, celui de prendre pour un temps plus ou moins long des troupeaux en location, et dans les rapports réciproques d'intérêt et d'équité entre le propriétaire et le locataire de ces troupeaux.

Elles règlent tous les droits respectifs, en matière de propriétés rurales, entre le bailleur et celui qui prend à bail.

Le mode d'exécution de ces baux de bestiaux, qui sont de divers genres, mais qui ont plus communément en Sardaigne la forme de ce que nous appelons en France des baux à cheptel, est l'objet de plusieurs de ces ordonnances, entièrement consacrées à cette espèce de transactions.

Dans ces mesures législatives, comme dans toutes celles qui ont été prises en des temps postérieurs, on remarque une grande défiance contre les pâtres et les bergers, classe d'hommes qui a toujours été très suspecte en Sardaigne. Les pragmatiques interdisent cette profession à ceux qui ont déjà été condamnés comme voleurs ; rien ne prouve mieux l'idée qu'on en a. Aussi leur impose-t-on des devoirs très impérieux relativement au paiement de leurs fermages, ou en argent, ou plus ordinairement en nature, et à la reddition périodique des comptes de profits et pertes (*bonus contus* et *malus contus*). Des peines sévères, qui allaient originairement jusqu'à la mutilation, sont prononcées contre ceux qui changeraient ou dénatureraient la marque du propriétaire, que doit porter chaque individu des troupeaux.

Le système de solidarité et de surveillance réciproque, qui domine la législation communale de la Sardaigne, est appliqué avec une rigueur particulière aux pâtres et aux bergers. Les Sardes ont oublié ce que cet état avait de poétique dans l'antiquité; et ceux qui l'exercent maintenant chez eux ont le malheur d'être en général considérés comme très enclins au vol, peut-être parce que leur misère et leur genre de vie leur en donnent encore plus qu'aux autres la tentation et les moyens. Les vols et les délits contre la propriété, commis dans les champs, sont attribués au pâtre ou berger dont la cabane est la plus voisine, à moins qu'il n'ait découvert sous quinze jours le vrai coupable, seule circonstance qui puisse lui épargner le paiement d'une amende. Quand des grains sur pied ont été endommagés par les bestiaux, on s'en prend au gardien du troupeau parqué le plus près.

D'autres règlements très détaillés sont établis pour tous les cas où les productions de la terre auraient à souffrir par le fait des pâtres, ou des troupeaux qu'ils ont sous leur garde, sur le moment et le mode d'ensemencer les terres, sur le battage des grains par les pieds des chevaux, suivant l'ancien usage sarde, toujours subsistant, et sur les précautions à prendre contre les bœufs qui ont, dit la charte, une mauvaise réputation (*Bois chi sunt de mala fama*).

C'est au milieu de toutes ces mesures, qui ont pour but le maintien de la paix et de l'ordre dans les campagnes, l'encouragement de l'agriculture et le respect de la propriété, que les rédacteurs de la charte ont placé les ordonnances portant des peines contre les propos offensants et les injures. Une autre ordonnance, qui se trouve dans le titre du vol, et qu'il convient de rappeler ici, porte que quiconque donne à un autre l'épithète de traître ou de voleur, est condamné à une amende que la loi détermine, *s'il ne le lui prouve pas en justice*.

Le dernier titre du code, qui s'occupe plus spécialement de la jurisprudence des injures, assigne à chaque espèce d'offense une peine proportionnelle, suivant sa gravité. La qualification d'*ensorceleur* et d'*entremetteur d'amour* est sévèrement punie.

La loi frappe d'une amende celui qui fait un geste outrageant à quelqu'un [1], ou lui donne un démenti,

---

[1] La *carta de Logu* désigne nominativement ce geste fort obscène, qu'on

ou lui adresse une parole grossière en présence d'un agent de l'autorité. Si c'est l'agent de l'autorité lui-même qui a été insulté dans l'exercice de ses fonctions, le coupable est condamné à une amende, et faute de la payer, on lui coupe la langue. Les cortès de 1593 ont commué cette peine en celle de la fustigation. Celui qui frappe un officier public, quel qu'il soit, est condamné, s'il est sorti du sang de la blessure, au supplice du gibet.

Une de ces ordonnances, et ce n'est pas la moins singulière, punit l'impertinent qui a ri d'un mari trompé et caractérisé son malheur. Elle porte que celui qui aura donné à un homme marié le ridicule nom que notre langue pudique n'a point conservé, et qui s'exprime dans celle des Sardes par le mot *corrudu*, paiera l'amende de vingt-cinq livres, *s'il prouve le fait*, et de quinze livres, *s'il ne le prouve pas*,

---

appelle en sarde *sas ficas*. On le trouverait certainement ici de très mauvaise compagnie, mais en Sardaigne, parmi les gens du peuple, il passe pour une plaisanterie excellente.

Les Sardes ont toujours été et sont encore extrêmement sensibles aux affronts. Cette susceptibilité d'amour-propre leur a été transmise par leurs ancêtres. Il y a long-temps qu'on a remarqué que les anciens peuples barbares s'indignaient facilement de tout ce qui pouvait blesser la réputation, et que le principe du point d'honneur est antérieur aux raffinements des mœurs modernes. Par une loi des Saliens, si quelqu'un appelait un homme *cenitus*, terme de reproche équivalent à celui de fainéant, il encourait une amende considérable. La loi des Lombards voulait que celui qu'on nommait *arga*, c'est-à-dire traître ou lâche, fût autorisé à défier sur-le-champ l'offenseur au combat.

Cette bizarrerie, que plusieurs personnes rejettent sur une faute de copie, a donné lieu à quelques controverses, qui ne sont pas moins curieuses qu'elle. Les commentateurs s'étonnent que celui qui prouve le fait soit passible d'une peine plus forte que celui qui ne le prouve pas. M. *Mameli* admet la version existante, et en défend l'esprit. On peut croire, en effet, que cette prétendue erreur a été une intention fine dans la pensée du législateur, surtout si ce législateur est une femme, et que l'on aime mieux attribuer l'ordonnance à *Eléonore* qu'à son père. Dans le cas dont il s'agit, la médisance nuit souvent plus que la calomnie. En donnant à un homme un titre ridicule, dès qu'on ne prouve pas qu'il l'a mérité, on ne lui dit qu'une simple injure, qu'il est le maître de mépriser; mais s'il est assez malheureux pour qu'on prouve le fait, à l'injure on ajoute le déshonneur, on altère la confiance des ménages, on suscite des procès scandaleux [1], et on trouble la tranquillité des familles.

[1] La manie des procès en adultère, qu'une délicatesse mieux entendue devrait toujours faire éviter, n'est pas, comme on l'a dit, particulière à une nation moderne. Elle était devenue si commune et si effrontée sous le règne d'*Antonin-le-Pieux*, que le sage empereur fut forcé de rendre cette loi, si vantée par *saint Augustin*, qui défendait aux maris d'attaquer leurs femmes comme coupables d'adultère, à moins qu'eux-mêmes ne pussent offrir leur vie entière comme un modèle de régularité et de chasteté.

CHAPITRE L ET DERNIER.

Précis sommaire des sessions du parlement des cortès, les plus remarquables par leurs actes ou par des mesures d'utilité publique, pendant le temps de l'existence des institutions constitutionnelles.—Résumé des événements historiques particuliers à la Sardaigne, depuis le règne de *Ferdinand* et d'*Isabelle*, jusqu'au testament et à la mort de *Charles II.*— De 1481 à 1700.

Après ces notions nécessaires sur l'origine, la nature et l'esprit des institutions politiques et judiciaires de la Sardaigne, il convient, pour l'ordre et pour l'intérêt de la narration, de reprendre le cours des événements, interrompu par l'historique de la fondation de la constitution et du code qui l'ont régie pendant plusieurs siècles.

Ferdinand d'Aragon, dit *le Catholique*, en succédant à son père *Juan II*, ne suivit pas, à l'égard de la Sardaigne, un autre système d'administration et d'économie publique que celui qui avait été adopté par ses prédécesseurs. Il lui laissa ses lois nationales, quoique sa réunion pure et simple à la couronne d'Aragon eût été itérativement prononcée, en 1481, par les cortès de Catalogne. Cette île, dont la possession avait été autrefois si convoitée et si appréciée, avait perdu avec le temps beaucoup de son prix aux yeux de la métropole, surtout depuis que la fusion de l'Aragon et de la Castille, par l'effet du mariage de *Ferdinand* et d'*Isabelle*, avait formé la vaste et puissante monarchie espagnole. On l'abandonnait à peu près aux vice-rois, et l'on sait comment la plupart de ces vice-rois la gouvernaient.

Les premières années du règne de *Ferdinand* ne furent pas exemptes de troubles ; les querelles des provinces s'étaient ranimées ; les vieilles animosités de partis étaient en fermentation. La tyrannie du vice-roi *don Ximene Perès*, qui s'était montré constamment opposé aux usages et aux lois du pays, et avait fait assassiner la femme d'un noble sarde, distingué par sa valeur, n'avait fait qu'irriter les esprits et ajouter au mécontentement. Le rappel de ce vice-roi, et le coup d'état énergique auquel *Ferdinand* s'était décidé, en chassant de l'île les Pisans et les Génois, et tous les seigneurs italiens, n'avaient pas été des moyens suffisants pour rétablir l'ordre et l'union. Il crut en avoir trouvé un plus puissant dans la *célébration* des cortès du royaume. Le parlement fut convoqué en 1481, sous la direction du vice-roi *don Simone Perès*.

Notre intention étant de ne parler, dans ce précis sommaire, que de celles des sessions du parlement sarde auxquelles on peut accorder quelque attention, nous nous contenterons de mentionner les sessions antérieures à celle de 1481, qui, outre le vote ordinaire des impôts et dons gratuits, objet principal de la convocation, ont de quelque manière marqué leur passage ou signalé leur existence.

Entre la session solennelle de l'année 1355, qui fut ouverte par le roi *don Pèdre* en personne, pour l'inauguration du parlement des cortès, et celle que convoqua, en 1481, *Ferdinand le Catholique*, on n'en compte guère que quatre auxquelles se rattachent quelques circonstances ou quelques travaux dignes de mémoire.

1388. C'est dans une session extraordinaire, présidée en 1388 par le vice-roi *don Simone Perès*, que la princesse *Eléonore* vint avec son mari *Brancaleone Doria*, et son jeune fils *Mariano*, signer et ratifier le traité qui réglait les nouvelles relations politiques et l'ordre de succession de ses états d'Arborée.

1421. Une des sessions du parlement de Sardaigne fut honorée, comme l'avait été celle de 1355, par la présence du souverain. Ce fut celle de l'année 1421, dont le roi *Alfonse V*, qui se trouvait en ce moment à Cagliari, fit lui-même l'ouverture.

Les trois ordres de l'État y firent entendre l'expression du vœu général en faveur *de la carta de*

Logu, dans laquelle une expérience de vingt-six ans avait fait reconnaître toutes les conditions nécessaires pour satisfaire aux besoins publics, et une connaissance approfondie des mœurs nationales. Ce vœu fut entendu. La charte, conçue et rédigée d'abord pour l'usage et pour les convenances locales du seul judicat d'Arborée, fut étendue par les cortès de 1421 au royaume entier, et devint, dès ce moment, le code de la jurisprudence sarde. Les motifs qui avaient conseillé cette sage mesure firent rejeter toute exception en faveur des villes de Cagliari, Sassari, Alghero, Bosa et Iglesias, régies jusqu'alors par leurs propres statuts, conformément à d'anciens priviléges.

Le parlement fit plusieurs lois organiques pour la mise en activité de la *carta de Logu*, et pour l'observation de ce qu'elle prescrivait relativement aux obligations des diverses juridictions les unes envers les autres. Ce sujet était plein de difficultés. La situation politique du pays et le principe féodal rendaient presque impossible l'uniformité de la législation, en ce qui touchait à l'exécution des jugements d'un lieu à l'autre, et à l'extradition des coupables. Il était naturel que les grands feudataires ne se prêtassent pas avec autant de résignation qu'on devait le désirer pour l'intérêt du bon ordre, à l'abandon des droits dont ils étaient en possession, et auxquels leur orgueil attachait du prix. Des titres du temps prouvent que plusieurs lieux d'asile privilégiés furent conservés, notamment le château d'Ardara. La question de la réciprocité des juridictions fut loin d'être épuisée dans la session de 1421, et on la reproduisit dans plusieurs autres, à diverses époques.

1448. Celle de 1448 fut remarquable par un nouvel effort des cortès pour arriver à l'uniformité compatible avec l'état des choses et du pays. On se plaignait des variations de la valeur des monnaies en divers lieux du royaume, très voisins les uns des autres, particulièrement Cagliari et Oristano. Il fut ordonné, sur la pétition [1] de l'ordre militaire, qu'on réduirait toutes les monnaies sardes à un cours identique.

Il fut pris, dans la même session, diverses mesures réglementaires pour l'exécution et le perfectionnement du code pastoral et rural.

1452. L'ordre militaire renouvela, dans une session tenue en 1452, la proposition précédente relativement à l'uniformité du cours des monnaies, et obtint le complément de sa demande. Le même principe fut appliqué aux mesures de capacité. On fit quelques additions aux lois sur la culture et sur les pâturages.

---

[1] Dans la langue parlementaire de la Sardaigne, le mot *pétition*, appliqué à un des ordres de l'État, veut dire *proposition*.

Le but que s'était proposé *Ferdinand le Catho-* 1481.
lique en convoquant le parlement des cortès dans
l'année 1481, était de rétablir la paix et l'ordre,
compromis par les vicissitudes du temps. Il ne
l'atteignit pas d'abord. Le vice-roi *don Simone Perès*,
à qui la direction en avait été confiée, était un
brouillon qui ne fit qu'aigrir les esprits. Il fallut le
rappeler. On le remplaça par *don Guillaume Peralta*.

On arrêta néanmoins, dans cette session, quelques dispositions de détail sur l'action réciproque
des juridictions, sur la procédure civile et criminelle, et sur le système des poids et mesures.

La fondation de la charte n'y avait admis que la
simple question ordinaire, dans les cas où il y avait
prévention de vol, et avait voulu qu'on l'appliquât seulement aux hommes mal famés, aux gens
sans aveu, et aux malfaiteurs de profession. Les
cortès, sur la proposition de l'ordre militaire,
déterminèrent expressément, pour éviter toute
interprétation, les classes de citoyens qui, jamais
et dans aucun cas, ne devaient être appliqués à la
question.

L'année 1511 fut mémorable pour la Sardaigne. 1511.
Les rapports des cortès avec la couronne furent
réglés, et leurs prérogatives furent désormais
fixées. Le roi *Ferdinand*, engagé dans des entreprises, qui augmentaient démesurément ses be-

soins et les fardeaux des peuples, convoqua le parlement en 1511, et lui demanda, outre les dons gratuits, qui avaient été accordés amplement dans toutes les circonstances d'usage, une contribution régulière, sur laquelle on pût compter, dans le principe de ce que nous appellerions aujourd'hui un budget fixe. L'assemblée des cortès sentit qu'elle ne pouvait trouver une occasion plus favorable pour revendiquer ses droits, jusqu'à ce moment un peu indéterminés, et pour user des priviléges inhérents à sa constitution politique. Elle n'accéda que par capitulation, pour ainsi dire, aux propositions du trône, et imposa des clauses et conditions. Les agents de l'autorité n'étaient point faits à ces résistances, et ils ne pouvaient manquer d'en être fort irrités. Aussi la session fut-elle très orageuse. Quoi qu'il en soit, les discussions qui sortirent des prétentions opposées de la couronne et des représentants de la nation, établirent ce principe désormais consacré, que d'une part, quand le roi propose, les ordres mettent en délibération la proposition qui leur est faite, et indiquent avec une liberté entière tout ce qu'ils croient être dans l'intérêt de la chose publique; que de l'autre, lorsque l'initiative vient des états, le roi jouit de toute l'étendue de sa prérogative, d'après laquelle il peut, à son gré, approuver ou refuser. La session de 1511 servit de *précédent* et d'autorité pour le formulaire et la tenue des sessions subséquentes.

Le roi *Ferdinand le Catholique* étant mort en 1516. 1516, sa fille unique, *Jeanne*, veuve de *Philippe Ier* d'Autriche, qui avait péri par le poison, lui succéda, mais ne porta que le vain titre de souveraine. La faiblesse d'esprit de cette princesse la rendait incapable de conduire ni les autres ni elle-même, et lui fit donner le surnom de *Jeanne la Folle* (*la Loca*). Les cortès de Castille se déterminèrent à nommer régent son fils *Charles*, qui devint si célèbre sous le nom de *Charles-Quint*, et qui gouverna la Sardaigne en la même qualité.

Les cortès furent convoquées en 1520, sous la 1520. direction de *don Angel de Villanova*. Elles ordonnèrent quelques additions et modifications à la partie réglementaire du code criminel et civil.

Une proposition de l'ordre militaire fit préciser, mieux qu'on ne l'avait fait encore, les cas où certains individus, seulement prévenus d'attentats à la sûreté publique, pouvaient être appliqués à la question ordinaire.

Les cortès s'occupèrent en outre de quelques réformes dans les dispositions législatives concernant le régime dotal, les testaments et les dons mutuels entre les époux. Elles réglèrent le système des douaires, et fixèrent les avantages accordés aux veuves pendant les mois de deuil, qu'on appelle en Sardaigne l'*année de plor*.

L'Espagne était en guerre avec la France. Une 1527.

division de la flotte française, aux ordres d'*André Doria*, alors au service de *François I*ᵉʳ, vint en 1527, jeter l'ancre sur les côtes de la Gallura, et débarqua un corps de troupes qui dévasta la partie septentrionale de l'île, et prit Sassari. Fier d'un premier succès, l'ennemi allait se porter sur Cagliari, quand le gouverneur d'Alghero, *don Zerardo Zetrillas*, le repoussa et le mit en fuite.

1528. La joie produite par cet heureux événement ne fut pas de longue durée. La peste qui s'était introduite dans l'île par le même point que l'ennemi, et peut-être à sa suite, se déclara, en 1528, dans la province de Gallura, et continua ses ravages jusqu'au commencement de l'année suivante.

1530. *Don Martin de Cabrera* fut chargé de convoquer le parlement des cortès. Cette session, qui remplit l'année 1529 et une partie de l'année 1530, vit adopter plusieurs sages dispositions, ayant pour but d'améliorer l'administration publique et la législation.

1535. L'empereur *Charles-Quint*, occupé de son expédition contre Tunis, vint, de sa personne, en l'année 1535, dans l'île de Sardaigne, qui, ainsi qu'on l'a vu dans un autre endroit de cet ouvrage, lui parut réunir toutes les conditions nécessaires pour former un établissement politique et militaire de la plus haute importance. Ce prince, homme d'un esprit supérieur, et habile politique, sut mettre à profit l'ardeur belliqueuse que sa présence développa en Sardaigne, et qui était dans l'esprit des habitants, où elle s'est long-temps maintenue par l'effet de l'institution très remarquable dont il fut le créateur.

Charles-Quint fonda en Sardaigne les milices nationales. Il établit en principe que tout homme qui jouit des avantages de l'état de société doit à la patrie, en échange de la protection accordée à sa famille et à sa propriété, le secours de son bras. Tous les Sardes, en état de porter les armes étaient appelés à faire partie de la conscription générale. Les propriétaires campagnards et les cultivateurs, accoutumés à la fatigue et à une vie laborieuse, étaient les membres les plus appréciés et les plus utiles de cette armée citoyenne, dont ils formaient le fond toujours renouvelé et toujours permanent. On en avait exclu les oisifs, les vagabonds, et tous ceux qui, n'ayant rien à perdre, n'ont rien à défendre.

Les miliciens nationaux ne recevaient aucune solde de l'État, et à l'instar des Romains dans les premiers temps de la république, ils s'équipaient et s'entretenaient à leurs frais. L'auteur de cette institution, à qui son expérience avait appris qu'une force armée, composée de pareils éléments, est bien préférable à des troupes mercenaires, que le mécontentement, la désertion, des défaites, peuvent facilement anéantir, voulut aussi, fidèle à l'esprit qui l'avait dirigé, lui donner une autre législation pénale que celle qui était imposée aux hommes enrégimentés et soldés. Un édit de l'empereur ordonna que les miliciens, ayant, comme tous les autres habitants, le titre et les droits de citoyen, dont les devoirs du service ne les avaient pas privés, n'étaient justiciables des tribunaux militaires que pour des délits purement militaires, et que, dans tout autre cas, ils ne pouvaient dépendre que des juges ordinaires.

Depuis cette époque, le gouvernement militaire de la Sardaigne fut partagé, sous le commandement d'un capitaine général, en plusieurs divisions, subdivisées elles-mêmes en bataillons, escadrons et compagnies. Il fut des temps où la cavalerie put être portée au complet de 12,000 hommes, et l'infanterie à 60,000. On trouvait, dans cette organisation militaire, tout l'avantage des armées régulières, sans avoir à en supporter les frais, ni à craindre et à punir les dilapidations des fournisseurs.

1540. La Sardaigne souffrit, en 1540, le fléau de la famine. L'historien *Fara* en fait une effrayante peinture.

Les guerres continuelles que *Charles-Quint* était obligé de soutenir, pour ce que les grands rois appellent l'intérêt de leur gloire, avaient épuisé toutes ses ressources, et l'avaient mis dans le cas de demander à la Sardaigne de nouveaux secours et l'augmentation des dons gratuits. Il convoqua, en 1545, le parlement des cortès, sous la direction de *don Antonio de Cardona.*

La session de 1545 prit diverses mesures fort sages et fort bien entendues sur les poids et mesures, sur les cuirs et peaux d'animaux, et sur les moyens d'assurer et de garantir la propriété des bestiaux de toute espèce. L'ordre militaire fit la proposition, qui fut adoptée, d'appliquer une marque à tous les bœufs et à tous les chevaux du royaume. On fit dans la même session quelques additions ou modifications au code pénal. Le système de responsabilité et de solidarité communale fut étendu aux domaines des barons, qui en avaient été jusqu'alors exempts, et à tous les fiefs et terres féodales de l'île.

1545.

Un des maux de l'État, dont la session de 1545 fit l'objet de ses délibérations, dans la vue d'y porter un remède, fut l'introduction du luxe dans les usages de la vie, et surtout dans les habillements. Les relations journalières avec la métropole continentale, à qui la conquête récente des Indes avait ajouté un nouveau degré d'opulence et de prospérité, en avaient donné à la noblesse et aux femmes l'habitude et le goût. Le parlement fut frappé, non-seulement de ce que ces modes et ces fantaisies, importées d'un pays plus riche, avaient de contraire aux bonnes mœurs, mais encore de l'inconvénient qui résultait pour une île pauvre, dont le commerce était entièrement passif, de l'exportation continuelle de son numéraire.

Les trois ordres furent unanimes pour la proposition d'une loi somptuaire, qui passa en effet, et restreignit l'usage des habillements de soie à un petit nombre de classes de la société, auxquelles mêmes on en prescrivit les qualités et les prix.

1556. *Philippe II*, monté sur le trône, après l'abdication de son père, en 1556, confirma ce que ce dernier avait fait pour l'organisation de la milice nationale.

La Sardaigne, placée loin de la sphère d'activité de ce génie terrible, n'eut pas d'occasions d'en sentir la violente action. Son obéissance passive lui fit trouver grâce à ses yeux; elle eut même à se louer plus d'une fois de ses faveurs. Un édit daté de Tolède, en 1560, assimile entièrement les Sardes aux Espagnols, pour l'avancement et les promotions dans le service militaire.

Ce prince, qui avait peu de goût pour les assemblées délibérantes, fit pourtant réunir plusieurs fois, pendant la durée de son règne, le parlement sarde. Il est vrai qu'on ne laissait guère autre chose à faire aux cortès, que de voter les impôts et dons gratuits, qu'elles ne s'avisaient jamais de refuser, ni même de faire attendre long-temps.

La session de 1560 se signala néanmoins par quelques travaux d'une certaine importance, et par des mesures d'utilité publique. Elle fit des améliorations à la législation de l'état civil, notamment en ce qui touche aux dispositions testamentaires, et, sur la proposition de l'ordre militaire, toujours attentif aux matières d'économie publique, elle perfectionna les lois rurales. 1560.

La Sardaigne dut à *Philippe II* l'institution du tribunal supérieur, connu sous le nom de la royale audience (*reale udienza*). Cette haute magistrature, ou cour suprême, qui domine tout le système judiciaire, reçut par la suite des développements plus étendus; mais son illustration remonte aux premiers temps de son origine.

Les cortès de 1565 s'occupèrent de la révision de quelques parties du code, relativement au mode des appels et aux actes des notaires. L'ordre militaire provoqua une loi, qui fut adoptée, sur l'amélioration des races de chevaux. 1565.

Celles de 1575 firent des lois sur la procédure civile, sur les salaires, sur le régime dotal, sur les testaments, sur les rapports entre les créanciers et les débiteurs, et sur la prescription. 1575.

Entre ces deux sessions des cortès, dans l'année 1566, l'imprimerie, qui était inventée depuis 1566.

un siècle, fut enfin introduite en Sardaigne. Les savants du pays pensent qu'on avait fait, vers la fin du quinzième siècle, quelques essais typographiques, et imprimé *la carta de Logu* et la vie de trois saints en vers sardes; mais un art dans l'enfance ne pouvait prospérer en des mains inhabiles, et ces timides essais n'eurent aucune suite. C'est à un ecclésiastique plein de zèle et de lumières, que la Sardaigne dut enfin cet art admirable, dont la privation la laissait en arrière de tout le reste de l'Europe. *Don Nicolas Canyellès*, chanoine de la cathédrale de Cagliari, établit une imprimerie à ses frais, et la dirigea lui-même avec succès. Il fut récompensé de ce service rendu à la patrie, par le siége épiscopal de Bosa.

1586. Les cortès convoquées en 1586 demandèrent et firent adopter quelques modifications aux lois relatives à l'instruction criminelle, aux transactions sociales, au notariat, à la procédure, et aux baux de bestiaux.

1587. L'année suivante, en 1587, fut établie l'administration des tours du royaume, destinées à la protection des côtes. Ces tours, élevées dans des temps reculés, jetées au nombre de cent trente-huit sur le littoral de l'île principale et des îles adjacentes, en vue les unes des autres, et pouvant de tout temps se mettre en correspondance, formaient un système de défense fort bien entendu pour l'époque où on l'avait conçu, et pour le but qu'on se proposait, celui de pouvoir toujours signaler les corsaires barbaresques, et s'opposer à leurs invasions. Toutes ces tours peuvent au besoin devenir des postes militaires; mais une partie seulement reçoit des garnisons permanentes. On imagina, en 1587, de faire de ce qui concernait l'entretien et le gouvernement des tours une administration particulière et spéciale, et on la dota d'un revenu qui lui appartient en propre, et qui se compose des droits de sortie sur les fromages, les peaux, les cuirs, les laines et le corail.

Le règne de *Philippe II*, si funeste à quelques autres parties de son vaste empire, ne fut point pour la Sardaigne une époque de désastre et d'adversité. Elle n'eut rien à souffrir de sa farouche énergie, et lui dut même de la reconnaissance pour lui avoir donné quelques institutions, et surtout pour lui avoir laissé celles qu'elle avait.

Une des sessions les plus honorables du parlement sarde, est celle qui eut lieu en 1593, peu d'années avant la mort de ce prince. Elle se distingua par ses lumières, par son amour du bien, et par son humanité. Ses travaux nombreux eurent pour objet toutes les parties de la législation, les garanties de la propriété, et le maintien de la sûreté et de la paix publique. Les mœurs tendaient à s'adoucir, et la civilisation avait fait quelques progrès,

1593.

même en Sardaigne. Le vœu général appelait la réforme du code pénal. Les cortès l'entreprirent avec beaucoup de discernement et de mesure. Elles s'efforcèren d'attténuer le principe de férocité, qui commençait à ne paraître déjà plus en harmonie avec les idées qu'on se faisait d'une sage distribution de la justice. Elles supprimèrent, autant qu'elles le purent, les mutilations des membres, et leur substituèrent des peines moins dégoûtantes et moins barbares. Les femmes, coupables du crime d'empoisonnement, cessèrent, depuis lors, d'être condamnées au supplice du feu, tandis que les hommes n'encouraient que la mort ordinaire ; et dès ce moment fut abolie la peine du talion, dont l'application était presque toujours si cruelle, et très souvent si ridicule.

1602 à 1605. La plus longue session du parlement de Sardaigne, depuis l'institution du régime représentatif jusqu'à son extinction par désuétude, est celle qui s'ouvrit en 1602, sous la direction du vice-roi *don Antonio Colombo*, comte *d'Elda*, et ne se termina qu'en 1605. Quoique, dans le recueil des actes, on divise cette période parlementaire en autant de sessions distinctes, qu'elle a duré d'années, on ne doit la considérer que comme une seule et même session, continuée par prorogation.

Les travaux de ce long parlement eurent en général, pour le pays, une importance proportionnée à sa durée. Ils eurent particulièrement pour objet la réforme de la législation, suivant le principe héréditaire dans les cortès nationales, qui voulait que la révision s'en fît dans chacune de leurs réunions, pour y apporter les changements que l'expérience, les lumières et les besoins avaient pu suggérer dans l'intervalle de l'une à l'autre.

L'ordre militaire eut encore dans cette session, suivant son constant usage, l'honneur de l'initiative des propositions les plus utiles à l'intérêt général. On lui dut de nouvelles dispositions très sages sur l'administration des terres communales, sur la garantie des propriétés privées, et sur l'amélioration de l'économie rurale. Un incident amena sur ce dernier sujet des altercations assez vives, mais qui finirent par se terminer à l'amiable, entre le syndic ou président de l'ordre, et le premier député de la ville de Sassari.

On s'occupa d'une manière particulière, dans la session de 1602, de l'encouragement de l'agriculture, et de la multiplication des plantations et des semis. Un des *chapitres* (lois des cortès) ordonne, dans la vue de bannir l'oisiveté, que tout habitant des villages qui possède assez pour payer une imposition, mais pas assez pour avoir des bœufs, est tenu d'ensemencer en blé, ou en orge, une portion de terrain indiquée, sous peine d'une amende, que doit encourir aussi le major des jurés, s'il a négligé de faire exécuter la loi.

On s'aperçut de l'inconvénient de la trop grande bigarrure des coutumes et priviléges accordés aux villes et villages, dans les temps reculés. Il fut décrété qu'on en ferait un recueil pour les réviser, les corriger ou les supprimer, s'il y avait lieu.

La session de 1605 fixa la juridiction des consuls étrangers résidants en Sardaigne, qu'on exempta du droit dit de *mealla* ou *malla*, jusqu'alors exigé d'eux. Elle attribua au magistrat consulaire du pays la police sur tous les étrangers qui n'y avaient pas de consuls particuliers, ainsi que le soin de les prendre sous sa protection, jusqu'à ce qu'ils se fussent pourvus devant leurs puissances respectives.

L'acte qui honore le plus la session quinquennale du parlement sarde, ce fut la demande que firent les trois ordres, de l'érection de l'université destinée à l'enseignement des sciences et des lettres. Un édit du roi *Philippe III* organisa cet établissement.

Le parlement fournit avec générosité à ce prince les secours extraordinaires dont il avait besoin.

1614 et 1615. Le vice-roi, duc *de Gandia*, fut chargé de la convocation et de la direction des cortès en 1614. Cette session se prolongea jusqu'à l'année 1615.

Les mêmes matières à peu près qui avaient occupé les sessions précédentes furent soumises à ses délibérations. A quelques corrections et modifications faites aux codes pénal, civil et rural, on ajouta des dispositions nouvelles sur la juridiction consulaire et sur les lois somptuaires déjà en vigueur.

L'ordre ecclésiastique fit, relativement à la prescription, une proposition favorable aux établissements religieux.

Pendant le cours des années 1614, 1615 et 1617, 1617. l'archevêque de Cagliari, *don Francisco de Esquivel*, fit faire des fouilles en différents lieux, non pour retrouver les antiquités, qui l'intéressaient peu, et dont quelques-unes, qu'il ne cherchait pas, revirent la lumière en cette occasion, mais pour découvrir les corps des martyrs, qu'il savait y avoir été enterrés dans le temps des persécutions. Ce prélat recueillit une si grande quantité de ces saintes reliques, qu'il fallut agrandir la cathédrale pour les y placer. Cette exhumation, qui fut à cette époque un grand événement pour la Sardaigne, devint la matière de plusieurs ouvrages [1], et fut racontée par le vénérable archevêque lui-même, dans une relation historique, adressée au roi *Philippe III*, laquelle offre, parmi quelques erreurs, fort excusables, et les longues descriptions de miracles, des faits curieux et des découvertes intéressantes [2].

[1] Entre autres celui de *Denis Bonfant*, Triumpho de los Santos.
[2] Relacion de la invencion de los Cuerpos Santos.

1624. C'est peu de temps après, en 1624, qu'eut lieu celle de toutes les sessions du parlement de Sardaigne dont les opérations eurent le plus d'influence sur l'état du pays, ainsi que sur la condition des habitants de la campagne, et méritèrent le plus la reconnaissance des contemporains et de la postérité.

Ce mémorable parlement, convoqué et dirigé par le vice-roi, *don Giovanni Vivès*, se signala par un acte dont la pensée hardiment conçue, et dont les mesures d'exécution, combinées avec habileté, donnèrent en quelques années à la Sardaigne une richesse territoriale qu'elle ne connaissait pas, et changèrent en peu de temps sa situation agricole.

Cette métamorphose fut l'effet d'une seule et simple idée, qui était naturelle, mais qu'on avait négligée, celle de l'introduction de la greffe des oliviers. L'île entière était couverte d'oliviers sauvages; mais on n'en cultivait qu'un petit nombre dans les environs des villes, et les Sardes ne savaient tirer aucun parti de ces présents de la nature. Les auteurs anciens, qui ont tant vanté sa fertilité en tous genres, n'ont jamais parlé de la culture des oliviers, toujours en effet délaissée dans cette île, même par les Romains. Les invasions auxquelles la Sardaigne fut en proie après la chute de l'empire, et les déchirements, les guerres, l'esprit de faction dont elle fut la victime pendant l'occupation des Pisans, avaient empêché l'introduction de cette précieuse culture, que *Mariano* et sa fille *Eléonore* avaient entrevue et songé à encourager, mais avec des moyens d'exécution étroits et bornés.

La Sardaigne dut le bienfait de cette révolution agricole aux Espagnols, de qui elle apprit, par l'exemple des méthodes pratiquées à Valence et à Mayorque, les incalculables avantages qu'elles lui offriraient en se naturalisant chez elle. Les cortès de 1624 firent sur cette matière une loi, modèle de prévision, de sagesse et de bonne politique, qui leur aurait assigné une place distinguée dans les annales de l'économie publique, si par un hasard singulier tout ce qui concerne ce pays n'avait pas été condamné à l'oubli et à l'obscurité.

La loi de 1624 porte que tout habitant contribuable des lieux dans le territoire desquels croissent des oliviers sauvages, est tenu, sous peine d'amende, d'en greffer chaque année dix pieds. Ces arbres deviennent, dès l'instant, la propriété de celui qui les a greffés, à la charge d'une légère redevance au seigneur. Quand l'opération de la greffe a mis ainsi en plein rapport au delà de cinq cents oliviers, le seigneur est obligé, sur la demande de ses vassaux, d'établir dans l'espace de trois ans un moulin à huile.

Le succès prodigieux de cette loi fondamentale a dépendu de l'heureuse combinaison des peines et des récompenses, qui infligeait au paresseux ou à l'ignorant une amende et la honte, et investissait le cultivateur diligent et docile d'une propriété nouvelle.

Cette mesure ne suffisait pourtant pas. L'art de la greffe était inconnu aux Sardes. Le roi, sur la proposition du parlement, fit venir aux frais de l'État, de la province de Valence et de l'île de Mayorque, un certain nombre de cultivateurs connus par leur habileté, lesquels y demeurèrent trois ans, et formèrent d'excellents élèves.

Un grand danger menaçait les jeunes greffes. L'usage existe en Sardaigne, de temps immémorial, de mettre le feu aux chaumes, après la récolte, et à tous les buissons isolés, dans la double vue de préparer la terre aux semailles de l'année suivante, et d'assainir l'air. Des peines très rigoureuses, entre autres celle de l'excommunication, furent portées contre les paysans incendiaires dont les feux intempestifs et destructeurs, hors des époques et des localités prescrites, auraient pu compromettre le sort de ces arbres si utiles et si précieux.

Mais ce qui donna un caractère particulier et assura un succès décisif à la loi sarde sur la greffe des oliviers, ce fut le parti qui fut inspiré au parlement, par une haute pensée administrative et par une parfaite connaissance des hommes, d'offrir, sur une plus grande échelle, un appât à l'intérêt et un encouragement à l'industrie. Un article de la loi porte que les terrains produisant des oliviers sauvages, soient qu'ils fassent partie du domaine de la couronne, soient qu'ils appartiennent aux barons, sont concédés et abandonnés en toute propriété aux cultivateurs qui prendront l'engagement d'y appliquer l'opération de la greffe. La distribution de ces terres est faite par une commission pour celles qui appartiennent aux barons, par des délégués royaux pour celles qui viennent du domaine de la couronne. On a prévu les abus et la paresse ; ceux des concessionnaires qui ne remplissent pas leurs engagements, ou négligent la culture par eux soumissionnée, sont dépossédés et punis.

Cette loi fort remarquable, et qui dut le jour à de véritables hommes d'état, fut l'une des sources de la prospérité de la Sardaigne ; car on ne saurait reprocher à ses auteurs le peu de soin qu'ont pris ceux qui sont venus après, de perfectionner leur ouvrage. Il est certain que l'expérience et les faits parlent pour elle. La Sardaigne, qui jusqu'au dix-septième siècle ne connaissait que les oliviers sauvages, dont on faisait du bois à brûler et du charbon pour la consommation de la ville de Gênes et de l'état pontifical, voit aujourd'hui les côteaux de Sassari, de Cuglieri et de Bosa, et les fertiles plaines d'Oristano, couverts d'oliviers bien cultivés, d'un produit abondant, et dont il ne tiendrait qu'à leurs habitants de tirer plus de parti encore. Le professeur *Gemelli*[1], dans son admiration pour cette loi nationale, qui changea la face de la Sardaigne, dit qu'il n'hésite pas à la comparer, pour son but et ses résultats, en gardant la mesure des proportions, au fameux acte de navigation de l'Angleterre, et à l'effet qu'il produisit pour l'amélioration de son agriculture et l'agrandissement de son commerce.

1629. *Don Giovanni Vivès*, qui avait attaché son nom aux mémorables cortès de 1624, était encore vice-roi, quand fut convoquée une nouvelle session en 1629. C'est dans cette année que fut fondée la marine sarde. Le parlement vota les fonds pour la construction et l'équipement de six galères. Les trois ordres s'imposèrent spontanément pour en faire les frais. L'ordre militaire contribua pour la moitié, l'ordre ecclésiastique pour un huitième, l'ordre royal pour le reste.

1631. Le roi régnant, *Philippe IV*, envoya expressément en 1631 à Cagliari *don Louis Blasco*, ministre du conseil suprême d'Aragon, pour réunir les cortès du royaume, auxquelles il avait à faire des demandes d'hommes et d'argent. On fit une levée extraordinaire de 1,200 hommes, qui furent équipés et armés sur-le-champ. Les cortès votèrent pour l'entre-

---

[1] Rifiorimento della Sardegna.

tien de ces corps, une contribution extraordinaire qu'elles s'engagèrent à payer pendant quinze ans.

Le parlement se réunit de nouveau en 1632.

Il y eut encore une session en 1633, sous la direction du vice-roi, marquis *de Bayona*.

1632.
1633.

Au mois de février 1637, une expédition française se présenta sur la côte occidentale de la Sardaigne. Elle était commandée par *Antoine de Bourbon*, archevêque de Bordeaux, et par *Henri de Lorraine*, comte d'*Harcourt*. Les Français débarquèrent près de la ville d'Oristano, dont ils s'emparèrent sans résistance. Mais des secours étant venus de Cagliari, ils ne purent s'y maintenir que quelques jours, et en furent chassés.

1637.

Dans la même année, les cortès furent convoquées par le vice-roi *don Fabricio Doria*.

Un édit du roi *Philippe IV*, de l'année 1651, ajoute une sale, ou section criminelle, au tribunal suprême de la royale audience.

1651.

En 1652, la peste fut apportée dans la ville d'Alghero, s'étendit successivement jusqu'à Sassari et Cagliari, malgré tous les cordons sanitaires, et ravagea l'île jusqu'en 1656, c'est-à-dire pendant l'espace de quatre ans.

1652
1656.

Une flotte française se montra à l'entrée du golfe. On eut le temps de se mettre en état de défense, et elle se retira.

L'Espagne avait un urgent besoin d'hommes.

Quoique le fléau, dont on venait à peine d'être délivré, eût fort diminué la population, on fit une levée générale, avec une célérité incroyable. A mesure que les hommes arrivaient à Cagliari, on leur faisait endosser un uniforme, et en peu de jours tout fut prêt à être embarqué.

Peu de temps après, une flotte française reparut en vue de Cagliari. Elle aurait eu beau jeu pour s'en emparer, si telle eût été son intention. La place n'avait guère d'autres défenseurs que les moines, qui s'étaient armés à la hâte. Mais on n'eut à essuyer que quelques bordées de coups de canon, et il ne fut pas fait d'entreprise sérieuse.

A la fin de cette même année 1656, le vice-roi se trouva engagé dans une très mauvaise affaire, dont il ne se tira point sans peine. Il avait annoncé l'intention de faire abattre le couvent de *Saint-Augustin*, qu'il avait jugé nuisible au système de fortification de la place. La nuit même qui précédait le jour où l'on devait commencer la démolition, le feu fut mis au palais par une main inconnue, et tout ce qu'il contenait fut brûlé, sans que rien échappât. Le peuple et les religieux du couvent condamné reconnurent clairement, dans cette circonstance, l'intervention du Ciel, et le vice-roi fut forcé par la clameur publique d'aller demander pardon au saint, et de faire à son église amende honorable.

La mort de *Philippe IV*, arrivée au mois de 1666. septembre 1665, bien que suivie de la paix avec la France, fut pour la Sardaigne le signal de troubles sérieux, qui se prolongèrent pendant plusieurs années. On convoqua les cortès en 1666, et quoique les charges du trésor dussent être diminuées par le rétablissement de la paix, on leur demanda la continuation du don gratuit extraordinaire de 80,000 écus sardes, que le royaume payait depuis quarante-cinq ans.

Les états représentèrent que le pays avait eu à souffrir, pendant trois années, du fléau des sauterelles, et, pendant quatre, de celui de la peste; qu'il était épuisé; que cependant on n'avait refusé aucun sacrifice; mais, que puisque enfin les calamités de la guerre avaient cessé, il était juste d'obtenir au moins quelque diminution dans les impôts.

Le vice-roi ayant renouvelé ses pressantes instances, les cortès proposèrent une transaction, celle de payer le don gratuit extraordinaire, mais à condition que dorénavant les emplois publics seraient remplis par des nationaux et que le royaume jouirait à cet égard du même privilége que ceux de Valence et d'Aragon.

Cet incident ayant amené plus d'aigreur dans la discussion, et ni le vice-roi ni le parlement ne pouvant parvenir à s'entendre, ils envoyèrent, chacun de leur côté, des agents à Madrid, pour plaider leur cause, et rendre le roi lui-même juge de leurs différends. La cour se garda bien, en pareille matière surtout, de se prononcer contre le vice-roi, qui la servait si bien. Le roi déclara impertinentes les conditions qu'on prétendait lui imposer, et il les rejeta d'emblée. Il promit seulement de prendre en considération, quand tel serait son bon plaisir, les réclamations des états de Sardaigne.

1668. Le mauvais succès de l'ambassade du marquis *de Laconi*, qui avait été envoyé à Madrid comme syndic de l'ordre militaire, et le triomphe complet du vice-roi, marquis *de Camarassa*, avaient porté l'animosité qui régnait entre le vice-roi et la noblesse au plus haut degré d'exaspération. Cette triste époque fut ensanglantée à plusieurs reprises. Au mois de juin 1668, le marquis *de Laconi* fut assassiné. Le vice-roi, marquis *de Camarassa*, le fut le mois suivant à son tour. Quelque temps après, le marquis *de Zea* eut la tête tranchée sur l'échafaud.

1678 à 1688. La tranquillité et l'ordre s'étant à la fin rétablis, le parlement fut convoqué, pour s'occuper des affaires publiques, en 1678, en 1680 et en 1688.

1699. La peste qui se déclara dans l'année 1699 à Cagliari, et lui enleva la moitié de sa population, termina le siècle de la manière la plus sinistre, et fut comme le prélude et l'avant-coureur des événements et des révolutions, par lesquels allaient être signalés les commencements du siècle suivant.

Le roi d'Espagne, *Charles II*, mourut le 1ᵉʳ 1700. novembre 1700. Ce prince, célèbre par sa faiblesse, ses irrésolutions et son incapacité, s'était beaucoup moins occupé, pendant les dernières années de sa vie, des devoirs de la royauté, que du soin de se trouver un successeur. Il avait signé, un mois avant sa mort, ce fameux testament qui appelait au trône d'Espagne le *duc d'Anjou*, petit-fils de *Louis XIV*, et qui, pendant un grand nombre d'années, mit l'Europe en feu.

La Sardaigne, comme une des provinces de l'Espagne les plus exposées aux attaques de l'ennemi, ne pouvait manquer de jouer un rôle assez important dans ce grand drame politique, dont le dénouement amena pour elle un résultat inattendu, et changea tout à coup sa situation, ses maîtres et sa destinée.

FIN DU PREMIER VOLUME.

TABLE DES MATIÈRES

CONTENUES

DANS LE PREMIER VOLUME.

INTRODUCTION.

CHAPITRE PREMIER. Du peu de notions qu'on possède sur la Sardaigne, et des causes de cette ignorance ou de cet oubli. j

II. Des auteurs anciens et modernes, étrangers et nationaux, qui ont écrit sur la Sardaigne. — Inexactitudes, exagérations, faussetés. — Polémique acerbe entre les modernes. — Traits d'orgueil national chez les écrivains sardes. xij

III. De l'utilité d'un nouvel ouvrage, plus exact et plus complet, sur la Sardaigne.—Des motifs qui ont déterminé l'auteur à l'entreprendre. — Plan de l'ouvrage. xxxvj

Liste des livres imprimés qui ont été consultés pour la composition de cet ouvrage. lj

PREMIÈRE PARTIE. — ÉTAT POLITIQUE.

CHAPITRE PREMIER. De la situation géographique de la Sardaigne. — De sa forme, de son étendue, de sa circonférence et de sa superficie. 1

II. Origine présumée ou supposée. — Habitants primitifs de la Sardaigne. — Ses premiers chefs. — Traditions fabuleuses. — Notions historiques. 7

TABLE DES MATIÈRES.

III. Etablissement des colonies grecques. 13

IV. Arrivée d'une colonie troyenne. 17

V. Les Carthaginois en Sardaigne. 18

VI. Députation des Sardes à *Alexandre-le-Grand*. 21

VII. Gouvernement barbare des Carthaginois en Sardaigne. — Oppression systématique. 23

VIII. Les Romains font la conquête de la Sardaigne. — Cette île leur est cédée par un traité de paix. 27

IX. Etablissement de la domination romaine. — Intrigues étrangères. — Soulèvement. — Lutte de l'indépendance contre la conquête. 29

X. Expéditions de *Manlius Torquatus* et de *Tiberius Gracchus* contre les Sardes révoltés. — *Harsicoras* combat pour la liberté. — Sa mort tragique. — Un grand nombre de prisonniers est transporté à Rome. — Honneurs du triomphe décernés par le sénat. 31

XI. Les Sardes montagnards résistent à la puissance des Romains. — Ils ravagent leurs établissements. — Moyens atroces employés par les Romains pour les réduire. 37

XII. Les Romains établissent en Sardaigne leur administration et leurs lois. — Organisation de l'île en province prétorienne. 41

XIII. Des causes de l'importance que les Romains attachaient à la possession de la Sardaigne. 43

XIV. Etablissements et travaux des Romains en Sardaigne. 49

XV. Du système d'impositions. — Contributions ordinaires et extraordinaires. — Réquisitions. 53

XVI. Administration des préteurs romains. — Exactions et malversations. 55

XVII. *Caton*, dit le Censeur, est préteur en Sardaigne. — Il y rencontre le poëte *Ennius*, et l'emmène à Rome. 59

XVIII. Continuation de la notice des faits historiques. — Epoque des guerres civiles. — *Marius* et *Sylla*. — *César* et *Pompée*. — *Antoine* et *Octave*. 62

XIX. Etablissement du christianisme en Sardaigne. — Persécu-

tions et cruautés. — Etat des choses jusqu'à la dissolution de
l'empire.   67

XX. Descente des Vandales. — Ils prennent la Sardaigne, la
perdent, s'en emparent de nouveau, et en sont définitivement
chassés.   73

XXI. Irruption des Goths et des Lombards. —Conversion des
montagnards de l'intérieur à la religion chrétienne.   76

XXII. Premières incursions des Maures ou Sarrasins. — Les
Sardes soutiennent contre eux une lutte opiniâtre. — Ils se
donnent, pour s'assurer un défenseur, à l'empereur *Louis-
le-Débonnaire*, qui ne leur est pas d'un grand secours. —
Malheurs toujours croissants. — Emigration. — Le pape
Léon IV déploie un grand caractère.— Défaites multipliées des
Maures.   79

XXIII. Des prétendus droits acquis aux papes sur la Sardaigne
par les donations des empereurs. — De quelle manière ils les
ont exercés.— Quand ils ont commencé à les faire valoir.   87

XXIV. Les Maures s'établissent en Sardaigne.—Un de leurs émirs
prend le titre de roi. — Croisades prêchées contre le roi maure
Musat. — Expédition des Pisans et des Génois. — Alternatives
de succès et de revers. — Bataille décisive perdue par le roi
Musat. — Fin de la domination des Maures.   93

XXV. Les Pisans donnent des fiefs aux principaux chefs et aux
Génois, et se réservent la souveraineté du reste de l'île. — Ils
établissent ou confirment la division en quatre principautés ou
judicats, qu'ils donnent à régir à autant de princes ou *juges*. —
De l'autorité des *juges*, et de l'origine de ce titre.   103

XXVI. Que la division en quatre principautés et l'organisation
régulière ne sont pas antérieures à l'établissement des Pisans.—
Que les dynasties et maisons régnantes dont on veut faire précéder les juges pisans sont purement imaginaires. — Qu'il n'y a
jamais eu de roi du nom de *Béranger*, qui ait régné spécialement
sur la Sardaigne et la Corse réunies.   109

XXVII. Les premiers juges étaient des nobles pisans. — Ils prennent rang parmi les princes souverains.— Du système de succession dans les maisons régnantes des juges. — De la forme de

gouvernement.—Le mode de l'élection populaire plusieurs fois
pratiqué. — De la durée des judicats. 115

XXVIII. Guerres de voisinage et de rivalité entre les républiques
de Pise et de Gênes.—L'esprit de parti les prolonge.— Les divisions des Guelfes et des Gibelins les rendent plus cruelles et plus
opiniâtres.— Les juges de Sardaigne se font la guerre entre eux,
et prennent les armes, tantôt contre les Pisans, tantôt contre
les Génois.— Ces deux peuples choisissent la Sardaigne pour le
principal théâtre de leurs guerres.— Paix éphémères. — Dispositions hostiles permanentes.—Evénements de 1050 à 1150. 125

XXIX. Le saint siége, en vertu des donations des empereurs,
annonce ses prétentions à la souveraineté de la Sardaigne. — Il
en donne l'investiture féodale. — L'empereur *Frédéric Barberousse* refuse de reconnaître ce prétendu droit des papes, et veut
lui-même faire rentrer l'île sous la domination impériale. — Il
vend pour de l'argent le titre de roi de Sardaigne à *Barisone*,
juge d'Arborée.—Il oublie son marché, et vend la Sardaigne une
autre fois.—Intrigues et guerres auxquelles ces événements donnent lieu.— *Barisone* ne peut réussir à prendre possession de ses
états. — Les Génois, ses protecteurs et ses créanciers, le gardent
pendant huit ans prisonnier pour dettes.— De 1150 à 1174. 133

XXX. Vaines tentatives de médiation de la part de *Frédéric Barberousse.*— Le saint siége renouvelle ses prétentions sur la Sardaigne. — L'héritière de Gallura et de Logudoro épouse un parent du pape. — La politique de la cour de Rome occasione de
nouveaux désastres. — Le juge de Cagliari est chassé par les Pisans. — Le nouveau juge fait prisonnier celui d'Arborée. —
Ubaldo Visconti réunit les judicats de Gallura et de Logudoro.
—Sa veuve épouse *Enzio*, fils naturel de l'empereur *Frédéric II*,
qui le nomme roi de Sardaigne. *Enzio* meurt prisonnier à Bologne. — De 1174 à 1240. 145

XXXI. Elévation de la maison de *Caprara*.—Le comte *Guillaume*,
devenu juge d'Arborée, succède à *Chiano*, juge de Cagliari, et
le force de livrer son pays et de se vendre aux Génois.— Les Pisans dirigent une expédition contre lui.—*Chiano* est pris et décapité. — La république de Pise est arrivée au plus haut degré

de puissance et de richesse où elle ait jamais atteint. — La prospérité l'aveugle. — Elle recommence la lutte avec Gênes. — Elle perd une bataille navale décisive. — Onze mille *Régulus* pisans. — Ses possessions en Sardaigne sont réduites à une seule province. — Décadence progressive de la puissance pisane. — De 1240 à 1295. 156

XXXII. Le pape *Boniface VIII* donne une nouvelle extension au principe, établi par *Grégoire VII*, que tous les trônes relèvent de la cour de Rome. — Il en fait une application spéciale à la Sardaigne. — Plusieurs souverains en sollicitent l'investiture. — *Jacques II*, roi d'Aragon, l'obtient à des conditions honteuses. — Il manque des moyens d'en prendre possession. — Le juge d'Arborée appelle les Aragonais. — Une armée d'invasion est expédiée des côtes de la Catalogne. — Prise d'Iglesias. — Bataille de Luocisterna. — Paix de dix-huit mois. — Bataille navale décisive. — Capitulation de Cagliari. — Traité de paix définitif. — La république de Pise cède la Sardaigne au roi d'Aragon. — De 1295 à 1326. 166

XXXIII Le roi d'Aragon punit et récompense. — Il comble de faveurs le juge d'Arborée, qui devient maître du tiers de l'île. — *Mariano IV*, successeur de *Hugues III*, trahit ses bienfaiteurs, et se met à la tête d'une ligue qui a pour but de les chasser de l'île. — *Alphonse* meurt. — La Sardaigne est au moment d'échapper aux Aragonais. — *Don Pèdre IV*, son successeur, vient en Sardaigne. — Il y établit le régime constitutionnel. — Il fait l'ouverture du parlement des cortès. — Il donne des lois sages, et rétablit l'ordre et la tranquillité. — Le règne de *Don Pèdre* est une époque heureuse pour la Sardaigne. — Il est obligé de la quitter pour retourner en Aragon. — De 1326 à 1355. 186

XXXIV. *Mariano IV*, opiniâtre dans sa haine pour la maison d'Aragon, renoue des intrigues et continue la guerre. — Il se flatte de faire déposséder *don Pèdre* par le pape *Urbain V*, et de se faire déclarer par la cour de Rome roi de l'île entière. — Il meurt, laissant son fils *Hugues IV* héritier de son trône et de ses projets d'ambition. — *Hugues* se montre le digne fils d'un père aussi entreprenant. — Le duc *d'Anjou*, qui fait la guerre au roi d'Aragon et veut lui susciter des ennemis, recherche l'alliance du juge d'Arborée. — Relation d'une singulière ambassade. — Cérémonial de la cour d'Oristano. — Diplomatie brutale du prince sarde. — De 1356 à 1378. 194

XXXV. Révolution d'Oristano. — Fin tragique de *Hugues* et de sa fille. — On proclame la république d'Arborée. — *Éléonore*, sœur de Hugues, se met à la tête d'un corps d'armée, et soumet les rebelles. — Elle fait oublier par sa justice et sa clémence les malheurs de la révolution, et se concilie tous les cœurs. — Elle défend ses droits les armes à la main, contre le roi d'Aragon. — Traité de paix. — *Éléonore* s'occupe des soins de l'administration. — Elle donne à ses sujets une *charte*, connue dans le pays sous le nom de *Carta de Logu*. — Travaux et portrait de cette princesse. — De 1370 à 1403. 214

XXXVI. *Mariano V* succède à *Éléonore*, sa mère. — Il meurt sans enfants. — Les notables de l'état d'Arborée appellent à la succession un seigneur français, neveu d'*Éléonore*, le vicomte de *Narbonne-Lara*. — Le vicomte prend possession de ses nouveaux états, malgré l'opposition des Aragonais. — Il forme contre eux une ligue sarde, qui obtient d'abord des succès. — Combat de San-Luri. — Le vicomte est complétement battu. — Il va chercher des secours en France. — *Léonard Cubello d'Alagon*, son parent et son lieutenant, achète aux Espagnols les états d'Arborée, qui prennent désormais le titre de *marquisat d'Oristano*. — Narbonne, de retour, fait de vains efforts pour rentrer en possession. — Il vend sa principauté au roi d'Aragon, et ne peut réussir à s'en faire payer. — Il meurt en France, laissant pour héritier *Pierre de Tinières d'Apchon*, ou à son défaut le baron *de Talleyrand*. — Le prétendant ne peut entrer en jouissance. — Le projet d'un contrat de vente au roi d'Aragon est repris, et cette fois le traité est exécuté. — Grand commerce d'états et de souverainetés. — De 1403 à 1428. 226

XXXVII. Règne mémorable d'*Alfonse V*. — Ce prince, le meilleur et le plus aimable de son temps, fait jouir la Sardaigne des bienfaits de son administration. — Il complète les institutions

TABLE DES MATIÈRES. 501

constitutionnelles. Les deux fils de *Léonard*, *don Antonio* et
don Salvator, lui succèdent, et meurent sans enfants. — La
couronne d'Aragon veut prendre possession du marquisat d'O-
ristano, qu'elle regarde comme lui étant dévolu. — Un prétendant se présente, et prend le nom de *Léonard II*. — Il est battu
et fait prisonnier. — La Sardaigne entière est incorporée à l'Aragon, et en fait partie intégrante. — De 1428 à 1478. 239

XXXVIII. Tableau historique et chronologique des dynasties ou
séries de princes qui ont gouverné chacun des quatre judicats,
depuis l'origine authentique de l'institution des juges, jusqu'à
la réunion successive au royaume d'Aragon. — Résumé sommaire
des événements qui ont marqué leur règne. 245

XXXIX. Des institutions qui régirent la Sardaigne sous la domination des souverains espagnols. — De la nature de ces institutions. — Lois politiques. — Lois judiciaires. — Du système de
l'établissement espagnol. — Des abus que l'insouciance du gouvernement espagnol laissa introduire. — Des priviléges de la
noblesse en Sardaigne. — De l'origine et de l'effet de ces priviléges. 265

XL. Des raisons qui portèrent *don Pèdre* à donner une constitution politique à la Sardaigne. — De l'origine du système représentatif dans l'Europe moderne. — Des causes et de l'époque
de son introduction en Espagne et dans les provinces qui en dépendaient. — Du principe constituant des établissements primitifs de ce genre, et de l'esprit qui dirigea leurs fondateurs. 279

XLI. Notice historique sur l'établissement de la constitution
primitive du royaume d'Aragon, dont celle de Sardaigne était
une modification plus monarchique. — Institutions singulières
créées par les anciens Aragonais pour le maintien de la liberté.
— Magistrature et attributions du *justicia*. — Droits et priviléges
extraordinaires. — La royauté en tutelle. — *Don Pèdre IV*,
l'auteur de la constitution sarde, victorieux d'une confédération formée contre lui par la noblesse aragonaise, obtient la réforme d'un privilége humiliant pour la puissance royale. —
Trait mémorable de ce prince, qui le fait appeler *le roi du
poignard*. 292

XLII. De l'esprit qui dirigea *don Pèdre* dans les modifications qu'il fit aux institutions aragonaises en donnant à la Sardaigne une constitution politique. — Du mécanisme et de l'organisation du parlement des cortès de Sardaigne. — Des ordres de l'État qui le composaient. — De ses attributions et de son mode de délibérations. — Du cérémonial de la première séance d'ouverture, en 1355, et de celui qui a été usité depuis. 324

XLIII. De la constitution ou charte du pays (*Carta de Logu*). Notice sur la Carta de Logu. — Considérations sur l'état de la législation civile et criminelle du reste de l'Europe, à l'époque où la princesse d'Arborée donna un code à la Sardaigne. — De l'esprit des lois d'*Éléonore*. 362

XLIV. Préambule des constitutions d'*Éléonore*, princesse d'Arborée, intitulées : *Carta de Logu*. 398

XLV. De la division des matières dans la *Carta de Logu*. — Des peines portées contre les crimes de lèse-majesté et de haute trahison. — De l'homicide. — Du suicide. — Des blessures d'où résulte la perte d'un membre ou la mort. — Du brigandage et du vol sur la voie publique. — De l'enquête pour la découverte des coupables. — De l'institution des *Jurés* dans chaque village, pour veiller à la police de sûreté et à la propriété. 402

XLVI. Des ordonnances sur l'incendie prémédité et sur le vol. — Des peines infligées aux auteurs de ces crimes. — De l'esprit du législateur en rendant les communes responsables de la découverte et de l'arrestation des malfaiteurs. — De la classification du rapt et du viol dans la catégorie du vol. 419

XLVII. De l'organisation du pouvoir judiciaire au temps d'*Éléonore*. — Des institutions et règlements de discipline des juges et tribunaux. — De l'instruction et de la procédure dans les causes criminelles et civiles. — Des ordonnances sur les forêts et bois, et sur le commerce des cuirs. 430

XLVIII. Des ordonnances ayant pour objet la garde des propriétés rurales. — Mesures prescrites contre les animaux destructeurs ou malfaisants. — Peine de la mutilation appliquée aux ânes. — Fonctions et émoluments des notaires. — Tarif de leurs

salaires, et de ceux des auditeurs et des écrivains.— Peines
contre le blasphème.   444

XLIX. Ordonnances et règlements du juge *Mariano*, antérieurs à
la *Carta de Logu*, et formant le code des campagnes. — Idée
première, due à ce juge, de l'institution des gardes champê-
tres, organisés en corps, laquelle était particulière à la Sardaigne. — Peines portées contre les injures et les propos offensants. — Désignation de ces propos et injures, et des peines
correspondantes.

L et *dernier*. Précis sommaire des sessions du parlement des cor-
tés, les plus remarquables par leurs actes ou par les mesures
d'utilité publique, pendant le temps de l'existence des institutions constitutionnelles. — Résumé des événements historiques
particuliers à la Sardaigne, depuis le règne de *Ferdinand* et
d'*Isabelle*, jusqu'au testament et à la mort de *Charles II.* —
De 1481 à 1700.   464

FIN DE LA TABLE DU PREMIER VOLUME.

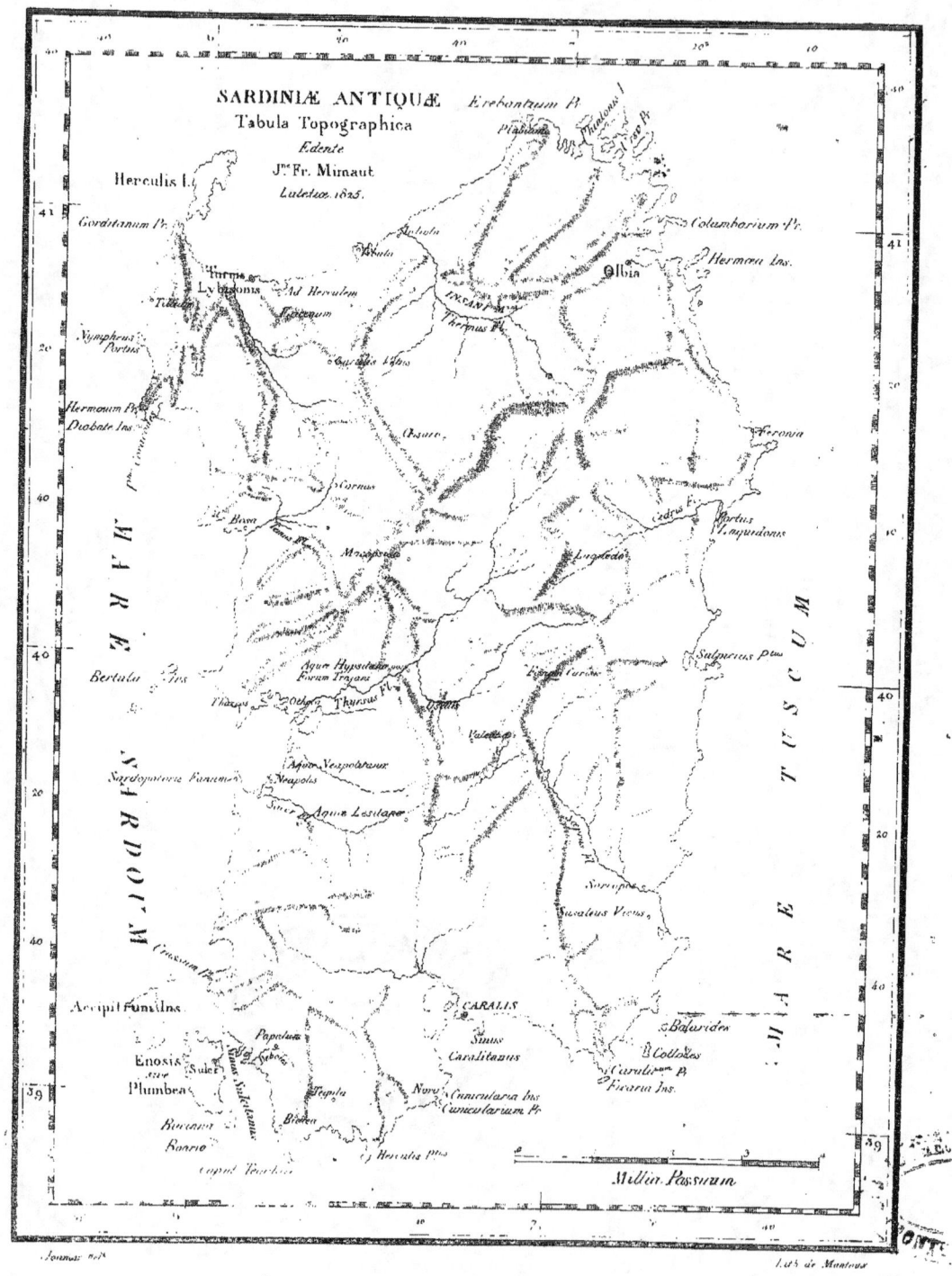

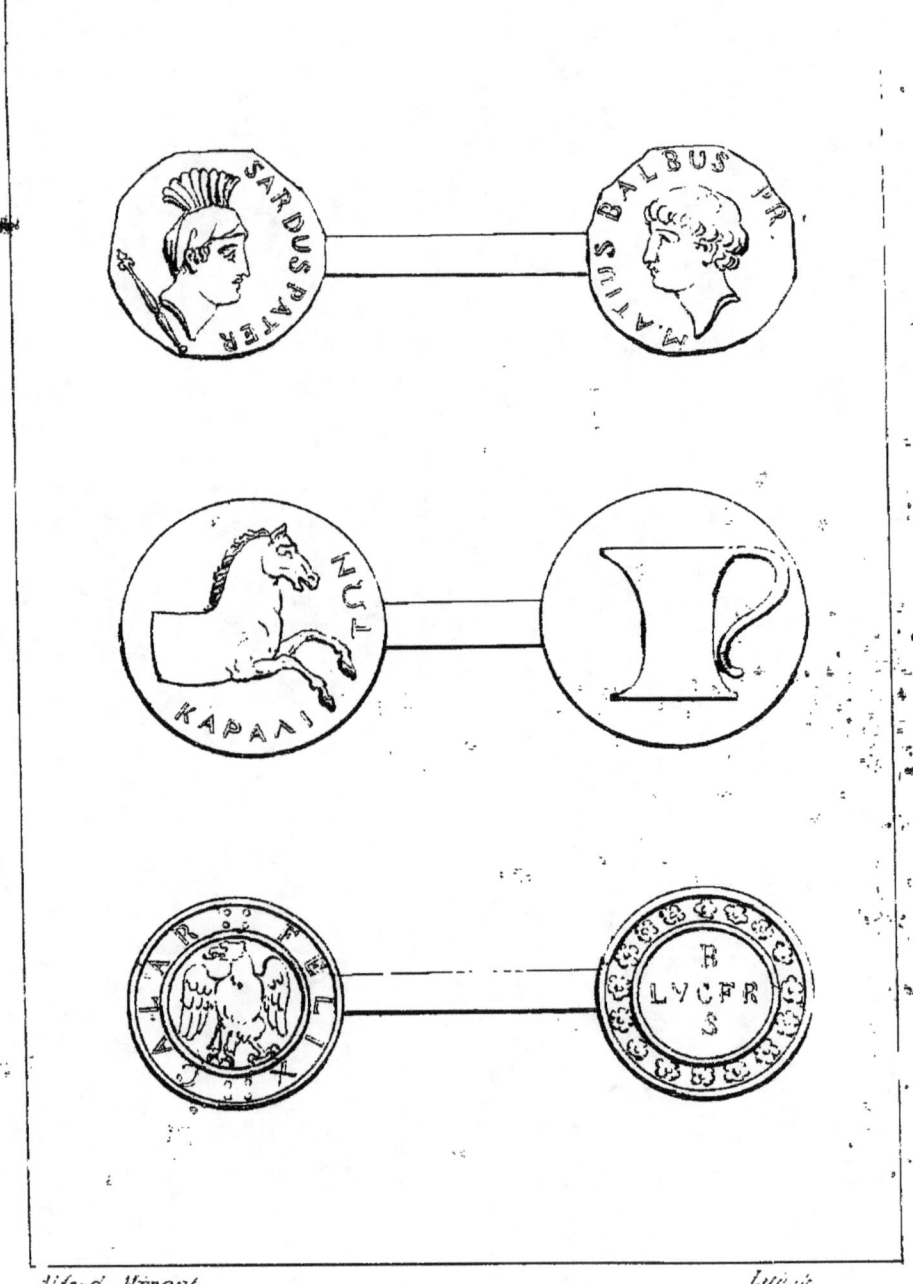

PAYSANS ET COSTUMES SARDES

PAYSANS ET COSTUMES SARDES.

OUVRAGES EN SOUSCRIPTION ET NOUVELLEMENT PARUS.

VIES DES SAINTS, ou Abrégé de l'histoire des Pères, des Martyrs et autres Saints, pour tous les jours de l'année, avec une Pratique et une Prière à la fin de chaque Vie; et des Instructions sur les dimanches et fêtes mobiles. 2 vol. in-4° de près de 800 pages, ornés de 372 planches.

Cet ouvrage sera divisé en douze livraisons, qui paroîtront de mois en mois, à partir de la fin d'août. Le prix de chaque livraison sera de 7 francs. En retirant la première, on paiera d'avance la dernière. A la publication de la quatrième livraison, le prix de chacune sera de 8 francs. Franc de port par la poste, 50 cent. de plus par livraison.

LE MÊME, 2 vol. in-4°, papier grand raisin.

VOYAGE PITTORESQUE DE LA GRÈCE, par M. le comte de *Choiseul-Gouffier*, 3 vol. grand in-folio, ornés de plus de 300 belles gravures, cartes et vues.

    Prix . . . . 520 fr.

LE MÊME, avec les remarques. 620

Les tomes II et III, composés des chapitres XIII, XIV, XV, XVI, quatre livraisons, 320 francs. — Chacune de ces livraisons se vend séparément, excepté la première, 80 francs.

NOTA. Les tomes II et III ayant été imprimés à un moindre nombre que le premier, les personnes qui négligeront de les retirer promptement seront exposées à ne pouvoir compléter.

La réputation européenne dont jouit ce magnifique ouvrage, que nous venons de mettre à fin, est un titre suffisant pour nous dispenser d'en faire l'éloge.

HISTOIRE DU ROI RENÉ D'ANJOU, par M. le vicomte *L.-Fr. de Villeneuve-Bargemont*, ornée du portrait de René et de celui de Jeanne de Laval, sa seconde femme; des vues des principaux palais que René a habités, de la tour de Bar, etc.; du *fac simile* de son écriture, de celle des reines Isabelle de Lorraine et de Jeanne de Laval, de celle de presque toute sa famille, et de la plupart des princes et des hommes célèbres avec lesquels il avoit des relations. 3 vol. in-8°, imprimés sur très beau papier. Prix. . 24 fr. Papier vélin, 36 fr. — Grand raisin vélin, 60 fr.

www.ingramcontent.com/pod-product-compliance
Lightning Source LLC
Chambersburg PA
CBHW060508230426
43665CB00013B/1434